Oswald von Wolkenstein · Die Lieder

Oswald von Wolkenstein. Frontispizbildnis
der Innsbrucker Liederhandschrift B von 1432. Das Werk
wird Antonio Pisanello zugeschrieben

Oswald von Wolkenstein
Die Lieder

mittelhochdeutsch-deutsch

In Text und Melodien neu
übertragen und kommentiert von
Klaus J. Schönmetzler

Emil Vollmer Verlag
München

Notengrafik: Klaus J. Schönmetzler

Schutzumschlag: Wolfgang Mudrak
Gesamtherstellung Ebner, Ulm

ISBN 3-87876-319-0

Für Arno Schmidt

Vorrede

Die Übertragung eines mittelhochdeutschen Dichters im originalen Versmaß verlangt heute, im Zeitalter einer fast schon hypertrophierten Philologie, ebenso ihre Rechtfertigung, wie vor einem Centennium die Prosaübertragung der Verteidigung bedurft hätte. Burghart Wachinger hat für seine glänzenden Arbeiten die nämliche umschreibende Prosa gewählt wie Ulrich Müller oder Lambertus Okken, und Wieland Schmieds lyrische Annäherungen verzichten so nachdrücklich auf das Reimprinzip wie – in anderer Weise – jene Dieter Kühns.

Meine Rechtfertigung liegt zuerst im Wunsch, Oswald von Wolkenstein unverstellt und unmittelbar als Dichter zu erweisen, ohne den Umweg trokken-mühsamer Hilfstexte und ohne die vorausgesetzte Kenntnis eines späten, stark dialektgefärbten Mittelhochdeutsch. Und sie liegt vor allem im Charakter von Oswalds Werk selbst, in seiner Eigenart, zuerst Lied, gesungene Melodie zu sein. Vieles in dieser Lyrik ist schiere Formartistik, vieles kann nur bestehen in der Virtuosität von Klang und Reim; und oft genug bestimmt die Form weitgehend, fast ausschließlich, die Inhalte. Dies sollte erfahrbar, auch in der Übertragung gegenwärtig bleiben.

Nachdichtung heißt Entfernung und damit Entfremdung. Vieles mußte verändert werden oder ganz verlorengehen, vieles ließe sich in Prosa umständlicher, aber auch exakter formulieren. Und selbst wo das Wortmaterial bewahrt werden konnte, meint es doch längst nicht mehr dasselbe wie zu Oswalds Zeit. Deshalb erschien es verpflichtend, die Originale beizugeben, so getreu und unverfälscht, wie dies in modernem Druckbild irgend möglich war. Nicht die offensichtlichen Gemeinsamkeiten, die Distanz sollte dokumentiert werden, das Unüberbrückbare, das zwischen zwei durch sechshundert Jahre getrennten Ausformungen der nämlichen Sprache liegt. Deshalb wurde notwendig auch auf eine Gegenüberstellung der Texte, wie sie sonst in zweisprachigen Ausgaben üblich ist, verzichtet. Schon die grundsätzlichen Verschiedenheiten der äußeren Gestalt hätten sie unmöglich gemacht. Eine Trennung der originalen Lieder von den ihnen zugehörenden Melodien – so schmerzlich sie immer sein mag – war dabei in Kauf zu nehmen; dennoch sollte die Rekonstruktion dem Interessierten ohne größere Mühe möglich sein.

Diese Edition ist – mit allen möglichen Vorzügen und vorhersehbaren Fehlern – die Arbeit eines Einzelnen. Trotzdem wäre sie ohne vielfältige Hilfe nicht möglich gewesen. Mein Dank gilt daher vor allem Hans Ganser und Dr. Manfred Hermann Schmid für ihre musikalische Beratung sowie meinem überaus couragierten verlegerischen Sachwalter Wolfgang Mudrak. Dank aber ist auch abzustatten an meine philologischen Vorgänger, an Josef Schatz für sein unersetzliches Glossar, an Oswald Koller für seine grundlegende Übertragung der mehrstimmigen Melodien und an Oswalds Übersetzer von Ludwig Passarge bis Dieter Kühn; sowohl für manch gültige Formulierung, als auch für ihre Widersprüche und Irrtümer, die mir halfen, eigene Fehler zu vermeiden. Dank endlich schulde ich meinen Eltern, die klaglos über fast zwei Jahre einen ungeschlachten tirolischen Ritter in ihrem Haus beherbergten.

Bad Aibling, am 11. Februar 1979 Klaus J. Schönmetzler

Oswald von Wolkenstein – ein Leseleitfaden

Orte und Namen: Trostburg, Säben, Villanders. Und Wolkenstein. Familien, deren Namen die der Orte selber sind: die Villanders, die Trostburger, die Säbener. Tirolische Adelsgeschlechter, im 12. und 13. Jahrhundert aufgestiegen, verbündet, verschwägert, vereint im Widerstand gegen die Landesfürstenmacht. 1293 kauft ein Randolt von Villanders Burg und Gericht Wolkenstein im Grödnertal; Konrad, sein Sohn, fügt den Namen des neuen Besitzes dem seinen an, die Enkel schließlich tragen ihn alleine: die Wolkensteiner. Rotweiß schräggeteilt das Wappen, die Scheidelinie aufgeschwungen zu drei wolkenartig sich bauschenden Mäanderzirkeln. Und irgendwann zwischen 1376 und 1378 wird Friedrich von Wolkenstein, dem Pfleger auf Burg Schöneck, nach dem Stammhalter Michael ein zweiter Sohn geboren: Oswald. Er ist entstellt von klein an: Ein Geburtsfehler, vielleicht auch ein früher Unfall macht ihn blind am rechten Auge. Er erhält die knappe, kaum nennenswerte Erziehung, wie sie üblich ist unter Adeligen in dieser Zeit; mit zehn Jahren wird er hinausgeschickt als Knappe eines Ritters in den ersten Kriegszug gegen die heidnischen Preußen. Und mit fünfundzwanzig kennt er die ganze damals erforschte Welt.

Ein Leben für drei Leben: Fahrender Ritter und bäuerlicher Edelmann. Politiker und Diplomat. Und Dichter, Komponist, Sänger, so virtuos und reich und vielseitig wie kein anderer in seinem Land und seiner Zeit. Ein sperriger, ichbewußter, fast barock-pompöser Mensch in einer zerfallenden spätmittelalterlichen Welt. Oft äußerlich, lärmend, brutal in seinen Liedern wie in seiner Existenz, und zugleich überempfindlich, verwundbar, von einer bis dahin unbekannten Intensität des Fühlens. Das schiere Gegenbild zur höfisch-idealen Spiritualität seines einzig ebenbürtigen Vorgängers Walther von der Vogelweide. Erdhaft, stiernackig, bisweilen auch stiergrob, vielleicht sogar, wenn ein Hinweis in seinen Liedern nicht in die Irre führt, Stier nach dem Sternzeichen seiner Geburt.

Ein Renaissancemensch: Kaum ein Dichter deutscher Zunge hat so bewußt und ausdauernd Ich gesagt, so ungehemmt sich selbst, den eigenen Namen ins Werk einbezogen. Er ist der erste, von dem wir ein authentisches Bildnis besitzen; und nicht eines, sondern fünf. Selbst seine Archive, die Rechnungsbücher, Inventare, fast tausend Briefe und Dokumente sind überkommen – von kaum einer anderen Persönlichkeit dieser Zeit besitzen wir so umfassende Kenntnis. Und kein anderer Lyriker hat Schreiben so sehr, so offen und rücksichtslos als Autobiographie verstanden.

Der Politiker Oswald: konservativ, reaktionär, fast donquixotisch in seinem Glauben an das Rittertum, an die gottgewollte Ordnung der Stände. Der Dichter Oswald: sensibler, ahnungsvoller. In seinem Ständestreit »Ein Bürger und ein Hofmann« ist der Adelige die komische Figur, der Bürger der Sieger. Sogar der klassische Minnedialog – in einem seiner Lieder noch einmal vollendet vorgestellt – verkehrt sich bei ihm jäh zur Werbung des reichen Bauern um das schöne Edelfräulein. Und selbst das eigene Leben und Handeln gerät ihm hier ins Absurde: die »frouwe«, der er sich in stolzer Minnesänger-Tradition weiht, der er seine ersten Lieder zueignet, die ihn später in die entscheidende Katastrophe seines Daseins stürzt, ist die Brixener Schulmeisterstochter Anna Hausmann.

Zu einer Zeit gesellschaftlicher und literarischer Umwälzung schreibt Oswald Vergangenes, Tagelieder – vielleicht mehr als irgendeiner der großen hochmittelalterlichen Meister, denen diese Dichtart angehört. Doch zugleich übertrifft er mit seinen Balladen, seinen schier unglaublichen Songs an Modernität alle Zeitgenossen, vielleicht alle deutschen Lyriker vor Bert Brecht. Seine polyglotten Sprachcollagen weisen voran in die Renaissance, die ernst besorgten Altersreden auf Gryphius, das unverschämt geistreiche *doubledealing* seiner Wortspiele auf James Joyce und Arno Schmidt. Und viele seiner Melodien wären heute bei mancher Rockgruppe besser aufgehoben als bei den in Ehrfurcht ergrauten Consortien, denen sie bisweilen anvertraut sind.

Komplettierungssucht: Kein Dichter vor Oswald hat das poetische Repertoire seiner Zeit so systematisch, so vollständig ausgeschöpft. Wohl keine lyrische Gattung, die bei ihm nicht vertreten wäre. Und er erfindet neue: Ehestandslieder, zärtliche, unendlich intime Anreden an die eigene Frau, die »stolze Schwäbin« Margarete, gemeinsam gesungene, vielleicht gemeinsam gedichtete Duette. Die unverblümt erotischen Badvergnügen, die nächtlichen Strohwitwersleiden, die verliebten Spiele mit dem eigenen, dem fremden Namen – das alles gab es vor Oswald in der Dichtung nicht. Und auch das gab es nicht: Die Eingeständnisse persönlicher Niederlagen, ein mißglückter Bordellbesuch, die demütigenden Umstände seiner Verschleppung, die Folter ... Erst in Goethes von der Lesewelt just neu entdecktem »Tagebuch« wird wieder so direkt, so erschreckend und großartig von sich selbst geredet.

Oswald als Autor: Keiner vor ihm hat so bewußt, so schier verzweifelt die Bewahrung seines Werkes betrieben. Beide Handschriften, zusammen wohl die vollständigste, gesichertste Sammlung der frühen deutschen Literatur, sind in Extremsituationen, in entscheidenden Existenzaugenblicken begonnen: 1423, zum Zeitpunkt der gänzlichen Niederlage, des finanziellen und persönlichen Ruins, und 1431, nach einem letzten Lebensgipfel auf dem Nürnberger Reichstag und der unmittelbar folgenden furchtbaren Schlacht bei Taus, als der vergangene Glanz und die neue Ohnmacht des europäischen Rittertums in schreckenvollster Weise für Oswald erkennbar geworden waren.

Mit der Vollendung von Handschrift B erlischt 1432 auch der dichterische Impuls, die dichterische Kraft: Eine volle Seite, Raum für hundert Lieder, ließ der Schreiber im Inhaltsverzeichnis; ganze neun sind es in Oswalds letzten dreizehn Jahren geworden: zwei schwere, peinvolle Passionen, ein riesenhaftes, juristisch sprödes Lehrgedicht, ein immerhin amüsant moralisierendes Traktat, gereihte Sprichwörter, Geistliches. Und in fünf Zeilen ein noch uns Heutigen unbegreifliches Sprachwunder: »Ich klag«.

Oswald der Musiker: Und hier wird die Lage verworrener, rückt die Personen ferner, je weiter die Forschung dringt. Unbestreitbar ist: Oswald hat als erster weltliche deutsche Lieder mehrstimmig aufzeichnen lassen, hat als erster Melodien und Inhalte zu poetischer Einheit verschmolzen. Das moderne Kunstlied beginnt mit ihm. Doch was in seinen Kompositionen stammt von ihm, und in welcher Form? Noch mehr: Verstand der Sänger Oswald auch nur die Notenschrift seiner Zeit, konnte er, wie George Fenwick Jones in einem provokanten Aufsatz fragt, überhaupt lesen und schreiben? Fast alle seiner mehrstimmigen Sätze sind inzwischen als Kontrafaktur erkannt, als Umsetzung fremder Notentexte. Und die eigenen Lieder, die wenigen selbstgefertigten Duette erscheinen – so eine verblüffende Neubeobachtung Hans Gansers – in ihren Abweichungen, Verschreibungen, Schlüsselfehlern wie diktiert, wie ungefähr und nach Gehör niedergeschrieben.

Trotzdem: Auch hier ist Oswalds Individualität erstaunlich. Hat er eine Melodie erst umgestaltet, so gehört sie ihm, so wirkt das Original neben seiner Lebendigkeit bisweilen wie ein eleganter, doch leise fader Abklatsch. Und auf seinem eigensten Felde – im schnellen Zugriff, im hingeworfenen Rhythmus, im Verwandeln der Töne durch das Wort, im Erspüren der redenden Poesie von Musik und der Musikalität von Sprache – kommt ihm keiner gleich. Und so hat er auch keine Nachfolger. Das wilde Greifensteiner-Lied kursiert als Schlachtgesang, das »Radel vom Wirten« geht als Trinklied um, sein herrliches »Wach auf, mein Hort« wird zu einem der meistgesungenen, meistgespielten Lieder des späten Mittelalters. Doch Oswalds Größe ist zu individuell und schwindet mit ihm; sein ungeheures Leben, aus dem die Themen erwachsen, bleibt unwiederholbar. Sein stolzes, manchmal ruppig verwildertes, oft auch zerknirschtes »Ich Wolkenstein« verkommt zu Hans Sachsens fleißiger Handwerker-Signatur; und fünfzig Jahre nach Oswalds singulärer Freiheit herrscht in Deutschlands Musik der Meistersinger Tönegeleis.

In der europäischen Musik um 1400 stehen sich zwei im Ursprung verwandte und doch sehr unterschiedliche Arten der melodischen Praxis und Aufzeichnung gegenüber: der alte, zumeist einstimmige, in Neumen notierte Gregorianische Choral und die schwarz-rote Mensuralnotation, ein hochdifferenziertes, vor allem in Italien und Frankreich gepflegtes System zur Darstellung der Polyphonie der Ars Nova. Während der Choral in seiner ursprünglichen Form nur Tonhöhen angibt, auf denen die Singstimme wortbezogen und rhythmisch frei deklamiert, verfügt die Mensuralmusik über zumindest sechs Notenwerte – Maxima, Longa, Brevis, Semibrevis, Minima und Semiminima – und über ein kompliziertes, die Relation dieser Werte bestimmendes System, die Mensur.

In Oswalds Handschriften finden sich beide Techniken und vermischen sich in sehr eigenwilliger Weise. Die einstimmigen Melodien sind zumeist neumiert zu verstehen, als rhythmisch nicht exakt festgelegte, ganz dem Sprachfluß folgende Tonhöhenangaben. Trotzdem sind sie in Mensuralnoten geschrieben, wobei die Semibrevis die Rolle der üblichen Choralnote übernimmt (unsere Ausgabe gibt sie als Viertelnote wieder). Bisweilen kann – gleichsam als Auftakt – eine Minima (Achtelnote) auftreten. Am Schluß größerer Abschnitte steht fermatenartig ein längerer Wert: eine Brevis (halbe Note), Longa (ganze Note), einmal sogar eine Maxima (Pfundnote). Allerdings sind diese Werte kaum wörtlich zu verstehen, und oft findet sich am Schluß auch nur eine einfache Semibrevis. An diesen Stellen hat der Herausgeber auf exakte rhythmische Zählung verzichtet: Die Dauer solcher Schluß-Fermaten war und ist Sache musikalischen Gefühls und musikalischer Erfahrung.

Zu dieser neumierten Schreibweise gesellt sich als einfachste mensurale Form der Dreierrhythmus, ein regelmäßiger Wechsel von Semibrevis und Minima, mit einer perfekten, also dreiteiligen Mensur an den Versenden. In moderner Schreibung wird daraus ein Wechsel von Viertel- und Achtelnoten mit einer punktierten Schlußviertel, oder, wo es sich praktischer in den Text einfügt, eine Triolenfigur mit abschließender Viertel. Und schließlich gibt es noch das voll mensurierte, rhythmisch exakt auskomponierte Lied.

Die mehrstimmigen Stücke sind durchweg mensuriert, wenn auch mitunter mehr der Praxis als den strengen Satzregeln folgend. Entstehung und Herkunft spielen hier ebenfalls ihre Rolle: Während die Kontrafakturen, also Oswalds Bearbeitungen fremder Kompositionen, meist bis auf einige Schreibfehler korrekt notiert wurden, geschieht es bei seinen eigenen Stükken, daß ein ursprünglich einstimmiger, neumierter Text nachträglich mensuriert erscheint, oder daß nur die angefügte Begleitstimme mensural ist, während die Melodie selbst in Neumen stehen blieb.

Eine weitere charakteristische Eigenart in Oswalds Handschriften bezeichnet die Verwendung der Ligatur. In der Mensuralmusik ist dies ein Kürzel, das ganze Tongruppen zu einem einzigen Zeichen zusammenfaßt; so wird sie in Oswalds mehrstimmigen Sätzen auch verwendet. In den einstimmigen Liedern dagegen nimmt sie oft die Funktion eines Phrasierungshinweises an. Sie bindet instrumentale Linien und Gesangsmelismen zusammen, zeigt Schlußwendungen an, bewirkt gelegentlich auch eine Veränderung des Tempos, eine Verkürzung des realen gegenüber dem notierten Wert. Die Ligaturen in einstimmigen Liedern sind deshalb in der Übertragung mit Bindebogen markiert.

Die Grundstimme der mehrstimmigen Musik ist der »Tenor« (sprich: Ténor!); in fast allen Stücken Oswalds trägt er die Gesangslinie. Seine obere Gegenstimme ist der »Diskant«. Dieses Grundgerüst kann durch eine oder zwei weitere Stimmen aufgefüllt werden: das »Medium« als Mittelstimme, das »Triplum« als oft dissonant geführte Bereicherung des Diskantes, der »Contratenor« als Ergänzung des Tenors. Zumeist bleiben diese Stimmen instrumental; es gibt aber auch Duette und Terzette. Beliebt und in mehreren Beispielen vertreten ist schließlich die »Fuga«, der zwei- oder dreistimmige Kanon.

Die mittelalterliche Musik kennt keine Taktstriche. Auch in der Übertragung ist deshalb darauf verzichtet. Statt dessen sind halbzeilige Zäsuren eingezogen, die Vor- und Zwischenspiele von der Gesangslinie trennen und den musikalischen Verlauf in Sinneinheiten gliedern. Wieweit sie tatsächlichen Einschnitten, Atempausen oder gar Fermaten entsprechen, ist dem Text und der Melodie zu entnehmen und weitgehend der Entscheidung des Sängers überlassen.

Auch in den mehrstimmigen Sätzen stehen solche Zäsuren in Gestalt punktierter Linien: nicht als Taktstriche – obwohl sie bisweilen der Mensur folgen –, sondern als Orientierungshilfe, um das manchmal hochkomplizierte Gegeneinander der Stimmen optisch transparent zu halten. Einzig die seltenen originalen Trennlinien erscheinen im Notentext als durchgezogene Striche.

Alle einstimmigen Melodien folgen in unserer Ausgabe der Fassung von Handschrift B. Wesentliche Varianten aus Handschrift A sind im Anhang beigegeben, geringfügige Abweichungen als kleine Noten in den Text einbezogen (vgl. Kommentar!). Bei den mehrstimmigen Liedern mußte anders verfahren werden. Hier war die Erstellung eines gültigen Textes meist erst im Vergleich der Handschriften möglich. Die abgedruckte Fassung ist somit beiden Quellen gleichermaßen verpflichtet.

Oswalds Originalmelodien sind im C- oder F-Schlüssel notiert. Um das Notenbild so einfach wie möglich zu halten, erfolgt die Umschrift ausschließlich im Violinschlüssel. Da die meisten Lieder jedoch der Baritonlage entsprechen, sind sie eine Oktave tiefer als angegeben zu denken; in diesem Fall steht unter dem Schlüssel eine 8. Außerdem bedeuten die Notenwerte selbstverständlich keine absoluten Tonhöhen im modernen Sinn, sondern bezeichnen nur den modus, die jeweils gewählte Kirchentonart, sind also beliebig transponierbar.

Die Kirchentöne erfordern bisweilen Vorzeichnungen (Akzidentien). Da diese Erhöhung oder Erniedrigung eines Tones dem mittelalterlichen Musiker aber selbstverständlich war, findet sie sich in Oswalds Texten nur sehr selten angegeben. Die Akzidentien der Ausgabe sind also zumeist Vorschläge des Herausgebers und nicht immer zwingend.

»Auch konnt ich fiedeln, trommeln, pauken, pfeifen«, beschreibt Oswald seine musikalischen Fertigkeiten und verweist damit zugleich auf einige gängige Instrumente seiner Zeit: Fiedel, Drehleier, Schellen, Trommeln und Pauken, Flöte, Schalmei, Pommer und Dudelsack. Nachzutragen blieben die Saiteninstrumente Harfe, Leier, Dulcimer, Scheitholz, Laute: dies zugleich das Instrumentarium für werkgerechte Aufführungen. Trotzdem läßt sich die Musik des Wolkensteiners auch mit moderneren Mitteln, mit Gitarre, Oboe, Zither, zur Not auch mit Geige oder Bratsche darstellen. Einzig das Klavier scheint denkbar ungeeignet.

In allen Liedern wird die Melodie der Singstimme am besten durch ein Instrument verstärkt, das zugleich die Vor- und Zwischenspiele übernimmt. Bei einstimmigen Gesängen kann dieses Begleitinstrument im Oktav-, im Quint- oder Quartabstand der Singstimme folgen (Organum), auf einem Ton oder einem Quart- oder Quintklang liegenbleiben (Bordun), oder nach dem Vorbild vorhandener Lieder eine Gegenstimme frei improvisieren. Besonders reizvoll aber klingt der nur von Handtrommeln begleitete oder der völlig freie Gesang.

Die Lieder

IN NOMINE DOMINI

Im Jahre Tausendvierhundertzweiunddreißig,
am Samstag nach Sankt Augustins Tag,
ist dies Buch gedichtet und vollbracht worden
durch mich, Oswald von Wolkenstein,
Ritter, des allerdurchlauchtigsten
römischen Königs Sigmund Rat
im achtzehnten Jahr.

I

Ein Anfang, lang
Ganz ohne Gottesfurcht, krank im Gewissen –
Wer da von Sünden schwanger ist,
Sind Weise auch beflissen,
Gottlos, allein mit schlauer List
Wird selbst durch sie das Ende nimmer gut.
So bin ich krank
An meiner Seel und klage um mein Sterben
Und bitt dich, Jungfrau Sankt Kathrein,
Mir Gnade zu erwerben
Dort bei Mariens Kindelein,
Daß es mich wahre fest in seiner Hut!
Ich danke meinem Herren lieb,
Daß er mich also grüßt,
Daß sie, mit der ich Sünde trieb,
Nun selbst mein Freveln büßt.
Daraus mag jeder hier ersehn:
Die Liebe kann nicht ohne Leid bestehn.

Ein Frauenbild,
Mit dem ich meine Zeit so lang vertrieben!
Wohl dreizehn Jahre und noch mehr
Bin ich ihr treu geblieben,
Erfüllte willig ihr Begehr,
Wie mir kein Mensch auf Erden lieber ward.
Berg, Wald, Gefild
Und viele Länder habe ich durchritten,
Wo ich die Gute nie vergaß.
Ich habe viel erlitten
Um sie in Sehnsucht und in Haß;
Ihr roter Mund hat mir mein Herz umschart.
Gern lernte ich in ihrer Acht
Verliebter Hände Los.
Mit Freuden lag ich manche Nacht
In ihren Armen bloß.
In Trauer ward ich endlich klug,
Da man mir Arm und Bein in Eisen schlug.

Um Liebe zwar
Ward keinem von uns je ein Leid erlassen;
Und doch blieb sie in uns entbrannt:
So liege ich unmaßen
Gefangen fest in ihrem Band,
Und kränklich schwebt mein Leben auf der Waag.
Mit Haut und Haar
Hat Gott der Herr mich schwer durch sie gerichtet;
In meiner großen Sünden Schein
Sank ich vor ihm zernichtet.
Sie schafft mir Buße, Sehnen, Pein,
Daß ich die Not nicht halb bedichten mag.
Gebunden bin ich und umfaßt
Von Eisen und von Strick;
Durch viele überschwere Last
Entfremdet sie mein Glück.
O Herr, du kannst wohl Richter sein:
Die Zeit ist da, nun läuterst du mich rein.

Kein weiser Mann
Verschwört sich je, er sei denn unvernünftig,
Daß er den Pfad nicht wandern will,
Der ihm bestimmt inskünftig.
Die Zeit bringt Glück und Unglück viel,
Und nie ward unser Schicksal je gewandt.
Des Sünders Bahn
Ist ihm gar abenteuerlich gerichtet
Mit vielem listig zierem Netz.

Kein Mensch so fein erdichtet
Wie Gott, der jedem sein Gesetz
Erwägt und mißt in seiner heiligen Hand.
Er eifert Mann und Mägdelein
Und alles Ding auf Erd,
Will einzig lieb gehalten sein
Nach seinem höchsten Wert. Wer dies versäumt, des Sünde reift:
Er läßt ihn ziehn, bis ihn das Netz ergreift.

Lieb ist ein Wort,
Ein höchster Schatz, so man sie gut verdinget,
Die Liebe bindet alles Sach,
Da sie selbst Gott bezwinget,
Daß er des Sünders Ungemach
Zerstreut und spendet aller Freuden Trost.
Lieb, süßer Hort,
Wie hast du mich so liebelos verblendet,
Daß ich mit Liebe nie vergalt,
Was er im Tod vollendet
Für mich und all die Sünder kalt!
Nun harre ich auf großer Sorgen Rost.
Hätt ich der Liebe halben Fug
Für Gott mit Nutz gespart,
Die ich dem Weibe zärtlich trug,
Das mich so schlecht bewahrt,
So stürbe ich von Sünde reingebrannt:
O Weltenlieb, wie schwer ist doch dein Band!

Es reut mich sehr,
Daß ich selbst ihn so freventlich erzürnte,
Der mich so lang erwartet hat,
Daß ich mich nie enthürnte
Von meiner großen Missetat.
Fünf Eisenschlingen hat er mir gestellt:
Auf sein Begehr
Fiel ich in zwei mit meinen beiden Füßen,
In eine mit dem linken Arm,
Die Daumen mußten büßen,
Ein Stahlring zwingt den Hals in Harm –
Da sind es fünf, wie ich sie vorgezählt.
So faßte mich das Weib mit Fleiß
In manchen harten Druck.
Ach husch! Die kalten Ärmchen weiß,
Unlieblich war ihr Schmuck!
Wie klagte ich mein Herzeleid! –
Ihr Mitleid war zu keinem Trost bereit.

Mein Mut zerrinnt.
In meinem Leib zerbricht das Herz in Sorgen.
Ich denke an den bittern Tod
Bei Tag und Nacht und Morgen.
Ach weh der Angst und herben Not,
Unkund, wohin die arme Seele fährt!
Mariens Kind!
So steh mir Wolkensteiner bei in Nöten!
Laß mich vergehn in deiner Huld!
Hilf allen, die mich töten,
Daß sie hier büßen ihre Schuld,
Mit der sie meine Leidenszeit beschwert!
Ich nehm es auf mein Sterben gar –
Der Schwur ist stark genug –
Daß ich dem Weibe nie Gefahr
In meinem Herzen trug.
Und scheide ich von dieser Welt,
So bitt ich Gott, daß sie es nicht entgelt!

2

Wach, Menschentier!
Braucht die Vernunft, ihr Frauen und ihr Mannen!
Wie planscht und plumpst ihr nur so gern
In euren Sündenwannen
Und fürchtet nicht den Zorn des Herrn,
Der euch so Leib wie Seele einst geschenkt!
Lauft, sucht ihn hier!
Es finstert bald, ihr sollt es kürzlich sehen,
Und wenn euch jemals Gnade wird,
Muß es durch ihn geschehen.
Er brach die Hölle, die nicht friert,
Weil einzig seine Macht die Dinge lenkt.
Der Sonne, Mond, dem Sternenkranz,
Dem Blümlein auf der Heid
Verleiht er Farbe, Licht und Glanz.
In reicher Augenweid
Zeigt sich sein Wunder groß und frei,
So einer glauben will, daß Gott nicht sei.

Wer hält den Himmel
Und die Erd, das Wasser, große Steine?
Wer bringt den Donner, Schnee und Wind?
Das Firmament alleine
Erweist uns sichtbar Gottes Kind,
Das seiner Mutter Vater ist und Mann.
Tief im Getümmel

Führt er die Fische, daß sie nicht ertrinken,
Er hält die Vögel hoch im Blau,
Daß sie nicht abwärts sinken,
Er zieret Berg und Tal und Au
Mit Kleidern, die kein Mensch erdenken kann.
Wer nährt das Würmlein in der Erd,
Den weißen Raben klein,
Wenn Vater, Mutter von ihm kehrt
Und flieht den hellen Schein?
Dies wirket Gott zu aller Frist,
Weil seine Herrschaft ohne Ende ist.

Der aller Frucht
Und Mensch und Tier den Unterschied gegeben,
Daß keines je dem andern gleicht,
Er schütze auch mein Leben
Und mahne jene Frau zur Beicht,
Auf deren Wink man mir das Schienbein bricht!
Ganz ohne Zucht
Kommt sie mir nimmermehr aus meinen Ohren,
Wie sie nach meiner Barschaft dringt.
Sie schwätzt mich schier zum Toren,
Selbst wenn sie wie ein Zeisig singt.
Und meinen Schatz hat sie wohl bald dahin.
Wie mahnte ich in lieber Mär,
Welch Glück uns einst verband,
Daß sie mir nur das Eisen schwer
Von meinen Füßen wand,
Und blieben auch die Fesseln dort! –
Doch damit trieb ich sie nur zürnend fort.

Dabei gib acht,
Du Erdenlust: So bald verlischt dein Prangen!
Und floh ich sie einst hundert Meilen –
Sie wußte mich zu fangen;
Sie einzig wähnte mich zu heilen –
Nun tut sie mir das größte Ungemach.
Der Beine Macht
Schloß sie mir härter ein als einem Pferde,
Daß ich darauf nicht länger stehen kann.
In Mühsal und Beschwerde
Ward ich so ein gefangener Mann.
Aus Einfalt gab ich ihrer Wallfahrt nach:
Die Daumen, Arme und den Hals
Umschloß mir nun der Schmied.
O Frau, wie bitter schmeckt dein Salz! –
Sie schwächt mir jedes Glied.

So fand ich denn, was ich gesucht:
Nun walt es Gott, der mir den Rock betucht!

3

Wenn ich betracht
Und über manchen Tag erwäg im Mute
Den Unterschied der Kreatur,
Das Üble und das Gute,
So find ich endlich eines nur,
Das man in gut und schlecht nicht übertreffen mag.
Ich hab gedacht,
Das Schlangenhaupt, von dem Johannes schreibet,
Sei in der Welt die schlimmste Frucht,
Die es hienieden treibet:
Viel schlimmer ist die Weiberzucht,
Der schönen aber bösen Frauen Plag!
Zwingt Leopard und Löw' in Fried,
Den Büffel, daß er pflügt!
Wer einem Weib die Haut abzieht,
Weil es in Schande liegt,
Macht sie auch damit längst nicht zahm –
Ihr übles Gift ist aller Welt zum Gram.

Wird sie geehrt,
Kann keiner sie an Hoffart überbieten.
Wird sie verschmäht, gleich tobt ihr Mut
Wie wildes Meereswüten.
Darbt sie an Würde oder Gut,
So bleibt sie doch an Bosheit allzeit reich.
Ein Weib entehrt
Das Paradies; schon Adam ward geschändet.
Methusalem, der Held Samson:
Geschwächet und geblendet
Von Weibern. David, Salamon –
Der Frauen Frevel trog sie alle gleich.
Aristoteles, der Weisheit Licht:
Ein Weib nahm ihn in Tritt!
All seine Klugheit half ihm nicht,
Als sie ihn zierlich ritt.
Herr Alexander, stolz und fromm,
Fiel durch ein Weib wie vor ihm Absalom.

Ein böses Weib
Ist ein gezierter Strick, ein Spieß im Herzen,
Ein falscher Freund, ein Augentrug;
Lust voll Verrat und Schmerzen,

Ein Fluch, der selbst Elias schlug,
Durch den auch Joseph einst im Kerker litt.
Der heilige Leib
Des Sankt Johannes ward geköpft; entehret
Durch Weibergrimm, vor dem uns Christ
Bewahr! Auch ward betöret,
Gefangen durch der Weiber List
Der Wolkenstein, jetzt hinkt er manchen Schritt.
Drum rat ich allen, jung und alt:
Flieht böser Weiber Glanz!
Bemerkt die innere Gestalt:
Vergiftet ist ihr Schwanz!
Dient einem Fräulein fromm und rein! –
Das preis ich mehr als den Karfunkelstein.

4

Hör, Christenheit!
Ich rate dir in brüderlichen Treuen:
Verehre Gott vor jedem Ding!
Es wird dich nicht gereuen.
Und willst du, daß es wohlgeling,
So kehre dich von aller Erdenlust!
Wer Liebe beut
Für Gott, von dem sie kommt, an dem sie haftet,
Dem wird der Wille bald geschickt,
Daß er tagtäglich trachtet,
Wie er die Liebe fester fügt,
Bis sie sich nimmer trennt von Gottes Brust.
Nicht Schönheit, Glanz, nicht süße Zeit
Und Untreu dieser Erd,
Lug, Hoffart, Spott, Haß, Zorn und Neid
Die Liebe Gottes stört:
Der Erde Schätze sind ihr gleich,
Sie sehnt sich nur nach Gottes Himmelreich.

Unkeusche Scham
Der Welt, von dir muß Gottes Liebe scheiden,
Kein Trennen zwischen ihr und Gott
Geschieht so an den beiden.
Hoffart und Unzucht, Geiz und Spott:
Darüber steht sie fest und hehr und gut.
Voll Schmerz und Gram
Will sie nicht sehen, hören, greifen, schmecken
Die Wollust; und was fleischlich ist
Wird sie mit Liebe decken.
Den Leib, die Welt, des Teufels List

Stößt allzeit sie zurück mit starkem Mut.
Sie zwingt Erbarmen mächtig groß
Hernieder aus dem Thron,
Nie ward ihr Handwerk Werkgenoß,
Güt' ist ihr Tagelohn.
Und zündet erst der Minne Glück
Im Geist, so schmelzen Leid und Mißgeschick.

Wer Geistesbrunst
Mit lieber Sorgfalt will im Herzen tragen,
Muß wachen, wenn er gerne schlief,
Muß beten, fasten, schlagen,
Muß denken Gottes Leiden tief,
Auf bloßen Knien, doch auch hier mit Maß.
Fleisch, Weinesdunst
Vermeide er und nehme mäßig Speise,
Daß sie allein den Hunger stillt!
So mag der Liebe Weise
In ihm nun wirken geistlich mild!
Der Blick gesenkt, das Antlitz schmal und blaß,
Der Leib in Armut, Frost und Glut
Gebettet auf das Stroh!
Das Leiden kommt aus Vaters Hut:
Sei denn geduldig froh,
Denn Leiden tilgt der Sünden Gall –
Drum lieg ich Wolkensteiner in der Fall!

5

Ich hör und seh,
Wie mancher klagt um den Verlust des Gutes;
Ich klage meiner Jugend Tag
Und den Verlust des Mutes,
Den ich dereinst so fröhlich pflag
Und kaum empfand, wie mich die Erde trug.
Mit Schmerz und Weh
Haupt, Rücken, Hand und Fuß das Alter melden.
Was ich vergeudet ohne Not,
Herr Leib, laßt Ihr entgelten
Mit bleicher Farb und Augenrot,
Verrunzelt, grau: Mein Springen wurde klug.
Schwer sind mir Herz, Mut, Zunge, Schritt,
Gebogen ist mein Gang,
Ein Zittern schwächt mir jedes Glied,
»O weh« ist mein Gesang –
Und so quintier ich Tag und Nacht.
Selbst mein Tenor ist runzelig gemacht.

Licht krauses Haar
Hat dicht gelockt mir einst das Haupt umschlossen.
Nun fleckt es sich in schwarz und grau,
Von Kahlheit rings durchschossen.
Mein roter Mund wird mählich blau,
Selbst meine Liebste ekelt es, mich anzuschaun.
Matt, unbrauchbar
Sind meine Zähne, taugen nicht zum Käuen;
Und hätt ich aller Welten Gut,
Bekäm ich keine neuen!
Wo kaufte ich mir freien Mut,
Es wäre einzig denn in Schlaf und Traum?
Mein Ringen, Springen, Laufen schnell
Ward Stolpern nur und Sturz.
Statt Singen hust ich aus der Kehl,
Der Atem wird mir kurz.
Ich sehne mich nach kühler Erd,
Denn schwach nur bin ich noch und ohne Wert.

Ach junges Blut,
Merk auf und schau und trau nicht deiner Schöne,
Nicht Wuchs, nicht Kraft! Und steig empor
An geistlichem Getöne!
Was du jetzt bist, war ich zuvor.
So komm zu mir und sieh: Es reut dich nicht!
Für alles Gut
Möcht ich nun leben Gott zum Wohlgefallen,
Mit Fasten, Beten, Kirchengehn,
Zur Buß auf Knien wallen!
Kaum weiß ich, andern beizustehn,
Da meinem alten Leib die Kraft gebricht.
Statt einem seh ich allzeit vier,
Ich höre wie durch Stein.
Sogar die Kinder spotten mir,
Und all die Fräulein rein.
Mein Unverstand ist daran schuld. –
Jung Mann und Weib, versäumt nicht Gottes Huld!

6

Ich spür ein Tier
Mit Füßen breit und einem scharfen Horne,
Das will mich treten in die Erd,
Durchbohren mit dem Sporne.
Den Schlund hat es nach mir gekehrt
Als sei ich seiner Gier zum Fraß beschert.
So naht es mir

Zum Herzen hin, daß es mich treff' und töte,
Wo ich dem Tier nicht weichen mag.
O weh der großen Nöte!
Die Jahre bis an diesen Tag
Sind alle hin und schmählich aufgezehrt.
Ich bin gefordert an den Tanz,
Da mir gewiesen wird
All meiner Sünden großer Kranz,
Wo Rechnung mir gebührt.
Doch will es Gott, der beste Mann,
So wird mir bald ein Strich hindurch getan.

Es deucht mich wohl,
Wenn ich nur lebte eines Jahres Länge
Vernünftiglich in dieser Welt,
So wollt ich machen enge
Die Schuld mit wenig Widergeld,
Das ich zur Stunde schwer bezahlen muß.
Darum ist voll
Mein armes Herz mit Angst und schweren Sorgen,
Weil selbst mein Tod zu dürftig zahlt.
O Seel, wo bist du morgen?
Wo ist dein Trost und Aufenthalt,
Wenn du verreisen mußt in heißer Buß?
O Kinder, Freund, Gesellen rein,
Wo ist euer Hilf und Rat?
Ihr nehmt mein Gut, laßt mich allein
Hinfahren in das Bad,
Wo alle Münze klein an Wert!
Ihr guten Werke, hätt ich euch gemehrt!

Allmächtigkeit
Ohn' Anfang, ohne End, sei mein Geleite
Durch dein Erbarmen göttlich groß!
Daß mich nicht überreite
Der Luzifer und sein Genoß,
Entreiße mich der dunklen Höllenkluft!
Maria, Maid,
Gemahn dein liebes Kind der großen Leiden!
Wie es die Christenheit erlöst,
Mag es auch mich nicht meiden!
Durch seine Pein sei ich getröst,
Wenn meine Seele flieht des Leibes Gruft.
O Welt, nun gib mir deinen Lohn!
Trag hin, vergiß mich bald!
Hätt ich dem Herrn statt deiner Fron
Gedient im wilden Wald,

So wäre nun mein Pfad gericht –
Gott, Schöpfer, gib mir Wolkensteiner Licht!

7

Gelobter Gott,
Gewaltiglicher Herr der Himmelsthrone,
Ich fleh um alles, was ich kann:
O lausch dem kranken Tone!
Sieh, deinen Willen nehm ich an
Und fliehe nimmer deine Herrlichkeit!
Nach dem Gebot
Will ich geduldig leiden, dir zu Ehren,
Um deine Marter und dein Leid,
Und in Geduld begehren
Der ewigen Freude Seligkeit,
Die einst verloren war auf ewige Zeit.
Ich bin umfangen vom Gewand,
In dem ich büßen soll:
O Herr, es kommt von deiner Hand
Und ich begreif es wohl!
So sei gelobt, durchlauchtig rein,
Nach deinem Wunsche will ich willig sein!

Traut seliges Weib,
Du keusche Maid, Frau, Mutter mit dem Kinde,
Das uns durch dich hat all erlöst
Vom höllischen Gesinde:
In seiner Hilfe gib mir Trost
Da ich verzagen muß an meiner Fron.
O schwacher Leib,
Du Sündenbalg, dein Wirt hat dich empfangen:
Nun will er auch bezahlet sein!
Was du nur je begangen
In deiner großen Sünden Schein –
Er fordert dich: Gib der Bewirtung Lohn!
Herz, dir ist Süße wohl bekannt,
Nimm nun das Saure für!
Wenn je dich Freude angewandt,
Das Trauern nun verspür!
So wäg sich eins zum andern ab:
Würdiger Gott, wie wert ist deine Gab!

Ein Sorgenkranz
Hat meinen Leib umspannt und fest gebunden:
Von Sorgen schwer das Herz mir schwoll;
Furcht, Sorge hab ich funden.

Vor Sorge mir das Haupt erscholl,
Der Sorge Grausen meinen Schlaf beschwert.
Umzirkelt ganz –
Vier Mauern halten meinen Schmerz verschlossen.
O lange Nacht, elender Tag! –
Die Zeit ward mir verdrossen
Und Schrecken mehren meine Klag;
Und wenig Hilfe ist mir noch beschert.
Vor dieser Welt wiegt meine Schuld
Im Leiden sicher klein,
Nur vor dem Herrn, der mich vor Zeit
Erschuf als Wolkenstein.
Er sei mein Trost und Aufenthalt! –
O Vellenberg, wie ist dein Glück so kalt!

8

Du armer Mensch, bereue deine Sünden schwer!
O heiliger Geist, gib uns des höchsten Vaters Lehr,
Daß ich gedenk ein wenig seiner Macht und Ehr
In meinem Lied von Gott, dem sonst nichts gleichet!
Neun Engelchöre loben Gott stets ohne Zahl,
Ihn loben Sonne, Mond und aller Sterne Strahl,
Ihn lobt der Himmel im Verein von Sein und All,
Und was da lebt, wohin sein Name reichet.
Berg und auch Tal, der Vögel Schall, der Fisch im Waag,
Gewürm und Tier – o glaubet mir, was ich euch sag! –
Laub, Gras, Gefild, das Wasser wild, die Nacht, der Tag
Erkennt und lobt den Herrn, dem Satan weichet.

Aus aller Meister Mund erfahren wir behend,
Wie das Geschöpf in seinem Wesen Gott erkennt.
Selbst mancher harte Stein hat sich entzweigetrennt,
Als er empfand des Schöpfers Not und Sterben.
Der Erde Frucht, ob sie auch unempfindlich ist,
Ehrt sie doch Gott im Blütenschmuck und kennet Christ,
Jeglich Gewächs nach seiner Zeit, wie ihm die Frist
Ist aufgesetzt von Gott, will Frucht erwerben.
Ob alle Kunst in reicher Gunst des Menschen Gut:
Die kleinste Blum, wär auch sein Ruhm von besserm Mut,
Möcht er nie ganz im reinen Glanz, der auf ihr ruht,
So hehr erzeugen, müßt er auch verderben.

Seht, alle Kreatur, die Gott erschaffen hat,
Sei sie in Wasser, Wind und auf der Erde Pfad,
Ist dankbar unserm Herren in der Majestat,
Nur um die Gnad, daß er sie einst formieret.
Ach dummer Mensch, wie ist dein Herz nur gar so wild,
Da du doch weißt, wie Gott dich schuf nach seinem Bild
Und selber dir verlieh die höchste Gnade mild,
Wie er dich mannigfach und ohne Zahl gezieret.
Er hat dir geben Leib und Leben, Seel, Vernunft,
Dir dienen Erde, Feuer, Wasser und die Luft;
Der Tiere Kraft, der Früchte Saft aus tiefer Gruft
Sind dir als Untertanen zugeführet.

Der Wolken Wucht, das Firmament im klaren Schein
Und alle Freude, die im Himmel einst wird sein –
Mensch! – Gottes Gnaden folgen aus dem Dienst allein,
Denn aus dem Denken läßt er sich nicht kennen.
Durch seinen Leib sind wir der Hölle nun entfreit,
Dem Fürsten Luzifer zu ewiger Schmach und Leid;
Und dennoch wird sein Name oft im Fluch bespeit
Von manchem Mann. – Ich wüßte viel zu nennen.

Ach Adams Kind, wie ist so blind dein schwacher Mut,
Daß du nicht kennst und übel nennst des Herren Gut,
Bis er dich faßt und übergibt der Hölle Glut;
Und alle Freude wird er von dir trennen.

O heiliger Christ, wie zahllos ist nicht deine Macht!
Kaum faß ich es ob all der Schöpfung Wunderpracht,
Daß wir so wenig fürchten deines Zornes Acht
Und dein Plagen, die dich uns erweisen.
So freut sich mancher Geist, der einst verstoßen ward
Vom Himmel hoch zu Tal um seiner Hoffart Art,
Daß er uns täglich leitet in der Sünde Gart. –
Für seinen Rat weiß ich kein Lob zu preisen.
Ach Weib und Mann, so schaue an die Missetat!
Schnell büß die Sünd, daß dich nicht find mit schlechtem Rat
Der Bösewicht! Recht mannhaft ficht! Gott gibt dir Gnad:
Nimm seine Hilfe an für Stahl und Eisen!

9

O Welt, o Welt, du trugvoll kranke Mauer!
Wie schwer du bist! Dein Lohn, er wird mir sauer.
Du fielst auf mich mit aller Last
Und drückst mich tief zur Erden.
O Weltenlust, du Tuch am bittern Ende!
Wer dich erkennt, der kauft dich nicht behende,
Will er nicht töricht fremder Gast
Bei fremden Frauen werden.
Was hilft es, daß ich manche Nacht
In großen Freuden zugebracht
In dreizehneinhalb Jahren?
Nun muß ich wachen, seufzen, zittern elendsbleich.
Ihr Heiligen und Engel hoch im Himmelreich:
Euch bitt ich, helft mir ohne Rast,
Im Leid mein Heil zu wahren!

Was hilft mein Reisen nun in fremde Lande,
Die vielen Königreiche, die ich kannte,
Was hilft mein Dichten, mein Gesang
Von mancher Königin schöne?
Was hilft's, daß ich mich klug in Fremdes finde?
Geworden bin ich doch zu einem Kinde,
Und mancher schmerzliche Gedank
Weckt mir des Jammers Töne.
Was hilft mir Silber oder Gold,
Da ich mir selber kaum noch hold
Mag werden tief im Herzen?
Daß mich der Welten Schein so ganz betrogen hat!
Ach starker Gott, in Kraft der heiligen Trinitat
Komm mir zu Hilfe und empfang
Mein Sehnen, meine Schmerzen!

Ein jeder Mensch bezähme sein Verlangen
Nach Freuden, die ihn nur zu bald umfangen!
Fürwahr, ich will sein Bürge heißen:
Das Ende wird ihm bitter!
Hat er ein Gut, so muß er es behüten,
Je mehr er hat, je schlimmer wird sein Wüten:
Der Neidhart wird dein Dach einreißen,
Und käm ein Ungewitter!
Ich nehm es gern auf meinen Eid:
Die größte Lust, das schwerste Leid
Kommt von den schönen Frauen.
Wie Lieb und Leid und Lust und Trauer sich vermengt,
Und Zeit und Weil des Scheidens Sehnen uns verhängt:
Wie mag das Ende fröhlich heißen?
Das möcht ein jeder schauen.

Ist einer jung, schön, mutig, hoch, von Adel,
Ein andrer stark und grade ohne Tadel,
Der dritte weis – er wird zum Kind,
Ist er erst alt an Tagen.
An Zier und Lust wollt ich noch viel bedenken,
Was uns erfreut, um uns dereinst zu kränken:
Doch erst, wenn Jahr um Jahr verrinnt,
Läßt sich dies Wissen sagen.
Denn seht, in dieser kranken Zeit
Bringt uns die Erdenlust nur Leid
Und Süßes wird zur Gallen.
Wie alle Freude endlich nur Verdrießen bringt,
So wundert mich, warum der Mensch nach Freuden ringt.
O weiser Mann, wie wirst du blind
In deinen Künsten allen!

Ach lieber Freund, ich will dir wahrhaft raten:
Laß uns aus diesen matten Lüsten waten,
Die wir nach der Natur begehren,
Und bitten Gott, den reichen,
Daß er uns einst vergebe unsre Sünde
Und unser Herz in seiner Brunst entzünde;
So können wir in guten Ehren
Dem höchsten Fürsten gleichen.
Weil unser Leib vergänglich ist,
So haben wir nicht Zeit noch Frist,
Bis wir von hinnen scheiden
Von allen Lüsten, Freuden, Gut und Ehren groß
Und nichts uns folgt als unsre guten Werke bloß:
O heiliger Geist, woll uns bekehren
Und alle Sünd verleiden!

10

Wenn ich den kranken Sinn zur Einsicht lenke
Und all der Erde dumme Wunder denke,
Von denen ich so viel erkannt,
Da ich sie sah und hörte,
So ist mir doch das Seltsamste geblieben,
Wie ich die Zeit mit Ruhm und Gut vertrieben
Und nimmer darin Ruhe fand,
Bis sich mein Hirn betörte.
Ich weiß es wohl: Einst kommt die Stund!
Und fänd ich aller Welten Grund
Ich gäbe ihn mit Freuden,
Hätt ich auch nur ein Jahr gelebt nach Gottes Plan,
Wie ich so viele einst in Üppigkeit vertan

Und nie der Sünde widerstand!
Nun muß ich dafür leiden.

Ich höre, wie sich manche weise nennen,
Weil sie der Erde Kurs ein wenig kennen,
Und sich bemühen voller Fleiß,
Ihn gänzlich zu erweisen.
Da meint dann solch ein sauberer Geselle,
Ihm schade auf der Welt kein Ungefälle,
Verdreht am Ende Schwarz und Weiß:
Das mag ein Esel preisen!
Und glaubt er sich weiß Gott wie reich,
Und meint er, keiner sei ihm gleich,
Soll er es doch verkaufen!
Und kriegt er dafür einen Schilling oder nicht,
»Er häuft den Wahn zur Torheit«, wie Petrarca spricht.
Der Narren Schar im Erdenkreis
Kann keine Zahl erlaufen.

Man liest und sagt uns viel von alten Jahren,
Und welche Wunder da zu finden waren,
Seit diese Welt erschaffen ist
Von Gott, dem Allerhöchsten.
Auch heute findet man noch Wunderzeichen,
Von Gott verhängt den Armen und den Reichen,
Papst, Fürsten, Herren: Alle List
Kann sie dann nimmer trösten.
Wer aufsteigt, wo ihn keiner hält,
Der wünscht, wenn er herunterfällt,
Er wäre stehngeblieben.
Doch seine Zeit vor Gott ist dann schon weggeschenkt.
Was hilft es, wenn ein Mann die kühnsten Dinge denkt?
Gibt ihm der Himmel keine Frist,
Was soll sich da noch fügen?

In Hoffnung, Schmerz, in Ängsten und in Freuden
Mühn wir uns ab, wie wir die Zeit vergeuden;
Und doch bleibt nichts auf dieser Welt
Und alle Dinge fließen.
Weil sich das Gute schnell zum Schlimmen wandelt,
Und weil das Gute ihm so selten widerhandelt,
Bis sich mit bitterem Entgelt
Am Schluß die Pforten schließen:
»Hier ist gewesen, hier ist nicht!«
Falsch, Untreu, böse Zuversicht
Wir füreinander tragen.
Kind, Vater, Mutter, Schwester, Bruder, alle gleich,

Mit Lügen, Trügen wollen sie ins Himmelreich,
Als wäre es ein ebnes Feld:
Den Jammer muß ich klagen!

Gar mancher sehnt sich nur nach kurzer Weile
Und fänd er sie, er kaufte sie in Eile,
Und gält es seinen ganzen Schatz,
Er würde ihn drum geben.
So rauft sich alle Welt um Gut und Ehren,
Und muß sie auch den höchsten Schatz entbehren.
Die Zeit zahlt keinem den Ersatz:
Vergeudet ist das Leben!
So gibt dir selber Rechenschaft:
Geburt und Tod, der Trotz, die Kraft,
Woran wir uns so binden ...
Am Ende liegt man da; und wie die Affen zahnen wir,
Und Kaiser, König, Grafen: Alle gleichen mir!
Nur gute Tat am rechten Platz
Wird Güte wiederfinden.

Ich glaube, nicht zu Wasser noch zu Lande
War je ein Tier, das diesen Spruch nicht kannte,
Als nur ein täglich grober Mensch,
Den alle Taten freuen.
Kein Vieh wird mehr, als es verbraucht, begehren,
Um nach Natur und Art sich zu ernähren;
Nur wir sind wie die Wettergäns,
Die täglich Wasser käuen.
Kein Tier beißt seinesgleichen tot,
Eins hilft dem andern aus der Not.
Doch ehe solch ein Heide
In Not und Elend lebt, wie mancher Weise tut,
Läßt er den letzten Freund krepieren um sein Gut,
Und alles nur für sein Getöns,
Für seine Lust und Freude.

Freund, soll man Weisheit, Tugend an dir preisen,
Laß dich in Elend, Armut unterweisen!
Dein Wildes wird dir sicher zahm,
Bist du vom rechten Stamme!
Demut und Ernst sollst du nur selten meiden,
Laß Hoffart, sei geduldig und bescheiden,
So liegen deine Feinde lahm
In tiefer Höllenflamme!
Trag Frieden in dein Herz hinein,
Laß nie den Brand der Rache ein,
Sprich wenig, nutz das Schweigen!

Frag nach, wo du dich je verirrst vom guten Brauch,
Trau nicht der Welt, ihr Sinn und Tun ist nur ein Hauch!
Such Gottes Liebe ohne Scham:
Er wird dir Freude zeigen!

II

O schnöde Welt,
So lang mich Leib und Gut in dir verschließen,
Find ich dich eitel nur und schwach
In Wort, Werk und Gebaren.
Voll Untreu bist du bis zum Grund,
Daß ich kaum Sinn und Ziel begreifen kann.
Falsches Entgelt
Zahlst du allein, in Lug und Trug beflissen.
Mit Mühsal, Arbeit, Ungemach
Und grimmigen Gefahren
Ringst du dich selbst zum Höllenschlund.
Drum klagt, ihr Dummen alle, Frau und Mann!
Wir streben täglich, Tag und Nacht
Nach Gut und Weltenehr,
Und wird der Wille uns vollbracht,
So bleibt uns doch nicht mehr
Als karge Speise, schlecht Gewand,
Und was wir je an Gutem vorgesandt.

Gar mancher spricht:
»In fester Treu sollst du mich allzeit finden,
Mit Leib und Seele zu Gebot
Für jetzt und alle Zeiten.«
Komm ich als Bettler vor sein Haus,
Dann wünscht er mich ins nächste Fuchsloch fort!
Die Zuversicht
Bringt wenig Nutzen ein bei Adams Kindern:
So dient nur einem, der heißt Gott!
Die Welt trägt Schmutz und Leiden:
Vermeide sie und ihren Graus
Und trau auf Gott, denn er nur hält dir Wort.
Ach, mich erbarmt manch guter Mann,
Und ich mich selber auch,
Weil keiner es durchschauen kann:
Die Welt ist nur ein Rauch
Und all ihr Dienst heißt Pein und Not.
Was ist der Lohn, sagt man einst: »Er ist tot«?

Kein ärmer Vieh
Fand ich bei allen Tieren aller Zonen
Als eines, das heißt Hofemann.
Der gibt sich selbst zu eigen
An einen Herrn für kargen Sold:
Das tut kein Esel, läßt man ihn erst frei!
Reit, stich und zieh
Mit Raub und Brennen! Wolle keinen schonen!
Nimm Roß und Wagen, Huhn und Hahn!

Laß dich von niemand beugen!
Denk nur, dein Herre ist dir hold,
Wenn er dich sieht bei solcher Wüterei!
Stell dich vor ihn, tritt hinter dich
Und gaff den ganzen Tag!
Ist er ein Fürst, sei zudringlich,
Bis er dich sehen mag!
Und sagt er dir ein freundlich Wort,
Dann nimm es für des Himmels Fürstenhort!

Ihr Vögelein,
Ihr Tiere all, ihr wilden und ihr zahmen,
Ihr wißt alleine, wie man liebt:
Das Gleiche kommt zum Gleichen,
Das Männchen sucht sein Weibchen fein,
Um dann in allen Nöten fest vereint zu stehn.
Oh Freunde mein!
Ich müßte mich erst krümmen, hinken, lahmen,
Eh mir nur einer Nahrung gibt;
Und würd ein Wörtlein reichen,
Um mich zu retten ohne Pein:
Ich müßte vor ihm wie der Schnee zergehn!
Die Menschengunst hat kein Gewicht,
Die eins dem andern tut,
Sie ist nur schnöde Zuversicht
Auf Reichtum, Sold und Gut.
Mein eigenes Kind trägt üblen Sinn,
Wenn ich ihm nicht genug von Nutzen bin.

Und sollt ich mir
Erwünschen ganz nach meines Herzens Freude
Ein Leben, so wie ich es wollt
In der Gelehrten Sinne,
So fände ich es dennoch nicht
Und schüfe mir damit am Ende nur Verdruß.
Was hilft die Gier
Nach großen Gütern, Ehre, Ruhm und Weite,
Was hilft mir Silber oder Gold,
Was hilft der Frauen Minne?
Der Erde Lust ist schnell zunicht,
Und ich weiß wohl, daß ich von hinnen muß.
Turniere, laufe, tanz und spring
Auf einem weiten Platz.
Mach Kurzweil und treib Hofgeding,
Toll um wie eine Katz!
Und wenn der Spaß ein Ende hat,
Geh wieder hin; und öde ist die Statt!

Ach Freund, Gesell,
Bezweifle nicht, was ich dir hier will sagen:
Dien' Gott aus ganzem Herzen rein,
Laß dich die Welt nicht schrecken
Und mach dir ihre Lust zum Spott,
So hast du Freude hier und dort genug!
Kein Ungefäll
Soll dich bekümmern! Laß dich nicht verzagen,
Und keine Trübsal bring dir Pein!
Will dich ein Leid erwecken,
So ist es Gnade nur von Gott,
Und diese Gnade trennt der Hölle Trug.
Wer sich verfängt in Zorn und Schuld,
Der nähert sich dem Vieh,
Da uns doch Gott in seiner Huld
Fünf gute Sinne lieh.
Dies ist der Würde höchstes Kleid:
Wer weise ficht in Widerwärtigkeit.

Mich wundert sehr,
Wie wir so viel auf dieser Welt erbauen,
Und sehen doch, wohin es geht.
Wo sind die Freunde alle?
Wo sind mir Ahn' und Eltern hin?
Wo sind wir selber über hundert Jahr?
Mich wundert mehr,
Daß ich mich nie entwand von dieser Frauen,
Die mich so lang betrogen hat
In ihres Unheils Falle.
Mich blendete mein dummer Sinn,
Und nimmer ahnte ich von ihr Gefahr.
Wir bauen hoch auf all den Tand,
Auf Häuser, Burgen zier.
Es reichte eine schlichte Wand,
Die länger hält als wir.
Kommt, Brüder, Schwestern, arm und reich,
Baut dort ein Schloß: Es birgt euch ewigleich!

12

Ins Frankenreich,
Nach Spanien, Aragon, Kastilien, Engelland,
Dänemark, Schweden, Böhmen, Ungarn fort,
Apulien und Naverren,
Nach Zypern und Sizilien,
Nach Portugal, Granada, Sultanskron –
Die sechzehn Königreich
Hab ich umfahren und erprobt, bis ich erfand
Den einen stets getreuen Hort:
Sie will mir Treu bewähren,
Für meine Dienste zu mir stehn;
In ihrem Willen such ich meinen Lohn.
Auch tröstet, wenn ich ihre Huld
Und Güte schlecht gewahrt,
Daß sie's nicht rächt nach meiner Schuld
Und andrer Frauen Art.

Denn darin weiß sie Gnaden viel,
So ich nicht selbst die Freundschaft brechen will.

Kein schöner Weib
Hat je ein Menschenaug erschaut, und wer sie kennt,
Der muß es freilich eingestehen:
An ihr ist nichts als Wonne.
Ihr Anblick brennet wie die Sonn,
Die lichten Augen klar, der rote Mund.
Wie soll mein Leib
Noch traurig sein, wenn ich bedenke: Bis ans End
Darf ich die Reine vor mir sehen
Im Glanze ihrer Krone.
Ihr zarter Leib gibt Glück und Wonn,
Und bin ich krank, so macht sie mich gesund.
Es schüfe mir die höchste Freud,
Geläng es mir mit Kosen,
Daß sie mir ihren Garten beut,
Wo sie verweilt in Rosen.
Und würde mir ein Kränzlein grün
Durch ihre Gunst, wär ich in Freuden kühn.

Vier Königinnen,
Durch deren Huld mir viel geschah an Ehr und Gunst,
Der ich fürwahr nie würdig ward,
Und manche Fürstin schöne,
Die mich mit ihr zu singen bat,
Wenn ich auf einem Knie ihr Dank erwies:
Wollt ich's besinnen,
So übertrifft sie meine Frau mit ihrer Kunst
In neugewirkter edler Art.
Kein Mensch so süße Töne
Von Lippen je vernommen hat,
Als wenn sie ihre Stimme hören ließ.
Sie überstrahlt die Musica
An voller Resonanz,
Selbst die Mensur apposita,
Die Noten hohl und ganz
Läßt sie erschwingen in der Kehl,
Daß es erklingt in meines Herzens Seel.

Und wär Paris,
Venedig, Brügg, Damaskus, Tripolis in Barbarei
Mit Gold und Perlen überstreut,
Und Genua voll Karfunkel
Und Barcelon ein Diamant
Und Montpellier ein lichtes Goldschmiedstück –

Dennoch wär sie's,
Die solche Schätze überwög an Ehren frei,
Die mich zu jeder Stunde freut.
Wenn ich in Trauers Dunkel
Von tausend Schlingen war umwandt,
So riß sie mich aus tiefster Flut zurück.
Demütiglich, von Tadel rein,
Im hellsten Tugendkleid,
In allem Wandel keusch und fein,
So herrscht die schöne Maid.
Mein Leid wiegt keinen Strohhalm schwer:
Will sie mir wohl, so fürcht ich niemand mehr.

Ach Frauenschar,
Es wäre wohl die Zeit, daß ihr mir Urlaub gebt,
Denn ihr betrügt mich allzu sehr!
Mein Trost will euch nicht scheren,
Und all mein Dienst hinkt hinten nach,
Seit mir ein Grau den braunen Bart durchdringt.
Ich hoffe wahr,
Die Zarte, Reine, die so hold und minnig lebt,
Bewahrt mir ihrer Tugend Ehr,
Will ich sie nicht beschweren,
Und wendet sanft mein Ungemach,
Bis mich die Liebe allzeit billig zwingt.
Ihr Kaiser, Könige und Freien,
Knechte, wer ihr seid,
Seht, ich will mich jubelnd reihen
Mit der schönen Maid,
Die nimmer ihre Treue bricht,
Solang ich willig bin in ihrer Pflicht.

13

Wer ist sie, die da leuchtet
Vor aller Sonnen Glanz,
Erquicket und durchfeuchtet
Den rings verdorrten Kranz?
Wer ist sie, die voran im Reihen führt den Tanz,
Und die dem zarten Maien bringt Blüt' und Pflanz'?
Die hehrste Jungfrau gar,
Die klar fürwahr den Sohn gebar,
Der sie als Vater keusch erlas,
Bis sie jungfräulich rein genas
Der dreifach freien Unitas.
Durch sie sind wir getröst, erlöst
Von scharfer Höllengier.

Wer preist nach ihrem Werte
Der Jungfrau edle Art?
Kein Mägdlein auf der Erde
So hold geboren ward.
Ei, du traut minnigliche, keusche Kreatur!
Dein Licht erglänzet truglos über alle Figur,
Hell wie ein Glanzrubein
Ohn' Pein im Schein durchsichtig fein
Bestrahlt des Ringes Goldgeschmeid.
Der Ehren Fahne hoch und weit
Trivallen, schallen ohne Streit,
So will ich. Bei der Zarten warten
Viel Gnaden mir.

Die Rose ohne Dorne,
Von der man liest und sagt;
Die alle Last vom Zorne
Auf ihrem Rücken tragt;

Die uns dereinst am jüngsten Tage machet los
Aus mannigfacher Klage, schwer und groß.
Wem deiner Rettung Seil
In Eil zum Heil dann wird zuteil,
Der hat dich, höchste Frau, erkannt.
Der Hölle Pfad wird ihm gewandt.
Ei, Klare, Wahre, Schildesrand,
Zerbrich des Teufels Speer, den Ger
Verwehr ihm, Jungfrau zier!
Amen.

14

Benedicite

Gesegnet sei die Frucht
Trank, Essen, Wein und Brot
Von Gott, den Mädchenzucht
Gebar fürwahr.
Der selbdritt litt durch uns den Tod.
Der immer lebt ohn' End,
Der ohne Anfang ist,

Sein' Leib als Speis uns hier sendt
Schier, wenn wir
Krank werden zu des Lebens Frist.
Hilf, Frauenkron!
Kyrieleison!
Vater, heiliger Geist,
Mit deinem Sohn
Uns Gnad verleihst.
Wehre der Feinde Drohn,
Eh sie uns verleiten ins Weh!
Amen. Benedicite!

15

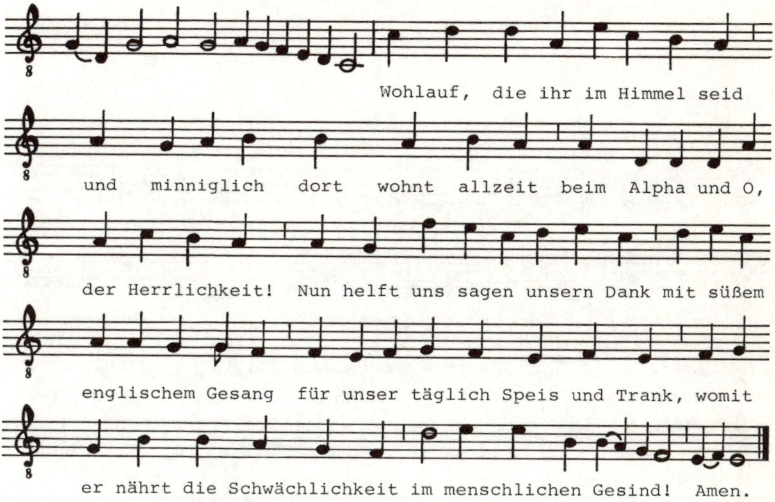

Gratias

Wohlauf, die ihr im Himmel seid
Und minniglich dort wohnt allzeit
Beim Alpha und O, der Herrlichkeit!
Nun helft uns sagen unsern Dank
Mit süßem englischem Gesang
Für unser täglich Speis und Trank,
Womit er nährt die Schwächlichkeit
Im menschlichen Gesind! Amen.

So sei denn, Jungfrau, ohne Haß
Gelobt mit deinem höchsten Schatz,

Der in dir schuf sein freien Platz;
Vor dem ich Sünder mich beklag,
Weil ich Elendiger es wag
Und schlecht vergeude meine Tag
In dieser schnöden Zeit so weit,
Die mir verlieh dein Kind.

Denn sieh, verstrichen ist die Zeit!
Ich ruf zu dir in Angst und Leid,
Hilf, Maid, mit der Dreieinigkeit
Und laß uns nicht der Hölle Fraß!
Du bist es, Frau, der ich genaß,
So sing ich Deo gratias.
Mit Fried, Reu, Herr, alle Seelen bekleid,
Wo sich der Glauben einfindt! Amen.

16

»Ich fühle Luft und kühlen Duft,
Daß es mich deucht in der Vernunft,
Wer es erspürt, wird es Nordostwind nennen.
Ich Wächter sag: Glaubt nur, der Tag
Verkündet sich aus finsterm Hag!
Ich seh, erspäh das Morgenrot herbrennen.
Die Vögel singen überall,
Die Amsel, Lerche, Zeisig, Drossel, Nachtigall.
Von Berg und Tal die süßen Lieder tönen.
Liegt jemand hier in guter Wacht,
Der sich in Freuden hat gewiegt die lange Nacht,
Der gebe acht: Er muß sich jetzo trennen!«
    Die Jungfrau hätt' verschlafen,
    Der Knab erwachte drauf.
    Sie riefen Weh und Waffen
    Zum neidischen Tag hinauf.
    Die Maid hub an zu schelten:
    »Herr Tag, Ihr laßt entgelten
    Mein Glück durch Euern Lauf!«

Ein Hemdlein weiß bot sie mit Fleiß
Dem Knaben hin mit Händlein heiß:
»Steh auf und lauf! Sieh dort den grauen Morgen!«
Des Fensters Schrein schlug er herein
Und sagte zu dem Fräulein fein:
»Ach Gott, kein Spott! Er kommt daher mit Sorgen.
Er dringet durch das Firmament;
Der Morgenstern hat seinen Schein vorhergesendt:
Die Nacht vollendet sich in Tagessonne.«
Er küßt sie auf den roten Mund:
»Ach Herzenslieb, noch ist es keine halbe Stund,
Daß wir verbunden lagen voller Wonne!«
    Sie huben an zu klagen,

Banden die Lippen fein;
Da wollte sie verjagen
Des lichten Tages Schein.
Sie sprach: »Mein traut Geselle,
Mußt du auch von der Stelle:
Ich will dein Eigen sein!«

Der Wächter sang und rief so lang,
Er stieß ins Horn, daß rings es klang
Und wies den Gast im Glast aus Oriente.
Das Fräulein dacht in lieber Acht:
»Ach Sonne, wer hat dich gebracht?
Wärst du zur Ruh nur fort im Okzidente!
Dein Glänzen wüßt ich zu entbehr'n:
Viel besser wär, du zeigtest uns den Abendstern:
Den säh ich gern, könnt ich den Wunsch erflehen.«
Da lachte laut der Knabe fein:
»Mein liebster Schatz, so kann es leider nimmer sein.
In Sehnens Pein muß ich denn von dir gehen.
Du Freudenmacherinne,
Des Herzens Honigseim,
Du hast mir Herz und Sinne
Benommen ganz allein!«
Sie hielten sich zusammen
Mit Armen bloß umfangen:
»Es muß geschieden sein!«

17

»Fahr, häng und laß und richt dein Maß,
Bis du erreichst die rechte Straß,
Und kannst du das, bist du als Seemann weise.
Sag mir, wohin steht dir dein Sinn,
Ob ich dir raten kann darin?
Spar mir nicht drin, sonst reut dich deine Reise!«
Der Knabe sprach: »Bei dieser Fahrt
Magst du mich gerne weisen, Herzensfräulein zart:
Ganz ungespart sei meines Herzens Trachten!
Nach Syrien steht mein Gedank
Zum heiligen Grab nach deinem Rat. Ganz sonder Wank
Auf deinen Dank will ich nun täglich achten.«
    Sie fingen sich in Lüsten
    Mit Armen liebevoll;
    Wie sie einander küßten,
    Da gefiel es beiden wohl.
    Sie sprach: »Fahr hin mit Sitten,
    Hüt dich vor ›Calamiten‹,
    Wenn ich dir raten soll!

Den Bug zur Hand kehr nach ›Levant‹,
Und nimm zur Hilfe ohne Tand
Den Wind ›Ponant‹, der bläst vom achtern Ende.
Des Segels Last zieh auf zum Mast
Hoch an den Gipfel, fang den Gast,
Das Steuer gefaßt, daß dir das Schiff nicht wende!
›Maistro provenz‹ hilft dir voran,
Und günstig ist dir auch der ›Tramontan‹,
Bei ›Greco‹ lenke schnell nach Luv die Wante!
›Cazza poggia! Carga!‹ Behend,
Nimm Maß und richt den Kompaß nach dem Firmament!
Gib acht und hüte dich vor dem ›Levante‹!
›Bass alla banda‹ springen
Tief in die Flut hinein!
Laß dich vom Sturm nicht zwingen,
Fahr in den Hafen ein!
Und nahst du dich der Pforte,
So meide seichte Orte
Und wirf den Ankerstein!

Von Zeit zu Zeit naht dir mit Neid
›Scirocc‹ in großem Widerstreit.
Der bringt dir Leid und will dein Schiff zerschellen.
Doch wächst sein Spiel zum Sturmgebrüll,
Wend einen Strich nach Nord dein Ziel,
Und wird dir schwül, darf dir der Mut nicht fehlen!
›Cala vela! Eiola grosso bald!‹
Ermahne deine Mannschaft! Gib der Drift nicht Halt,
Die mit Gewalt wird ›Austro‹ bald vertreiben!
Der kann dir nun zustatten kommen
Bei halbem Wind. Denn wie ich früher hab vernommen,
Kannst du mit Frommen in ›Gaiola‹ reiten.
Das Steuer richte weise
Und sanft nach deinem Sinn!
›Coro‹ hilft deiner Reise,
Er führt dich schnell dahin
Zum Weg nach Oriente.
Gott dich herwieder sende,
Trauter Geselle mein!«

18

Es fügte sich, ich war noch kaum zehn Jahre alt,
Da wollte ich besehen dieser Welt Gestalt.
In Elend, Armut, manchen Winkel heiß und kalt
Hab ich bewohnt bei Christen, Griechen, Heiden.
Drei Pfennig in dem Beutel und ein Stückchen Brot
Nahm ich als Zehrung mit auf meinem Pfad zur Not.
Bei Fremden, Freunden hab ich manchen Tropfen rot
Gelassen, mußte mehrmals fast verscheiden.
Ich lief zu Fuß in schwerer Buß, bis mir verstarb

Mein Vater gar. Fast vierzehn Jahr kein Roß erwarb:
Nur eines stahl ich dazumal von falber Farb
Und schied davon auf gleiche Art mit Leiden.
Auch Läufer, Koch war ich dann noch und Marstallier,
Und hab das Ruder lang gezogen, das war schwer,
In Kandia und anderswo und wieder her.
Manch schlechter Kittel mußte mich bekleiden.

Nach Preußen, Litauen, Tartarei, Türkei und übers Meer,
Nach Frankreich, Spanien, Lombardei in zweier Könige Heer
Trieb mich die Minne ohne Löhnung und Gewähr:
Bei Ruprecht, Sigmund mit dem Adlerstreifen.
Französisch, Maurisch, Katalonisch, Kastilian,
Deutsch, Latein, Windisch, Lombardisch, Russisch und Roman,
Zehn Sprachen brauchte ich, wenn mich die Not ankam.
Auch konnt ich fiedeln, trommeln, pauken, pfeifen.
Ich hab umfahrn Inseln und Arm und manches Land,
In Schiffen schwer fuhr ich zu Meer bei Sturmesbrand,
Hab auf und nieder seine Glieder schnell durchrannt:
Das Schwarze Meer ließ mich ein Faß ergreifen,
Als mir zerbrach zum Ungemach die Brigantin'.
Als Kaufmann saß ich, doch genaß ich und kam hin,
Ich und ein Ruß. Im Wellenfluß schwand mein Gewinn
Und sank zu Grund. Ich schwamm zum Küstenstreifen.

Die Königin von Aragon war schön und zart.
Ich kniete vor ihr hin und reichte ihr den Bart.
Mit weißer Hand band sie darein ein Ringlein zart
Und sprach gar hold: »Non mai plus disligaides!«
Von ihren Händen wurden mir die Ohren fein
Durchbohrt mit einem spitzen Messingnägelein.
Nach ihrer Sitte schloß sie mir zwei Ring darein;
Die trug ich lang. Man nennt sie dort »Racaides«.
Ich traf zur Stund König Sigmund. Wie ich ihn fand,
Den Mund er spreizt und schlug ein Kreuz, da er mich kannt',
Dann rief er mir: »Was zeigst du hier so fremden Tand?«
Und fragte sanft: »Tun dir die Ring kein Leides?«
Weib und auch Mann schauten mich an und lachten froh.
Neun Personier mit Königszier, die waren da
Zu Perpignan, Papst Luna dann, der Herr Pedro,
Dazu der König Roms und Frau von Praides.

Mein dummes Leben wollt ich ändern, das ist wahr,
Und lebte als ein halber Mönch zwei ganze Jahr,
Doch wenn der Anfang auch voll echter Andacht war,
War es die Liebe, die den Schluß zerstörte.
Erst ritt ich noch und suchte adeliges Spiel

Und diente einer Frau – jedoch hier schweig ich still! –
Das kleinste Körnchen Gnade schien ihr noch zu viel,
Bis mir die Kutte meinen Leib betörte.
Gar manches Ding mir nun gering vonstatten ging,
So lang die Kappen mit dem Lappen an mir hing.
So leicht auf Ehr ich niemals mehr die Mädchen fing,
Weil jede meine Reden gerne hörte.
Die Andacht fuhr an kurzer Schnur beim Giebel raus,
Das Pilgerkleid flog klafterweit zum Dunst hinaus.
Ich hab seither für mein Begehr gar manchen Strauß
Erlitten, der mir alle Freude störte.

Es wär zu lang, würd ich erzählen meine Not,
Denn mich bezwingt ein auserwähltes Mündlein rot,
Das mir das Herz versehrt bis an den bittern Tod:
Vor ihr fließt mir der Schweiß aus tausend Bronnen.
Blutrot und bleich verkehrte sich mein Angesicht,
Als mich das zarte Mädchen nahm in ihre Pflicht.
Vor Zittern, Seufzen fühlte ich mich selber nicht,
Als wäre mir der Leib in Glut zerronnen.
In großem Schreck lief ich hinweg zweihundert Meil.
War ich entflohn, fand ich den Lohn zu keinem Teil.
Frost, Regen, Schnee traf nie so weh mit kaltem Pfeil:
Ich brenne in den Flammen ihrer Sonnen.
Wohn ich ihr bei, bin ich nicht frei und ohne Maß,
Bei dieser Frauen muß ich bauen üble Straß',
In wilder Brunst, bis ihre Gunst erläßt den Haß.
Ach, hülfe sie, aus Trauer wüchsen Wonnen!

Vierhundert Weiber ohne Männer an der Zahl
Fand ich auf Nios, einer fernen Insel schmal.
Kein schöner Bild sah je ein Mensch in einem Saal! –
Doch keine konnte mich wie sie vergarnen.
Auf meinen Rücken lud sie eine schwere Hürd:
Ach Gott, erahnte sie nur meines Leides Bürd!
Wie aller Kummer mir so klein und nichtig würd,
Hätt ich die Hoffnung nur auf ihr Erwarmen.
Wenn ich im Elend oft die Hände winden muß,
Um voller Leiden zu vermeiden ihren Gruß.
Ach, spät und früh bringt meiner Müh kein Schlaf Genuß:
Das ist die Schuld von ihren weißen Armen.
Hört, Knab und Maid, es bringt viel Leid, der Minne pflegen!
Wie wohl mir ward, als mir die Zarte bot den Segen.
Auf meine Ehr, käm sie nie mehr mir so entgegen,
Müßt sich mein Aug der Tränenflut erbarmen.

Ich hab gelebt wohl vierzig Jahre bis auf zwei
Mit Toben, Wüten, Dichten, Singen mancherlei.
Es wär wohl Zeit, daß ich auch eigenes Kindsgeschrei
Als Gatte hörte aus der Wiege gellen.
Doch unvergessen bleibt sie mir auf ewigleich.
Sie einzig gab mir Mut auf diesem Erdenreich.
In aller Welt kommt keine ihrer Tugend gleich.
Auch fürchte ich der Ehefrauen Bellen.
Manch Weiser bat um meinen Rat und schätzte mich,
Dem ich gefallen hab mit Schallen liederlich.
Ich, Wolkenstein, leb selten fein vernünftiglich,
Weil es mich freut, das Lob der Welt zu wählen.
Ich gebe zu, ich weiß nicht, wann ich sterben soll.
Mir folgt kein Schein als nur allein der Werke Zoll.
Hätt ich dann Gott und dem Gebot gedienet wohl,
So schreckte mich kein Feuer in der Höllen.

19

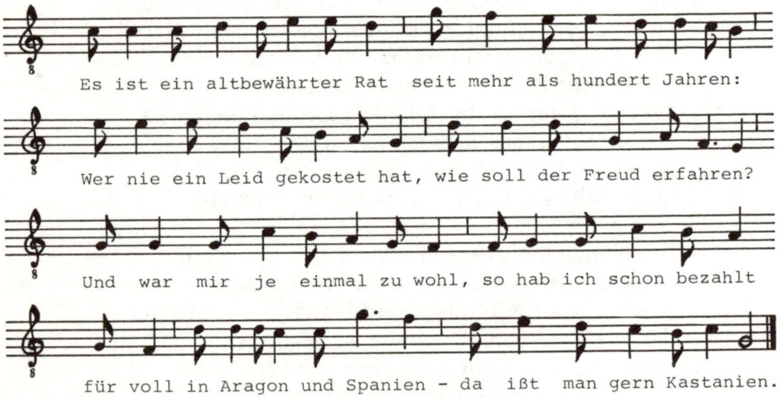

Es ist ein altbewährter Rat
Seit mehr als hundert Jahren:
Wer nie ein Leid gekostet hat,
Wie soll der Freud erfahren?
Und war mir je einmal zu wohl,
So hab ich schon bezahlt für voll
In Aragon und Spanien –
Da ißt man gern Kastanien.

Was hat mein Bart von Fräulein fein
Zu Konstanz nicht erlitten!

Auch ward mir dort der Siegelstein
Glatt aus dem Sack geschnitten.
Ich hatte selten rechtes Glück:
Es zogen zwei an einem Strick,
Wie es mir ging in Aragon
Und in dem Städtchen Perpignan.

Wer einen Vogel fangen will,
Daß er ihm nicht entfliege,
Der muß ihn locken süß und still,
Daß er ihn recht betrüge!
Mit Netzen, Lätzen, mit dem Kloben
Wird mancher Vogel schnell betrogen,
Mit schlauer List umgeben:
Gleich kostet's ihn das Leben.

Pfeifen, Trommeln, Harfenton,
Die Mohren Pauken schlugen,
Viel Leute in der Prozession,
Die Turm und Burgen trugen
Mit Engeln, wohlgeziert und schön:
Da sangen, klangen viele Tön,
Ein jeglicher darunter
In neuer Stimmen Wunder.

Entgegen liefen arm und reich,
Vom Staub ward ich schier heiser.
Empfangen ward da würdigleich
Sigmund, der künftige Kaiser.
Zu Perpignan rings in der Stadt
Erhitzten sie ihm schon das Bad:
Hätt man noch Dampf aufgossen,
Hätt es uns bald verdrossen.

Zwei Königinnen, jung und alt
Begrüßten ihn mit Küssen.
Doch nach der jungen, merkt ich bald,
Tat er den Mund nicht wischen.
Ein Schisma zwischen Weib und Mann –
Da hätten wir uns leicht getan,
Statt mit dem Peter Schräufel
und seinem Knecht, dem Teufel!

Nie konnt ich solche Schwänze schauen,
Nicht an Löwen noch an Pfauen,
Als sie in diesem Land die Frauen
Hinten an die Röcke bauen!

Ring in den Ohren, Nagelrot!
Eh eine dort ihr Händchen bot,
Ließ sie zum Küßchen bitten:
So süß sind dort die Sitten!

König Sigmund stritt voll Qual
Tagtäglich achtzehn Wochen
Mit Päpsten, Bischof, Kardinal –
Hätt man sie nur erstochen,
Die ihre Falschheit da gezeigt
Und sich dem Schisma zugeneigt!
Ich möchte sie verklagen
Mit Pfeifen auf dem Wagen!

Manch hämische List ward da vollbracht
Mit Neigen und mit Bücken;
So mußte ich dort manche Nacht
Die Feldmatratze drücken.
Auf ihrem Haar fand ich nicht Ruh,
Es war von einer alten Kuh,
Die hieß mit Namen Mumme
(So sagte eine Stumme).

Und der von Ötting läutet mir
Frühmorgens auf dem Kopfe,
Wie Raben einen toten Stier
Verpicken hinterm Schopfe.
Da hab ich ihm wohl manchen Streich
Mit einem Schuh (war gar nicht weich!)
Nach seinem Fell geschmissen
Und ihn ganz schön gerissen.

Herzog von Brieg war auch kein Tor,
Der lag in schweren Sorgen.
Ich lüpfte meinen Steiß empor
Und zeigte Guten Morgen.
Da flog mir oft ein harter Schuh
Gewürzt mit wilden Flüchen zu:
Ich mußte endlich fliehen,
Die Decke drüber ziehen.

Geschichten wüßt ich ohne Zahl,
Hätt ich mich recht besonnen.
Der Baumgart gab dem Fritz einmal
Frühmorgens Weihebronnen
Aus einem vollen Odelfaß:
Gesicht und Tuch und Hemd war naß

Und gelb besprenzt mit Tupfen –
Da durfte Fritzchen putzen!

Als ich der großen Glocke Klang
Zum Sturme hörte klingen,
Ward mir die Kurzweil doch zu lang
Und mir verging das Singen.
Ich dachte: Feiges Glöckelein!
Wär ich daheim auf Wolkenstein
Mit Herren und Gesellen,
Dann förcht ich nicht dein Schellen!

Das Sturmgeläute und sein Schall
Hat so infam geschollert,
Daß ich vor Schreck treppab zu Tal
Bin kopfvoraus gekollert.
Dort traf ich meinen Herren an,
In seinem Harnisch wie ein Mann,
Das Schwert am Gurt dabei:
Und gleich gab's Keilerei.

Mein guter Geldsack reut mich nicht:
Von Gulden ist sein Name.
Die Christenheit fand auch ihr Licht
Und Rettung in Narbonne.
Herzog von Brieg, Bischof von Rig,
Herr Großgraf! – König Sigmunds Sieg
War euer Werk daneben:
Der Lohn wird euch gegeben,

Und allen, die dort Wehr und Roß
Als Pfand zurückgelassen,
Wär mancher auch durch Kot und Moos
Gewatet auf den Straßen:
Es ist zu ihrem Heil geschehn,
Wenn sie jetzt fromm per pedes gehn! –
Von meinen Rössern allen
Behielt ich zweieinhalbe.

O Peterle, du falsche Katz,
Du Mondkind voller Launen,
Was half dir deine alte Glatz?
Ich hör ein Brieflein raunen
Aus Avignon von Herren und Land;
Und wer an dir einst Glauben fand,
Der pfeift dir jetzt mit Grillen
Zum Tanz auf in der Dielen.

So gingen wir zur Prozession
In Haufen und mit Drängen,
Mit Pfeifen, Trommeln, Glockenton
Und frommen Lobgesängen.
Am Abend war dann Tanz am Ort:
Wir scheuchten Peters Glatze fort
Bei mancher schönen Dieren
Mit Springen und Hofieren.

Doch jedes Ding verkehrt sich kraus:
Mein Beutel schmolz von hinnen.
So mancher brachte zwei nach Haus,
Ich ließ den meinen drinnen.
(Einst ging er rund um meinen Leib!)
Gar mancher nimmt ein edles Weib
Und fühlt sich ungeheuer
Bei solcher Mitgiftsteuer!

Doch all das schafft mir wenig Tadel,
Seit mir die schöne Margarite
Die Ohren stach mit einer Nadel
Nach ihres Landes Sitte.
Die liebe, edle Königin!
Zwei goldne Ringlein schloß sie drin,
Hat eins im Bart verhangen:
Also ließ sie mich prangen!

Ein Titel ward mir noch gegeben:
Vicomte von der Türkei.
Man meinte, daß ich nun daneben
Ein Heiden-Freigraf sei.
Ein Maurenkleid in Gold und Rot
Mir König Sigmund dazu bot:
Da konnte ich scharwenzen
Bei Heidensang und Tänzen!

In Paris liefen tausend Leut
Aus Häusern, Gassen, Zeilen:
Mann, Weib und Kinder standen weit
Gedrängt auf gut zwei Meilen.
Sie alle schauten an
Sigmund, den römischen Mann,
Und zeigten auf mich Lappen
Mit meiner Narrenkappen.

Die Landesgruppen jeder Schule
Mit ihrem goldnen Stengel

Verehrten ihn auf seinem Stuhle
Noch mehr als einen Engel.
Und jede Schule sonderlich
Belobte ihn recht meisterlich
In einem großen Saal:
Studenten, Lehrer ohne Zahl!

Ich lernte auf den Knien gehn
In meinen alten Tagen.
Auf Füßen durfte ich nicht stehn,
Um mich vor sie zu wagen:
Frau Isabel von Frankereich,
Die Königin so würdenreich,
Hat mir den Bart mit eigener Hand
Bekrönt mit einem Diamant!

Im Wasser fängt man manchen Fisch
Mit Garnen und mit Stecken.
Mir stellten sie das Geld zum Tisch
In fünfhalb großen Säcken.
Mein König Sigmund füllte mir
Den Sack mit vielen Talern zier,
Soviel ich ohne Zagen
Selbdritt nur mochte tragen.

Doch eine Botschaft groß und schwer
Hieß schnell mich weitereilen:
Und Sigismund, mein hoher Herr
Befahl mir, nicht zu weilen.
In Paris gab er mir die Hand
Und segelte nach Engelland,
Die Könige zu einen.
(Ei wohl, das will ich meinen!)

Von den Franzosen preis ich einen
Getreuen – par ma foi! –
Den Frommen, Tapferen und Reinen:
Den Edlen von Savoy.
Dem wurde von des Kaisers Hand
Die Herzogswürde zuerkannt;
Da brach die Sesselbrücken:
Schon lagen sie am Rücken!

Was ich auch höre, sing und sag
Vom Lauf der Welt mit Ziemen:
Es zählt doch einst am jüngsten Tag
Der Rucksack wie sein Riemen,
Der Kirchturm wie ein Essigkrug. –

Doch hielten wir der Seele Fug
Getreu und unbezwungen,
Dann hätt ich wohlgesungen.

20

Es saust daher von Orient
Ein Wind, den man Levante nennt,
Der selbst das ferne India kennt.
In Syrien bläst er behend,
Bis er sich fort nach Hellas wendt,
Fährt durch barbarisches Geländ,
Im Sturm bis nach Granada rennt,
Portugal, Spanien verbrennt.
Vom Ost der Welt bis an ihr End
Regiert dies edle Element,
Das uns der Tag als Boten sendt,
Der nach ihm schon das Firmament
Durchdringt im Streit mit dem Ponent:
Da freuen sich im Okzident
Die Bürger von Narbonne.
Den Sturm vernahm ein Fräulein zart,
Da es von Armesbanden hart
In Liebeslust verschlossen ward.
Sie sprach: »Ich hör den Widerpart!
Die Nacht entweicht, der Morgen klart.
Wach auf, mein Hort! Schon ist geschart
Der Sterne Glanz im Himmelsgart.
Wächter, ich hör dich auf der Wart:
Nur Jammer schafft mir deine Art.
Du Wicht! Wer hat dich so gelahrt,
Daß du verstörst mein Lieben zart?
Mein Herz ist mir in Leid erstarrt.
Der Reue bliebe ich gespart,
Wenn ihm mißlänge seine Fahrt.
Halt ein mit deinem Tone!«
Da wollte sie ihn drücken,
Zwicken aus der Rast,
Freundlich an sich rücken,
Schmücken ohne Last.
Bis er die Glieder reckte,
Streckte und sich regte,
Weckte sie den Gast.

Der Knabe schrak aus seinem Wahn:
»Wie faß ich, Liebste, sag mir an,
Daß mich dein zärtliches Umfahn
In grimmer Rache jäh begann
Zu schrecken mit so hartem Gram?
Was Schlimmes hab ich dir getan?«
»Ach, du mein auserwählter Mann,
Wie reut mich deines Fliehens Bahn,
Vor der mir aller Mut zerrann!

Hörst du die Vöglein wundersam?
Den Morgen künden sie uns an,
Ein jedes hebt schon seinen Sang
Mit hellem Ton aus Busch und Stamm.
Mein Herz klagt jene Bösen an,
Die uns so schnöd beschlichen.«
»Ach Mädchen, deine Herzensqual
Nimmt alle Freude manches Mal.
Hat deiner Ehren hohe Wahl
Mich auch beseligt ohne Fall,
So ist doch groß der Späher Zahl,
Die uns belauschen überall
Und stürzen in der Schande Tal.
Ach, könnt ich sein ein Animal
Und werden wie die Nachtigall,
Daß deines Leibes zarter Saal
Nicht missen muß der Ehre Gral!
Doch glaube mir: Der Bösen Schall
Wird nimmer froh an Neid und Gall!
O Wächter, deiner Warnung Hall
Ist treulich nun gewichen!«
        Sie ließ des Züngleins Spitze,
        Schmitze seinem Mund.
        Die Lust weiß nichts vom Witze:
        Hitzige Tränlein rund
        Sind da bei ihr geflossen.
        Genossen unverdrossen
        Verschlossen sie die Wund.

»Ach Schmerz des Scheidens, ich bin dein!«
Sprach da das zarte Fräulein fein.
»Die größte Freude wird mir klein,
Weil ich nun dich, mein All und Ein,
Verlieren muß bei Tages Schein.
O Tramontan, wie hast du mein
Vergessen hier in solcher Pein,
Daß du gewaltig im Verein
Den Süd- und Ostwind läßt herein?
Ponent nur stemmte sich allein
Und mußte bald bezwungen sein.
Der Morgenstern erglänzt schon rein:
Soll ich dein Dämmern je verzeihn?
Nun muß ich armes Mägdelein
Aus lieben Fesseln fliehen.«
»Frau, trübe nicht die Äuglein klar!
Mich hat dein Mündlein wunderbar
Entzündet voller Liebe gar;

So bringt mir keine Not Gefahr,
Um Trauer geb ich nicht ein Haar!
Mein Herz sieht deines Leibs Altar
Und macht mich allen Tadels bar.
Es schirme dich Sankt Balthasar,
Die du mir ungeschwächt und wahr
Geblieben bist unwandelbar:
Das schwör ich mit der Engelsschar!
Schließ auf der weißen Arme Paar:
Nicht bleiben kann ich mehr fürwahr!«
»Geselle, keine Rückkehr spar!
Sankt Peter laß dich ziehen!«
Sie lockte ihn mit Sinnen
Innen in den Kranz
Von ihrer Zähnlein Zinnen
Zur Minnen Sankt Johanns.
So lagen sie umfangen,
Bezwangen ihr Verlangen,
Entsprangen endlich ganz.

21

Ihr alten Weiber, freut euch mit den jungen!
Was einst der kalte Winter hat bezwungen,
Hat nun der Mai mit viel Geschrei durchdrungen.
Mit süßer Kraft gab er den Wurzeln Saft.
Der kalte Schnee kann nun nicht länger dauern;
Was sich verzogen hat in sieches Lauern,
Das will er wecken, strecken aus dem Trauern,
Laub, Blumenblüt, Gras, Würmer, Tiere müd.
Ihr Vögel, schmiert die rauhe Kehl,
Schwingt euch auf und singet hell!
Ihr wilden Tiere, putzt euer Fell
Und trollt euch in die Blumen schnell!
Ihr Fräulein, freut euch, kommt zur Stell!
He, Bauer, säe für neues Mehl,
Daß du im Herbst kannst bachen!
Berg, Au und Tal, Forst und Gefild
Zeigt sich schon neu begrünt und mild.
All Kreatur, ob zahm, ob wild,
Nach neuer Brut ein Sehnen fühlt,
Die ganz den Alten nachgebildt.
Mein Roß schreit nach des Maien Schild:
Da muß der Esel lachen.
Tanzen, Springen,
Laufen, Ringen,
Geigen, Singen
Laßt uns bringen,
Poltern, Klingen,
Küsse zwingen,

Fröhlich dringen
Zu den Fräulein zart!
Voll Verlangen
Woll'n wir prangen,
Laubumfangen,
Ganz verhangen
Unsre Wangen,
Mit Armen langen,
Zünglein fangen:
Da freut sich mein Bart.

Wenn auch der Kuckuck nicht so schön quintieret,
Wie man am Hof zu Frankreich diskantieret:
»Kuckuck, nu ruck!« viel lieblicher sonieret
Und freut mich mehr als Jöstlins Saitenspiel.
Das Jagen, Beizen, Pirschen, Schießen Tauben,
Im grünen Wald nach Pfifferlingen klauben
Mit einer Maid, bekleidt mit einer Stauden:
Die Lust ich preis vor aller Hofeweis.
Mai, dein Gezelt gefällt mir wohl,
Wo das Gras sich baden soll.
Ein jedes Tier sucht seinen Stoll
Und birgt die Jungen vor der Dohl.
»Trink, Katalon und Spaniol!« –
Nein, solcher Sang und »Paga Zoll«
Dem Drossellied nicht glichen!
Das nahm ich selbst im Lande wahr
Und holte mir schier graue Haar
Als ich dort sah der Mädchen Schar,
Die weißen Beinchen wunderbar
Verdeckt mit roten Hosen gar
Und ihre lichten Äuglein klar
Mit Farbe schwarz bestrichen.
Aber eine
Weckte meine
Freud alleine,
Hatte feine
Runde Beine,
Doch die Kleine,
Diese Reine
Ließ die Hose zu.
Hätt sie unten
Aufgebunden,
Wär mein Wunden
All verschwunden
Und mein Kunden
Schnell gefunden!

In Paris, Lunden
Kauft ich ihr zwei Schuh!

Recht weidlich tritt sie oft den Firlefanzen,
So hohe Sprünge sind nicht fein beim Tanzen.
Sie scheut sich nicht, schminkt ihr Gesicht im Ganzen;
Auch trägt die Maid im Ohr zwei Ringe breit.
Mein langer Bart hat mir recht oft verboten
Gar manchen Kuß von zarten Mündlein roten,
Wenn sie die Wänglein statt der Hände boten:
So grüßten sie die Leut voll Zärtlichkeit.
Mich machen ihre Nägel krank,
So rot und krumm und viel zu lang;
Die Schleppe hindert sie beim Gang,
Und sitzt sie, tut sie keinen Wank.
Doch lob ich mir den Bettvorhang,
Der mich weit mehr freut als der Klang
Der grellen Glockentöne.
Hispanien, Preußen, Sultansland,
Dänemark, Rußland, Estenstrand,
Navarra, Frankreich, Engelland,
Flandern, die Picardie, Brabant,
Zypern, Neapel, Rom, Toscant,
Der Rheinstrom – wer dich je erkannt,
Der liebt nur dich, du Schöne!
Du liebes Mäusli,
Füßlifäusli,
Kuck, mein Kläusli
Kommt ins Häusli,
Sucht ein Läusli,
Zupft im Zäusli:
Unser Pläuschli
Ist noch nicht zu End.
Klärli, Mätzli,
Muschikätzli,
Sucht euer Plätzli,
Lüpft das Lätzli,
Fangt mein Rätzli,
Liebe Schätzli!
Tratzt mit Trätzli,
Wer uns das nicht gönnt!

22

Des großen Herren Wunder
Kein Mensch ersingen mag,
Doch will ich eins darunter
Fein legen an den Tag:
Wie sich der Mensch formieret
Nach der Planeten Bahn –
Geschwächt und auch gezieret
Gehorcht er ihrem Plan.
Zwölf Zeichen folgen jedem,
Es fügen sich darein
Die sieben der Planeten

In täglichem Verein,
Die sich als Meister senken
Tief zu den Menschen hin,
Um sie nach sich zu lenken
Mit Leib, Gemüt und Sinn.
Hört der Planeten Namen:
Zuerst der Sonne Fluß,
Danach des Mondes Bahnen,
Mars und Mercurius.
Jovis, Venus, zwei Kluge
Verjagt mit Recht kein Mann,
In säuberlichem Fuge
Reiht sich Saturnus an.
Der Leo und sein Zeichen
Sei von den Zwölf genannt,
Der Krebs mit seinem Schleichen
Ist dem Skorpion verwandt.
Stier, Widder, die Jungfraue,
Der Zwilling, Fisch, ein Schütz.
Leg's auf die Waag' und schaue!
Wassermann, zum Steinbock spritz!

Und wer da in der Sonne
Orient geboren ist,
Dem gibt der Leo Wonne,
Und Kraft zu aller Frist.
Klug, findig, heiß und freudig,
Ehrsam und stets gesund,
Wohl schlafend, selten leidig,
Rastlos zu jeder Stund.
Schmalfüßig, mittelkleine,
Großbrüstig, Antlitz breit,
Kleinhäuptig, Augen reine,
Die Nase schön bereit.
Sie prüfen jeden Schaden,
Vernehmen gern Bericht,
Sind stolz und wohlgeraten
Und Drohen schreckt sie nicht.
Der Mond ist feucht und kühle,
Der Krebs ist sein Gestalt,
Der Mensch ist feist an Fülle,
Sein Schlaf kommt mit Gewalt.
Großhäuptig, kleine Augen,
Rund ist die Nasenspitz,
Voll Lügen, die nicht taugen,
Säumig, mit launischem Witz;
Keusch in der Minne Wunder,

Die Freude ist nur Gast,
Und viele sind darunter
Von harter Haut umfaßt.
Dünnlippig, kleine Zähne,
Und lang ist ihr Gesicht,
Schmalschultrig, dicke Hände,
Zur Tugend wohlgericht.

Ein Herr der bösen Glieder:
Mars, dürr und grimmig heiß,
Skorpion und auch der Widder
Stehn in dem selben Kreis.
Ihr Loblied soll mich reuen
In menschlicher Natur,
Weil sie die Leute scheuen
Nach Leib, Sinn und Figur.
Dies Volk ist gar verlogen,
Geht Krieg und Rauben nach,
Unmäßig und betrogen,
Tut Weib und Priestern Schmach.
Dünnwangig, stolz und faltig,
Tief in der Brau der Blick,
Breitschultrig, maulgewaltig,
Falschzüngig, voller Tück.
Den Adler, den erfinde
Ich im Mercurion,
Mit reizendem Gesinde:
Jungfrau und Zwillingssohn.
Die werden gute Christen,
Reich, mild, getreu und wahr,
Sind Dichter und Juristen,
Steinmetz und Goldschmied gar.
Sie disputieren schwierig,
Sind braun und mittelgroß,
Furchtsam und neubegierig,
Schmal ist ihr Antlitz bloß.
Langnasig, hohe Stirne,
Schönäugig, voll das Haar,
Verschwiegen, klug im Hirne,
Und sauber übers Jahr.

Jovis, der Tugend Krone,
Vor aller Tugend frisch.
Ihm hilft des Schützen Wonne,
Dazu der edle Fisch:
Feucht, heiß und gern beim Schießen,
Verschämt vor böser Weis,

Höflich ohn' all Verdrießen,
Vornehm in höchstem Preis.
Haupt klein, Haar schön, stumpfnasig,
Großbrüstig, rund und wohl,
Engbrauig, Lippen rassig,
Langzähnig, Waden voll.
Mit wankelbarem Sinne,
Weil sie das Reisen freut,
Geneigt zu Lust und Minne,
Zu jeder Tat bereit.
Venus, der Wonne Zierde,
Schafft gute Menschen viel:
Die Waag, des Stiers Begierde
Lenkt sie mit frohem Spiel.
In Saitenklang und Singen,
Was die Natur erquickt,
Im Buhlen, Tanzen, Springen
Ist niemand so geschickt.
Hals dick, Haupt klein, viel Locken,
Schwarzäugig, Stirne breit,
Die Nase lang gebogen,
Großzähnig, Hände weit,
Kurzarmig, dicke Füße,
Im Wuchse stattlich lang,
Unkeuschheit schmecket süße
Und ist ihr Leibgedank.

Unterm Saturn Geborne
Sind Kinder, bös gelahrt.
Der Steinbock mit dem Horne
Ist von der selben Art.
Sie morden, rauben, stehlen,
Sind Schänder wohlbekannt,
Spiel, Schwören, Trinken, Hehlen,
Zur Untreu schnell gewandt.
Voll Grind und faul und gräßlich,
Trübäugig, Nase flach,
Schwarz, haarig, breit und häßlich,
Dicklippig, dumm an Sprach.
Rasch in des Zornes Flamme,
Gebläht voll Wankelmut.
Auch kommt von diesem Stamme
Des Wassermannes Flut.
Doch ist der Fluß gemenget
Vom Zeichen Wassermann,
Wird ihm ein Teil zersprenget,
Wie ich euch sagen kann.

Sie schämen sich der Taten,
Bleich ist ihr Angesicht;
Und will ihr Glück geraten
Wird es nicht leicht zunicht.
Doch trägt der Mensch den Adel
Von Gott als höchste Gab:
Trifft ihn ein böser Tadel,
Wie ich berichtet hab,
So kann er ihm entrinnen
Mit Tugend und Geduld,
Mit Fleiß und reinen Sinnen
Durch seines Kreuzes Huld.

23

Wieviel ich sing und dichte
Von dieser Erde Not:
Es wird mir doch zunichte,
Gedenk ich an den Tod.
Der will sich nicht begeben,
Wie sehr ich vor ihm flieh,
Er stellt mir nach dem Leben
Und ich entrinn ihm nie.
Da hilft kein Widersetzen:
Er zieht uns hintenan,
Bis er mit klugen Netzen
Jedweden fällen kann.
Der Fried ist uns zerronnen,
Wenn jach das Unheil fährt.
Wär ich ihm nicht entronnen,
Hätt er mich längst verzehrt.
Zu Wasser und zu Lande,
Zu Füßen und zu Roß
Hielt er mich fest am Bande
Und knüpfte schnell sein Schloß.
Könnt ich die Schätze zwingen,
Die je der Schah gewann,
Müßt er sie all verschlingen,
Eh ich vor ihm entrann.
Mit Stürzen, mit Ertränken,
Mit Wunden groß und tief –
Sieben Mal muß ich gedenken,
Und habe keinen Brief,
Daß er mich sicher stelle,
Nicht Zeit, Minut und Quint.
Er ist mein Zehrgeselle:
Gott weiß, wann er mich findt!

Die Wahrheit will ich sprechen,
Mein erster Fall ist echt:
Ich hielt ein Lanzenstechen
Zu Roß und zielte schlecht.
Ein Tor von Klaftersweite
Und gut drei Füße breit –
Da fuhr ich durch im Streite.
Gottlob, noch war's nicht Zeit!
Gut vierundzwanzig Stiegen
Zum tiefsten Kellergrund
Sah man mich abwärts fliegen:
Mein Roß brach sich den Schlund.
Ich glaubte zu versinken
In einem Faß mit Wein! –
Den goß ich dann zum Trinken
An gute Freunde ein.
Darauf, nach ein paar Wochen
Lieh Gott mir seine Hut:
Mein Schiff war mir zerbrochen
Auf wilder Meeresflut.
Ich hab ein Faß erklommen
Voll gutem Malvasier
Und bin an Land geschwommen;
Verzagt hätt ich sonst schier.
Als Lohn für diese Reise
Ward ich aus Übermut
Gefangen: Auf die Weise
Verlor ich Hab und Gut.
Mein Kopf hat mir geklungen
Und war von Prügeln krank.
Auch ward ich halb durchdrungen
Von einem Säbel lang.

Einst lernte ich das Schwimmen
In einem tiefen See.
Erst sah man mich noch klimmen,
Dann sah mich niemand mehr
Für eine gute Stunde:
Das kühlte mir die Hitz.
Da fischte ich am Grunde
Mit meiner Nasenspitz.
Gefangen und gebunden
Ward ich wie sonst ein Dieb,
Mit Stricken fest umwunden:
Das tat mein Herzenslieb!
Von ihr hab ich erworben
Mein allerschwerstes Leid.

Ach wär sie doch gestorben!
Doch war's noch nicht so weit.
Das wurde ich schnell inne,
Als ich nach Ungarn ritt
Und von derselben Minne
Noch Schlimmeres erlitt.
In Wasser, Wetter, Regen –
Husch! – lernt ich »Magyarol«
Und wäre fast erlegen:
Den Taugl kenn ich wohl!
Denn wo die Wasser wallen
Von Klippen steil und groß,
Da bin ich reingefallen,
Daß mich der Spaß verdroß.
Ich wett um alle Steiner,
Poliert und von Kristall:
Von hundert kommt nicht einer
Aus diesem Wasserfall!

In mehr als dritthalb Jahren
Ward mir das Weh bekannt.
Von Hause wollt ich fahren,
Verreisen fern ins Land
Nach Portugal, Granaden,
Hispanien, Barbarei! –
Ich fand zu meinem Schaden
Nur Not und Plackerei.
Ein Herzog hochgeboren
Mit Namen Friedereich
Hat Rache mir geschworen:
Ich ward davon nicht reich!
Von ihm ward ich gefangen
Schuldlos an Seel und Leib.
Mein Mut ist mir vergangen,
Daß ich am Leben bleib.
Man tritt nicht ohne Schulden
Vor Gottes höchsten Stuhl:
Ich mußte es erdulden
Dank meiner alten Buhl.
Die hat mir zugepfiffen
All meines Leibes Not.
Hat sie nun auch ergriffen
Schon lang der bittre Tod.
Ihr Erbteil schlag der Schauer
Und kratz der wilde Bär!
Sie wurde mir so sauer,
Daß ich nichts mehr begehr.

Hätt ich doch all mein Lieben
Gesotten in der Glut!
Mir wäre mehr geblieben
An Leib, Seel, Ehr und Gut.

Es wär noch viel zu sagen,
Doch laß ich davon ab,
Was ich in jungen Tagen
Geabenteuert hab
Bei Christen, Russen, Heiden
Und Griechen lange Zeit.
Der Spaß macht mir nur Leiden,
Seit mich das Alter reit'.
Wer weiß, wenn er mich beuget,
Von dem ich euch erzählt,
Und bis zum Stumpfe neiget:
Wär ich da wohlbestellt?
Soll mich einst niederhauen
Des Richters strenges Seil –
O weh des großen Grauen!
Wem werd ich da zuteil?
Darum, ihr Fürsten, Herren,
Gebt euch nur selber Rat!
Ich brauch es nicht zu lehren:
Ihr seht wohl, was euch naht!
Ihr alle, Arm und Reiche,
Tilgt eure Sünden aus,
Daß euch nicht überschleiche
Der Tod in Sturm und Graus!
O Welt, mich quält die Frage:
Wer hat dich so verblendt?
Und siehst doch alle Tage,
Wie uns der Tod durchrennt!
Heut frisch und morgen kränklich
Und übermorgen tot.
Dein Lob bleibt unverfänglich,
Bedenkst du nicht die Not.
Amen.

Viel hör und wenig sag,
So lebst du in Freuden manchen Tag!

24

Kein Glück aus klarem Herzen
Trag ich nur einen Tag,
Weil Hoffen, Furcht und Schmerzen

Mich nie verlassen mag,
Weil ich nur Elend finde
Alltäglich auf der Erd,
Mit reichem Hofgesinde,
Wie es mein Alter mehrt.
Mein Glück kennt seine Grenze:
Viel größer ist die Not,
Daß mit des Todes Sense
Der Freuden Ende droht.
Die Hoffnung will mich wiegen,
Daß ich ihr wohl vertrau;
Auch sie wird mich betrügen,
Je mehr ich auf sie bau,
Wenn mich der Schmerz einst greifet
Und streckt bis an den Tod,
Die Hoffnung von mir schleifet
Und mich verläßt in Not.
Die Furcht kommt, wie ich sterbe,
Und grausam wird die Kunst,
Daß ich dort nicht verderbe
In angstvoll ewiger Brunst.

All die Gelehrten lesen
Aus der hochheiligen Schrift,
Daß keiner wird genesen,
Der in der Sünde Gift
Beim Tode wird erfunden
Ohn' Beichte, Buß und Reu:
Er wird dereinst geschunden
In mancherlei Gebräu.
Doch wie dort alle Sünden
So schwer zur Buße gehn,
So kann ich kaum ergründen
Und will es frei gestehn,
Daß ich mein irdisch Leben
So fern der Buße treib,
Um ganz mich hinzugeben
Dem kranken, schnöden Leib
Mit groß und kleinen Sünden,
Mit Schwachheit, Lust und Wahn:
Vernunft muß vor mir schwinden,
Mein Sinn ist mir vertan.
Wie schwach hab ich umschränket
Den giftgeblähten Wurm,
Der mir die Seele kränket
In überscharfem Sturm!

Ein Schatz ist mir verloren,
Um den ist meine Klag;
Nur Zorn bleibt mir erkoren
Um die vergangenen Tag.
So hab ich mir vertrieben
Wohl sechsundvierzig Jahr
Und bin voll Sünde blieben:
Nun reut es mich fürwahr.
Die Zeit auf Erden bringet
Der Seele manchen Stoß,
Die Zeit auf Erden zwinget
Die Gnade Gottes groß,
Die Zeit schafft Qual und Freuden
Bis an des Todes Ziel:
Du, Mensch, mußt dich entscheiden! –
Nimm hin nach deinem Will!
O auserwählte Schranke,
Keusch jungfräuliche Macht:
Mein Lob dir immer danke,
Daß du ein Kindlein bracht,
Das uns mit seinem Leiden
Erlöst am Kreuzesstamm,
Wenn wir nur treulich meiden,
Was Ihn betrüben kann.

25

Ein Bürger und ein Hofmann
Begannen disputiern.
Sie nahmen sich als Obmann
Eine alte Kuppeldirn.
Wer besser möcht gewinnen
Der Fräulein hohen Mut,
Darüber ging ihr Sinnen.
Da sprach der Hofmann gut:
»Ich bin ein Jüngling kühne,
Hab blondes, krauses Haar,
Und auch ein Kränzlein grüne
Trag ich das ganze Jahr.
Wohl kann ich singen, schallen
Und schreie frisch juhu.
Soll ich da nicht gefallen
Den Fräulein mehr als du?«
»Ich bin ein Bürger weise,
Ein braver, stiller Mann,
Der sich mit Worten leise
Gar manches Lieb errang.

Hab eine schwere Taschen,
Die ist mit Münzen voll:
Darin laß ich sie naschen,
Das tut den Fräulein wohl.
Nun frag die alte Mähre
Mit Worten, knapp und echt!«
»Ich sag bei meiner Ehre,
Der Bürger, der hat recht.
Ich habe lang gekuppelt
In Brixen und im Kreis,
Manch Fäßlein ausgesuckelt,
Daß ich den Lauf wohl weiß.«

»Ich meide solche Witze.
(Die Barschaft ist zu klein!)
Du alte Jammerzitze –
Doch ich bin hübsch und fein!
Soll mir nicht mehr gelingen?
Tut mir nicht alles weh
Vom Reiten, Tanzen, Springen
Quer durch den grünen Klee?«
»Ich werb in guten Sitten
Und wahre meine Ehr.
Ich bin nicht viel geritten,
Doch hab ich um so mehr
An Gütern auf dem Leibe
Als Ihr, Ihr fescher Knab.
Da biete ich dem Weibe
Manch kostbar reiche Gab.«
»Bei einer Frau von Ehren
Zählt deine Gabe nicht!
Sie kann es nicht entbehren,
Wenn sie mich fröhlich sieht,
Mit kühnem Mute jagen
Hin über Gräben tief.
Sie wird sich nicht versagen,
Schick ich ihr meinen Brief.«
»Da muß ich aber lachen«,
Sprach gleich die Richterin.
»Was soll man damit machen?
Das gibt doch keinen Sinn!
Ich hab mich einst verschossen
In einen Knappen jung,
Und nichts davon genossen,
Als einen schlechten Trunk.«

»Herr Junker, Euch kann's frieren:

Verschossen habt Ihr zwei.
Wollt Ihr nochmal verlieren,
Steht Euch ein Drittes frei.
Ich kann ein Kind erschleichen,
Das Ihr nicht mal erlauft.
Ihr könnt mir nimmer gleichen:
Ihr seid zu schwach getauft.«
»Das soll der Teufel schaffen!
Die Taufe hab ich wohl,
Und weiß mir noch den Pfaffen,
Der es bezeugen soll!
Auch bring ich viel zuwege
und überflügle dich,
Wenn ich den Speer einlege
Zum ritterlichen Stich.«
»Turnieren, Lanzenbrechen!
Das war mir nie bekannt.
Ich kann den Beutel stechen
Und stecke drein die Hand:
Gold, Silber, Edelsteine
Zieh ich da viel heraus
Und geb sie an die Kleine,
Das sieht viel besser aus.«
»Schon wahr«, sprach da die Alte,
»So werden wir euch hold,
Weil ich nichts lieber halte
Als Silber oder Gold.
Ihr könntet mich zerreißen,
Vierteilen bis zum Tod,
Eh ich mich laß bescheißen
Von eines Hofmanns Not.«

»Daß ich verloren habe,
Du alter, böser Sack,
Erbost mich bis zum Grabe!
Ich geb dir einen Schlag,
Daß dir ein Dutzend Zähne
Aus deinem Rachen fällt!
Daß dich der Teufel schände!
Da hast du dein Entgelt!«
»Ich Bürger zieh am Schnürchen
Und mach den Beutel los.
Schau her, mein liebes Hürchen:
Fünf Pfund für diesen Stoß!
Kauf Hühner, Eier, Würste,
Dazu noch guten Wein,
Und wenn dich wieder dürste,

So schau bei mir herein!«
»Der Lohn, er wird mir sauer:
Nun hab ich keinen Zahn!
Den Hofmann schlag der Schauer,
Der sie mir alle nahm!
So muß ich denn verwelken,
Kauft Ihr mir keine Kuh:
Da hätt ich was zu melken
Und manches Mus dazu.«
»Ich kauf dir Kuh und Kälber
Und was dir sonst gefällt,
Weil ich den Hofmann selber
So herrlich hab geprellt.
Auch kenn ich eine Metzen
Da oben über'm Eck,
Die sollst du mir beschwätzen,
Das bringt dir Wurst und Speck!«

Der Streit ist fortgebrauset,
Nun sprecht dazu das Best!
Wer so ein Weib behauset,
Der holt sich schlimme Gäst.
Die Vetteln und die Enten
Gehören tief ins Meer:
Was soll man sich noch wenden?
Kein Viehzeug schnattert mehr.

26

Auf Abenteuer Tal und Berg
Wollt ich befahren, daß ich nicht verläge.
Den Rhein hinab nach Heidelberg,
Nach England hin stand mir der Sinn nicht träge.
Von Schottland, Irland über See
Wollt ich zu Schiff nach Portugal mich wagen.
Nach einem Blümlein war mir weh:
Ein neues Ordensband mir zu erjagen
Bei einer edlen Königin.
Das wollt ich gerne tragen.

Von Lissabon zur Barbarei
Nach Septa, das ich weiland half gewinnen –
Da mußte mancher Maure frei
Aus seinem Erbteil hinterrücks entrinnen.
Granada hätt ich gern besucht,
Wo mich der rote König einst empfangen.
Als Ritter prächtig neu betucht
Wär ich vor meinen Knappen stolz gegangen.
Stattdessen mußte ich am Tisch
Mit einem Heizer prangen!

Ich litt mir wahrlich viel Gebrest,
Doch so etwas hab ich noch nie genossen:
Man band mich unterm Stegreif fest,
An beiden Sporen säuberlich verschlossen!
Die Wissenschaft war mir noch neu,
Bis ich sie nun zu meinem Pech erlernte.
Ich klagte Gott mit Buß und Reu,
Daß ich mich so von Hauenstein entfernte:
Schlimm war der Weg nach Wasserburg,
Als sich die Nacht besternte!

In einem Winkel lagen dort
Zu Vellenberg zwei schwere Eisenschlingen.
Ich schwieg und sagte nicht ein Wort
Und grübelte an fürchterlichen Dingen.
Wär mir die Ritterschaft verliehn –
Mit diesen Sporen möcht ich trefflich spielen!
Mein Übermut und froher Sinn
Verkehrte sich in jämmerliche Grillen;
Und fromme Wünsche ohne Zahl
Verteilte ich im stillen.

So lag ich viele Tage hier –
Der König Sigmund rührte keinen Gulden! –
Und überlegte, wann man mir

Den Hals umdrehte ohne mein Verschulden.
Denn oben, unten, hinten, vorn
Hat man viel Volk auf Wache stellen lassen.
»Wart, Peter Märkel! An das Tor!
Der Hund ist schlau, den mußt du gründlich fassen!« –
Von meiner List hat ihm der Fürst
Die Ohren vollgeblasen ...

In Innsbruck wurde ich zuletzt
Auf beste Preußenart zum Hof geführet,
Erst oben auf mein Pferd gesetzt,
Und dann versteckt von unten festgeschnüret.
So ritt ich elend hinterdrein,
Als hätte ich des Kaisers Schatz gestohlen.
Man barg mich vor dem Sonnenschein:
Gut zwanzig Tage lag ich so verhohlen.
Und was ich mir am Knie zerriß,
Das sparte ich an Sohlen.

Ein alter Schwabe namens Plank,
Den ließen sie an meine Seite setzen:
Ach Gott, wie bitterlich der stank!
Vor diesem Mann entsank mir mein Ergötzen.
Am Bein voll Eiter eine Kluft,
Der Atem ging ihm fürchterlich vom Munde,
Dazu verfälschte er die Luft
Mit schwarzen Rüchen aus dem Hintergrunde.
Ersöffe er doch nur im Rhein! –
Das wäre frohe Kunde!

Der Peter Heizer und sein Weib,
Plank, und ein Schreiber, täglich so betrunken,
Daß es mich ekelte am ganzen Leib –
Mit denen durfte ich das Brot zusammen tunken!
Der eine kotzt, der andre schmatzt,
Der bläst am Arsch Fagott in sattem Basse,
Wie eine volle Büchse platzt,
Wenn sie geladen ist mit zu viel Pulvermasse.
Dann schissen sie die Hosen voll:
Der Freiheit eine Gasse!

Mein Frohsinn spielte dunklen Schein.
Schon der Gedanke brachte mich ins Schwitzen,
Wie mich der Pfalzgraf, Herr bei Rhein,
Noch kürzlich bat, bei ihm zu Tisch zu sitzen!
Wie nah der Falk den Kälbern ist!
Selbst König Sigmund hat mich ganz vergessen,

Bei dem ich auch vor wenig Frist
Noch half, das Kraut aus seiner Schüssel essen.
So fiel ich nun vom höchsten First
Und stürzte ungemessen.

Noch einer lag in dem Gehäus
Mit Namen Kopp, der war nicht stillzukriegen:
Er schnarchte wie ein Hafenreuß,
So bald ihn der Traminer zwang zu liegen.
Ein solcher Schlaf ist unerhört! –
Ich hatte mein Gehör schon abgeschrieben.
Die Ohren hat er mir betört
Und mir den Schädel fast entzweigetrieben.
Wär ich ein Weib, nicht um die Welt
Ließ ich mich von ihm lieben!

Der Kreyger und der Greisnegger,
Moll Truchseß, alle mühten sich aufs Beste,
Der Salzmair und der Neidegger,
Herr Seldenhorn, Freigrafen, Freunde, Gäste.
Sie alle baten, flehten sehr
Bei unserm Fürsten reich und hochgeboren,
Daß er mir Armem gnädig wär
Und mir kein Leid antät im ersten Zorn.
Er sprach: »Nun ja, ein solcher Mann
Wird nicht am Baum geboren.«

Solch eine Rede fand ich klug:
Mit meiner Buhlin Freund mußt ich mich einen,
Ob sie mich vormals auch beschlug
Mit schweren Eisenklötzen an den Beinen.
Was ich von ihr genossen hab,
Wird meinen Kindern noch im Ohre klingen:
Und liege ich auch längst im Grab,
So müssen sie die Hände darum ringen,
Daß ich den Namen je gekannt
Von dieser Hausmanninnen.

Da sprach der Herr, dem Zorn entrafft,
Zu seinen Räten ohne viel Verdrießen:
»Wie lange bleibt er noch in Haft?
Könnt ihr die Sache nicht einmal beschließen?
Was hilft mir denn sein Trauern da?
Mit ihm läßt sich die Zeit recht gut vertreiben;
Wir könnten singen ›fa, sol, la‹
Und höfisch dichten von den schönen Weibern!
Und liegt die Urfehd nicht bereit,

Dann laßt sie schleunigst schreiben!«

Dem Kanzler trug man's eilends auf,
Aus dem Gefängnis half er mir behende:
Die Unterschrift, das Siegel drauf!
Das dank ich Herzog Friedrich bis ans Ende!
Der Marschall sprach: »Nun komm schon her,
Mein hoher Fürst läßt dich zum Singen bitten!«
Ich trat vor ihn. Er lachte sehr.
Ich fing zu heulen an ganz ohne Sitten.
Und mancher sprach: »Dein Mißgeschick
Hast du dir selbst erritten.«

Aus Freundschaft bat ich dann sogar
Für einen Freund, von edlem Blut entsprossen,
Der fast neun Jahr gefangen war
Und in des Fürsten Kerker eingeschlossen.
Er sprach: »So führ ihn mit dir heim,
Hilf ihm bei seinen Freunden Beistand suchen!«
So kehrte ich nach Hauenstein.
Doch diesem Fürsten will ich nimmer fluchen!
Ihn schelten, der mir so vertraut,
Das hieße Gott versuchen!

Der große unsichtbare Gott,
Der seinen Ratschluß rätselvoll erkoren,
Entließ mich nie aus dem Gebot:
Durch ihn hab ich so manches Spiel verloren.
Den Übermut, den Stolz, die Ehr
Hat er mir ohne Wasser oft erloschen.
Und zieh ich hin, so zieht er her –
Im Streit hat er mich stets noch überdroschen.
Des Himmels Strafe für die Lust
Raubt mir den letzten Groschen.

Ultimus versus est verissimus. Per Oswaldum Wolkensteiner.

27

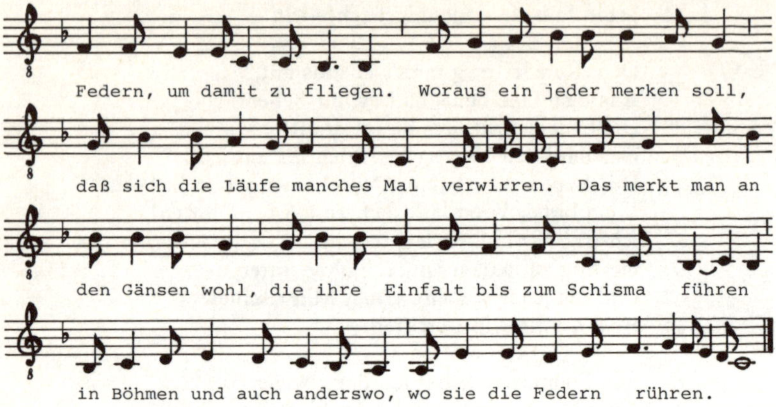

Aus manchem Schnabel rings im Kranz
Kenn ich ein Sprichwort, Toren zu betrügen:
Der Lippel wär 'ne gute Gans,
Hätt er nur Federn, um damit zu fliegen.
Woraus ein jeder merken soll,
Daß sich die Läufe manches Mal verwirren.
Das merkt man an den Gänsen wohl,
Die ihre Einfalt bis zum Schisma führen
In Böhmen und auch anderswo,
Wo sie die Federn rühren.

Das Federspiel ist sehr verzagt,
Und Adler, Falken, Habicht, Sperber bangen.
Die Beize hat mir nicht behagt,
Weil mir die Schellen allzu kräftig klangen.
Manch edles Tier ward da gepackt,
Von einer groben Gans zu Tod geschlagen,
Gebissen, fürchterlich zerhackt. –
Wie das geschah, danach dürft ihr nicht fragen;
Denn »Alte Schuld bringt neue Scham«
Hör ich die Weisen sagen.

Ihr edler Pilgerfalkenzug,
Euer Name ist als geistlich hoch zu preisen:
Da solltet ihr mit eurem Flug
Die andern Falken trefflich unterweisen!
Euch hat der Herr aus Oberland
Die Schnäbel, Klauen fürchterlich beschlagen;
So gebt nun reuevoll bekannt,
Wie schlecht ihr vor dem Meister euch betragen!

Auf, maust die alten Federn ab:
Jetzt sollt ihr Gänse jagen!

Ihr Stößer, Blaufüß, nehmt es wahr!
Ihr edles Wild in allen Christenreichen!
Es plustert sich die Gänseschar
Im Böhmerland! So nehmt es denn als Zeichen!
Man hört dort oft ein Gänselein
Aus seinem feisten Kragen spöttisch lachen.
Wohlauf, ihr Vögel rauh und rein!
Hilf, großer Adler, laß den Flug erwachen!
Stürmt mächtig los und stoßt die Gäns,
Daß ihre Rücken krachen!

Ja, Huß, nun haßt dich alles Leid!
Dich soll der Luzifer, Pilatus Meister, hecken!
Sein Haustor steht dir offen weit,
Wenn du ihn einst besuchst auf fremden Wegen,
Und ist dir kalt, macht er dir warm
In deinem Bett; dann bist du nicht verlassen.
Viel gute Freunde, reich und arm,
Wirst du dort finden auf derselben Straßen.
Wenn du dem Wycliff nicht entsagst,
Wird dich sein Rat einst hassen.

Ein jeder Vogel in der Welt
Bewahrt den Stand, in dem er einst geboren,
Hält seinen Glauben unentstellt;
Und nur die Gans will Hörner an den Ohren,
Damit sie andre Vögelein
Zerstoßen kann, um sich dann wegzusenken,
Im Fluge fort aus der Gemein,
Im Feuerbach die Federn zu verschränken,
Die Schrift zu fälschen mehr denn je
Im langen Weltgedenken.

»Der beste Vogel, den ich weiß,
Das ist die Gans« – so hat man einst gesungen.
Das hat zu Böhmen und im Kreis
Sich umgekehrt. Dort klingt es jetzt mißlungen
In einem Wort: Denn wo das »best«
In diesem schönen Liedchen ist gestanden,
Da schreiben Meister und auch Gäst,
Sie sei der »böseste« in allen Landen.
So hat sich jetzt die Gans verkehrt
Daselbst in großen Schanden.

Ihr feistes Watscheln würde schmal,
Wenn nur der Mann, der uns einst hat erschaffen,
Vergäße seines Zornes Fall
Und steckte gnädig ein die starken Waffen,
Die er auf uns gerichtet hat
Mit scharfem Schnitt und grauenvoller Spitze,
Für unsre große Missetat,
Die wir begehn in sündenfrohem Witze!
Nun werden sie uns weggebrannt
In Höllenpein und Hitze.

Ihr guten Christen, seid gemahnt:
Mit Andacht helft uns zu dem Fürsten flehen,
Daß ihm der Zorn schnell werd gewandt,
Den wir in großen Zeichen rächend sehen
In Frankreich, England, Aragon,
In Lombardei und nun in Böhmens Mitte,
Wo Pest und Mord und Seuchen drohn
Und jetzt der Glauben an die Ketzersitte!
Maria, fleh vor deinem Kind:
Ich Wolkensteiner bitte!
Amen.

28

Cisiojanus
Menschlicher Gott, beschnitten schon,
Drei König für Erhard hohen Lohn
Han in dem Thron. Auch Marcellus, Antoni.
Prisca, Octave, Fabien.

Agnes Vinzenzen will bestehn,
Paul Polykarpen, Hans macht fahl Konstantini.
Die Britt Maria blase da,
Ag, Dor und Helena. Polon, Scholastika
Oktaven lieblich loben.
Valentin mit Julian begann
Simeon fragen minniglich nach Petermann.
Bei Matth Walburg will schobern.

Roman, Donat, Sim, Küng, Äderlein
Pfingsttäglich in des Märzen Schein
Ein Bädelein Gregorio bereiten.
Hilf, Matron, daß Gertrude läßt
Uns Herberg! Benedikt, bleib fest!
Zur Fürstin reich Ruprecht will gern uns leiten.
Aprilis, wankelbare Wut!
Ambrosius, der Cölestin mit hohem Mut
Gab Papst Leo dem Tiburzen.
Aus Elend uns Valer schnell kehr!
Ein gutes Ende, Jörg, Markus hier gewähr!
Vitalis fruchtet Wurzen.

Philipp, Sigmund, Kreuz, Florian.
Gotthard, Johann, ein heiliger Mann.
Gordianus brann. Pankraz prangt mit Sophellen.
Pilgrim, der bringt Potenz Basil,
Der Mai erblüht nach Urbans Will.
Vergib Hans, Kyrill, gänzlich Petronellen.
Bewahr, getreuer Asimo,
Und Bonifatius mit Senat, der Primus also!
Die Frucht laß nicht, Veit, faulen!
Lobt einen heiligen Ritter fein:
Achatius! Und Johannes tauft Hänselein.
Beiß, Leo, Peter, Paulen!

Die Königin vor Ulrich reit',
Und auch Kilianus nach ihr schreit.
Margret, Heinz sagt: »Anteil gewähr Alexen!«
Arnulf, der lud Praxederlin.
Magdalena, Jungfrau Christin,
Jakob; Ännchen, die band Felix die Kräxen.
Petrus, Stephan, Stephanus fromm,
Oswaldus, Sixt. Afra weist Rom Laurentium.
Dort pflücken Pold, Euseben.
»Frau, trink!« sprach Agap vom Bernhard.
Fragt Timothee den Bartholomäus wohlgelahrt,
Ob Ruf, August, Hans noch leben.

Gilg schenkte guten Most Sankt Mang,
Regin, Marie, Korbin, Illang.
Protüslein sang: »Hochgelobten Kreuzes Frone!«
Euphemia, Lamprecht, vernimm mich gar!
Matthäus, Moritz und Ruprecht klar,
Virgil, Kosmar, Wenzel, Michel, Hierone.
Remigius, kennst du Fränzelein
Mit seinen faulen Käsen? Dionys im Mäntelein.
Maxim Colman lehrt fangen.
Gall, husch! Lukas Göttliches schreibt.
Ursel sucht Köln; Crispinus, Kolumban daheim bleibt.
Simon, Narz kennt Wolfgangen.

Heiligen. Eustachius, der fing Wild.
Leonhard vier Gebrüdern gilt.
Mart, Martin mild. Brittius Gäns briet Ottel.
Iß mit Elsbetha fröhlich froh!
Cäcil, Clemens, Chrysogono,
Kathrein, Künzel, Virgil, lauft zu Andreottel!
Cant fröhlich, sola Barbara!
Nicetus, Klaus, und Maria von Montserrat,
Damasius und Luceien,
Die müssen alle hilfreich sein.
Aus India Thomas kündet uns das Jesulein.
Steh, Hans, Kind! Tho kommt Silvreien.

Ihr sollt bemerken, daß Anno Domini 1979 die goldene Zahl 4 heißt, und darnach Anno 1980 ist 5 die goldene Zahl, und also jährlich fort und fort, und nach der 19 fängt es wieder bei 1 an. Und wenn ihr im Kalender Anno 1979 die 4 findet, ist Neumond.

Item, wenn ihr wissen wollt, wann Fastnacht ist, so sucht den nächsten Neumond nach dem Lichtmeßtag (2. Februar), und der nächste Mittwoch darauf ist der Aschermittwoch.

	Datum	Gold.-Zahl	So.-Buchstabe	
Januar	1	1	A	MENSCHLICHER
	2	–	B	Gott
	3	9	C	beschnitten
	4	–	D	schon,
	5	17	E	drei
	6	6	F	König
	7	14	G	für
	8	–	A	Erhard
	9	3	B	hohen
	10	11	C	Lohn
	11	–	D	han
	12	19	E	in

	Datum	Gold.-Zahl	So.-Buchstabe	
Januar	13	–	F	dem
	14	8	G	Thron.
	15	16	A	Auch
	16	5	B	Marcellus,
	17	–	C	Antoni.
	18	13	D	Prisca,
	19	–	E	Octave,
	20	2	F	Fabien.
	21	–	G	Agnes
	22	10	A	Vinzenzen
	23	18	B	will
	24	–	C	bestehn,
	25	7	D	Paul
	26	15	E	Polykarpen,
	27	4	F	Hans
	28	–	G	macht
	29	12	A	fahl
	30	–	B	Konstantini.
	31	1	C	Die
Februar	1	9	D	BRITT
	2	–	E	Maria
	3	17	F	blase
	4	6	G	da,
	5	–	A	Ag,
	6	14	B	Dor
	7	3	C	und
	8	–	D	Helena.
	9	11	E	Polon,
	10	–	F	Scholastika
	11	19	G	Oktaven
	12	8	A	lieblich
	13	–	B	loben.
	14	16	C	Valentin
	15	5	D	mit
	16	13	E	Julian
	17	–	F	begann
	18	–	G	Simeon
	19	2	A	fragen
	20	10	B	minniglich
	21	–	C	nach
	22	18	D	Petermann.
	23	7	E	Bei
	24	–	F	Matth
	25	15	G	Walburg
	26	4	A	will
	27	–	B	schobern.
	28	12	C	Roman,
	(29	–	D)	

	Datum	Gold.-Zahl	So.-Buchstabe	
März	1	1	D	DONAT,
	2	–	E	Sim,
	3	9	F	Küng,
	4	17	G	Äderlein
	5	–	A	pfingsttäglich
	6	6	B	in
	7	14	C	des
	8	–	D	Märzen
	9	3	E	Schein
	10	11	F	ein
	11	–	G	Bädelein
	12	19	A	Gregorio
	13	–	B	bereiten.
	14	8	C	Hilf,
	15	16	D	Matron,
	16	5	E	daß
	17	–	F	Gertrude
	18	13	G	läßt
	19	–	A	uns
	20	2	B	Herberg!
	21	–	C	Benedikt,
	22	10	D	bleib
	23	18	E	fest!
	24	7	F	Zur
	25	–	G	Fürstin
	26	15	A	reich
	27	4	B	Ruprecht
	28	–	C	will
	29	12	D	gern
	30	–	E	uns
	31	1	F	leiten.
April	1	9	G	APRILIS,
	2	–	A	wankelbare
	3	17	B	Wut!
	4	6	C	Ambrosius,
	5	–	D	der
	6	14	E	Cölestin
	7	3	F	mit
	8	–	G	hohem
	9	11	A	Mut
	10	–	B	gab
	11	19	C	Papst
	12	8	D	Leo
	13	16	E	dem
	14	–	F	Tiburzen.
	15	5	G	Aus
	16	–	A	Elend
	17	13	B	uns

	Datum	Gold.-Zahl	So.-Buchstabe	
April	18	–	C	Valer
	19	2	D	schnell
	20	10	E	kehr!
	21	–	F	Ein
	22	18	G	gutes
	23	7	A	Ende,
	24	15	B	Jörg,
	25	–	C	Markus
	26	4	D	hier
	27	–	E	gewähr!
	28	12	F	Vitalis
	29	1	G	fruchtet
	30	–	A	Wurzen.
Mai	1	9	B	PHILIPP,
	2	17	C	Sigmund,
	3	–	D	Kreuz,
	4	6	E	Florian.
	5	14	F	Gotthard,
	6	–	G	Johann,
	7	3	A	ein
	8	–	B	heiliger
	9	11	C	Mann.
	10	19	D	Gordianus
	11	8	E	brann.
	12	–	F	Pankraz
	13	16	G	prangt
	14	–	A	mit
	15	5	B	Sophellen.
	16	–	C	Pilgrim,
	17	13	D	der
	18	2	E	bringt
	19	–	F	Potenz
	20	10	G	Basil,
	21	18	A	der
	22	7	B	Mai
	23	–	C	erblüht
	24	15	D	nach
	25	–	E	Urbans
	26	4	F	Will.
	27	12	G	Vergib
	28	–	A	Hans,
	29	1	B	Kyrill,
	30	9	C	gänzlich
	31	–	D	Petronellen.
Juni	1	17	E	BEWAHR,
	2	6	F	getreuer
	3	–	G	Asimo,

	Datum	Gold.-Zahl	So.-Buchstabe	
Juni	4	14	A	und
	5	–	B	Bonifatius
	6	3	C	mit
	7	11	D	Senat,
	8	19	E	der
	9	–	F	Primus
	10	8	G	also!
	11	16	A	Die
	12	–	B	Frucht
	13	5	C	laß
	14	–	D	nicht,
	15	13	E	Veit,
	16	–	F	faulen!
	17	2	G	Lobt
	18	10	A	einen
	19	18	B	heiligen
	20	7	C	Ritter
	21	–	D	fein:
	22	15	E	Achatius!
	23	–	F	Und
	24	4	G	Johannes
	25	–	A	tauft
	26	12	B	Hänselein.
	27	1	C	Beiß,
	28	–	D	Leo,
	29	9	E	Peter,
	30	17	F	Paulen!
Juli	1	6	G	DIE
	2	–	A	Königin
	3	14	B	vor
	4	–	C	Ulrich
	5	3	D	reit',
	6	11	E	und
	7	–	F	auch
	8	19	G	Kilianus
	9	8	A	nach
	10	–	B	ihr
	11	16	C	schreit.
	12	–	D	Margret,
	13	5	E	Heinz
	14	–	F	sagt:
	15	13	G	»Anteil
	16	2	A	gewähr
	17	10	B	Alexen!«
	18	–	C	Arnulf,
	19	18	D	der
	20	7	E	lud
	21	–	F	Praxederlin.

	Datum	Gold.-Zahl	So.-Buchstabe	
Juli	22	15	G	Magdalena,
	23	–	A	Jungfrau
	24	4	B	Christin,
	25	12	C	Jakob;
	26	–	D	Ännchen,
	27	1	E	die
	28	9	F	band
	29	17	G	Felix
	30	–	A	die
	31	6	B	Kräxen.
August	1	–	C	PETRUS,
	2	14	D	Stephan,
	3	3	E	Stephanus
	4	–	F	fromm,
	5	11	G	Oswaldus,
	6	19	A	Sixt.
	7	–	B	Afra
	8	8	C	weist
	9	16	D	Rom
	10	–	E	Laurentium.
	11	5	F	Dort
	12	–	G	pflücken
	13	13	A	Pold,
	14	2	B	Euseben.
	15	–	C	»Frau,
	16	10	D	trink!«
	17	18	E	sprach
	18	–	F	Agap
	19	7	G	vom
	20	15	A	Bernhard.
	21	–	B	Fragt
	22	4	C	Timothee
	23	–	D	den
	24	12	E	Bartholomäus
	25	1	F	wohlgelahrt,
	26	9	G	ob
	27	–	A	Ruf,
	28	17	B	August,
	29	–	C	Hans
	30	6	D	noch
	31	14	E	leben.
September	1	–	F	GILG
	2	3	G	schenkte
	3	11	A	guten
	4	19	B	Most
	5	–	C	Sankt
	6	8	D	Mang,

	Datum	Gold.-Zahl	So.-Buchstabe	
September	7	–	E	Regin,
	8	16	F	Marie,
	9	–	G	Korbin,
	10	5	A	Illang.
	11	13	B	Protüslein
	12	–	C	sang:
	13	2	D	»Hochgelobten
	14	10	E	Kreuzes
	15	–	F	Frone!«
	16	18	G	Euphemia,
	17	7	A	Lamprecht,
	18	–	B	vernimm
	19	15	C	mich
	20	–	D	gar!
	21	4	E	Matthäus,
	22	12	F	Moritz
	23	1	G	und
	24	–	A	Ruprecht
	25	9	B	klar,
	26	–	C	Virgil,
	27	17	D	Kosmar,
	28	6	E	Wenzel,
	29	–	F	Michel,
	30	14	G	Hierone.
Oktober	1	–	A	REMIGIUS,
	2	3	B	kennst
	3	11	C	du
	4	19	D	Fränzelein
	5	–	E	mit
	6	8	F	seinen
	7	–	G	faulen
	8	16	A	Käsen?
	9	5	B	Dionys
	10	–	C	im
	11	13	D	Mäntelein.
	12	2	E	Maxim
	13	–	F	Colman
	14	10	G	lehrt
	15	18	A	fangen.
	16	–	B	Gall,
	17	7	C	husch!
	18	–	D	Lukas
	19	15	E	Göttliches
	20	4	F	schreibt.
	21	12	G	Ursel
	22	–	A	sucht
	23	1	B	Köln;
	24	9	C	Chrispinus,

	Datum	Gold.-Zahl	So.-Buchstabe	
Oktober	25	–	D	Kolumban
	26	17	E	daheim
	27	–	F	bleibt.
	28	6	G	Simon,
	29	14	A	Narz
	30	3	B	kennt
	31	–	C	Wolfgangen.
November	1	11	D	HEILIGEN.
	2	–	E	Eustachius,
	3	19	F	der
	4	8	G	fing
	5	–	A	Wild.
	6	16	B	Leonhard
	7	–	C	vier
	8	5	D	Gebrüdern
	9	13	E	gilt.
	10	–	F	Mart,
	11	2	G	Martin
	12	10	A	mild.
	13	–	B	Brittius
	14	18	C	Gäns
	15	7	D	briet
	16	–	E	Ottel.
	17	15	F	Iß
	18	–	G	mit
	19	4	A	Elsbetha
	20	12	B	fröhlich
	21	1	C	froh!
	22	–	D	Cäcil,
	23	9	E	Klemens,
	24	–	F	Chrysogono,
	25	17	G	Kathrein,
	26	–	A	Künzel,
	27	6	B	Virgil,
	28	14	C	lauft
	29	3	D	zu
	30	11	E	Andreottel!
Dezember	1	–	F	CANT
	2	19	G	fröhlich,
	3	–	A	sola
	4	8	B	Barbara!
	5	–	C	Nicetus,
	6	16	D	Klaus
	7	5	E	und
	8	–	F	Maria
	9	13	G	von
	10	2	A	Montserrat,

	Datum	Gold.-Zahl	So.-Buchstabe	
Dezember	11	–	B	Damasius
	12	10	C	und
	13	18	D	Luceien,
	14	–	E	die
	15	7	F	müssen
	16	–	G	alle
	17	15	A	hilfreich
	18	4	B	sein.
	19	12	C	Aus
	20	–	D	India
	21	1	E	Thomas
	22	–	F	kündet
	23	9	G	uns
	24	–	A	das
	25	17	B	Jesulein.
	26	6	C	Steh,
	27	14	D	Hans,
	28	3	E	Kind!
	29	–	F	Tho
	30	11	G	kommt
	31	–	A	Silvreien.

29

Der Himmelsfürst uns heut bewahr,
Gott und die liebe Mutter klar,
Der Engel Schar, und die da heilig werden.
Der Herrscher über alle Macht,
Der alle Wesen hat bedacht,
Kunstreich vollbracht den Himmel und die Erden,
Sei unser Schild vor aller Not,
Beschirm uns durch sein Leiden und den bittern Tod,
Wie einst sein rotes Blut die Sünd erlassen.
Laß, Herr, dein Zürnen nicht ergehn
Nach unsrer Schuld, wie schwer wir auch vor dir bestehn
In Zwist und Schmähn und jähem Sündenrasen.

Gesegne uns Altissimus,
Dazu der minnigsüße Fluß,
Den Longinus mit seinem Spieß gefunden.
Der Speer, die Kron, der Nägel Drei
Mach uns von Schad und Schande frei:
Fried wohn uns bei und die fünf heiligen Wunden.
Gib deiner bittern Galle Trank,
Herr, nicht an uns, sind wir auch schwer von Sünden krank!
Im Kreuzeshang erlöse uns dein Leiden!

Ich weihe mich dem heiligen Grab
Und jenem, der unschuldig tot sich drein begab.
Mariens Knab, hilf uns beim letzten Scheiden!

Dreifaltigkeit, Sohn, heiliger Geist,
Wie du dich als ein Vater weist,
Und doch verdreist die Macht, du Fürst der Fürsten,
Teil dein Erbarmen köstlich groß
Mit unsrer Seel, die nackt und bloß
Nach Abrahams Schoß muß voller Sehnsucht dürsten.
Verleih dem Teufel nicht Gewalt,
Der uns durch Trug verführt in grausiger Gestalt,
Wenn er sich spaltet hin nach unserm Leibe.
Und fliehen wir dies öde Land,
Um freudlos stumm zu fechten mit des Todes Hand,
Der Gnade Pfand, o Herr, an uns verschreibe!

30

Kein Elend ist mir so bekannt
Von kleiner Sach in fremdem Land,
Als wenn ich fand die Herberg voller Kinder.
Ihr Schreien hat mich oft betört;
Kaum hab ich selber noch gehört
Mein eignes Wort. Besonders gegen Winter,
Wenn ich den ganzen Tag erst fror,
Zur Nacht nach schwerem Ritt kam mir's am schlimmsten vor,
Und Haus und Tor ward mir da oft zu enge.
Aus mancher Wiege stieg der Hall:
Ein Kindlein klein! – Und sprengte mir das Ohr mit Schall.
Die Nachtigall freut mich doch mehr auf Länge.

Die Rumpelei, das Hurlahei!
Da lob ich mir den grünen Mai,
Besonders zwei, wenn sie sich lieb gesellen.
Es ist zu viel, was mir passiert,
Wenn so ein Kindlein plötzlich kirrt
Und mir verwirrt mein Singen mit dem Gellen;
In ständig falscher Dissonanz,
Stets im Falsett und ohne jede Konkordanz:
Die Resonanz hat mich oft schwer verdrossen.
Nie schweigen sie, als wär's zum Tratz,
Voll Widerwärtigkeit wie eine böse Katz,
Und meine Tatz hat manches schon genossen.

Zu Preßburg dort in Ungarn gar
Schuf mir ein Kind fast graues Haar:

War kaum drei Jahr und ließ mich doch nicht schlafen;
Die ganze Nacht bis an den Tag,
Mitsamt den Flöhen, die ich pflag,
Stets auf der Jagd, um sie dann schwer zu strafen.
Das Kind schrie oft: »Wie sehr mich dürst!«
Man brachte Met und Wein, als wäre es ein Fürst,
Fisch, Hühner, Würst, was nur sein Herz begehrte.
Und trotzdem gab es selten Rast.
Da hab ich ihm denn manchen Kniff ins Fell verpaßt,
Still zugefaßt, bis ihm die Stimm verkehrte.

Es wundert mich bei manchem Mann,
Daß er sein Kind nicht ziehen kann,
Ganz ohne Plan und ohne Zucht und Rute.
Das scheint mir sicherlich nicht weis:
Einst liegt er hilflos auf dem Eis
Und zahlt den Preis von seinem eignen Blute.
Ihr Mütter, habt ihr nie gelesen:
»Je mehr du liebst dein Kind, je größer sei der Besen!«
Das ewige Wesen schmäht ihr so im Hohne,
Gebt ihr der Kinder Willen nach,
Und oft entsteht euch draus viel Leid und Ungemach;
Und schwere Rache folgt dem bösen Lohne.

31

Der oben schwebt, die Tiefe hebt,
Die Welt von allen Seiten strebt
Und ewig lebt, der war im Anfangsgrunde,
Der alt und jung, und von Ursprung
Dreifach gefaßt in einer Zung
Ohn' Hinderung in unfaßbarem Bunde,
Der schmerzlich starb und war nicht tot,
Der züchtig ward empfangen ohne alle Not,
Geboren rot durch einer Jungfrau Güte,
Der manches Wunder hat getan,
Die Hölle brach, den Teufel selbst in Banden nahm,
Der aus dem Stamm das Blatt treibt und die Blüte,

Dem offen sein des Herzens Schrein,
Grobes und Schlimmes, schwach und rein,
Daß er darein sieht jeglichen Gedanken,
Dem Tun und Lan' sind untertan,
Die Sonne, Mond, der Sterne Bahn,
Der Erde Plan, Mensch, Tier, des Wassers Wanken,
Aus dem die Kunst geflossen ist,
Er, der die Kreatur durch seine weise List

Zu aller Frist so zierlich wirkt und lehret,
Dem alle Tiere zahm und wild
Hier dankbar sind, weil er den Samen wohlgebildt,
Zur Nahrung mild, und ihn nach Kräften mehret,

Der Himmel, Erd ganz unversehrt
Befestigt hat am Abgrundherd,
Die Fluten kehrt und lenkt durch fremde Rünste –
Der Wunder Zahl viel tausend Mal
Möcht ich besingen überall
Mit reichem Schall, doch fehlen mir die Künste –
Der mir die Seele geben hat,
Leib, Ehre, Gut, Vernunft und seiner Kirche Gnad,
Er leih mir Rat, daß ich ihm also danke,
Daß ich der Feinde Weg verbau,
Daß hier wie dort mich ihrer keiner je verhau:
O keusche Frau, dein Schirm sei meine Schranke!

32

Auf Torenweis werd ich zum Greis
Und kann erjagen keinen Preis
Auf diesem Eis; ich müßte mich verkehren,
Wenn ich betracht, mit welcher Macht
Ich fliehe aus des Drachen Acht,
Der mich bewacht, kann ich ihn nicht entbehren.
Dort ist die Hölle und ihr Schlund,
Darin sind sieben Kammern grauenvoll entzundt:
Fänd ich den Fund, würd sich mein Leid vermehren.
Schon Salomon verkündigt hier:
»Mensch, was du sündigst, das geschieht auch dir;
So flieh die Gier!« – Der Kauf ist nicht zu lehren.

»Geld gegen Geld«, Gott selber meldt:
Denn aus der ersten Kammer Zelt
Hernieder quellt ein siedend heißes Lecken
Von Feuer breit im Widerstreit,
Daß jeder Fluß, die Meere weit
Der Flammen Leid weiß nimmer zu verdecken.
Die Kammer bringt wohl jenem Schmach,
Der Unzucht trieb und der den Bund der Ehe brach.
Des Jammers Ach fleht dort aus heißen Becken.
So schwer wird einst vergolten das!
Nun messe jeder selbst mit seines Wirkens Maß!
Maria, laß den rechten Pfad entdecken!

Die zweite Kammer ist mit Jammer
Vor Kälte starr in ewiger Klammer,
Daß keine Flamme kann den Frost erhitzen.
Wer Haß und Neid und Widerstreit
Getrieben hat zu seiner Zeit,
Derselbe leidet dort in Eisesglitzen.
Der dritte Kreis ist dunkelfahl,
Daß sich die Schwärze greifen läßt in Angst und Qual.
Des Lichtes Strahl darf keiner dort besitzen.
Wer gottlos sich dereinst geführt,
Die Juden, Ketzer, Heiden sind darein verschnürt:
Das Licht berührt nur Mund und Nas mit Blitzen.

Der vierte Raum erträgt sich kaum,
Voll Pestgestank in wildem Zaun,
Und kein Alraun und Wurz kann ihn vertreiben.
In diesem Teil trifft man wohl feil
Die Räuber, Brenner, Schänder geil,
Und die das Heil der Armen schnöde neiden.
Im fünften Kerker ungestalt
Wird mit Entsetzen, Ekel, Brennen schwer gezahlt;
Gar mannigfalt ist dort das Maß der Leiden.
Von Hoffart und von Üppigkeit,
Wie sich der Mensch einst zierte an Gestalt und Kleid,
Mit Herzeleid muß er dort wieder scheiden.

Der sechste Teich ist wunderreich
Voll Würmern, Ottern, Schlang und Schleich,
Dies ekle Reich ist Wucherern erschaffen.
Wer sich den Latz mit Zins und Tratz
Einst richtete durch Zoll und Satz:
Am Sündenplatz schreit er umsonst nach Waffen.
Der siebte Zirkel ist beschwert
Mit großer Zagheit, die darinnen ewig währt,
Da sind gemehrt die Nonnen, Mönche, Pfaffen,
Die einst verzweifelten im Wahn
An ihren Sünden und dem einzig höchsten Mann.
Der Hölle Bann bedrängt sie dort mit Strafen.

33

Ein dunkler Schein im Okzident
Mit Sehnen mich erschrecket.
Ich bin allein und lieg elend
Zur Nachtzeit unbedecket.
Die sonst mit Fleiß,
Mit Armen weiß
Und Händen heiß
Sich freundlich an mich schmieget,
Ist fern so lang,
Daß mir so bang
All mein Gesang
In Schmerzen unterlieget.
Vor Wachen krachen mir die Bein,
Weil ich nur Liebe möchte,
Die mir die Gier erstillt allein,
Das Ziehen im Gemächte.

Ich wälz und wank und kehre mich
Zur Nachtzeit ohne Schlafen,
Der Lust Gedanken nahen sich
Mit überstarken Waffen.
Wenn ich mein Hort
Nicht finde dort
An seinem Ort,
Sobald ich nach ihr greife,
Erneut sich, ach,
Mein Ungemach,

Das Feuer am Dach,
Als brennte ich im Reife.
Und winden, binden ohne Seil
Wird sie mich bis zum Tage.
Ihr Mund all Stund macht mich so geil
Und weckt des Sehnens Klage.

Also vertreib ich, liebe Gret,
Die Nacht bis an den Morgen.
Dein zarter Leib zu Herzen geht,
Das sing ich unverborgen.
Komm, höchster Schatz!
Mich schreckt ein Ratz
Mit frecher Hatz,
Bis ich davon erwache.
Läßt mir nicht Ruh,
Drängt immerzu:
Komm, Liebste, tu,
Damit das Bettlein krache!
Die Freude beut das höchste Glück,
Wenn ich mein Herz bereite:
Am Morgen kehrt mein Schatz zurück
Und liegt an meiner Seite.

34

Es glänzt im Grau die Lichtlasur
Durchsichtig ausgesprenget.
Blick durch die Brau, oh Kreatur,
Mit aller Zier gemenget.
Du Ehrenfeld,
So schön bestellt!
Wer auf der Welt
Trüg solch ein zieres Füßlein?
Sie ist allein
An Tadel rein.
Und würde mein
Auch nur ein liebes Grüßlein,
So wär mein Schwer auf leichter Waag
Und müßte von mir scheiden,
Von deren Ehr man singen mag
Vor allen schönen Maiden.

Der Tag erstrahlt so minnig hell,
Es klingen alle Auen,
Und singen Vögel in der Kehl

Zum Dienst der reinen Frauen.
Da schallt es licht:
Ein süß Gedicht
Sich tröstlich flicht,
Von Stimmen hell durchzogen.
Der Blumen Kranz,
Des Maien Tanz,
Der Sonne Glanz,
Des Firmamentes Bogen
Ist Lohn der Kron, die einst gebar
Den Sohn in keuschem Wissen.
Wo ward ein zarte Jungfrau klar
So billig je gepriesen?

Das Wasser, Feuer, Erde, Wind,
Die Kraft der edlen Steine,
All Abenteuer, so man findt,
Gleicht nicht des Mägdleins Reine.
Die mich erlöst
Und täglich tröst,
Sie wohnt zuhöchst
In meines Herzens Klostern.
Wie ist sie zart
Und wohl bewahrt!
Ach reiner Gart,
Im Heil der frohen Ostern
Steh vor den Toren meiner Not!
Muß sich mein Haupt einst senken
Zu deinem feinen Mündlein rot,
So wolle mein gedenken!

35

In Syria mit breitem Hall
Hört man ein lichtes Schellen.
Da freuen sich die Frommen all
Auf Erden und zur Höllen
Der neuen Mär,
Daß ohn' Beschwer
Geboren wär
Ein Sohn aus reiner Maiden.
Das Wunder groß
Gar sehr verdroß
Den Teufel bloß,
Daß er in Zorn und Leiden
Brach eine tiefe Mauerkluft –
So ist es einst geschehen

Zu Bethlehem dort in der Gruft:
Den Spalt hab ich gesehen.

O reicher Gott, Fürst aller Reich,
Herr, König aller Herren,
Von allen, die im Erdenreich
Vergingen und noch werden:
Wie ward die Nacht
Mit kleiner Macht
So wohl bedacht
Durch deine Wundergabe,
Als sie uns dort –
O frohes Wort! –
Den höchsten Hort
Gebar in keuscher Gnade,
Die schönste Jungfrau wohlgetan,
Die jemals ward erkoren,
Sie mußte schlechte Herberg han,
Als sie dich dort geboren.

Ein Ochs und Esel, Tiergesipp,
Kam freundlich dir entgegen;
Vor ihnen stand die Futterkripp,
Darein mußt sie dich legen,
Die dich gebar,
O Herrscher klar,
die bei dir war,
Gott, Vater, war dir Mutter!
Der sie erschuf
Zu dem Behuf:
Sie trägt den Ruf,
Du seist ihr Kind, du Guter.
Froh im Verein, ich Wolkenstein,
Kann's nicht in Worte kleiden.
O Gottesmutter, Jungfrau rein,
Hilf mir beim letzten Scheiden!

36

»Die alte Schuld bringt neues Leid« –
Ich werd es täglich innen;
So leide ich viel Mühe heut
Und kann ihr nicht entrinnen.
Ist auch der Leib
Von jenem Weib
Durch Todes Neid

Längst in die Erden kommen,
Hat sie zuletzt
Noch scharf gewetzt
Und mich gehetzt
Und mir mein Heil genommen,
Daß ich nicht gehn, nicht schwimmen kann;
Mein Pflug zeucht nicht mehr eben.
Was sie mir Lieb und Leid getan,
Das wolle Gott vergeben!

Der Schöpfer aller Kreatur,
Der Meister aller Fürsten
Ließ sich nach menschlicher Natur
In seinem Willen dürsten,
Daß er die Qual
Von Adams Fall
Durch seinen Gral
Zum Heile wieder brächte:
Viel Bitterkeit
Und Marterleid
Ward ihm bereit'
Vom jüdischen Geschlechte.
Er fand ein Gut durch seinen Tod,
Das einstens tief verloren.
Dank hab sein Leib und Blut so rot,
Aus reiner Magd geboren!

O der Erbarmung Überfluß,
Den keiner kann erschöpfen!
Vermodelt hab ich manchen Guß
Mit sündiglichen Tröpfen,
Von Anfang an,
Von Kindesgang
Bis an die Schrank
Von meinen fünfzig Jahren.
Nur aus Geduld
Ward mir die Huld.
Der Sünden Schuld
Wird mir das Grab nicht sparen.
Nun reuen sie mich inniglich,
Daß ich sie einst begangen.
Hilf, Gott, den ich unwürdiglich
Aus Gnade hab empfangen!

37

Des Himmels Thro ne entfärben
Der Vögel Won ne erwecket
sich durch Tages Drang,
mich mit süßem Klang.
Verschwunden ist der Schnee. Laub, Gras, Klee
won nig lich entspringen.
Nun will ich von Herzen ohn' Schmerzen mei—

ner Liebsten singen.
Die kann mir wenden all mein Senden, Trauern, Blenden, mit
den Händen minnig weich. Freudenreich macht
mich die Reine; kleine ist dann all mein Weh. Will
ich gedenken der Gelenken, des Umschränken ohn'

Des Himmels Throne
Entfärben sich
Durch Tages Drang,
Der Vögel Wonne
Erwecket mich
Mit süßem Klang.
Verschwunden ist der Schnee.
Laub, Gras, Klee
Wonniglich entspringen.
Nun will ich von Herzen
Ohn' Schmerzen
Meiner Liebsten singen.
Die kann mir wenden
All mein Senden,
Trauern, Blenden,
Mit den Händen
Minnig weich.
Freudenreich
Macht mich die Reine;
Kleine
Ist dann all mein Weh.
Will ich gedenken,
Der Gelenken,
Des Umschränken
Ohn' Bedenken,
Wie sie's kann:
Untertan
Ist dann mein Leib
Dem zarten Weib,
Wo ich auch geh.

Pfeif auf zum Reien,
Die Lind ist grüne,
Der Wald entsprossen.
In diesem Maien,
Herzlieb sei kühne
Und unverdrossen!
Schau an die Blümlein klar,
Wunderbar,
Zierlich in der Pflanze:
Damit laß uns prangen!
Aufgegangen
Sind sie bunt im Glanze.
Von mancher Farbe
Aus der Narbe,
Schmal an Garbe,
Würzig Harbe
Mannigfalt.
Jung und alt
Sind nun versüßet.
Grüßet,
Kinder, Sproß und Pflanz!
Zu zwein und vieren,
So vagieren,
Jubilieren
Und spazieren
Alle hier.
Weibchen zier,

So denk an mich,
Wenn ich
Komm zu dir um den Tanz.

Flieht, scharfe Winde,
Nehmt uns die Not!
Ihr seid bezwungen,
Die meinem Kinde
Sein Mündlein rot
Macht aufgesprungen.
Sein Blick, sein Händlein weiß
Soll mit Fleiß
Vor euch versichert sein,
Wenn sie in der Aue,
Im Taue
Benetzt ihr Schühlein klein.
Nun ausgelassen
Auf die Gassen,
Die einst saßen
Wie die Nassen
Auf der Bank,
Blöd und krank!
Freut euch der Sonnen!
Kühle Bronnen
Glänzen weit.
Mai, du kannst machen
Allen Sachen
Ein Erwachen,
Daß wir lachen!
Fragt, warum?
Nun, darum,
Weil nur ein Gott
Ohn' Spott
Uns solche Gnade leiht.

38

Keuschlich geboren,
Ein Kind so kühne
Aus reiner Magd,
Das großen Zorn
Durch ewige Sühne
Hat verjagt.
All unsrer Feinde Zahl
Ist zumal
Schrecklich jäh erloschen,
Von dem Kindlein kleine,
So reine,
Lauter fein gedroschen.
Da blüht es wieder:
Freut euch, Brüder,
Daß ein Müder
Seine Lider
Zugemacht,
Süß gebracht
Des Frühlings Reihen!
Maien,
Groß ist deine Macht!
Laßt uns die Wiesen
Froh genießen:
Wurzeln fließen,
Blätter sprießen,
Blumenglanz;
Diesem Tanz
Kann sonst nichts gleichen,
Reichen
An des Maien Pracht.

Ein Weib, ein Dieren,
Ein Maid und Fraue
Das Kindlein trug.
Wer kann vollzieren
So genaue
Des Fürsten Fug,
Der sie zum Sitz erwählt,
Als ein Held,
Bis er aus ihr entsprang
Ohne Sorg und Wust
Ihr zur Lust?
Dem sei ewig Dank!
Am großen Wunder
Freut euch munter,
Denn im Zunder
Schlug herunter
Feuerflint,
Unentzündt!
Wer hat die Macht
Bedacht?
Der alles Ding vermag.

So freu dich immer,
In dem Zimmer,
Wo kein Schimmer
Dem Gewimmer
Nahe kam!
Ohne Scham
Glänze nun
Im Ruhm
Von ihm, der in dir lag!

Wer mag ergründen
Die Abenteuer
Dieses Jungen,
Die uns entzünden
Im Geistesfeuer?
Nie durchdrungen
Ward seiner Werke Flor
Durch kein Tor,
Von so vollkommener Art,
Maßlos, ohne Zahl;
Seine Wahl,
Wie war sie wohlbedacht!
Die Sterne ehren
Dein Gebären
Und das Mehren:
Sterbens Gehren
Schwand davon.
Uns zum Lohn
Gab er Früchte,
Lichte,
Von dem höchsten Stamm;
Und wir im Zorne
Lang Verlorne
Von dem Dorne
Tief im Korne
Deiner Saat,
Vor der Mahd,
In dem Garten
Warten
Deiner Gnade dann.

39

Euch, Priester, klag ich meine Sünd,
Statt ihm, der alles Werk vollbringt,
Schlicht, lauter, schamrot ich sie künd
Mit andachtnassen Blicken.
Ich hab den Vorsatz, nimmermehr
Zu sündigen, wohin ich kehr.
Demütiglich und willig, Herr,
Will ich zur Buß mich schicken.
Am heiligen Glauben zweifle ich,
Bei Gottes Namen fluch ich sehr,
Selbst meinen Eltern würdiglich
Belud ich ihre Bürde schwer.

Ich raubte, stahl, schlug manchen tot,
Hab Ehre, Leib und Gut bedroht,
Mich stört kein Buß- und Festgebot,
Hab Meineid oft gegeben.
Auch Spiel und Raffgier trieb ich toll,
Magie und Untreu tut mir wohl,
Verrat und Brand gab ich den Zoll,
Hoffärtig ist mein Leben.
Der Geiz verschafft mir viele Müh,
Spott, Zorn und Unzucht sind mir kund.
Ich prasse, trinke spät und früh,
Träg wie ein Esel und ein Hund.

Die Sünde ist mein Wunsch und Rat,
Ich tue sie und geb ihr statt,
Ich hemme keine Übeltat
Und helfe sie verschweigen.
Mich scherte keiner Nacktheit Not,
Gab keinem Armen Trank und Brot,
Krank, heimatlos, gefangen, tot:
Kein Mitleid war mir eigen.
Vergossen hab ich schuldlos Blut,
Die Armen preßte ich zur Fron,
Die Sünde Sodoms kenn ich gut,
Gewährte oft nur halben Lohn.

Die Weisheit, Gottes Sinn und Kunst,
Des Herren Rat und Kraft und Brunst,
Göttliche Furcht, göttliche Gunst
Und Liebe blieb mir ferne.
Ich brach die Eh, schuf Priestern Pein,
Trug Taufe, Firmung wie zum Schein,
Nahm Gottes Leib in Sünde ein,
Auch beichte ich nicht gerne.

Ich meide Armut; schändlich schlecht
Geht mir die Zeit verloren,
Der Milde Gunst und Gottes Recht
Hab ich im Haß verschworen.

Zur Sünde dient mein Hören, Sehn,
Im Schmecken soll mir Lust erstehn,
Vertan ist Fühlen, Denken, Gehn:
Es fruchtet nichts im Herren.
Der alle Welt erschaffen hat,
Und was da wohnt an dieser Statt,
Der gab mir Wolkensteiner Rat:
Ich soll die Beichte lehren,
Mit meinem Lied die Höflingsschar,
Die Zweifler zu bequemen,
Die sich verirrt von falsch und wahr,
Wie manche Gans in Böhmen.

Darum hab ich die zehn Gebot,
Der sieben Sünden Todesnot,
Die fremden Sünden ohne Spott
Bekannt in Schmerz und Reuen,
Die Werke des Erbarmens rein,
Des heiligen Geistes Edelstein,
Vier Sünden, die fünf Sinne fein:
O Priester, schenk Verzeihen!
Kraft deiner siebenfachen Gab
Sprich Ablaß meiner Sünde!
Acht Seligkeiten, nehmt sie ab,
Daß ich mich froh entzünde!

40

Wach schrecklos auf, du schönes Weib,
Der nimmer gleicht ein ird'scher Leib!
Was wäre schön wie deine Hand?
So freu dich lieblich heuer!
Blick durch des Maien holdes Dach
Und tröste, Lieb, mein Ungemach,
Da man den hohen Tag schon ahnt!
Komm, Frau, zu Hilf und Steuer,
Daß mich der Wächter nicht erspäht
Und durch sein Rufen nicht verrät,
Weil ich mich lang verblendet fand
In der verschlafenen Scheuer,
Bei einer, wo ich Tag und Nacht
Mit gutem Herzen zugebracht,
Und die mich zwingt mit seligem Band
Zu süßem Abenteuer.
　　Auf, Jung und Alt! Jetzt werdet kühn
　　Und freut euch an des Maien Grün,
　　Das sich beglänzt, um hold zu blühn
　　Im Farbenlicht der Sonne!
　　Nun, Mann und Weiber, putzt euch schön,
　　Daß wir dem Maien nicht entgehn:
　　In ihm laßt uns nun auferstehn
　　Zu unbetrübter Wonne!

Ich hör der Vögel süßen Ton
In meinem Haupt erklingen schon
Von oben nieder bis zum Tal,
Daß sich mein Herz erwecket
Zu dir, mein auserwähltes Ein.
So bitt ich, laß mich nicht allein,
Denn du nur bist mein höchster Gral,
Der alles Leid verdecket.
Dein Diener bis in Ewigkeit,
Dein will ich sein, du liebe Maid,
Erwählt vor aller Freuden Zahl
Und reich mit Zier bestecket.
Daran trägst du die Schuld allein,
Du allerschönstes Fräulein rein
Mit deines Leibes zartem Saal,
Von keiner Schuld beflecket.
    Auf, Jung und Alt! Jetzt werdet kühn
    Und freut euch an des Maien Grün,
    Das sich beglänzt, um hold zu blühn
    Im Farbenlicht der Sonne!
    Nun, Mann und Weiber, putzt euch schön,
    Daß wir dem Maien nicht entgehn:
    In ihm laßt uns nun auferstehn
    Zu unbetrübter Wonne!

Dem Tagesglanz weicht schon die Nacht,
So muß ich liegen auf der Wacht
Und nach dem guten Wächter schaun,
Der uns bewahrt in Treuen,
Dem wir so wohl befohlen sind,
In großer Liebe, wie ein Kind
In seiner Mutter Schutz und Zaum.
Da sollen wir uns freuen!
Die Zeit dringt her aus kühlem Duft,
Ich spüre eine frische Luft,
Die mich berührt aus schwerem Traum:
Der Abschied naht mit Dräuen.
Hilf, Schatz, daß ich dein lieb Gestalt
Bald sehe in des Lenzes Wald
Mit Freuden unterm höchsten Baum,
Im Grün des jungen Maien.
    Auf, Jung und Alt! Jetzt werdet kühn
    Und freut euch an des Maien Grün,
    Das sich beglänzt, um hold zu blühn
    Im Farbenlicht der Sonne!
    Nun, Mann und Weiber, putzt euch schön,
    Daß wir dem Maien nicht entgehn:

In ihm laßt uns nun auferstehn
Zu unbetrübter Wonne!

41

Von Wolkenstein brach ich nach Köln auf, guter Laun,
Und kam nach Salzburg zu einem Wirt mit Namen Praun.
Der hatte eine tugendhafte schöne Frau,
Fröhlich in Ehren, höflich im Gemüte.
Gar hold und fein bot sie mir ihre Dienste dar
In allen Ehren. Dank sei der Reinen drum fürwahr!
Von ganzem Herzen wünsch ich ihr manch frohes Jahr:

Gott soll ihr mehren seine Gnad und Güte!
Von meiner Kunft durch viel Vernunft auch inne ward
Ein Bischof groß, ein Fürstensproß, Herr Eberhard.
Der rief nach mir und schnell von hier wandt ich die Fahrt:
An seinem Tisch ward ich vom Essen müde.
Viel große Freud und frohe Zeit, wohin ich ging,
Ward mir bekannt; wie ich auch fand manch gutes Ding
An mancher Tür. Drum lob ich mir des Ritters Wink,
Der gern und frisch besah der Erde Blüte.

Frei im Geleit ward ich erneut nun weggeführt
Nach München hin, wo all den Rittern Dank gebührt,
Die mich dort luden zu den Frauen wohlgeziert:
Nach unserm Fug ließ man die Lieder schallen.
Aus Gütigkeit ward mancher Wein mir ausgeschenkt
Zu Augsburg, Ulm, woran mein Herz mit Freude denkt.
In Ulm war ich auch auf dem Tanz, recht zart verschränkt
Mit Fräulein klug, die sprachen fein zu allen.
Ein Edelmann rief sich heran sein Ehgesell,
Vor mir zu stehn: »Nun heiß mir den willkommen schnell!«
Sie sprach zu ihm: »Gar wohl vernimm ich dein Gebell!
Was soll mir, ach, der Bettelmönch gefallen?«
So schuf mir Tück mein halber Blick dort im Gesicht.
Wer einen wägt im Schauen, pflegt der Klugheit nicht!
Ein schlecht Gewand tat mir die Schand, wie's oft geschicht.
Mein Mantel sprach: »Was läßt du nicht dein Wallen?«

Nach Heidelberg ritt ich zu meinem Herren reich.
Kurfürsten fand ich fünfe würdig dort zugleich.
Von Köln, von Mainz und Trier drei Bischöf ehrenreich,
Den Markgraf Brandenburg, Pfalzgraf bei Rhein.
Hoch auf dem Berg ging ich zum Hof bis an das Tor
Zu Herzog Ludwig, den vor allen ich erkor
An Frömmigkeit und Himmelsgunst. Man ließ mich vor:
So sprach er dann mit mir, gütlich und fein.
Da mußt ich singen, ließ erklingen manche Tat.
Ohn' allen Jammer seine Kammer ich betrat,
Darin zu liegen ohne Rügen voller Gnad.
Solch eine Ehr ward keinem Freunde mein.
Mit Mantel, Rock, wie eine Dock ward ich bekleidt,
Mit Fuchs und Mardern, meinen Hadern warf ich weit;
Ein Hut, bezogen, kam geflogen auf mein Scheit.
Von seiner Lehr doch schwur ich still zu sein.

Auf meinem Pferd und Schiff ich Köln betrat;
Nach Aachen trug mich eines Karrens schlimmes Rad,
Das stieß an Stock und Stein auf krummem Pfad,

Und ich ertrug manch schreckliches Gestoße.
Mein Kölner Herr und der von Berg, zwei Fürsten wert,
Die haben gnädig mich mit ihrem Gruß geehrt.
Was ich mir dort erbat, ward alles mir gewährt
Schadlos und klug durch Fördernisse, große.
Doch schweig ich hier, was dabei mir noch kundig ward.
Dort bei dem Rhein sucht ich mir Wein zur Weiterfahrt
Von Fürstenberg nach Heidelberg zu meinem »Bart«,
Herzog genannt, Pfalzgraf, Kurfürstgenosse;
Der Trank und Speis in edler Weis für mich gewährt',
Der mich entlohnt', wo ich gewohnt samt Knecht und Pferd.
Nun bin ich hie und weiß auch, wie ich's machen werd,
Wenn ich erst fand zu meines Weibes Schoße.

42

Viel liebe Grüße, süße
Sich erheben, streben,
Fröhlich, selig gleiten
Schreiten auf dem Pfad.
Grad, früh und spat
Hört man Dringen,
Klingen, Singen:
Vögel in den Auen.

Mit hellen Tönen, schönen
In den rauhen, grauen
Ästen, Nesten fliegen
Kriegen sie im Streit.
Breit, angerweit
Läßt sich Grünes,
Kühnes, Neues,
Freies gerne schauen.
Winter kalt,
Ungestalt,
Dein Gewalt
Schwindet bald
Vor dem süßen Wehen.
Lichter Sommer!
Ohne Kummer
Will ich Dummer
Als ein Frommer
Froh in dir vergehen.
Grüner Klee
Jagt den Schnee –
Jahrlang eh –
In den See
Und des Meeres Fluten.
Nachtigallen,
Drosseln schallen,
Lerchen hallen
Zum Gefallen
Statt des Ofens Gluten.

Viel Blumen, lichte, schlichte,
Hübscher Farben Garben
Schaue: Graue, blaue
Braune mancherlei!
Mai, dein Geschrei
Sich florieret,
Zieret, führet
Froh zu neuen Festen.
Aus frischem Rasen, Wasen
Sich entschließet, sprießet
Feiner, reiner Blüte
Güte, Veilchenglanz,
Tanz, Firlefanz,
Und der Bäume
Keime, feine
Zier nach kalten Frösten.
Stauden, schnell
Auf zur Stell,
Daß euch hell
Grünes Fell
Wonniglich bedecket!
Schwarze Dörner,
Weiße Körner:
Seht, verborgen
Ist das Sorgen,
Das der Winter wecket!
Kühler Bronn,
Warme Sonn
Gibt uns Wonn.
Freu dich, Nonn,
Stiehl dich aus den Klostern!
Bei dem Raine
In dem Scheine
Komm zur Minne,
Buhlbegine!
Tanz im frohen Ostern!

Die Schwämme lupfen, stupfen
Aus der Erde Herde.
Schlangen hangen, gleiten,
Häuten sich im Strauch.
Gauch, lock uns auch
In die Weiden,
Heiden! Maiden,
Sucht der Stauden Winkel!
Da laßt uns kosen, losen
Mit umschlossen bloßen
Warmen Armen herrlich
Gehrlich in dem Busch!
Husch, Mündlein kusch!
Wenn die reine,
Feine Kleine
Mir entblößt die Schenkel
Bis zum Knie!
Bin ich hie,
Frag ich sie
Heimlich, wie
Ich es fügen könnte:
Zu ihr rücken,
Freundlich schmücken,
Lieblich drücken,
Biegen, Bücken,
Ob sie mir das gönnte?
Dann wär quitt,
Was ich litt!

Hielt sie mit,
Wenn ich stritt,
Und sie überwinde,
Ohne Hassen,

Ohne Lassen
Ganz unmaßen
Sie zu fassen,
Blieb ich bei dem Kinde!

43

Ein gut geborener Edelmann
Hielt um ein edles Fräulein an.
Er sprach zu ihr mit tugendreicher Sitte:
»Mein Fräulein, wollt Ihr gnädig sein,
So hört mich an und achtet fein,
Worum ich Euch recht untertänig bitte!
Ich lieg im Elend allzu schwer,
Die Freude flieht mich Armen.
Kaum weiß ich noch, wohin ich kehr,
Drum laßt Euch, Frau, erbarmen!«

»Ihr ließet besser Euren Spott,
Und seid Ihr krank, so helf Euch Gott,
Der mag Euch Eurer Trauer wohl entbinden!
Es liegt gar wenig Trost bei mir:
Erlösung wird Euch schwerlich hier.
Sucht anderswo, so mögt Ihr Freude finden!
Denn ich kann niemands Helfer sein,
Und jeder kann es schauen:
Ein Fräulein bin ich, schwach und klein –
Wie wollt Ihr auf mich bauen?«

»Ach Frau, was soll mir dieser Hohn?
Mein froher Mut ist lang davon:
Schon manches Jahr muß ich den Kummer tragen
Und heimlich Euch zu Diensten sein.
Und Gott im Himmel weiß allein:
Nie half vor Euch mein Sehnen und mein Klagen.
Weil nie ein Weib auf dieser Welt
Mir mehr gefiel im Herzen,
So ist mir alles Glück vergällt
In Leid und großen Schmerzen.«

»Was Ihr auch redet und erzählt:
Sie ist nicht hier, die Euch gefällt;
Ich weiß es wohl, mich trögen denn die Sinne.
Denn häßlich bin ich von Gestalt
Und vierundzwanzig Jahre alt!
Sagt, was gelüstet Euch nach meiner Minne?
Ich habe weder Sang noch Wort,
Weiß keinen zu erfreuen,
Und wär ich heute Euer Hort,
Müßt es Euch morgen reuen.«

»Was braucht Ihr denn noch kluge Sprach?
Eure Schönheit tut mir Ungemach,
Und Euer Wandel hat mein Herz bezwungen.

Erhöre mich, du stolze Maid!
Denn sieh, es gilt mein größtes Leid,
Was dir an Schmerz geschieht von falschen Zungen!
Und was dein Aug in Tränen hüllt,
Du selig Wunderbare,
Hat stets auch mich mit Leid erfüllt
Und macht mir graue Haare.«

»Das dank ich Euch mit ganzem Fleiß!
Daraus gewinnt Ihr Lob und Preis,
Daß Euch die bösen Reden so mißfallen.
Zwar ist es mir wohl einerlei:
Ich tröste mich recht gut dabei;
Was schadet meinem Ruf das dumme Lallen?
Wer uns verleumdet ohne Grund,
Um falsch damit zu prahlen,
Tut seine eigne Schande kund
Und wird dafür bezahlen.«

»Laßt mich genießen, edle Frucht,
All Eurer Tugend holde Zucht!
Denn niemals wollte ich Euch Schaden bringen!
Was hilft Euch meine stete Pein?
Ein treuer Diener will ich sein,
Und nichts als Unheil brächte mein Mißlingen!«
»Seht, ich bedarf nicht solcher Knecht,
Ihr seid zu fein zum Dienen!«
»Sprecht gütig, Frau, bedenkt Euch recht,
Und froh ist all mein Sinnen!«

44

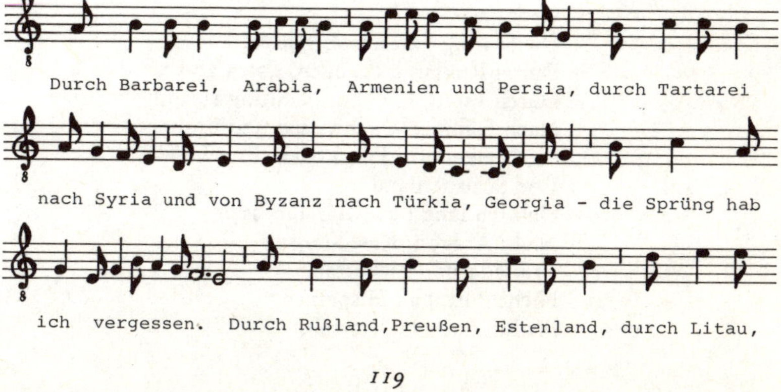

Durch Barbarei, Arabia,
Armenien und Persia,
Durch Tartarei nach Syria,
Und von Byzanz nach Türkia,
Georgia –
Die Sprüng hab ich vergessen.
Durch Rußland, Preußen, Estenland,
Durch Litau, Livland, Nehrungsstrand
Nach Dänmark, Schweden und Brabant –
Auch Flandern, Frankreich, Engelland
Und Schottenland
Hab ich lang nicht durchmessen.
Nicht Aragon, Kastilien,
Granada und Naverren,
Nicht Portugal, Hispanien
Bis hin nach Finisterren,

Provence und Marsilien:
In Ratzes unterm Schlern
Sitz ich gefangen in der Eh,
Mein Elend da zu mehren
Mit Beschweren;
Auf einem runden Felsklotz schmal,
Von dichtem Wald umfangen.
Manch hohen Berg und tiefes Tal,
Stein, Stauden, Stöck, Schneestangen
Seh ich da täglich ohne Zahl.
Noch eines schafft mir Bangen:
Daß mir die Kinder und ihr Schall
Die Ohren schlimm bedrangen
Und bezwangen.

Was ich in höflichem Gemach
Mit Fürsten, Königinnen sprach,
Und was an Leid mir je gebrach,
Büß ich hier unter einem Dach,
Mein Ungemach
Kommt nun zu keinem Ende.
Mein guter Witz ist bitter not,
Seit ich mich sorge um das Brot,
Dazu bin ich noch rings bedroht
Und tröstet mich kein Mündlein rot.
Wo ich gebot,
Lieg ich nun im Elende.
Wohin ich schau, erblicke ich:
Mein schönes Gut wird minder.
Statt alter Freunde scharen sich
Nur Kälber, Geißböck, Rinder
Und Bauern, schwarz und hässelich,
Voll Ruß den ganzen Winter,
Und Hefewein und Wanzenviech.
Vor Angst schlag ich die Kinder
Und scheuch sie hinter.
Gleich kommt die Mutter angebraust
Und fängt schon an zu schelten,
Und langt mir eine mit der Faust –
So muß ich schwer entgelten.
Sie schreit: »Wie hast du sie gezaust!
Du schlägst sie noch zu Zelten!«
Daß mich ihr Donnerwetter graust.
Dann drischt sie mich nicht selten
Mit scharfen Spelten.

Doch Kurzweil hab ich mancherlei:

Des Esels Sang, den Pfauenschrei –
Ich gäbe drum kein halbes Ei!
Wild rauscht der Bach mit Hurlahei
Mein Haupt entzwei
Und läßt mich schier erkranken.
So trag ich meine Bürde schwer:
Von steter Sorge, böser Mär
Wird Hauenstein nur selten leer.
Könnt ich es ändern ohn' Beschwer!
Ach, hülf mir wer,
Ich wollte es ihm danken!
Mein Landesfürst, der ist mir gram
Durch böser Leute Neiden.
Mein Dienst ficht mich bei ihm nur an
Und bringt mir Schmach und Leiden,
Wiewohl mir nie ein Fürstenstamm –
Ich kann es wohl beeiden! –
Je Namen, Leib und Ehre nahm
In seinen Fürstenweiden
Zu bessern Zeiten!
Die Freunde hassen mich allein,
Unschuldig muß ich greisen;
Das klag ich aller Welt gemein,
Den Frommen und den Weisen,
Und all den hohen Fürsten rein,
Die sich gern hören preisen,
Daß sie mich armen Wolkenstein
Vom Wolf nicht lassen reißen
Und verwaisen!

45

Wer sich den Beutel wünscht gering
Und will, daß ihm das wohl geling,
Der such den Weg nach Überling,
Da kosten vierzehn Pfifferling
Fünfzehn Schilling,
Wie sie's in Konstanz schlagen.
Für sechzehn Heller gibts ein Ei,
Um zweiunddreißig kriegst du zwei,
Kein Fleisch, jedoch viel Kraut dabei,
Ein kleiner Tiegel geht die Reih
Zu mancherlei,
Der hungrig ist im Magen.
Ein Wassermüsli in der Pfann,
Der Braten karg bemessen.
Wildbret und Fische sind im Bann:

»Des derfts ihr do it esse!
Und jetz isch gnueg, scherts euch von dann,
Ihr seids mer z'lang scho gsesse!
Zwoi Grosche zahlt no jedermann,
Des derfts mer it vergesse!
Schlupfts euch, ihr Hesse!
Weil i it länger schwätze mag,
No ziehts die Rieme, Gselle!
Do gibts fei überhaupt koi Frag!
Ihr sollts it lang mehr zähle:
Des due i selber alle Dag!
Des Geld laßts rüberschnelle!
Und jetz wird zahlt, wenn i des sag!
Wollt ihr's it anderscht welle,
Gehts mir der Kelle!«

Ein Wein, so süß wie Schlehentrank,
Macht mir die Kehle rauh und krank:
Im Hals verirrt sich mein Gesang
(Ach, nach Tramin steht mein Gedank!),
Sein harter Zwang
Setzt meinen Schlund in Flammen.
Er gibt mir Freud und hohen Mut,
Wie es der Sack dem Esel tut;
Die Säure stockt mir schier das Blut!
Mir wird so schwach und gar nicht gut!
Die wilde Flut
Zieht mir das Maul zusammen.
Auch gute Kurzweil sieht man viel,
Gleich mitten auf dem Platze:
Das Tanzen, Springen, Saitenspiel
Von einer rauhen Katze.
Nein, Überling wär nicht mein Ziel!
Ich frag nach keinem Schatze,
Ich kauf mir einen Knüppel still,
Zum Preis von einer Ratze,
Zu ihrem Tratze!
Mein Wirt war recht bescheiden zwar:
Er schied das Geld vom Leder.
Das nahm ich bei der Bettstatt wahr:
Zwölf Pfennige pro Feder!
Und käm ein alter Karren gar,
Er ließ ihm keine Räder!
Dem bringe ich kein Loblied dar
Wie einem Baum von Zeder –
Der krumme Fleder!

Der beste Schatz, den ich verschreib,
War Mist und manches alte Weib
Und feiste Schweine, fett von Kleib,
Viel Flöhe auch zum Zeitvertreib.
Der Bauern Leib
Wollt mir nicht länger schmecken.
Doch reut mich noch ein Kleinod kraus,
Das war die Dirne in dem Haus:
Zwei Brüstchen wie ’ne Fledermaus,
Die hingen ihr beim Mieder raus;
Ihr Kratz und Zaus
Tät manchen schon erschrecken.
Zwei schmale Füßlein wie ein Schild
Trug sie auf breiten Sohlen,
Darauf zwei Beinchen, zart gedrillt
Wie dicke Eichenbohlen!
Die Arm und Händchen rauh gerillt
Und weiß wie schwarze Dohlen!
Mit derben Schlägen war sie mild,
Mit Fluchen und mit Grollen
Ganz unverhohlen.
Verborgen blieb der lichte Glanz
Von Perlen und von Spangen
Zu Überlingen bei dem Tanz,
Wo sie sonst gerne prangen.
Und schäbig war der Maienkranz
Auf rosenfarbnen Wangen.
So nahm ich hinterm Ofen Schanz,
Von Kindsgeplärr umfangen,
Und saß mit Bangen.

46

wonniglicher Scherz hat mir schnell benommen allen
soll ich sie verziern? Weiße Brüstlein, fest wie runde
Schmerz: Ei, minnigliches Falkenterz, wie süß ist doch
Birn, damit kann sie so hold hofiern. Ihr stolzer Leib
1.
2.
dein rotes Schnäbelein!
macht
all mein Trauern klein.
Fine.
Fine.

Und soll ich die viel Zarte erschauen nimmermehr, ihre
Lehr, Zucht und weibliche Ehr muß ich bedenken, wo ich in der
Welt mich kehr. Sehnen und Scheiden vergällt selbst Honigseim.

Tröstliches Hoffen trag ich der Guten
an, die ich nicht lassen kann. Unvergessen bin
ich ihr untertan und nähre guten Wahn.
Da capo al fine.
Da capo al fine.

Du auserwähltes schönes Herz,
Dein wonniglicher Scherz
Hat mir schnell benommen allen Schmerz:
Ei, minnigliches Falkenterz,
Wie süß ist doch dein rotes Schnäbelein!

Kein Mensch sah eine schönre Dirn:
Wie soll ich sie verziern?
Weiße Brüstlein, fest wie runde Birn,
Damit kann sie so hold hofiern.
Ihr stolzer Leib macht all mein Trauern klein.

Und soll ich die viel Zarte erschauen nimmermehr,
Ihre Lehr, Zucht und weibliche Ehr
Muß ich bedenken, wo ich in der Welt mich kehr.
Sehnen und Scheiden vergällt selbst Honigseim.

Tröstliches Hoffen trag ich der Guten an,
Die ich nicht lassen kann.
Unvergessen bin ich ihr untertan
Und nähre guten Wahn.

Du auserwähltes schönes Herz,
Dein wonniglicher Scherz
Hat mir schnell benommen allen Schmerz:
Ei, minnigliches Falkenterz,
Wie süß ist doch dein rotes Schnäbelein!

47

Seid fröhlich und laßt uns
Nun singen, springen froh,
Zu zweien uns reihen
Im Maien irgendwo,
Mit frechem Mut brechen
Die Pfifferlinge roh,
Uns renken, bedenken,
Wohin mein Schatz entfloh!
Herwieder kehr!
Herzlieb, hör mein Begehr!
Du weißt doch, sag,
Wie ich dich leiden mag!
Mein höchster Hort,
Ich halte gerne Wort:
Gib mir den Kranz vom Rosental!

Deine weibliche Güte
Bezwingt und nimmt mein Glück
Mit Gehren und Wehren,
Daß ich daran erschrick.
Ach wahre und spare
An mir nicht deinen Blick!
Laß Hehlen und Quälen,
Gib mir den Trost zurück!
Ach, lieb Gesell,
Dein Wunsch ist mir Befehl,
Dein Zaudern groß
Macht mich der Sinne bloß.
Sei lieb und zahm,
Voll Lust und ohne Scham
Und löse meines Herzens Qual!

Des Sehnens Begier schafft
Mir Zagen, Klagen viel.

Das Leiden und Meiden
Sich nimmer scheiden will.
Ich Lahmer voll Jammer
Verfehle stets mein Ziel.
Die Kluge im Fluge
Macht mit mir, was sie will.
Der bittre Tod
Soll helfen aus der Not,
Wenn ihre Gnad
Nicht wendet Angst und Schad.
Zart liebstes Weib,
Den Jammer hier vertreib!
Erquick den Mann mit Freudenschall!

48

ich wohl Schlaf bekommen gnug?
allein? Arbeit ist doch Mord!
Fleisch und Kraut! Schnell sei klug! Los, du faule
Reute, Sichel findst du dort. Jens, Kathrin gehn mit
Geh, laßt Euch doch Weil! Ich trag doch auch mein
Kathrin macht nur Stuß, mit dem Jens ist
Tasch! Die Schüssel wasch!
dir, der Kunz bleibt hier!
Beil! Nur keine Eil! Mein lieber
Schluß: Mit liebem Kuß gehör ich
Hat der Künzelknecht die Dirn geschwächt? Aus dem
Schweig, du feige Haut, und schrei nicht laut! Die Schan-

Künzel, Spünzel, du bist mir so lieb!
einzig Künzel aus dem schönen Zillertal.
Haus, du verdammter Dieb!
de wächst, die Ehre wird dir langsam schal.
Frau, das Schrein hat kein Gewicht: Spinnen, kehren mag ich
Schäm dich, Gretchen! Spinn,kehr und nähr dich in Ehr!
nicht. Pflicht trag ich zu dem
Schon den Rock! Lock nicht den

»Steh auf, Maredel! Liebe Gretel, zieh die Rüben raus!
Schür an, koch das Fleisch und Kraut! Schnell, sei klug!
Los, du faule Tasch! Die Schüssel wasch!
Hat der Künzelknecht die Dirn geschwächt?
Aus dem Haus, du verdammter Dieb!«

»Nein, Frau, ich mag jetzt noch nicht so früh am Tag!
Ei wohl, wann soll ich wohl
Schlaf bekommen gnug?
Geh, laßt Euch doch Weil!
Ich trag doch auch mein Beil!
Nur keine Eil!
Mein lieber Künzel,
Spünzel, du bist mir so lieb!

»Gret, lauf zum Stadel, such die Nadel, nimm den Rechen mit!
Gabel, Drescher, Reute, Sichel findst du dort.
Jens, Kathrin gehn mit dir, der Kunz bleibt hier!
Schweig, du feige Haut, und schrei nicht laut!
Die Schande wächst, die Ehre wird dir langsam schal.«

»Wer kommt denn nach und wendet mir mein Ungemach

So fein und rein allein?
Arbeit ist doch Mord!
Kathrin macht nur Stuß,
Mit dem Jens ist Schluß:
Mit liebem Kuß
Gehör ich einzig
Künzel aus dem schönen Zillertal.«

»Schäm dich, Gretchen!
Spinn, kehr und nähr
Dich in Ehr! Schon den Rock!
Lock nicht den geilen Bock!
Guck, vier Schock
Geb ich dir bei der Hochzeit einst dafür!«

»Frau, das Schrein hat kein Gewicht:
Spinnen, kehren mag ich nicht.
Pflicht trag ich zu dem Künzelein;
Der ist mein allein,
Er ist mein ganzes Glück, und ihn nur wünsch ich mir.«

49

an, Geliebter, was bedeutet uns der
ziger Mann, soll uns der fremde Gast ver-
überall, ohne Qual, auch
und trennt das Firmament und
fürchterliche Hall mit seinem Ton? -
stören so elend? Wem läßt du mich?
hör ich die Nachtigall. Die lichte Morgenröte
macht unsrer Freud ein End. Zart minnigliche Freundin,
"Ahü,
"Ahü,
dort aus dem Blau herdringt. Blas schon, Wächter!
das Horn erdröhnet grimmiglich! Ich hör
ahü, nun hebt die Nacken bloß!"
ahü, es naht des Tages Schein!"
Ich spür dein Zürnen mächtig groß.
dich wohl: Du störst das Mädchen mein!

Hinab den Weg, wie gern ich läg! Hör,hör,hör,
Los! Los, los, los! Sehnliche
Gesell, köstliches Geschell!
Klag, mordlicher Tag! Wie lang soll unsre
Steh auf! Frisch auf! Schnell auf! Die
Not mit dir bestehn?
Vögel singen schon im Wald, Amsel, Drossel, der
Leb wohl, mein höchster

»Sag an, Geliebter, was bedeutet uns der fürchterliche Hall
Mit seinem Ton?«
»Ahü, ahü, nun hebt die Nacken bloß!«
»Lausch, Frau, und hör des Hornes Schall!
Berg und Tal, überall, ohne Qual,
Auch hör ich die Nachtigall.
Die lichte Morgenröte
Dort aus dem Blau herdringt. Blas schon,
Wächter! Ich spür dein Zürnen mächtig groß.«

»Mich trifft ein Wind von Orient,
Der durchrennt und trennt das Firmament
Und macht unsrer Freud ein End.
Zart minnigliche Freundin,
Das Horn erdröhnet grimmiglich!«
»Einziger Mann, soll uns der fremde Gast verstören so elend?
Wem läßt du mich?« –
»Ahü, ahü, schnell naht des Tages Schein!«
»Ich hör dich wohl: Du störst das Mädchen mein.«

»Hinab den Weg, wie gern ich läg!«
»Los, los, los! Sehnliche Klag, mordlicher Tag!«
»Hör, hör, hör, Gesell, köstliches Geschell!«
»Wie lang soll unsre Not mit dir bestehn?«
»Steh auf! Frisch auf! Schnell auf!
Die Vögel singen schon im Wald,
Amsel, Drossel, der Fink
Und ein Zeisel, das nennt sich Kuckuck.«
»Leb wohl, mein höchster Schatz, ich kehr zurück im Flug!«

50

Des Maien lieber Strahl bedeckt die
Erde überall, Hügel, Felder, Berg und Tal. Mit süßem Vogel-
schall erklingen, singen hell im Hall die Amsel, Lerche, Drossel,
Nachtigall. Der Kuckuck flattert jach zum großen Ungemach den
lustigen Vögeln nach. Hört nun, wie er sprach: "Kuku, kuku,
kuku, den Zins gib mir, den fordre ich von dir! Ich lunger;vor
Hunger knurrt mir der Magen schier!" "O weh, wie bestehe

ich hier!" so rief das kleine Tier. Zeisig, Meise, Lerche, nun
wollen wir singen: "Oci, das tu ich, tu ich, tu ich, tu ich,
oci, oci, oci, oci, oci, oci, fi, fideli, fideli, fideli, fi,
zi zieriri, zi ri, zieriri, zi ri, ziwick, zidiwick, fi zi,
fizi." Der Kuckuck sang nur: "Ka wa wa, kuku."
"Rako", so sprach der Rab:"Denn auch ich
sing wohl! Voll muß ich sein, dann sing ich fein: Schieb
rein! Herein, Wohlsein!" "Liriliri liriliri liriliri lon." so

Des Maien lieber Strahl
Bedeckt die Erde überall,
Hügel, Felder, Berg und Tal.
Mit süßem Vogelschall
Erklingen, singen hell im Hall
Die Amsel, Lerche, Drossel, Nachtigall.
Der Kuckuck flattert jach
Zum großen Ungemach
Den lustigen Vögeln nach.
Hört nun, wie er sprach:
»Kuku, kuku, kuku,

Den Zins gib mir,
Den fordre ich von dir!
Ich lunger; vor Hunger
Knurrt mir der Magen schier!«
»O weh, wie bestehe ich hier?«
So rief das kleine Tier.
Zeisig, Meise, Lerche, nun wollen wir singen:
»Oci, das tu ich, tu ich, tu ich, tu ich,
Oci, oci, oci, oci, oci, oci, fi,
Fideli, fideli, fideli, fi,
Zi zieriri, zi ri, zieriri, zi ri,
Ziwick, zidiwick, fi zi, fizi.«
Der Kuckuck sang nur:
»Ka wa wa, kuku.«

»Rako«, so sprach der Rab:
»Denn auch ich sing wohl!
Voll muß ich sein,
Dann sing ich fein:
Schieb rein! Herein, Wohlsein!«
»Liriliri liriliri liriliri lon« –
So sang die Lerch,
So sang die Lerch,
So sang die Lerch,
»Ich sing hell, die Drossel,
Ich sing hell, die Drossel,
Ich sing hell, die Drossel,
Daß rings der Wald erklinget.«
Ihr zieret, trillieret,
Ihr gackert und rackert
Hin und her,
Recht wie unser Pfarrer!
»Zidiwick, zidiwick, zidiwick,
Zifizigo, zifizigo, zifizigo« – Nachtigall:
Sie nur erringt mit ihrem Lied den Gral.

(»Upatschi«, so sprach das Füll':
»Laßt uns auch dazu!«
Früh kommt die Kuh.
»Auf, Esel, tu
den Sack auf deinen Nack!«
»Rigo, rigo, rigo, rigo, rigo, rigo, komm!«
So rief die Mühl,
So rief die Mühl,
So rief die Mühl.
»Kehr um!« sprach die Müllerin.
»Heb auf!« schrie die Bäuerin.

»Jetzt trag hin, mein Eselin!
Ja, ja, schrei nur IA!
Nun leier, nicht feier,
Bis dir die Geier
Die Haut abziehen
Drunten am Weiher!
Wohlauf, wohlauf, wohlauf!
Seiler, bind auf!
Plag dich, Walburg!
Rühr dich, guter Waidmann,
Mit Jagen, Beizen, Pirschen tief im Tann!«)

51

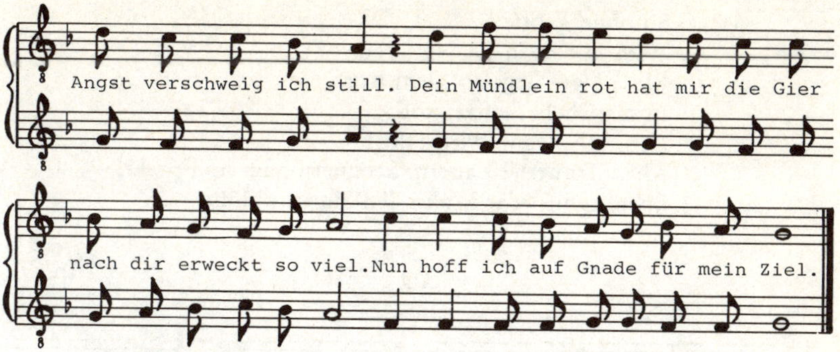

Ach, sehnliches Leiden!
Meiden, neiden, scheiden, das tut weh!
Besser wär, versinken in der See!
Zart minnigliches Weib,
Du schreibst und treibst mich weit nach Josaphat.
Herz, Kraft, Mut und Sinn sind mir so matt.
Uns trennt der Tod,
Wenn mir dein Heil nicht helfen will
Aus großer Not.
Die Angst verschweig ich still.
Dein Mündlein rot
Hat mir die Gier nach dir erweckt so viel:
Nun hoff ich auf Gnade für mein Ziel.

Mein Herz im Jammer ficht,
Zerbricht. Ach richt und schlicht den Kummer mir!
Frau, deiner Freundschaft harr ich hier,
Recht wie der Delephin,
Wenn ihn sein Sinn führt hin ins Wogental
Vor dem Sturm, bis ihn erweckt ein Strahl
Vom Sonnenglast,
Der ihm erquickt all sein Gemüt.
O bleib gefaßt,
Herzlieb, in deiner Güt!
Laß deinen Gast
Nicht darben, werben, sterben unbehüt!
Sieh, wie ich in Qualen tob und wüt!

Mein Hirn ist mir vertan,
Ich ringe, dringe, zwinge die Natur:
Jeden Tag vertausendfacht die Uhr.
Wenn ich mein Leid betracht,
Wacht meine Macht zur Nacht ganz ohne Kraft,
Und die Freuden sind dahingerafft.

So ohne Trost
Wird mir mein Leiden übergroß;
Mein Herz liegt auf dem Rost
In manchem Seufzerstoß.
Ach weh, wann wird erlöst
Mein Trauern? Lauern, Schauern nagt und preßt,
Bis mir einst der Wahn den Sinn entblößt.

52

faß! Dein Gebell macht Spaß! Ich hör Lieb und Trost:
Lapp! Holla, Rügg und Trapp! Hierher, Geil und G'sund!
Welch willkommene Kost auf des Wartens Rost!
Still, ihr lieben Hund, haltet brav den Mund!
1.
2.
Vi-
Hetz! Hü! Noch ist es früh! Nicht rück! Komm her, mein Glück!
1.
Drauflos jetzt all mit Laut und Schall, daß es den Förstern

wohlgefall! Berg und Tal! Nun schnell heraus die Klingen!
-de
1.u.2.
Jagt nach,
Das muß uns wohlgelingen! 1.Da läuft die Hindin fort!
2.Heuch,heuch,heuch,heuch,hoch,hauch!
(#)
ihr lieben Hunde dort! He, Schenk! Spürt doch, Stät und Wenk!
Hin zu Will und Wort! Die Fährte führt uns fort! Im

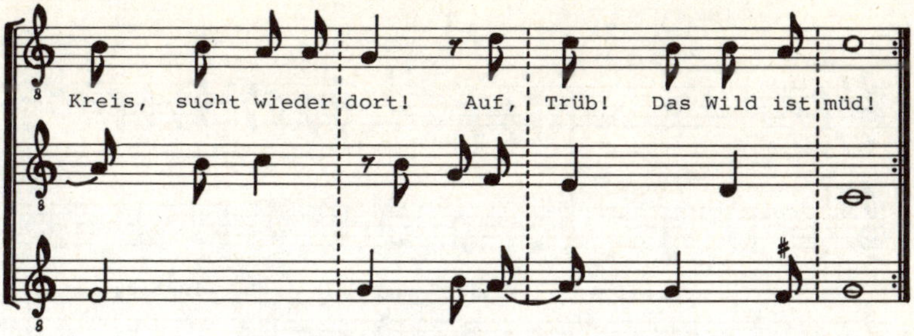

Frisch auf zum Spiel, wer jagen will!
Gib acht, dann kommst du gut zum Ziel!
Vorsicht, leg die Netze still!
Wart leis und zart
Und besetz die Wart,
Dann wird dir kein Wild gespart!
Freud, faß! Dein Gebell macht Spaß!
Ich hör Lieb und Trost:
Welch willkommene Kost
Auf des Wartens Rost!
Hetz! Hü! Noch ist es früh!
Wart, Wonn und Heil!
Laß sie nicht vom Seil,
So wird dir das Wildbret feil!
Tritt in die alte Spur!
Halt die Schnur!
Geud und Meld, zur Fährte nur!
He, Lapp! Holla, Rügg und Trapp!
Hierher, Geil und G'sund!
Still, ihr lieben Hund,
Haltet brav den Mund!
Nicht rück! Komm her, mein Glück!
Drauflos jetzt all mit Laut und Schall,
Daß es den Förstern wohlgefall!
Berg und Tal!
Nun schnell heraus die Klingen,
Das muß uns wohlgelingen!
Da läuft die Hindin fort!
Heuch, heuch, heuch, heuch, hoch, hauch!
Jagt nach, ihr lieben Hunde dort!
He, Schenk! Spürt doch, Stät und Wenk!
Hin zu Will und Wort!
Die Fährte führt uns fort!
Im Kreis, sucht wieder dort!
Auf, Trüb! Das Wild ist müd!

53

Fröhlich, zärtlich, lieblich und klärlich, lustig, still
und leise, in sanfter, süßer, keuscher, feiner Weise
wach, du minnigliches, schönes Weib, reck, streck, zeig den
zarten, stolzen Leib! Schließ auf die viel lichten Äuglein
klar! Stille nimm es wahr, wie sich verschart der Sterne Gart,
in der schönen, heitern,klaren Sonne Glanz! Auf hinaus zum Tanz!

Fröhlich, zärtlich, lieblich und klärlich,
Lustig, still und leise,
In sanfter, süßer, keuscher, feiner Weise
Wach, du minnigliches, schönes Weib,
Reck, streck, zeig den zarten, stolzen Leib!
Schließ auf die viel lichten Äuglein klar!
Stille nimm es wahr,
Wie sich verschart der Sterne Gart,
In der schönen, heitern, klaren Sonne Glanz!
Auf, hinaus zum Tanz!
Flicht uns einen schönen Kranz
Aus flaumig Braunem, Blauem, Grauem,
Gelb, Rot, Weiß,
Und von Veilchen ganz!

Lispeln, wispeln, küssen und flüstern,
Fispeln in süßen Sprachen
Von wunderlieben, guten, reinen Sachen
Soll dein rosenblühig roter Mund,
Der mein Herz so lieblich einst entzundt
Und mich herrlich tausendmal erweckt,
Freundlich lieb erschreckt
Aus Schlaf und Traum. Da möcht ich schaun
Deines Mundes wohlgezogen roten Spalt
Lächelnder Gestalt,
Zähnlein drinnen mannigfalt,
Lippenlächelnd Rosen kosen,
Hell und weiß
Sind sie hold gemalt.

Wollt sie, sollt sie, tät sie und käm sie,
Nähm sie meinem Herzen
Die sehnsuchtsvollen, großen, harten Schmerzen!
Würd ein Brüstlein weiß darauf gedrückt –
Schaut! – wär traut mein Trauern ferngerückt!
Wie möchte eine zarte, liebe Dirn
Fröhlicher verziern
Das Herze mein ohn' alle Pein
In so wonniglicher, zarter, reiner Lust?
Mund an Mund geküßt,
Zung an Zünglein, Brust an Brust,
Bauch an Bäuchlein, Maus an Mäuslein
Schnell mit Fleiß,
Ehe du's gewußt.

54

"Frau Geld, bringt Wein her aus der Kält!" "Recht so!"
sprach des Maiers Dirne ganz hinten auf der Bank, "Lieg
lang, Geselle mein, und habe Dank! Dein Gesang und dein Trank
und süßer Winkewank bringt mir Freuden viel."

"Kuß!" sprach mein Mädchen, "Nun, wer fiedelt mir schnell auf
meinem Saitenspiel?" "Das tun wir, der Heinzel und Jäckel!"
Gleich begann's Geschäker, da rief sie: "Schneckel!" "Auweh,
Heinz,magst du nimmer? Komm schon, Jäckline, trauter 'socie',

»Fröhlich Geschrei laßt uns nun machen,
Lachen über jeden, der uns nicht gefällt!«
»Jungfer, sind die Eier schon gezählt?«
»Ach, lauf, du schöner Held
Und friß sie ungeschält!«
»Frau Geld, bringt Wein her aus der Kält!«
»Recht so!« sprach des Meiers Dirne
Ganz hinten auf der Bank,
»Lieg lang, Geselle mein, und habe Dank!
Dein Gesang
Und dein Trank
Und süßer Winkewank
Bringt mir Freuden viel.«
»Kuß!« sprach mein Mädchen,
»Nun, wer fiedelt mir schnell auf meinem Saitenspiel?«
»Das tun wir, der Heinzel und Jäckel!«
Gleich begann's Geschäker,
Da rief sie »Schneckel!«
»Auweh, Heinz, magst du nimmer?
Komm schon, Jäckline,
Trauter ›socie‹,
Lehr mich das ABC,
Doch tu mir ja nicht weh!«
»Ite, venite!«

55

Womit mein Schatz mich je erfreut,
Dran hab ich seither lang gekäut,
Und manches Eisen voller Rost
Hab ich nach ihrem Wunsch gekost.
Und leider geht das ohne Zahl:
Das Glück ließ mir nicht oft die Wahl,
Seitdem sie mich mit großer Qual
Hing mit den Füßen liebreich an die Stange,
Mit vieler anderer Beschwerd,
Die ihre Liebe mir beschert.
Und wenn sie jetzt noch Dank begehrt,
Dann kann sie darauf warten, und zwar lange!
Ich hab von ihr
In Ungarn hier
Manch liebes Tier
Mit sieben kleinen Füßen.
Die treten mich
Und jäten mich
Und kneten mich
Und fretten mich:
So muß ich Sünden büßen.

Zu Preßburg vor dem Ofenloch,
Da hielt ich mit dem Ebser Rat,
Doch schüren, heizen konnt ich noch,
Bis ich den König rausgejagt.

Ich rührte mich, bis er mich sah.
Er sprach zu mir: »Dein Ungemach
Hast du von der, die mit dir brach
Weil dir die Saiten nicht mehr recht geklungen.«
Ich sagte zu ihm ungefähr:
»Hätt ich nur einen Beutel schwer,
Dann, Euer Gnaden, hört die Mär,
Wär mir bei dieser Dame mehr gelungen.«
Ich hab von ihr
In Ungarn hier
Manch liebes Tier
Mit sieben kleinen Füßen.
Die treten mich
Und jäten mich
Und kneten mich
Und fretten mich:
So muß ich Sünden büßen.

Ich glaub, die Sache stünde gut,
Ließ Herzog Friedrich seinen Strauß:
Doch wenn er das nicht schleunig tut,
Schlägt es dem Spaß den Boden aus.
Sechstausend Gulden will er han! –
Die Buhlschaft kommt mich sauer an.
Hätt ich die Trennung nicht vertan,
Müßt jetzt mein Buckel nicht auf Bänken krachen
Im Ungarland die ganze Nacht,
Wo man aus Sätteln Kissen macht!
Drum gebe der Verliebte acht,
Und freie klug, um selbst am End zu lachen!
Ich hab von ihr
In Ungarn hier
Manch liebes Tier
Mit sieben kleinen Füßen.
Die treten mich
Und jäten mich
Und kneten mich
Und fretten mich:
So muß ich Sünden büßen.

56

Trostreicher Hort, wer tröstet mich? Herzlieb, wie
Mein Lieb, Glück, Freude, Wonn und Heil! In Sehnsucht
Gerne, das tu ich! Mein
Freundlich ohne Weil Mein nehm
lange noch soll ich dich lan? Dein Fernesein bringt mir nur Pein
leb ich hin bei Tag und Nacht! Gar manche harte Seufzerpein
auserwählter Mann! Du bist ja einzig mein!
ich den Wunsch in Acht! Und freudlos soll der sein,
und betrübt mich sehr. Ich gehr Gnad in Hilf und Rat
mein Herz mir betäubt. Es bleibt unzweifelhaft und klar
Je länger, je mehr: Dein von früh bis spat, weil nur
der uns vertreibt! Das soll werden wahr! Doch sei nur
1.
2.
in kurzer Frist.
als ein stetes Gut.
Dein süßes
Mein Herz, das
du es bist!
auf der Hut!
Nur dein al-
Der Liebe
Mündlein Freuden bringt, dein Zähnlein zwingt:
prüfet oft und lang: Des Blickes Zwang
lein! Ich mein, mein
Gier bringt mir wie

»Trostreicher Hort, wer tröstet mich?
»Gerne, das tu ich!
Herzlieb, wie lange noch soll ich dich lan?
Mein auserwählter Mann!
Dein Fernesein bringt mir nur Pein
Du bist ja einzig mein!
Und betrübt mich sehr
Je länger, je mehr:
Ich gehr Gnad in Hilf und Rat in kurzer Frist.«
Dein von früh bis spat, weil nur du es bist!«

»Mein Lieb, Glück, Freude, Wonn und Heil!
»Freundlich ohne Weil

In Sehnsucht leb ich hin bei Tag und Nacht!
Nehm ich den Wunsch in acht.
Gar manche harte Seufzerpein
Und freudlos soll der sein,
Mein Herz mir betäubt.
Der uns vertreibt!
Es bleibt unzweifelhaft und klar als ein stetes Gut.«
Das soll werden wahr! Doch sei nur auf der Hut!«

»Dein süßes Mündlein Freuden bringt,
Dein Zähnlein zwingt:
Wem's da gelingt,
Der freut sich wohl und singt.
»Nur dein allein!
Ich mein, mein Ein,
All Freundschaft groß und klein.
Mein Herz, das will und mag
Einsam nicht genesen, will gefallen dir!
Billig will ich voller Treue dir danken hier!
Einzig bist du mir erwählt,
Froh gesellt,
Minnigliches Weib in Ehr und Huld.«
Zahl ich täglich steter Minne Schuld.«

»Mein Herz, das prüfet oft und lang:
Des Blickes Zwang
Macht froh und bang
In der Liebe Drang.
»Der Liebe Gier
Bringt mir wie dir
Viel großer Freuden Zier.
Frau, deiner Fessel Netz
Hält mich fest gefangen und verstrickt mich sehr!
Treulich sollst du von mir harren lieber Mär,
Niemand kann erlösen mich
Wonniglich!
Als dein stolzer Leib von Tadel rein.«
Mich und dich schützt Ehr allein.«

57

Regina Margarita

Ein Mägdlein, achtzehn Jahr und klug,
Benahm mir all mein Glück dahin.
Nie kann ich ihr entrinnen gnug,
Seit sie vor meinem Blick erschien.
All meine Ruhe ist verdorrt,
Ihr Mündlein zwingt mich fort und fort,
Das sie mit wundersüßem Wort
So lieblich weiß zu lenken.

Bin ich auch fern, so nahet mir
Ihr reines Bild durch alle Land,
Ihr zarter Blick umfanget schier
Mein Herz, zu wahrer Lieb entbrannt.
Ach, wüßte sie nur meinen Sinn,
Wie ich so krank von Sehnsucht bin!
Versteinert tret ich vor sie hin
Und weiß mich nicht zu renken.

Weiblicher sah man nie ein Weib,
Untadelig in ihrer Wahl.
Es peinigt mich ihr schöner Leib
Vom Scheitel bis hinab zum Tal.
Wenn ich bedenk ihr Ebenmaß,
Kurz, lang, schmal, breit, ihr dies und das:
Wer trüge dieser Lieben Haß?
Oh, wollt sie mein gedenken!

58

Mein Schatz bringt mir Gesellschaft zwar,
Doch wie die Monate im Jahr;
Sie spart selbst nicht den Januar,
Der mich erkältet und erfröret.
Zu jedem hält sie treue Pflicht
In Mut und Sinn und Angesicht,
Denn auch im Hornung ruh ich nicht,
Weil meine Lust ein Winter störet.
Sie macht mich krank und auch gesund,
Bringt Lieb und Leid zu jeder Stund,
Das macht der März, der tut ihr's kund.
(Von Ärzten hab ich so gehöret!)
Das Glück setzt unsrer Not ein Ziel,
Nur ich kann gut sein, wie ich will,
Sie bleibt doch stets wie der April,
Bald hü, bald hott, und wie betöret.

Doch ist sie reizend angetan,
Das nimmt sie sich vom Maien an,
Das Glück, das ich ihr geben kann,
Bewahrt sie mir in guter Hut.
Ihr Haar, ihr Mund, die Wänglein fein,
Ihr Auge wie ein Edelstein –
Dem gibt der Juni lichten Schein,
Mit junger Kraft und warmem Blut.

Der Julius hat allen Fleiß
Gelegt auf ihre Brüstlein weiß,
Den blanken Arm, die Händlein heiß
Wie neues Silber in der Glut.
Sie ist die allerschönste Dirn,
So rund gedrechselt wie die Birn,
Die den August mit Früchten ziern,
Mit Lust und Glück und gutem Mut.

Sie tut es dem September gleich,
Der ist an Zögernissen reich,
Er macht uns müde, matt und weich,
Nimmt uns den Mut und alle Macht.
Auch dieses nehm ich von ihr hin:
Sie läßt mich oft aus ihrem Sinn.
Da bringt Oktober wohl Gewinn,
Wie er ihn schon so oft gebracht.
Er kommt ins Haus, wie sie zu mir
Und füllt mein Herz, bis meine Gier
Gesättigt ist in ihrer Zier.
November hat mich wohl bedacht
Mit vielem, das uns alle nährt.
Doch wenn sie launisch von mir kehrt,
Ist mir kein Glück bei ihr beschert:
Kalt ist Dezember Tag und Nacht ...

59

Macht mich die Sorge einst zum Greis,
Werd ich durch Schaden klug und weis,
Dank ich das meiner Liebsten Preis,
Den sie mir zugemessen.
Daß ich ihr einst zu Willen trug
Ein goldnes Kettelein mit Fug,
Versteckt am Arm, verschlossen klug,
Das hat sie rein vergessen.
Jetzt ließ sie mir zum Unterscheid
Ein Eisenschloß, drei Finger breit,
Als Band der Treue eng bereit'
An seine Stelle pressen.
Und seh ich mir den Spaß noch an,
Wie sie mit einem schäkern kann,
Der mir so arges Leid getan,
Verleidet's mir das Essen.

Vertrauensvoll ich zu ihr schoß,
Denn meine Liebe war so groß.
Nun hab ich manchen harten Stoß
Auf diesem Gang erlitten,
Da ich die Wallfahrt falsch besah,
Die sie mit mir zu tun versprach;
Ein Heiliger säh es ihr nach,
Hätt sie die Fahrt vermieden!
Doch hab ich es auch so betracht':
Die Reis war mir zum Heil erdacht,
Denn hätt sie mich gen Himmel bracht,
Könnt ich dort für sie bitten.

Sie hatte nämlich das Begehr,
Mit einem Fußblock, hart und schwer,
Mein Schienbein freundlich hin und her
Zu reißen ohne Sitten.

Je nun, das klag ein schwächerer Mut,
Es schadet nicht, was Liebe tut,
Das liebste Kind, die größte Rut –
Sie liebt mich halt im Drange.
Auch sah ich jetzt, das ihr nichts fehlt:
Die kluge Liebe schaut auf's Geld,
Drum ward ich munter hochgequält
Mit Füßen an der Stange.
Viertausend Mark begehrt das Herz,
Und Hauenstein – so hieß der Scherz.
Das fühlte ich, als mich der Schmerz
Ließ knirschen an dem Strange.
Da pfiff sie mir mit Katzenhohn,
Da fiepte ich im Mäuseton.
Fünf Eisen hielten mich in Fron
Nach ihrem Willen lange.

60

Es naht sich schon die Fasenacht,
Da laßt uns frech und fröhlich sein;
Zu zwein und zwein zusammenbracht,
Gleich wie die zarten Täubelein.
Doch ich hab mich schon hingesellt
Zu meiner Krücken,
Die mir mein Schatz hat auserwählt
Statt liebem Drücken.
Und ich die Kruck fest an mich zuck,
Recht freundlich unter die Achsel ruck;
Ich geb ihr manchen harten Druck
Und laß sie knarren.
Was mußte mir zur Fasenacht
Das widerfahren?
Blähä, seid still, ihr Narren!

Da nun die wilden Vöglein sind
Gepaart schon ohne allen Neid,
Was soll man denn als zahmes Kind
Nicht feiern diese liebe Zeit,
Umarmen, küssen ein schönes Weib?
Laß dich genießen!
Gewähre deinen jungen Leib
Ohn' all Verdrießen!
Und ich die Kruck fest an mich zuck,
Recht freundlich unter die Achsel ruck;
Ich geb ihr manchen harten Druck
Und laß sie knarren.
Was mußte mir zur Fasenacht
Das widerfahren?
Blähä, seid still, ihr Narren!

Die Fastnacht und des Maien Pfad,
Die pfeifen gern aus einem Sack.

Was sich das Jahr verborgen hat,
Das äugt nun offen an den Tag.
Doch hat mein Schatz die Tück gespart
Mit falschen Winken
Bis an den Herbst: Verfluchte Fahrt,
Denn ich muß hinken!
Und ich die Kruck fest an mich zuck,
Recht freundlich unter die Achsel ruck;
Ich geb ihr manchen harten Druck
Und laß sie knarren.
Was mußte mir zur Fasenacht
Das widerfahren?
Blähä, seid still, ihr Narren!

61

Viel Glück und Heil in großer Schar
Wünsch ich dir, Frau, zum neuen Jahr!
Daß ich dir rechte Treue wahr
Und nie in deinen Diensten spar,
Daran soll es nicht fehlen.
Das macht dein rotes Mündlein gar
Und deiner Wänglein liebes Paar,
Umglänzt von lichten Äuglein klar,
Die Öhrlein klein und drob das Haar
In wollig weichen Wellen,
Goldkraus und gelb durchflecket.

Nas, Kinn und Kehl, der Hals zu Tal
Neigt wohlgemessen seinen Fall
Bis an der weißen Brüstlein Saal.
Das Tal dort preis ich laut mit Schall:
Wie bist du wohlbemessen!
Die Finger lang, die Händlein schmal,
Das Bäuchlein schimmert überall;
Schön ist das Pelzchen ohne Zahl,
Fest wölbt sich auch der Sitz zumal,
Die Stärke nicht vergessen!
Und Füßlein, klein gestrecket.

An ihrem Leib ist keine Pein,
An Zucht und Tugend ist sie rein,
Jung, edel, adelig im Schein;
Ihr Wandel fügt sich auch darein
Nach meisterlicher Sitte.
Sie ist untadelig und fein.
Mein trauter Schatz, vergiß nicht mein!
Und bin ich denn geheißen dein,
So laß mich, Lieb, noch einmal frein,
Worum ich lange bitte,
Und was mein Sehnen wecket!

62

hat bezwungen mich.
Laß
Wie hold und mild hör und seh ich dich!
Gnade mir, Frau, widerfahren!
Der Ehre Zier will ich bewahren!
So schwöre mir Treu, ich sei dein liebster Mann!
Mein Lieb, ganz
Ein
ohne Reu sollst du mich han!
Schatz ist uns gewonnen, den keiner wissen soll!
Sei stille und besonnen, so tust du daran wohl!

»Von rechter Lieb Kraft
Läßt mich mein Sinn nicht frei.«
»Sag an, Gesellschaft,
Was dir im Herzen sei!«
»Ein weiblich Bild
Hat bezwungen mich.«
»Wie hold und mild
Hör und seh ich dich!«
»Laß Gnade mir,
Frau, widerfahren!«
»Der Ehre Zier
Will ich bewahren!«
»So schwöre mir Treu,
Ich sei dein liebster Mann!«
»Mein Lieb, ganz ohne Reu
Sollst du mich han!«
»Ein Schatz ist uns gewonnen,
Den keiner wissen soll.«
»Sei stille und besonnen,
So tust du daran wohl!«

»Mein Glück und mein Herr,
Mein Herzens Honigseim!«
»Du hast mein Beschwer
Benommen ganz allein!«
»Dein eigen Weib
Will ich nun sein!«
»Dein stolzer Leib
Bringt Lust und Pein.«
»Ach, traut Gesell:
Nur Lieb und nimmer Leid!«
»Zu deinem Befehl
Bin stets ich bereit!«
»So sei allzeit stet
Und zweifel nicht an mir!«
»Wie gern ich das tät
Mit rechter Gier!«
»Den Lauschern bleib ferne
Und nimm dich davor in Acht!«
»Mein Herzenslieb, gerne:
Das tu ich Tag und Nacht!«

»In hartem Schlaf, Frau,
Vertreib ich lange Zeit.«
»Hegst du kein Mißtraun?
Das sag mir ohne Neid!«
»Mein Lieb, fürwahr,

Da sage ich nein.«
»Warum dann gar
Läßt du mich allein?«
»Es zwingt mich nur
Der Lauscher Lügenspiel.«
»Beim Abenteuer
Wagt man gerne viel!«
»Ihr Argwohn und Lug
Tut mir wahrhaftig weh!«
»Ihr Reden und Betrug
Nicht lang besteh!«
»Gib Urlaub meinem Herzen,
Denn sieh, es ist schon spät!«
»Leb wohl denn ohne Schmerzen,
Und komm, so schnell es geht!«

63

Wohl mir um jener lieben Stund,
Da mich ein rosenrunder Mund
Anlächelte so wonnig klar,
Und sich ein rotes Lippenpaar
Hold öffnete nach Höh und Tal
Mit Zähnlein, weiß und eng und schmal.
Darob zwei braune Äuglein rein,
Die spielten hin und wider fein,
Von Blick zu Blick scharf an Gewalt,
Schräg überm Näslein wohlgestalt.
Ich Grauer brech den Trotz zum Schluß:
Und droht sie mir mit einem Kuß,
Dann will ich's sicher gerne wagen
Ohne Zagen, niemand fragen,
Keinem sagen oder klagen,
Nur heimlich tief im Herzen tragen.

Hat sie mich rechts einmal gekränkt,
Wird schnell der Blick nach links gelenkt,
Denn vorn ist links und rechts ein Knopf,
Erst spitz, dann rundlich wie ein Topf
Gedrechselt auf des Herzens Haus,
Sieht gar geschwellt und herrlich aus!
Und läg sie nackt an meiner Brust,
So würde all mein Schmerz zur Lust!
Der Bart muß fort von meinem Kinn,
Wird auch Barbier und Messer hin!
Und schließt sie mich mit Armen ein,
Werd ich erst krank vor Wonne sein.
Will sich die Liebe an mich winden,
Freude künden, Wonne finden,
Mich entzünden und verbinden,
Gewähr ich Ablaß allen Sünden.

Hinab vom Gürtel schweift mein Sinn
Zu ihren schönen Füßen hin,
Ob sie die rechten Maße hat.

(Doch wär es besser in der Tat,
Wenn ich ihr Bein ergriff und säh!)
Und kommt sie mir in solche Näh,
Daß ich die Mannheit retten muß:
Ich weiche nicht und steh bei Fuß!
Und wenn der Krieg mich niederstreckt,
Werd ich doch endlich neu erweckt
Und komme wieder in ihr Haus
Und finde sicher keinen Graus.
So will ich wohnen bei der Reinen,
Ohne Scheinen, ohne Meinen,
Mit der Feinen mich vereinen
Mit Herz und Hand und Leib und Beinen.

64

Gar wonniglich hat sie mein Herz besessen,
In Liebe ganz verfangen und in Stetigkeit,
Verschlossen gar in ihrer zarten Arme Bund.
Mein höchstes Heil, ich bin dein Eigen,
Das geb ich dir mit Brief und Pfand.

»In welchem Sinn hast du die Freud ermessen
Mit mir? Doch ohne Bangen bin ich dir bereit.
Sieh die Gefahr, und meide der Verräter Mund!
Das Unheil treffe alle Feigen,
Und Glück sei ihnen unbekannt!«

In Treue, Weib, das sollst du nicht vergessen,
Ist täglich mein Verlangen deinem Dienst geweiht.
Der Freuden Schar schöpf ich aus deiner Augen Grund.

Vor deines Mundes süßem Neigen
All meine Sorge schnell verschwand.

65

Mein Herz ist mir versehrt,
Vergiftet und verwundt,
Mit einem scharfen Schwert
Entzweit bis an den Grund.
Und lebt kein Arzt auf Erden, der mich heilen kann,
Als nur die eine, die den Schaden einst getan.

Frau, kröne deine Art!
Bewahr den höchsten Wert,
Daß keiner dich umschart
Und dir dein Wild versehrt,
Damit sich nie die falsche Zunge deiner freut:
Dann wird mein Herz gesundet und erneut.

Gewähre, Lieb, das Wort,
Das mich so willig tröst!
Bedenk des Jammers Mord,
Aus dem du mich erlöst!
Viel besser ist ein ehrbar schneller Tod fürwahr,
Als schmachvoll fortgelebt zweihundert Jahr!

66

Weiß, Rot, von Braun umloht
In einem runden Feld
Schuf mir manch harte Not,
Die ich hier nicht vermeld.
Gar eng ward mir die Welt,
Seit sich mein Blick und Sinn
Begehrlich drein verschoß.
Von Krankheit schwand ich hin,
Eh mich die Zeit verdroß:
Die Ohnmacht wurde groß.

Ein Flor von eitlem Grün
Den zarten Stamm verdeckt,
Der jedem Fürsten kühn
Die Mannheit wohl erweckt,
Wenn er sich vor ihm streckt.
Und als ich ihn so sah,
Recht wonniglich im Stamm,
Schuf er mir Ungemach,
Das mich gefangen nahm,
Als ich ihm nahe kam.

Ein Gäblein wonnig weich,
Darauf ein Stämmling hart,
Der trägt zwei Birnen reich;
Gar süß ist ihre Art:
Weiß, frisch, zu schmecken zart.
Wär ich ein Kindlein klein,
Vernünftig, alt und weis,
Und hätt ein Birnlein fein
Zu saugen statt der Speis,
So würd ich nie zum Greis.

67

JÄNNER beschneid Christ würdigleich!
Drei König, für Erhard lobesreich,
Dem Sterne eilten schnell sie nah.
Marcell, Antonius Prisca sah.
Fabian, Agnes, Vinzenz viel kund,
Paul, Polykarp, Hans goldener Mund.

Zünd, Hornung! BRITT, Maria, blas!
Schrieb Agath. – Dorothea las.
Helen, Polon, Scholastika spann,
Es wob Valentin mit Julian.
Der Simeon beschwerlich trug.
Paul, Peter und Mattheis, Walburg klug.

Empfangt den MÄRZ, Frau Kunigund!
Adrianus, dieser ward gesund
Pfingsttäglich im märzlichen Bad.
Gregori, gib den Schülern Rat!
Gertraud, mach uns die Herberg klar!
Schür zu, Marie, nimm Rupprecht wahr!

Wenn uns der APRIL fest begießt,
Ambrosi sich drum nicht verdrießt.
Bewahr uns, adeliger Leu
Und Tiburz, vor betrogener Treu!
Valer, das große Leid verschmäh!
Sankt Georg, Markus läßt das Weh
Holdselig ungetan.

PHILIPPUS, Mai kreuzt Florian.
Gotthart, Johannes wohnt uns bei,
Gordian, der Pankraz und die Sophei.

Pilgrim, der bringt Potenz Basil,
Ein Kränzlein grün nach Urbans Will.
Komm, Hans, Kyrill zu Petronell!

DER Junius Asam kauft da schnell.
Senat und Prim setzt Pflanzen gut,
So wird Veitlinus wohlgemut.
Gelobt drei Heilige ohne Pein,
Achaz, groß Hans, klein Hänselein!
Hilf, Leo, Peter, Paule, FRISCH!

Marie schenkt Ulrich, Julius Fisch,
Und Kilian brach Kirschen sechs,
Margrit, Heinz, die teilten mit Alex.
Arnulf lud sich Praxederlin,
Magdalena, Jungfer Christin.
Jakob, Anna ruft Pantaleon.

Flieht den August, PETRUS, Stephan!
Steffel, König Oswald, Sixt, Afra
Mit dem Laurentius beizten da.
Hypold, Euseb, Maria zart,
Die tranken einen Bernhard.
Sprach Timothee zu Barthelin:
»Wie mönchisch predigt Augustin!«

In dem September GILG schenkt uns Most.
Gib, Mang, der Marie, daß sie kost'
Des minniglichen Kreuzes Fron!
Euphemia, Lamprecht beschirmt uns schon.
Matthäus, Moritz, empfehlt mein Seel!
Virgil, Kosmas, Wenzel, Michael,

Jerome, OKTOBER. Hupf auf, Franz!
Mit deiner Kutte an den Tanz!
Da hing Colman in Österreich.
Gallus sprach: »Lukas schreibt sogleich.«
Ursel zu Köln Crispinus fand.
Toulouse war Simon wohl bekannt.

November HEILIGE all verkündt.
Aus Knechtschaft, Leonhard, lös die Bünd!
Trink, Martin, Wein, die Gans ißt Ott!
Da kommt Elisabeth im Trott.
Cäcil, Klemens brach Kettelein!
Kunz sprach: »Was fischet Anderlein?«

DEZEMBER. Hilf uns, Barbara,
Sankt Niklaus und Maria,
Dazu noch die minnige Lucei,
Daß wir von Sünden werden frei!
Herr Thomas und der heilige Christ,
Stephan, Hans Kind: Thomas frißt
Silvester!

68

Mein Herz verjüngt sich voller Freud
Und ist getröst, erlöst von lieber Hand,
Die mich mit Fleiße, frei von Neid
Zärtlich entknüpfte, lüpfte und entband
Von aller Schmach und Schand.
Ich lobe Tag und Stunde, Zeit, Minut und Quint,
Als ich es hörte und ersah,
Daß all mein Klagen ohne Zweifeln und geschwind
Ward abgenommen: Da zerbrach
Des Herzens Ungemach.

Mit Ehren, auserwähltes G
Erfreust du mich bis in der Seele Grund.
Dann folgt ein edles R und E,
Und trösten soll mich wohl ein roter Mund
Fröhlich zu aller Stund.
Am Ende deines Namens schließt ein T die Treu
Von dir zu mir in Ewigkeit.
Mein höchster Hort, bedenkst du es nur täglich neu,
So bin auch ich dazu bereit
Mit ganzer Stetigkeit.

Vergiß in deiner Frauenehr,
Schuf ich der Zucht und Frucht je Zorn und Pein,
Denn deine Ehre lieb ich mehr
Als alle Welt, und will auch ganz allein
Ihr Diener sein;
Und ungeschieden hier auf Erden bis zum Tod
Und dann noch hunderttausend Jahr:
Wir gönnen keiner falschen Zunge Botenbrot
Und lassen ihrer Lust kein Haar!
Herzlieb, Gott mach es wahr!

69

Do vrai amour *franz.*
Adiuva me! *lat.*
A ló, mijn ros *ung./holl.*
Ter mój srcé *slow.*
Rennt in Gedank, *dtsch.*
Frau, pur' a ti. *ital.*
Ik loop, ik slaap, *holl.*
Vel quo vado, *lat.*
Tényleg, mein Kopf *ung./dtsch.*
Ne drž dóbro. *slow.*
Io schiav' e franc' *ital.*
Merci vous crie. *franz.*
Deutsch wälisch mach!
Französisch wach!
Magyarisch lach!
Brot windisch bach!
Auf Flämisch krach!
Latein die siebte Sprach.

Milj žena, *slow.*
Ime, mon coeur, *ung./franz.*
Per omnia *lat.*
Mein Lieben spür! *dtsch.*
Senza beffe *ital.*
Met mooie war *holl.*
Tutt' servirai *ital.*
Pur tschatti gaisch *slow.*
Nem tudom vrai *ung./franz.*

Kein andre Reis. *dtsch.*
God weet well, wie *holl.*
Eg' te amar. *lat.*
Deutsch wälisch mach!
Französisch wach!
Magyarisch lach!
Brot windisch bach!
Auf Flämisch krach!
Latein die siebte Sprach.

Te mi mondsz *ung.*
Margarita bel' *ital.*
Ex profundis *lat.*
Tu ich es schnell, *dtsch.*
Dat g'loof, draga *holl./slow.*
Griet, par ma foi! *franz.*
In recomissio *lat.*
Jour et nuit, *franz.*
Mi ti comando, *ital.*
Wo ich trott, *dtsch.*
Jambor, tvoja, *ung./slow.*
All op min Treu. *holl./dtsch.*
Deutsch wälisch mach!
Französisch wach!
Magyarisch lach!
Brot windisch bach!
Auf Flämisch krach!
Latein die siebte Sprach.

Expositio

Mein wahres Lieb,
Hilf mir!
Mein Pferd, mein Roß,
Dazu mein Herz
Rennt festen Sinns,
Frau, nur zu dir.
Im Lauf, im Schlaf
Und wo ich geh –
Wahrlich, mein Kopf
Hält nicht mehr fest.
Ich, Sklav und frei,
Ich ruf dir Dank.
Zart liebstes Weib,
Sieh hin, mein Herz:
Überall
Mein Lieben spür!
Ohn' allen Spott
Mit schönem Wert
Dien ich dir ganz
Nach deinem Wunsch
Und weiß fürwahr
Kein andre Reis.
Gott weiß wohl, wie
Lieb ich dich hab.
Was du nur willst,
Du schöne Gret,
Aus ganzer Seele
Tu ich schnell.
Das glaube, liebe
Gret, auf's Wort!

Zu deinem Befehl,
Tag und Nacht
Biet ich mich dir,
Wo ich geh.
Liebste, nur dein,
Auf meine Treu!

70

Herr Wirt, uns macht der Durst Beschweren,
Trag auf Wein, trag auf Wein, trag auf Wein!
Möge Gott dein Leid verkehren!
Bring her Wein, bring her Wein, bring her Wein!
Und dir den Reichtum mehren!
Nun schenk ein, nun schenk ein, nun schenk ein!

Gretel, wärst du gern mein Bräutel?
So sprich, sprich! So sprich, sprich! So sprich, sprich!
Ja, doch kauf mir einen Beutel!
Das tu ich, das tu ich, das tu ich!
Und spreng mir nicht mein Häutel!
Nur stich, stich! Nur stich, stich! Nur stich, stich!

Sag, Hänsel, willst du mit mir tanzen?
So komm ran, so komm ran, so komm ran,
Daß wir wie die Böcke ranzen!
Fall nicht, Mann! Fall nicht, Mann! Fall nicht, Mann!
Laß meinen Schlitz im ganzen!
Jetzt schieb an! Schieb fest an! Hans, schieb an!

Pfeift auf, Heinz und Lipp, ihr Schnecken!
Frisch, froh, frei! Frisch, froh, frei! Frisch, froh, frei!
Paart euch, rührt euch, schlagt das Becken!
Jens, Lucei, Kunz, Kathei, Benz, Klarei!

Hüpf wie ein Kalb, mein Jäcken!
Ju hei hei! Ju hei hei! Ju hei hei!

Auf gehts beim Reigen, schäumt den Most auf!
Jetzt gehts an! Jetzt gehts an! Jetzt gehts an!
Schluckauf, Heinrich, noch ein Prost drauf!
Hopp, Biedermann! Hopp, Biedermann! Hopp, Biedermann!
Metz, Diemut, schleckt die Kost auf!
Dran, dran, dran! Dran, dran, dran! Dran, dran, dran!

Nun tummelt euch, man ißt im Städtel!
Wer bleibt noch? Wer bleibt noch? Wer bleibt noch?
Weiter, Konrad, fauler Knödel!
Du Arschloch, du Arschloch, du Arschloch!
Ja schau nicht wie ein Blödel!
So lauf doch! So lauf doch! Lauf, lauf doch!

71

»Aus günstigem Herzen wünsch ich dir
»Dein Singen und Scherzen lob ich mir!
Ein gutes Jahr,
Das nehm ich wahr.
Wie stets auf's neu,
Dir lohne Treu!
Und was auf Erd dein Herz begehret!
Dein Wunsch, Lieb, werd an uns gemehret!
Amen, mein Hort!
Dank für das Wort!
Nun, das ist recht.
Ich bin dein Knecht.
So denk an mich, Geselle mein!«
Ei, freut es dich, so soll es sein!«

»Mich freut, liebes Weib, dein roter Mund.
»Dein männlicher Leib hat mich entzundt.
Bin dein allein,
So wie ich dein.
Mit Stetigkeit
Nur dir bereit.
Dein' Zucht und Ehr erweckt mein Sehnen.
Dein Tugendmeer rührt mich zu Tränen.
Da bin ich froh!
Das ist wohl so.
Du zweifelst gar?
Ich rede wahr.
Das hör ich gern, du liebe Gret!«
Dir nach Begehren, Os, wenn's geht!«

»Vergiß mich nur nicht in deiner Güt!
»Dein süßes Gesicht mein Herz durchglüht.
Wer ist mein Heil?
Nur ich, in Eil!
Wer tröstet mich?
Frau, das tu ich.
Wie wohl mir ward vor großen Freuden!
Ganz unbeirrt mag ich dich leiden.

Du nimmst Beschwer.
Du noch viel mehr.
Du wendest Pein.
So soll es sein.
Du wendest Leid und Ungemach.«
Du zarte Maid, dem komm ich nach.«

72

so richt dich schleunig von hinnen! Dein Minnen steht
Wicht, weh dir! Was willst du
Liebe fügt sich niemand, der nichts bieten kann.
—— dir übel an!"
hier? Geh aus der Bahn! Zahlst nicht,
Denn ein jedermann, der spricht: "Du
so richt dich schleunig von hinnen! Dein Minnen steht
Wicht, weh dir! Was willst du
—— dir übel an!"
hier? Geh aus der Bahn! Zahlst nicht, so richt dich

Die Liebe fügt sich niemand,
Der nichts bieten kann.
Denn ein jedermann,
Der spricht: »Du Wicht,
Weh dir! Was willst du hier?
Geh aus der Bahn!
Zahlst nicht, so richt
Dich schleunig von hinnen!
Dein Minnen
Steht dir übel an.«

Der Wirt will uns nicht borgen,
Das ist mein größte Klag.
Er plagt mich Nacht und Tag
Um Geld. O Welt!
Schäm dich, was drängst du mich,
Du voller Wirt?
Gleich schellt und bellt
Frau, Knecht, Dirn und Kinder,
Im Winter,
Wenn's mich am Beutel friert.

Jetzt trinken wir vom Fläschchen
Ohne Krug und Topf:
Da wackelt uns der Kopf.
Schenk ein, Hänslein!
Das Fläschlein voll, das tut uns wohl!
Den Schlund geatzt!
Herr Wein, kommt rein!
Frisch, lustig gießen
Und fließen,
Bis uns die Blase platzt!

Die Jungfer wollt ich minnen,
Die Wirtin fiel in Zorn.

Da nahm ich sie aufs Korn.
Ich hieb und trieb
Das harte Loch auseinander doch,
Ich armer Knab.
Da flog das Stroh!
Der Stadel schüttelt,
So rüttelt ich
Ihr den Schleier ab.

73

»O herzenslieber Nickel mein,
Vergiß mein nicht, auf alle Treu.
Ach heiaho!«
»Das tu ich nicht, zart Elselein,
Die Freundschaft gilt mir allzeit neu!
Das sei also!«
»Mein Herze schwindt, wenn du jetzt gehst von mir!«
»Schweig, liebes Kind! Bald bin ich wieder hier.«
»Ach Nickel, Nickel, trautes schönes Kläusli,
Faß mich, küß mich, leih mir schnell dein Mäusli!«

»Versprich mir gleich, du schöne Els,
Daß du kein andern wollest han!
Ach heiaho!«

»Viel eher spräng ich übern Fels,
Eh mich beschlief ein andrer Mann!
Das sei also!«
»Der treue Fug zu dir soll nimmer wanken!«
»Mein Nickel klug, dich trag ich in Gedanken!«
»Ach Nickel, Nickel, trautes schönes Kläusli,
Faß mich, küß mich, leih mir schnell dein Mäusli!«

»Behüt dich Gott, mein höchster Hort!
Kein Scheiden tat mir nie so weh!
Ach heiaho!«
»Du läßt mich hier und bleibest dort –
Wann kommen wir zusammen je?
Das sei also!«
»Nach kurzer Fahrt will ich herwieder kehren!«
»Mein Nickel zart, tu mir das ja gewähren!«
»Ach Nickel, Nickel, trautes schönes Kläusli,
Faß mich, küß mich, leih mir schnell dein Mäusli!«

74

Schweig still, Gesell, das Ding ist recht,
Gib mir des Fräuleins Botenbrot!
Juheiaho!
Sie ward mein Herr und ich ihr Knecht,
Nun bin ich nimmer mehr in Not.
Das sei also!
Wie ist sie zart, mit der ich mich verbunden!
Wie wohl mir ward! Nun hab ich Freude funden.
Ach liebes Püppchen, traute schöne Docke,
Du liebst mich bis zum Zipfel an dem Rocke.

Mein Dienst bleibt allzeit ihr gespart.
Und gibt sie mir wohl einen Stoß –
Juheiaho! –
Mit ihren beiden Hörnchen zart,
So schick ich meinen Zeisig los.
Das sei also!
Ganz ohne Streit als meinem rechten Herrn
Bin ich bereit und diene willig gern.
Ach liebes Püppchen, traute schöne Docke,
Du liebst mich bis zum Zipfel an dem Rocke.

Noch freu ich mich der lieben Stund,
Als ich mich ihrem Dienst geweiht.
Juheiaho!
Und hoffe, daß ihr roter Mund

Von aller Not mich schnell befreit.
Das sei also!
Mein Herz und Sinn liebt sie mit stetem Fleiße,
Wie fern ich bin von ihr. Juhei, die Weiße!
Ach liebes Püppchen, traute schöne Docke,
Du liebst mich bis zum Zipfel an dem Rocke.

75

Wohlauf, wohlan!
Kind, Weib und Mann,
Seid wohlgemut,
Frisch, fröhlich, gut!
Tanzen, springen,
Harfen, singen
In dem zarten
Maiengarten grüne!
Die Nachtigall,
Der Drossel Schall
Berg, Au durchtönet.
Neu versöhnet
Freundlich scherzen,
Heimlich herzen
Gibt mehr Wonne
Als die Sonne kühne.
Harte Blicke
Und die Tücke
Laßt uns meiden
Von den Weibern ungestalt!
Mündlein schöne,
Dies Getöne
Gibt uns Wonne mannigfalt.

Grüne, Stäudli,
Lupf dich, Kräutli!
In das Bädli,
Ösli, Gretli!
Blumenblüte
Nimmt das Müde.
Laub bestecke
Rasch zur Decke, Metzli!
Bring die Wanne
Und die Kanne!
Wasche, Maidli,
Mir das Scheitli!
Reib mich, Knäbli,
Um das Näbli!
Hilfst du mir,
Gleich fang ich dir dein Rätzli!
Harte Blicke
Und die Tücke
Laßt uns meiden
Von den Weibern ungestalt!
Mündlein schöne,
Dies Getöne
Gibt uns Wonne mannigfalt.

Ju heißa hei!
Zierlicher Mai,
Schieb Pfifferling,
Die Morcheln bring!
Mensch, Laub und Gras,
Wolf, Luchs und Has
Hast du erfreut,
Die Welt bestreut mit Grüne.
Und was der Winter
Ganz dahinter
In der Mauer
Tiefer Lauer
Hat gezogen
Und betrogen,
Ist frei gelöst,
Von Mai getröst und Minne.
Harte Blicke
Und die Tücke
Laßt uns meiden
Von den Weibern ungestalt!
Mündlein schöne,
Dies Getöne
Gibt uns Wonne mannigfalt.

76

zart hat mich erfreut auf grüner Au

mit seiner Sichel braun behaart,

als ich ihm half, das Gatter rücken, die Ritze ihm

verschränkte: lenkte, senkt ich rein den Pint,

stopfte fest, damit das Kind sich nicht

Ein Graserkind im kühlen Tau
Mit weißen, bloßen Füßlein zart
Hat mich erfreut auf grüner Au
Mit seiner Sichel, braun behaart.
Als ich ihm half, das Gatter rücken,
Die Ritze ihm verschränkte,
Lenkte, senkt ich rein den Pint,
Stopfte fest, damit das Kind
Sich nicht mehr sorgen müsse
Um sein Gänsel.

Als ich die Schöne zäunen sah,
Da wurde mir die Zeit recht lang,
Bis ich ihr dann das Ungemach
Beendete an ihrer Schrank.
Mein Häcklein klein hatt ich zuvor
Empor zum Dienst gewetzet:
Gehetzt, benetzet hatt ich das,
Schobern half ich ihr das Gras:
»Zuck nicht, mein Schatz!« –
»Gewiß nicht, lieber Hänsel!«

Und als der Klee dann abgemäht
Und ihre Ritze wohl verzäunt,
Da wünschte sie, das ich ihr jät
Noch einmal ihren untern Point;
Zum Lohn wollt sie mir Rosen winden,
Binden für ein Kränzel:
»Schwänzel, ränzel mir den Flachs!
Kratz ihn, willst du, das er wachs!«
»Herzliebe Gans,
Wie schön ist doch dein Kränzel!«

77

"Ach Gretlin, Gret, mein Gretelein, mein zarter
"Wie es denn geht, mein Öselein, in deiner
Buhl, herzliebe Maid, wahr deine Ehre nur für mich!"
Schule Stetigkeit, da will ich lernen ewiglich!"
"Das Wort, Geliebte, merk ich mir und schreib es in des
Herzens Grund aus deinem rosenfarbnen Mund."
"Mein Hort, das ist auch mein Begier. Drum will ich nicht

»Ach Gretlin, Gret, mein Gretelein,
Mein zarter Buhl, herzliebe Maid,
Wahr deine Ehre nur für mich!«
»Wie es denn geht, mein Öselein.
In deiner Schule Stetigkeit,
Da will ich lernen ewiglich!«
»Das Wort, Geliebte, merk ich mir
Und schreib es in des Herzens Grund
Aus deinem rosenfarbnen Mund.«
»Mein Hort, das ist auch mein Begier.
Drum will ich nicht wanken.«
»Das will ich dir danken.«
»Gedenk, lieb Öselein an mich,
Dein Gretelein erfreut nur dich!«

»Ich frage nicht nach bessrer Freud,
Als süß zu ruhn in deinem Arm,
Still wie ein Klausner eingefaßt.«
»Zu deiner Pflicht bin ich bereit,
Mit sanfter Hand mach ich dir warm,
Und nimmer wird es mir zur Last.«
»Hab Dank, mein trauter Eidgesell!
Es soll dir unvergessen sein,
Und all mein Ziel bist du allein!«
»Die höchste Liebe ohne Fehl,
Herzliebster, erwarte!«
»Hab Dank, meine Zarte!«
»Mein Liebster, dies ist höchste Lust,
Wenn ich umschließe deine Brust!«

»Aus allem Leid hebt mich dein Herz,
Dazu dein wonniglicher Leib,
Wenn er sich freundlich an mich schmücket.«
»Mein Freund, wie freut mich dieser Scherz!
Und selig wird dein einzig Weib,
Wenn deine Hand ihr Brüstlein drücket.«
»Ach Frau, das tönt wie Honigseim!
Und es durchsüßt mir jedes Glied,
Bleibst du bei mir in Glück und Fried.«
»Ach Oswald, traue mir allein
Bis an das Ende!«
»Gretlein, nicht wende!«
»Kein Trennen zwischen dir und mir
Sei uns zum Heil beschieden hier!«

78

Mich tröstet eine edle Maid,
Die ist fürwahr so klar und reich an Zier,
Und ihre Ehre ist so weit,
Daß sie verdeckt, erschreckt der Sünde Gier
In würdiger Manier.
Sie hält den Preis in meinem Herzen ewig gleich
Vor allen, die ich je ersah,
Und ihre Weis ist herrlich reich.
Sie nimmt mein Ungemach,
Süß ohne Weh und Ach.

Freu dich, du liebe Kreatur,
Daß all dein Bild so mild und wohl bereit'
Und deine menschliche Natur
In trefflich zarter Art der Keuschheit Kleid
Besitzet ohne Neid.
Fest, lang, kurz, schmal vom Kopf zum Tal ist rings ihr Leib
Herrlich gezieret ohne Hohn.
Der Farben Strahlenpaar, o Weib,
Ist weiß auf rotem Thron –
Du bist der Mädchen Kron!

O Jungfrau voll der höchsten Ehr,
Darf ich vor Gott ohn' Spott dir würdig sein,
So wünsche ich mir doch nicht mehr,
Als daß ich möcht und dächt, bei dir allein
Zu sein ein Sklave fein.
Will mich vergeuden, fröhlich jubeln, singen hell
Um meiner Dame Huld und Gnad,
Die mir mit Freuden Leib und Seel
Zu heilen Kräfte hat,
In Wort und Werk und Tat.

79

»Mit frohem Mut will ich jetzt wieder singen
Der edlen Dame fein!«
»Heinz Heinrich gut! Was soll mir nicht gelingen,
Schaust du bei mir herein!«
»Ei, Frau, Ihr sagt das wohl im Spott?«
»Gewiß nicht, Heinrich, walt es Gott!«
»Weh, Glück ade! – Könnt ich Euer Huld erwerben,
Ich litte drum den Tod!«
»Ist dir so weh, so sollst du nicht dran sterben,
Und leiden keine Not!«

»Mich freut Euer Leib, dazu die goldnen Spangen
An euern Armen zart.«
»Ich bin ein Weib, vom Gürtel wohlumfangen,
Von adeliger Art.«
»Ihr seid wie eine Falkenkehl!«
»Nur fliegen kann ich nicht so schnell.«
»Fort, Feld und Au! Ich gäbe drum zwei Ochsen,
Schenkt Ihr mir einen Kuß!«
»Da schimpft die Sau, du Heinzel Hinterboxen,
Machst du ihr so Verdruß.«

»Euer blondes Haar, dazu die weißen Hände
Verdoppeln meinen Mut!«
»Du foppst mich gar, ich wett um deine Zähne!
Was deucht dich dran so gut?«
»Mit meinen Zähnen freß ich drei!«
»Ach meinst du, Heinzel Trittinbrei?«
»Mich muß man lieben, sonst spring ich ins Wasser
Vor Wut auf einen Schlag!«
»Ganz nach Belieben! Komm nur schnell als Nasser,
Weil ich das sehen mag!«

»Ihr edle Maid, wollt Ihr mich gar verspotten?
Gleich wird mir kalt und heiß!«
»Da steht bereit ein Kübel dicker Schotten
Von meiner roten Geiß.«
»Ach, Topfen hab ich selbst genug.«
»Hab Dank, mein Heinzel Richtenpflug!«
»Gleich will ich's klagen meiner lieben Mutter,
Daß Ihr so tückisch seid!«
»Geh, schmier den Wagen, drisch den Rössern Futter
Wie andre Bauersleut!«

80

Ein reines Weib, durch Jugend schön,
In zierem Spiel dem Tadel fern;
Es läßt ihr Leib mein Glück erstehn,
Und was sie will, das tu ich gern.
Die Mühe deucht mich nicht zu viel;
Ich spräche: »Liebchen, deinen Will
Erfüll ich gerne ohne Ziel,
Willst du es nicht verwehren.«

Mich freut fürwahr ihr roter Mund,
Dazu ihr fröhlich Angesicht,
So wunderbar zu aller Stund.
Ihr Haupt ist selig hold gericht
Mit allem Fleiß, in Wort, Gebärd
Ganz unvertan und unbeschwert.
Wie sie der Tugend Früchte mehrt,
Erweckt sie mein Begehren.

Sie hat mein Herz in steter Gier
Mit Macht ergriffen Nacht und Tag.
Frau, dieses Scherzen klag ich dir,
Weil nur dein Trost mir helfen mag!
Mein Dienst steht allzeit dir bereit,
Es sei dir, Kind, lieb oder leid.
Erhöre mich, du stolze Maid,
Und sieh auf mein Beschweren!

81

»Schweig, lieber Freund, bei Scherzen lach,
Laß keinen Fluch zu Herzen gehn,
Verantwort keine krumme Sach,
Kehr um, kannst du nicht länger stehn!«
Schreibt mir Heinz Mosmaier mit Geschrei.
»Wer seinen Richter schmiert zuvor
Und seinen Pfarrer nicht verschmacht,
Der ist, so mein ich, auch kein Tor;
Und hat er beides gut vollbracht,
Gilt er zu Recht für klug dabei.«
    Wer Nesseln sät und Lilien mäht,
    Der hat sein Gärtlein schnell vertan.
    Wer die Taube läßt zum Raube
    Raben und Geiern, die nicht feiern,
    Dem hält sein Glück nicht lange an.

Ich hab es ohne Haß gesagt! –
Den schönen Fräulein gilt mein Lied:
Die frommen hab ich nie geplagt,
Wenn eine nicht die Ehre flieht
In frevelhafter Weise.

Wer heimlich fehlt, dem wird die Buß
In aller Stille aufgesetzt.
Drum denkt daran, ihr Fräulein süß:
Laßt Zucht und Ehre unverletzt
Und pflegt die Freundschaft leise!
Wer Nesseln sät und Lilien mäht,
Der hat sein Gärtlein schnell vertan.
Wer die Taube läßt zum Raube
Raben und Geiern, die nicht feiern,
Dem hält sein Glück nicht lange an.

Weil ich nun heiß »Die Nachtigall«,
Drum lobe ich die Fräulein gut.
Doch preis ich auch mit hellem Schall
Ein schönes Weib, in Ehr und Hut
Voll Mut und Löwenstärke.
Und bin auch Gott von Herzen hold,
Daß er das Weib so makellos
Und schön erschuf, wenn hell wie Gold
Ihr Ruhm erstrahlt, und Tugend bloß
Erglänzt aus jedem Werke.
Wer Nesseln sät und Lilien mäht,
Der hat sein Gärtlein schnell vertan.
Wer die Taube läßt zum Raube
Raben und Geiern, die nicht feiern,
Dem hält sein Glück nicht lange an.

82

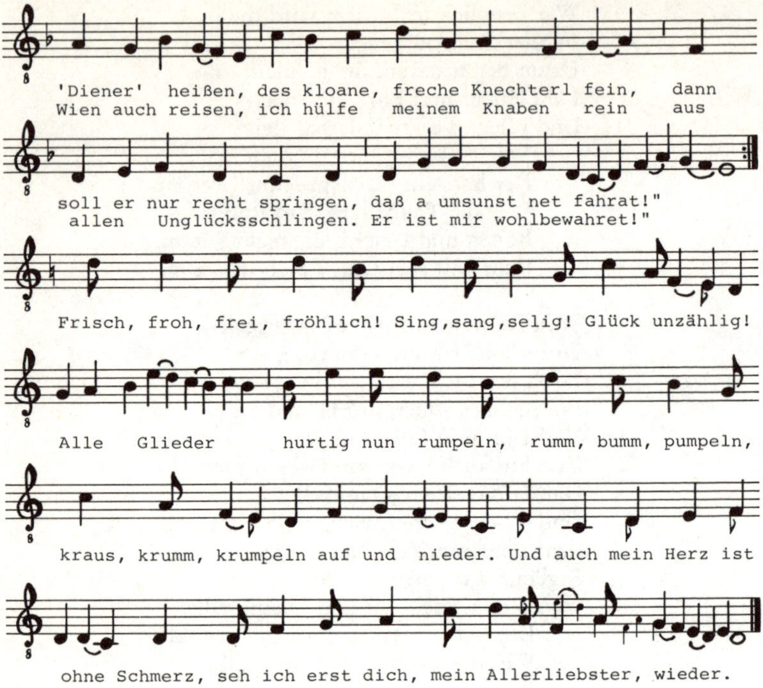

»Grüaß Gott und recht an guadn Morgen,
Liebe schöne Kaiserinne!
I moanat gar mit guadm Muat,
Du warst die allerschönste Jungfrau,
Wo ma im Landl kennert!«
»Da hab ich keine Sorgen.
Dafür zieht mich die Minne
Zu einem hübschen Knaben gut,
Der hat ein Häußchen, ›Unter Kraa‹
Bei Kastelruth genennet.«
»Schaug her, da sag i ›Vielen Dank‹!
Möcht der dei ›Diener‹ heißen,
Des kloane, freche Knechterl fein,
Dann soll er nur recht springen,
Daß a umsunst net fahrat!«
»Es würde mir kein Weg zu lang!
Müßt ich bis Wien auch reisen,
Ich hülfe meinem Knaben rein
Aus allen Unglücksschlingen.
Er ist mir wohlbewahret.«

Frisch, froh, frei, fröhlich,
Sing, sang, selig!
Glück unzählig!
Alle Glieder
Hurtig nun rumpeln,
Rumm, bumm, pumpeln,
Kraus, krumm, krumpeln
Auf und nieder.
Und auch mein Herz
Ist ohne Schmerz,
Seh ich erst dich,
Mein Allerliebster, wieder.

»Ja Sakrament, du Stückerl Gold!
Du kannst ja so schön plaudern!
Hörst net mei Herz drin klopfen
Aus lauter Freud und Seligkeit,
Weil mia so gscheit dischkrieren?«
»Mein lieber Meier, bist du mir hold,
Dann braucht es dich nicht schaudern:
Kein giftig falscher Tropfen
Ist dir in meinem Herz bereit –
Mußt nicht den Mut verlieren!«
»In numerdum und numine!
Jetzt' sag i's unumwunden:
I hätt fei no a schöns Stück Rind,
Des gib i her, bal i di hab.
Und des mi'n Knecht waar grichtet!«
»Herr Meier, das geht mir an die Eh!
Ich bin schon fest gebunden
Und mich erfreut mein Schatz, mein Kind,
Mein liebster, goldgelockter Knab,
Wenn er die Haare schlichtet.«
Frisch, froh, frei, fröhlich,
Sing, sang, selig!
Glück unzählig!
Alle Glieder
Hurtig nun rumpeln,
Rumm, bumm, pumpeln,
Kraus, krumm, krumpeln
Auf und nieder.
Und auch mein Herz
Ist ohne Schmerz,
Seh ich erst dich,
Mein Allerliebster, wieder.

»Da gseng uns heint da heilige Geist,

Sankt Hedwig und Sankt Jennerwein!
Du bist ja ganz verschossen,
Und ausgerechnet in den Knecht!
Was is a denn, der Krippe?«
»Das Liebste ist er mir zumeist,
So soll er ganz mein Eigen sein,
In meinem Herz verschlossen!
Dürft ich ihm dienen, wie ich möcht,
Mit meiner roten Lippe!«
»Hat di der Bursch so angeführt?
Ja möchst jetzt' sowas glauben!
Gibst du denn überhaupts nicht acht,
Was ich dir sagen tue,
So gscheit und schlau und wacker?«
»Lauf zu, hau Holz, daß dich nicht friert,
Heiz ein mit alten Stauden!
Drisch dein Getreide Tag und Nacht,
Nur laß mich jetzt in Ruhe!
Jät zu und fahr zum Acker!«
Frisch, froh, frei, fröhlich,
Sing, sang, selig!
Glück unzählig!
Alle Glieder
Hurtig nun rumpeln,
Rumm, bumm, pumpeln,
Kraus, krumm, krumpeln
Auf und nieder.
Und auch mein Herz
Ist ohne Schmerz,
Seh ich erst dich,
Mein Allerliebster, wieder.

83

Ein Jätermädchen, jung, frisch, gut,
Auf steilem Berg im wilden Plan,
Das gibt mir Freud und hohen Mut
Grad um die Zeit, wenn sich im Tann
Mit Laub begrünt die Eichen.
Ich wart auf sie recht wie ein Fuchs:
Im dichten Buschwerk lieg ich schlau,
Kuck aus der Stauden – Duck dich, Luchs! –
Bis ich ihr fast ans Braune schau.
Auf allen Vieren kreuchen!
Nur nicht verscheuchen!
        Ihr roter Mund, so fein und rund,
        Der schmeckt versüßt und zuckerfrisch.
        Füßlein kleine, weiße Beine,
        Brust erlesen, nur ihr Wesen
        Ist leider etwas berglerisch.

Ich mach den Amseln Ungemach
Und mancher Drossel auserwählt,
Hoch oben am Lawinenbach
Mit einem Schnappholz, das sie fällt.
Brauch nur am Schnürchen zucken;
In einer Hütte, wohlverdeckt
Mit rauhen Ästen, luftig grün.
Vielleicht kommt sie, die mich erregt,
Mit Lust und Freude, lieb und kühn
Geschloffen durch die Lucken
Und tut sich ducken.

Ihr roter Mund, so fein und rund,
Der schmeckt versüßt und zuckerfrisch.
Füßlein kleine, weiße Beine,
Brust erlesen, nur ihr Wesen
Ist leider etwas berglerisch.

Wenn dann die Falle aufgestellt
Und all mein Zeug beisammen ist,
Hört man ein Flüstern süß im Feld
Und viel Geschnauf nach kurzer Frist.
Da kann die Schöne lachen,
Weil sie mir alle Kunst abstiehlt,
Die ich beim Vögeln ihr gelehrt,
Wenn sie mit ihrem Schnappholz fühlt
Und meinen Gimpel hart begehrt.
Das läßt die Hütte krachen
Von solchen Sachen.
Ihr roter Mund, so fein und rund,
Der schmeckt versüßt und zuckerfrisch.
Füßlein kleine, weiße Beine,
Brust erlesen, nur ihr Wesen
Ist leider etwas berglerisch.

84

Wohlauf, wir wollen schlafen!
Hausknecht, zünd an dein Lichtel,
Es ist die höchste Zeit!
Was sollen wir noch gaffen?
Der Letzte kommt nicht weit.
Wenn Laien, Mönche, Pfaffen
Mit unsern Weibern schlafen,
Dann gibt das bösen Streit.

Stoßt an und laßt uns trinken,
Daß wir nicht einfach scheiden
Von diesem guten Wein!
Und lähmt er uns die Schinken,
So muß er doch hinein!
Mein Becher, laß das Winken!
Wenn wir zu Bette hinken,
Gilt das geringe Pein.

Jetzt schleichen wir aufs Zimmer!
Paßt auf, daß wir nicht wanken
Mit ungleich schwerem Schritt!
Gibts denn kein Stäubchen nimmer?
Herr Wirt, so haltet mit!
Wir machen kein Gewimmer,
Und sauft Ihr auch noch schlimmer
Als nach Polackensitt!

Tragt her den Fürsten leise,
Damit er uns nicht falle
Auf Gottes Erdenreich;
Daß ich sein Loblied preise:
Er macht uns freudenreich!
Je eins den andern weise!
Herr Wirt, rutscht nicht am Eise!
Hier geht es gar nicht gleich!

Zum Schlafen laßt uns walzen!
Klopft bei der Hausmagd an,
Ob frisch gebettet sei!
Das Kraut hat sie versalzen,

Dazu den guten Brei.
Was soll man da noch balzen?
Es war nicht gut geschmalzen:
Statt eines Fehlers drei!

85

»Nun huß!« sprach der Michel von Wolkenstein.
»So hetzen wir!« sprach Oswald von Wolkenstein.
»Drauflos!« sprach Herr Lienhard von Wolkenstein:
»Sie müssen alle fliehen von Greifenstein sogleich!«

Da hub sich ein Gestöber aus der Glut
Hinunter in die Felsen wie eine helle Flut.
Panzer und Armbrust und mancher Eisenhut
Blieb da am End zurücke, das macht uns freudenreich.

Die Schleudern und Hütten und alles ihr Gezelt
Ward da zu Rauch und Asche auf dem obern Feld.
Man sagt, wer übel ausleiht, erhält auch übles Geld:
So wollen wir bezahlen Herzog Friedereich.

Scharmützel, Gemetzel niemand schied.
Das geschah vor Raubenstein in dem Ried,
Wo manchem ward gezogen ein spannlange Niet
Von einem Pfeil, geflogen aus einer Armbrust Mitt.

Die Bauern von Sankt Georgen, die ganz Gemeinde,
Die hatten uns geschworen falsch als Feinde.
Da kamen gute Freunde vom Raubensteine –
»Gott grüß euch, Nachbarsleute! Treue kennt ihr keine!«

Ein Schleudern von Geschossen, ein groß Gebraus
Began da unverdrossen. Eil dich nur und saus!

Nun rühr dich, guter Hofmann, sonst ist es aus!
Auch ward da angesenget manch Dach mit Mann und Maus.

Die Bozner, vom Ritten, und die von Meran,
Vom Hafling und Mölten, die zogen oben ran,
Särntner, Jenesier. Manch trotziger Mann
Wollt uns da vergarnen. Doch kamen wir davon.

86

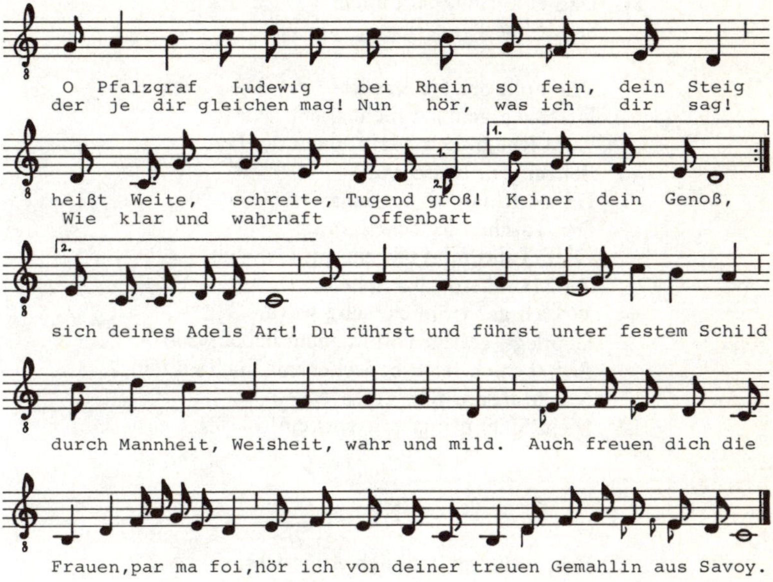

O Pfalzgraf Ludewig
Bei Rhein so fein, dein Steig
Heißt Weite, schreite, Tugend groß!
Keiner dein Genoß,
Der je dir gleichen mag!
Nun hör, was ich dir sag!
Wie klar und wahrhaft offenbart
Sich deines Adels Art!
Du rührst und führst unter festem Schild,
Durch Mannheit, Weisheit, wahr und mild.
Auch freuen dich die Frauen, par ma foi,
Hör ich von deiner treuen
Gemahlin aus Savoy.

Dich rühm ich, Heidelberg,
Hoch oben auf dem Berg,
Wo feine, kleine Mündlein rot
Verzehren Mus und Brot,
In Züchten wohlgemut,
Die Ehre sehr in Hut:
Das Mätzchen, Kätzchen, Trinerchen,
Agnes und Tinerchen.
An Jugend, Tugend wohlgeziert,
In Wandel, Handel unbeirrt.
Drum stimmt in Gott, des Milden, Loblied ein,
Daß er vermag zu bilden
So schöne Kinderlein.

Wie hold der Neckar ist!
Der Bach gemach nicht fließt
Zum Rhein. Der Main, dazu die Nau
Bei Bingen. Neckarau:
Da leert man dir im Saus
Der Taschen Maschen aus.
Ohn' Tand fand ich ein gut Gemach
Zu Mannheim, Bacherach,
Wo ich gar fröhlich, selig ward,
Gepflegt, gehegt von meinem lieben »Bart«.
Er hat mich reich bedecket mit Füchsen fein,
Mit Mardern sehr erschrecket:
Mein Spiel bringt mir was ein!

87

Rot, weiß, ein fröhlich Angesicht,
Hell schimmernd aus dem schwarzen Kleid;
Nur über ihre Stirn ist licht
Und zart ein Schleier ausgebreit',
Durchsichtig leicht geschiedert.
Darin ein Mündlein rosenfein,
Mit Zähnlein lachend weiß besteckt,
Umglänzt von schwarzen Äugelein,
Daß es mein Herz im Glück erweckt,
Bis es in mir erzittert
Und Freude wittert.
Es scheucht ihr Wort mein Sehnen fort,
Wenn ich die Herrlichkeit erschau.
All ihre Jugend, holde Tugend,
Ihr Singen, Scherzen geht zu Herzen:
So freu dich, allerliebste Frau!

Gedanken geben mich nicht frei,
Doch davon sprechen darf ich nicht.
Viel Furcht und Zagen wohnt mir bei,
Und schwerer drückt mich das Gewicht:
Die Liebe muß ich meiden.
Mich hindert meine grobe Art,
Ich finde allzu selten Trost,
Vor Not ergreist mir schier der Bart,
Mein Herz liegt auf des Sehnens Rost,
Und schwer in großen Leiden
Muß ich mich scheiden.
Es scheucht ihr Wort mein Sehnen fort,
Wenn ich die Herrlichkeit erschau.
All ihre Jugend, holde Tugend,
Ihr Singen, Scherzen geht zu Herzen:
So freu dich, allerliebste Frau!

Sündhafte Blicke ohne Sprach:
Und wer das Kosen nicht versteht,
Dem bringt es Pein und Ungemach,
Weil nie sein Leid zu Ende geht.
Dies schlug mir manche Wunde.
In Ehren, auserwähltes M,
Liegst du in meines Herzens Grund,
Und scheint mein Wunsch dir angenehm,
So mach mir meine Freude kund!
Denn ohne diese Kunde
Geh ich zugrunde.
Es scheucht ihr Wort mein Sehnen fort,
Wenn ich die Herrlichkeit erschau.
All ihre Jugend, holde Tugend,
Ihr Singen, Scherzen geht zu Herzen:
So freu dich, allerliebste Frau!

88

Vierhundert Jahr auf Erden

Vierhundert Jahr auf Erden gelten nur einen Tag,
Und wo sich Lieb und Liebe heimlich verschließen mag,
Da wird mir nimmer zag.
Ich drück die Minnigliche zu mir an die Brust
Nach meines Herzens Lust;
So wird mein Leid vertuscht.
Mein Heil drängt mich zu liebem Ungemach.

Ich rühm den Tag und preis den wonniglichen Scherz,
Als sie mich einst erwählt so ohne allen Schmerz,

All einig für ihr Herz.
Dies bleibe unvergessen und für ewig gleich,
Daß sie mir nimmer weich'
Aus meines Herzens Teich,
Wie ich es hoch und heilig einst versprach.

Ich gehe, Frau. Kein Scheiden fiel mir je so schwer.
Soll ich den stolzen Leib erschauen nimmermehr,
Vergiftet es mich sehr.
Verloren wär dein wunderweicher roter Mund,
Der mich so tief verwundt
Bis an des Herzens Grund.
Nun Mordio, Ohimè und ewiges Ach!

89

Herz, Mut, Leib, Seel und was ich hab
Erfreut ein lieblich Angesicht,
Dem bringe ich mich selbst als Gab
Und bin zu Diensten stets gericht'.
Frau, du sollst unvergessen sein
In meinem Herzen ewiglich,
Und wär dies auch der Wille dein,
Glich mir kein Kaiser sicherlich.

Ach wüßtest du nur ungefähr

Und halb die Freundschaft, die ich trag,
Dann fändest du wohl gerne mehr
In dir und mir ohn' alle Frag!
Frau, du sollst unvergessen sein
In meinem Herzen ewiglich,
Und wär dies auch der Wille dein,
Glich mir kein Kaiser sicherlich.

Bin ich auch fern, doch nahet mir
Inbrünstiglich dein stolzer Leib.
Nach dir nur sehnt sich meine Gier:
Du freust mich mehr als jedes Weib.
Frau, du sollst unvergessen sein
In meinem Herzen ewiglich,
Und wär dies auch der Wille dein,
Glich mir kein Kaiser sicherlich.

90

Ach Gott, dürft ich ein Pilger sein,
Wie ich vor Zeiten einer war,
Da ging ich zu den Schwestern mein,
Ganz brüderlich und sanft und klar.
Viel Abenteuer, neue Mär
Würd ich erlosen,
In ihre Öhrchen ungefähr
Recht freundlich kosen.
Zwei Stäbchen sind schnell angebracht
Am Mantel, hab's schon mal gemacht,
Darunter noch die Klostertracht
Als schöner Bruder,
Der seine Schwestern lieber sucht als ihre Mutter.

Wo Herzenslust beisammen ist,
Da währt die Nacht nur einen Blick.
Was soll mir nun die kurze Frist,
In der sie mir doch all mein Glück
Und selbst mein Herz benommen hat
In starker Weise:
Ich werde ihrer nimmer satt
Bis ich ergreise.
Zwei Stäbchen sind schnell angebracht
Am Mantel, hab's schon mal gemacht,
Darunter noch die Klostertracht
Als schöner Bruder,
Der seine Schwestern lieber sucht als ihre Mutter.

Des Scheidens Sehnen hüllt mich ein
Und weckt mir Klage und Verdruß,
Und trotzdem mehrt sich meine Pein,
Daß ich nicht öfter scheiden muß.
Wie selten wohnt sie mir doch bei,
Um mich zu freuen
Vor aller Weltengaukelei –
Es muß mich reuen!
Zwei Stäbchen sind schnell angebracht
Am Mantel, hab's schon mal gemacht,
Darunter noch die Klostertracht
Als schöner Bruder,
Der seine Schwestern lieber sucht als ihre Mutter.

91

Freundlicher Blick wundet meines Herzens Schrein
Im Schlaf ich schrick, denke viel. Melancholey
mit überscharfer Pein: Zwei Äuglein rein,
wohnt mir alltäglich bei, bis ich schier schrei
lauter, klar und fein sein mein Geschick allein.
nach der Edlen frei. Ei, daß sie bei mir sei!
Ihr lieber Gruß und des Mündleins Kuß bringt mir
Mit festem Druck ich mich an sie schmuck und mich
Buß, Sehnsucht und Verdruß, stets bei Tag und Nacht,
duck, daß sie nimmer ruck, bis ihr roter Mund

Freundlicher Blick
Wundet meines Herzens Schrein
Mit überscharfer Pein:
Zwei Äuglein rein,
Lauter, klar und fein
Sein mein Geschick allein.
Im Schlaf ich schrick,
Denke viel. Melancholey
Wohnt mir alltäglich bei,
Bis ich schier schrei
Nach der Edlen frei.
Ei, daß sie bei mir sei!
Ihr lieber Gruß
Und des Mündleins Kuß
Bringt mir Buß,
Sehnsucht und Verdruß,
Stets bei Tag und Nacht,
Wenn ich betracht und acht,
Wann mich ihr holder Arm
Lieb mit Macht. [umfacht
Mit festem Druck
Ich mich an sie schmuck
Und mich duck,
Daß sie nimmer ruck,
Bis ihr roter Mund
Aufschließt der Wunde Bund,
Weil ihr nur meiner Heilung
Einzig kund. [Grund

Traut seliges Weib,
Deines Meidens große Qual
Raubt mir der Sinne Zahl,
Seit mich zumal
Deines Leibes Saal,
Gral, warf hinab zu Tal.
Elend mein Leib
Wandelt auf der Irrebahn,
In Zweifel, Hoffen, Wahn,
So wie ein Mann,
Den man will verlan';
Die Freuden sind vertan!
Es treibt meine Klag
Auf dem wilden Waag
Jeden Tag,
Daß ich schier verzag,
Seit mein höchstes Heil
Mir machte feil die Geil:
Denn nicht des kleinsten Tadels
Brach mein Seil. [Teil
Darum ist, ach,
Feuer auf dem Dach,
Ungemach
In des Herzens Fach,
Heg ich in Gedank
Die Glieder rank und schlank
Und der lieben Arme Schrank'
Sonder Wank.

Ach, reine Frucht,
Hab Erbarmen meiner Not!
Was hilft dir nun mein Tod?
Dein Mündlein rot
Heile meiner Wunde Schrot,
Not, die mir Unheil bot!
Kein andre Flucht
Als alleine, Frau, zu dir
Sehnt meines Herzens Gier.
All deine Zier
Will behelfen mir
Schier, eh ich dich verlier.
Bedenke, oh
Lieb, du weißt wohl, wo,
Halt mich so,
Laß mich nicht unfroh!
Wend meines Herzens Leid,
Daß mich die Freude kleid
Durch dich wundervoll schöne [Maid
Zierlich breit!
Dann wär ich reich,
Niemand käm mir gleich
In dem Reich
Süßer Wonne Teich!
All mein Leid wich jäh,
Mein Klee wär grün wie eh.
Scheide, bitterlich kalter Schnee,
Scharfes Weh,
Schnell vergeh!

92

Treib her, treib über her,
Du liebes trautes Bärblein mein,
Zu mir zieh mit den Schäflein dein,
Komm hier, mein schönes Bärbelein!

»Ich merk, ich merk dich wohl,
Jedoch ich tu es wahrlich nicht.
Die Weide ist mir gar zu schlicht,
Die Heide steht in grüner Pflicht.«

Die Weid, die Weid ist von
Erlesen übermäßiger Güt,
Mit Klee, Laub, Gras und Blumenblüt:
Der Schnee schmilzt hin in meiner Hüt.

»Ich hör, ich höre hier
Viel süßer Vögelein Gesang,

Dabei ist mir die Zeit nicht lang,
Und frei wird jeglicher Gedank.«

Ich hab, ich hab allhier
Wohl einen kühlen, klaren Bronn,
Darum ist Schatten vor der Sonn –
Nun kumm, du herzenshöchste Wonn!

»Der Durst, der Durst, der macht
Mir keinerlei Beschwernis not.
Auch hab ich hier noch Käs und Brot,
Die heute mir die Mutter bot.«

Viel Schwämm und Schwämmelein,
Die wachsen in dem Strauchwerk schier;
Dazu gibt's junge Vöglein hier:
Komm nur zu mir, ich geb sie dir!

»Gibst du, gibst du, daß ich
Hier Ruh und Frieden hab, dein Wort,
Vielleicht treib ich an deinen Ort,
Sonst weicht das Vieh zu weit mir fort.«

Nun fürcht, nun fürcht dich nicht,
Du auserwählte schöne Dock!
Ich flicht dir nur die helle Lock
Und schlicht dir deinen roten Rock.

»Du hast, du hast es mir
Versprochen öfter schon und groß,
Ganz schlichte Ruh zu halten bloß
Und nicht zu gehn an meinen Schoß!«

Der Schad, der Schad ist klein,
Der deinem Leib allda geschah,
Wenn's stimmt, was deine Schwester sah!
Mein Kind, gemach, ich laß dich ja!

»Das wird, das wird sich zeigen,
Bin ich erst mal eine Braut,
Ob sich verrutscht hat meine Haut!
Schäm dich! Du bist mir gar zu laut!«

Nun sei, nun sei willkommen,
Auserwählter schöner Hort!
Du bist mir lieber hier als dort.
Nun lisple mir ein freundlich Wort!

»Und wär, und wär ich dort,
Wer wäre dann bei dir allhier?
Mein Herz ist immer nur bei dir,
Du weißt es selber wohl von mir!«

So wohl, so wohl ward mir
Sonst nicht in hunderttausend Stund!
Mich tröst dein rosenroter Mund
Und löst des Herzens schweren Bund. –

Viel Freud, viel Freud und Wonne
Nun ihr beider Leib betrat,
So weit, bis sich der Abend naht.
Ohn' Leid schied dann der beiden Pfad.

93

Herz, brich! Räch! Sieh!
Scherz, Schmerz her dringt,
Der zwingt und bringt
Mir Liebesgier auf immer!
Ach, Rach, ist meines Grimmes Schrei!
Ei, frei, Gesell,
Dann kann ich Treue danken!

Hort! Mein, dein! Ein
Wort mordt mein Glück!
Geschick, du Strick!
Ich schreibe, wie sie ohne Schild
Wild, mild mein Herz ergriffen hat.
Tat, matt! Nun schnell!
Glück, rück der Liebe Schranken!

Tod, Leid! Maid, scheid
Not! Rot dein Mund!
Trost wundt die Hund:
Ihr Ruf war nie ein süßer Gruß!
Buß muß aus Freude mir erstehn,
Denn wen, Gesell,
Umarmst du in Gedanken?

94

Lieb, dein Verlangen
Hält umfangen
Unergangen.
Glaub, Frau, trau, schau!
Tröst meinen armen Sinn!

Dein holdes Leben
Hält umgeben
Süßes Weben
Lang, Wang an Wang,
Und freundliches »Wohin?«.

Ei was, ei wie?
Im Sehnen, sieh,
Vergaß ich nie
Das Maß. Laß, faß,
Eh ich gefallen bin!

95

O reiner Gott,
Du Tugendbronn, Erbarmens tiefste Gründe,
Du Lehrer aller weisen Kunst,
Du Lohner guter Dinge,
Du Rächer aller bösen Tat,
Gewaltiglicher Herr der Himmelsmacht!
Ich klag den Spott,
Den du erleidest um der Erde Sünde!
Ach, Frommer, fleh um seine Gunst,
Wenn Schmach vor Ehre dringet
Und Recht in Unrecht sich verkehrt:
Denn wer dies tut, der dünkt sich wohlbedacht.
Das lernt man in der Fürstenschul,
So kommt mir in den Sinn,
Und deshalb drängt sich mancher Stuhl
Vor Tisch und Bänke hin,
Der billig nur ein Schemel wär,
Erwöge man ihn recht nach seiner Ehr.

Ich spür drei Tier
In dieser Welt; die zwei jagt man gar selten,
Dem dritten läßt man nimmer Ruh,
Das man die Falschheit nennet.
Die andern heißen Treu und Ehr –
Sie preise ich vor allem Erdengut.

Da sprechen mir
Vier Worte zu: »Heb auf, die Schuld laß gelten,
Trag hin, begrab ihn, deck ihn zu!«
Einst wird sein Nam erkennet:
Er ist gewesen der und der –
Und war er falsch, faßt ihn die Höllenglut.
Da trifft er dann Genossen viel
Gefangen um die Schuld,
Die auch in manchem falschen Spiel
Verloren Gottes Huld.
Zu ihrem Lob besteht kein Grund,
Denn endlich schluckt sie doch der Höllenschlund.

Wo nur im Wald
Die Treue wohnt, sucht eines bald den andern,
Und ebenso tut bös und falsch.
So fügt sich gleich zum gleichen
Und findet sich in lieber Gunst:
Das kennt man an den großen Häuptern wohl.
Die sehen bald,
Wer ihnen gleicht, und käm er auch aus Flandern:
Ist er ein Kraut von bösem Salz,
Schon zählt er zu den Reichen.
Seht, er genießt die schlimme Kunst,
Die ihm kein Frommer drum entgelten soll!
Wer nach der wahren Ehre dürst
Und allzeit Gutes tut,
Dem gibt der hohe Himmelsfürst
In seinem Reiche Hut
Und schenkt ihm hier ein gutes Wort,
Das besser ist als aller Fürstenhort.

96

»Herzleiwken min, wor heb ick di verlouren
In all de lange seute Sommertid?«
»Nu kumm tau mi nah vorn,
So ligt min Herz in grote Freid!«

»So bannich fro und selich sünner Truren
Hest du, min Dern, jüst maket minen Liw.«
»Dat geiht mi nich verlouren,
Nu will ick sin din eigen Wiw!«

»Fröndliker Schatz, dat Sloß sall sin verbunn'n
Und wie en Kaiserkron verrigelt hir!«
»Nu heb ick Freide funn'n.
Min Herz will nu kin'n annern mer.«

97

Sehnsüchtig lange Weil und Zeitvertreib
Schafft mir ein minnigliches Weib,
Wenn ich erwach und find sie nicht,
Die meine Herrin ist.
Trauer nur umfängt mich stets und überall
Und mehret meine große Qual,
Weil meinem Arm entrissen ist
Ein Schatz ohn' alle List.
Gehrlich, ehrlich, herrlich wüchse froh mein Heil,
Würd mir die Liebe neu zuteil.

Ach Scheiden, bittre Wurz, verderblich Kraut,
Du stiehlst mir meine liebste Braut,
Wie ich noch keine je gewann,
So frei von Tadels Weh!
Fürwahr, wer immer uns das Scheiden hat erdacht,
Dem wünsch ich, daß ihm keine Nacht
Bei einer lieben Frau fortan
Auf Erden je gescheh!
Trauern, dauern, lauern muß ich wie ein Kind,
Bis ich die Zarte wiederfind.

Schatz, Glück, Freud, Wonne, Heil und höchstes G!
Nun wend in Gott mein schlimmes Weh
Mit klugem Mut und weisem Rat,
Daß ich dich schleunig schau,
Wenn ich es glauben soll, was du mir immer sprichst,
Daß du die Liebe niemals brichst,
Und deine adelige Saat
Nie öde Früchte bau!
Reine, kleine, feine, wunderschöne Gret!
Vergiß mich nimmer, wie es geht!

98

O wonnigliches Paradeis,
Allein in Konstanz find ich dich!
Was ich auch lese, hör und weiß:
Aus vollem Herzen freust du mich!
Inwendig, draußen, überall,
Zu Münsterling und anderswo
Regiert dein adeliger Schall:
Wer würde da nicht herzlich froh?
Viel Augenweid
Im bunten Kleid,
Manch ziere Maid
Sieht man in Konstanz prangen,
Und Mündlein rot,
Die ohne Not
Mich süß bedroht
Mit rosenfarbenen Wangen.

Untadelig in Art und Wort
Sieht man mit wohlgesetztem Schritt

Gar manche stolze Dame dort.
Sankt Peter weiß: Ich lüge nit!
Sein Lob ertöne ewig gleich
Mit wahrer Andacht im Gebet,
Denn er ist aller Ehren reich:
Der kränkt mich, der was anders redt!
    Viel Augenweid
    Im bunten Kleid,
    Manch ziere Maid
    Sieht man in Konstanz prangen,
    Und Mündlein rot,
    Die ohne Not
    Mich süß bedroht
    Mit rosenfarbenen Wangen.

Manch zartes engelgleiches Weib,
Durchlauchtig schön in lichtem Glanz
Nahm da gefangen meinen Leib
Im Haus »Zur Katze« bei dem Tanz,
Daß ich sie nie vergessen will
In ihrer lieblichen Gestalt.
Ehrbare Lust und Freudenspiel
Trifft man in Konstanz mannigfalt.
    Viel Augenweid
    Im bunten Kleid,
    Manch ziere Maid
    Sieht man in Konstanz prangen,
    Und Mündlein rot,
    Die ohne Not
    Mich süß bedroht
    Mit rosenfarbenen Wangen.

99

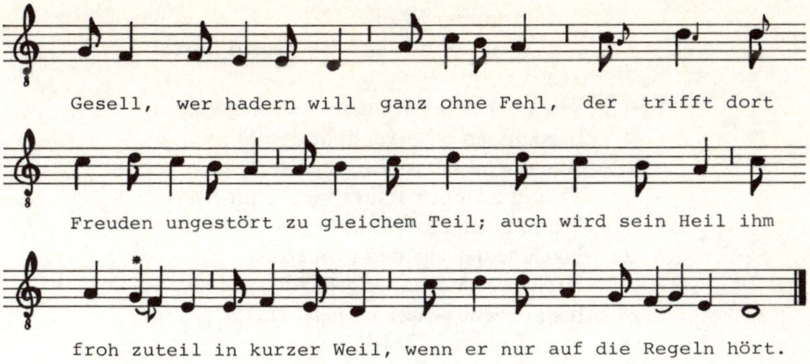

Von all den Späßen, die ich fand
Zu Nürnberg fröhlich angestellt,
Ist als der ehrbarste bekannt,
Daß man zum Hadern sich gesellt
Mit mancher lieben Dame schön,
Der nie ein Tadel je geflucht,
Wenn sie geschmückt zum Hadern gehn
Und doch den Hader nie gesucht.
Wohlauf, Gesell,
Wer hadern will
Ganz ohne Fehl,
Der trifft dort Freuden ungestört
Zu gleichem Teil;
Auch wird sein Heil
Ihm froh zuteil
In kurzer Weil,
Wenn er nur auf die Regeln hört.

Lob, Ehre, Tugend sind ihr Heil.
Doch wer die Ordnung wahren will,
Der nehme dort am Hadern teil,
In ihrer Händlein Freudenspiel,
Ganz ungehadert ohne Pein,
Beglückt und froh. Hegt wer Verdacht,
Dann soll er mir gestohlen sein,
Verurteilt und in Kaisers Acht!
Wohlauf, Gesell,
Wer hadern will
Ganz ohne Fehl,
Der trifft dort Freuden ungestört
Zu gleichem Teil;
Auch wird sein Heil
Ihm froh zuteil

In kurzer Weil,
Wenn er nur auf die Regeln hört.

Wo solcher Scherz ganz unbeschwert
Beisammen ist – versteht den Sinn:
Wie bliebe er so rein und wert,
Trüg man noch selber Hader hin?
Wenn einer das verderben wollt
Nach seiner eigenen groben Art,
Dann werde ihm kein Mädchen hold,
Bis er nicht besser ist gelahrt.
Wohlauf, Gesell,
Wer hadern will
Ganz ohne Fehl,
Der trifft dort Freuden ungestört
Zu gleichem Teil;
Auch wird sein Heil
Ihm froh zuteil
In kurzer Weil,
Wenn er nur auf die Regeln hört.

100

O wonniglicher, wohlgezierter Mai,
Dein süß Geschrei
Bringt Freuden mancherlei,
Und sonderlich, wo zwei
In einem schönen Reih
Gar fröhlich Hand in Hand getan.

Grün ist der Wald, Berg, Au, Gefild und Tal.
Die Nachtigall
Und aller Vögel Schall

Hört man jetzt ohne Zahl
Erklingen überall.

Weil nun die Zeit verjagt all Ungemach,
So wach, Lieb, ach!
Ich mühe mich so jach
Und dränge mich dir nach,
Die mir so lang gebrach,
Bis mich dein Ärmlein weiß umfanget.

101

Wach auf, mein Hort! Dort leuchtet her
Von Orient der lichte Tag.
Blick durch die Brau, vernimm den Glanz,
Wie feines Blau im Himmelskranz
Durchmengt das Grau, die holde Schanz!
Ich fürcht ein schnelles Tagen.

»Ich schelt das Wort, das ich nicht gehr:
Man hört die Vögelein im Hag
Mit hellem Hall erklingen schon.
O Nachtigall, dein süßer Ton
Bringt mir nur Qual, dir keinen Lohn!
Unweiblich muß ich klagen!«

Gib Urlaub, fort! Dein Herzensspeer
Trifft mich, da ich nicht bleiben mag.
Die Scheidensnot mir Trauer bringt,
Dein Mündlein rot mich sehnlich zwingt,
Der bittre Tod nicht schwächer dringt.
Im Scheiden muß ich zagen.

102

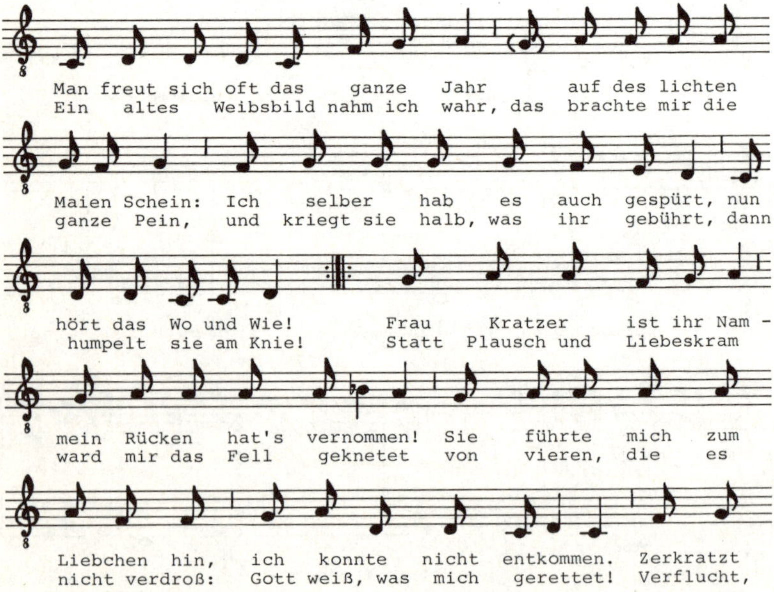

Man freut sich oft das ganze Jahr
Auf des lichten Maien Schein:
Ich selber hab es auch gespürt,
Nun hört das Wo und Wie!
Ein altes Weibsbild nahm ich wahr,
Das brachte mir die ganze Pein,
Und kriegt sie halb, was ihr gebührt,
Dann humpelt sie am Knie!
Frau Kratzer ist ihr Nam –
Mein Rücken hat's vernommen!
Sie führte mich zum Liebchen hin,
Ich konnte nicht entkommen.
Zerkratzt ward ich am ganzen Leib,
Kaum weiß ich selber wie.
Statt Plausch und Liebeskram
Ward mir das Fell geknetet
Von vieren, die es nicht verdroß:
Gott weiß, was mich gerettet!
Verflucht, daß ich dem alten Weib
So viele Stunden lieh!

Ich kam geritten vor ihr Haus.
Mit einem Finger winkt sie mir;
Ich wollte wissen, was sie will
Und wunderte mich sehr.
Da fängt sie an, ganz grad heraus:
»Hans Maler, eines sag ich dir:
Die Doris ist dir mächtig hold,
Und sie begehrt dich schwer.«
Mein Herz war freudenvoll
Und sprang bei dieser Märe.
Ich sprach zu ihr: »Ja, wär es so,
Dann wüßt ich, wer ich wäre,
Wenn ich bei Mädchen noch was gelt!« –
Und freute mich noch mehr.
Zwar war die Sache hohl,
Doch wollt ich es nicht kennen,
Bis ich in einen Knüttelwald
Geriet mit Schmerz und Tränen.
Kein Ausflug hier auf dieser Welt
Schuf mir so viel Beschwer.

Ich mußte schweren Krieg bestehn
Mit meinem Weib den ganzen Tag
Und wußte selber kaum, warum –
Nur daß ich von ihr kam.
Ich sollte nach Sankt Lorenz gehn,
Und das bedurfte keiner Frag.
Die Wallfahrt ging entsetzlich krumm
Und machte mich recht zahm.
Wie ich euch schon vertraut':
Ich ward gar schön empfangen,
Man führte mich ins Kämmerlein
Ganz ohne viel Belangen.
Mir schwoll der Mut in starker Gier
Und grünte schon im Stamm.
Man legte mich zur Braut.
Bett, Polster, Linnensachen:
Die Kammer war fein ausgeziert.
Grad wollt ich »Bischof« machen,
Da tauchten Ungarn auf, gleich vier:
Zum Teufel allesamt!

Man sprach: »Nun freut Euch ohne Buß!«
So lockte mich der alte Hund,
Indem sie still die Tür aufschloß:
Da kamen sie herein.
»Vigy'az anyádat!« war ihr Gruß,
Ein Deutsch, das ich nicht recht verstund,
Als jäh ein Eichensturzbach floß
Aus Ungarn auf mich ein.
Die Liebe ward gelohnt
Mit Prügeln und mit Eisen,
Daß jedermann die Beulen sah,
Ich brauchte sie nicht weisen.
Den gröbsten Schaden, den ich nahm,
Den tat das Ungarnschwein.
Ach stopft ihm doch den Schlund,
Zermanscht ihm Fleisch und Balgen.
Dann hält er wenigstens sein Maul!
Und wär es auch ein Galgen,
Dem Reiche brächt es keine Scham,
Wenn sie dort hingen fein!

Ich redete gar süß und hold,
Wenn auch mein Herz ganz anders sprach,
Weil ich so dumm gefangen saß.
Sonst fühlte ich mich gut.
Da gierten sie nach meinem Gold:

Nun mehrte sich mein Ungemach,
Jedoch ich hielt mich brav im Maß
Und folgte ihrem Mut.
Man ließ mich fort aus Gnad,
Zerbläut am ganzen Leibe.
So kehrte ich nach Bruneck wieder
Hin zu meinem Weibe.
Die starrte her, als trüge ich
Einen blauen Eisenhut
Und segnete mein Bad
Mit Fluchen und mit Schelten.
Ich flehte sie bei aller Treu,
Nur ja nichts zu vermelden!
Sie sprach: »Das ist doch längst bekannt
Und kriegt nur neues Blut.«

Wer einem alten Weib vertraut,
Der nimmt den Teufel selbst zur Eh!
Seht, gradeso erging es mir
Und manchem andern mehr!
Man soll sie kneifen in die Haut
Und dann versenken in den See –
Das wäre hochzeitliche Zier
Und aller Welt zur Ehr!
Magie und Kuppelspiel,
Das ist dort gar nicht teuer,
Darum verbrennt man sie auch oft
In einem heißen Feuer;
Es schiene mir nur recht und gut,
Man tät es auch mit der!
Da wird dann nichts zu viel,
Wenn sie die Segel wenden,
Das sah ich bei dem Abenteuer!
Man sollte sie gleich blenden
Samt ihrer ganzen Helferbrut,
Das wäre mein Begehr!

103

Wer die Augen will am Ofenloch verbrennen,
Sein Leben enden, mit guten Zähnen
Übel essen, liegen auf dem Stroh,
Der fahre in die Lumpardei,
Da wird selten einer froh.
Dick ist der Kot, teuer das Brot.
Gottlose Reu und falsche Treu,
Die findet man dort alltäglich neu.
Das ist ein Mahl, das ich nicht käu.

Willst du nach der Waage schlechte Hechte kaufen,
So mußt du laufen, mein Freund, und raufen!
Hat er statt der Leber einen Stein,
Frag in des Kaisers Kanzelei,
Da kauft man solche Fische ein!
»Jülicher, mach kund, was kost ein Pfund?«
»Cinque soldin et tre zechin,
Just soviel kost das Leberlin fin
Von diesem lütten Hechtelin.«

Hermann, Marquart! Konstanz, Ulm, das war ein Leben,
Viel Spaß daneben von Mündlein eben!
Selbst mein Oheim hinterm Ofen wär
Mir eine bessere Kumpanei,
Als daß uns der Beutel leer
Wird zu Piacenz. Die Konszienz
Wird mir hier schwach, wenn ich auch lach,
So daß mein Schreiber hundertfach
Beklagt sein großes Ungemach.

Sebastian, wärst du ein Ochs zu Florenzola,
Oder ein caniola, und zögst cum dola
Täglich Mist auf einem Wagen groß –
Das schmeckte mir wie süßer Brei!
Paß auf, ich geb dir einen Stoß
Vor deine Brust, wie du es tust
Mit böser Gier, grob wie ein Stier.
Genauso fiedel ich auf dir,
Und wird es mehr, gefällt es mir.

104

Vor Trauer möcht ich werden taub,
Seit vorne sich der Winterklaub
Von neuem feste Hausstatt nahm
Auf seinem alten Sitz.
Der ist so nahe bei der Tür
Und späht so frech nach mir herfür,
Daß ich mich nicht dran freuen kann –
Das macht sein grober Witz.
Nur Kälte, Reif und Schnee,
Den Bach verdeckt vom Eise
Bringt er aus dem Böseierhof,
Den ich dafür nicht preise.
Denn gute Frucht aus bösem Ei
Zwingt keines Vogels Hitz.
Gras, Blumen, grüner Klee
Sind seither ganz verschwunden,
Verflogen sind die Vögelein,
Der Wald steht kahl geschunden.
Die Sonne ließ vor dem Geschrei
Zu Hauenstein den Blitz.

Jetzt droht mir dort der Bauernwicht,
Und auch nach Brixen darf ich nicht,
Weil ich daselbst erzürnet hab
Den kleinen Ungenannt
Mit einem sanften Rippenstoß –
Der traf den Meister Gernegroß.
Ich gäbe freudig jede Gab,
Würd mir der Schimpf gewandt!
In seinem Schmutzquartier
Möcht ich den Riesen fassen,
Wenn er zu seiner Dirne schleicht

Und wedelt auf den Gassen
Mit seinem Mantel! Gabriel,
Dir fault noch mancher Zahn!
Es wär, als würde mir
Ganz Straßburg zugemessen,
Wenn einer diese Brut wegfegt
Mit einem heißen Besen,
Wo sie jetzt huren ohne Hehl
In Völlerei und Schand!

Ich dachte, mein Prozeß läuft gut;
Nur mit der Treue ging es hart:
Da gibt's dann Murmeln und Geraun,
Wenn man den Mief verdrängt.
Mein Schweigen war die beste Hut.
Gott sei gelobt, der mich bewahrt!
Mit Riegel, Gitter, Strick und Zaun
Hätt man mich zugehängt!
Noli me tangere!
Leck mich, du Purzel-Ůli!
Was man bei dir nicht schlichten kann,
Holt man vor's Richterstühli:
Da wird das Recht neu eingesackt
Und wälisch ausgerenkt.
Ich tu mir leider weh
Beim Bücken und beim Schmiegen:
Wenn ich den Bauch noch recken könnt,
Würd ich mir einen biegen,
Der dich samt Richtersessel packt
Und tief im Meer versenkt.

Ach Köln und Wien! Ach Mainz, Paris,
Avignon, Konstanz, Nüremberg!
Was mir an Freuden dort geschah,
Das läßt mich jetzt allein!
Denn statt auf satter, grader Wies
Haus ich jetzt oben auf dem Berg,
Mit meinem Weib im selben Dach,
Der Frau von Schwangau fein.
Dazu noch manches Kind,
Das mir den Sinn zerrüttet,
Weil ich nur noch dran denken muß,
Wie man sie gut behütet,
Daß ihnen diese Wölfe nicht
Verschlingen Brot und Wein!
Ein Leid das andre findt:
Wer alles will besorgen,

Dem bleibt wie Herrn von Österreich
Der Schatz dazu verborgen.
Und erst der Tod fügt alles schlicht
Und macht das Trübe rein.

105

Es kommt ein neues Lied gerannt,
Von einem Grafen, Süß genannt,
Wie sauer der die Gäste grüßt
Im Städtchen Ronciglian.
Bis hin zum Papste drang der Schall,
Nach Rom vor manchen Kardinal,
Das gab Gezeter, Lärm und Zwist
Bei manchem Weib und Mann.
Die Kirchweih war bestellt
Von Bauern, Knappen, Reitern:
Sie brachen in die Herberg ein
Und stürmten alle Leitern,
Mit Keulen, Spießen wohlgerüst'
Und voll von bösem Wahn.
Gut sechzehn Mann gezählt
Ließ der Herr Bischof weihen,
Und wer noch keine Beule trug,
Der brauchte sie nicht leihen!
Pro Schlag bekam man vier gewischt
Und jeder kam mal dran!

Der Wirt flog gleich beim ersten Strauß
Mit vollem Schwung zum Fenster raus,
So schluckte er bei dieser Zech
Auch selbst den gleichen Teil.
Dietrich von Sannau, Janko Knapp
Riß man beim Haar die Trepp herab
Und knuffte sie dabei noch frech:
Es blieb nicht viel dran heil.
Mein Onkel Matthis Schlick
Schwang sich hinauf zum Dache,
Sprang wie die Katz beim Fenster raus
Und sprach: »Bei dieser Sache
Säß ich am liebsten auf dem Lech
In einem Kahn derweil!«
Da traf ihn schon ein Pick
Auf seine Nasengruschel,
Die zeigte er gut vierzehn Tag
In Rom anstatt der Muschel.

German, ein Fels von einem Knecht,
Flog senkrecht ohne Seil.

Herr Gottschalk und Herr Mert von Speyer,
Ein jeder trug den Arm als Leier,
Vom Schulterblatt bis an den Daum
Verschnürt und ganz in weiß.
Und was an Freundschaft sonst geschah,
Beklagten sie mit Weh und Ah:
Zu überhören war es kaum,
So lauschte ich mit Fleiß.
Der Hans von Dänemark
Ward auf ein Loch gezwungen
Und fiel hinunter in den Stall,
Daß ihm die Ohren klungen,
Grad so, als würde ihm im Traum
Das Feuer jäh zu heiß.
Rigo, ein Wiener stark,
Flog aus der selben Ecken.
Da schrie er ganz entsetzt: »Wer da?!
Mein Gott, war das ein Schrecken!
Ich hielt dich für den Tennenbaum!
Es macht mich noch zum Greis ...!«

Von Schlägen ward La Stella blau
Und schrie: »Misericordia!«
Das nützte ihm kein halbes Ei:
Er hatte seinen Lohn.
Es sind noch sieben ungenannt,
Weil ich sie leider nicht gekannt,
Die trugen bei der Keilerei
Die Weihe mit davon.
Kreuz, Füße, Steiß und Bein
Ließ der Herr Bischof bläuen,
Und wer nur hingekommen war,
Der mußte es bereuen.
Der Conte Dolce blies zum Tanz
Und pfiff im sauern Ton.
Da quietschten sie vor Pein,
Fast wie ein alter Karren,
Der dringend neues Schmierfett braucht,
Und machten sich zum Narren:
Zerrissen wie beim Mummenschanz
Und rot bekleckst wie Mohn.

Die Kirchweih lief im besten Stil:
Wer nicht drei Stiegen runterfiel,

Und wenn nicht das, zumindest zwo,
Der war nicht recht geweicht.
Und wer die Keulen nicht empfand,
Die sie da schwangen in der Hand,
War mancher auch dabei nicht froh,
Der hat nicht recht gebeicht'.
Grad war der Markt vorbei,
Da fing es an zu tagen.
Da sprachen sie einander zu
Mit Seufzen und mit Klagen:
»Erheben wir uns aus dem Stroh,
Eh man uns neu bestreicht!«
Man sah sie mit Geschrei
Auf ihren Rössern sitzen.
Und Hand und Fuß war eingeschnürt
Mit Leinen, Flachs und Litzen.
Sie fanden es im Herzen roh,
Doch merkten es sich leicht.

106

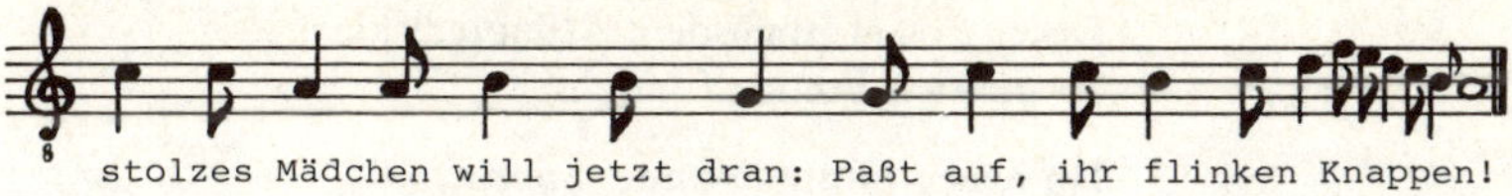

Schaut an der schönen Blüte Güte!
Müde ist der kalte Winter.
Kinder, schickt euch schnell zum Tanz!
Glanz ziert schon frohgemut des Maien Tenne,
Wo viele Hände Farben warben,
Garben, Wurzeln, grünen Rasen,
Wasen mit den Blümlein gel.
Hell singt die Nachtigall nun statt der Henne.
Die Drossel fängt das Wetten an
Mit einem alten Rappen,
Zu dichten auf des Maien Bahn
Um eine neue Kappen.
Manch stolzes Mädchen will jetzt dran:
Paßt auf, ihr flinken Knappen!

So muß ich mich zur Schönen sehnen:
Krönen will ich sie im Herzen!
Schmerzen kann sie wenden mir
Schier, und mir nehmen all des Trauerns Bitter!
Wenn es der Maid beliebet, trübet,
Übt sie mich im Abenteuer.
Getreuer war ich nie ihr Knecht,
Und seht, desgleichen bin ich jetzt ihr Ritter.
In ihrem Dienst, solang ich bin,
Will ich mich gern befinden.
Und widerstrebt sie meinem Sinn,
Will ich es gütlich lindern.
Ich trage schwere Bürde hin:
Wollt sie mich ihr entbinden!

Ach wohlgemute, feine, reine
Kleine! Hilf mir doch zur Stelle!
Helle, herrliche Gestalt,
Walt über mich und wahre deine Ehren!
Mit ritterlichem Sange, lange,
Bange, laß, Frau, einzig selig,
Fröhlich lieb erwecken dich!
Ich nähm es gut, wolltst du mir nur gewähren,
Worum ich schon im achten Jahr
Mich schwerlich hab geschunden,
Mit Sehnsucht und mit Seufzern gar,
Und bin doch unentwunden.

Doch tröstet mich dein Mündlein klar,
So hab ich Freude funden.

Du auserwählte Wonne, Sonne,
Bronne, mir das Herz zu feuchten!
Leuchten deine Äuglein klar,
Gar, so verzückt es mich in Liebeswehen.
Wenn sich dein Häuptlein neiget, beuget,
Zeiget, um mich lieb zu grüßen,
Süßen Wunsch ich da verspür:
Für meines Herzens Lust soll es geschehen!
Vergiß mich nicht, o Frau, und bleib!
Und lieg ich im Elende,
So freut mich doch dein stolzer Leib,
Vor dem ich nimmer wende.
Ach, seltenes Sehen! Liebes Weib,
Wann hat die Not ein Ende?

107

Komm, Liebster mein!
Mein Leib soll ganz allein
Dein Eigen sein!
Komm, traut Gesell,
Flieh allen Kummer schnell!
Komm, höchster Hort,
Scheuch fort
Der falschen Zungen Wort!
Komm, meines Herzens Leid vertreib
Und tröste mich armes Weib!
Dein Leib stärkt meinen Sinn und Mut
Mehr als die Welt und all ihr Gut.

»Dein Blick, dein Wort,
Du liebster Hort,
Scheucht allen Kummer fort.
Ach, mich begehrt
Ein Weib, so jung und wert,
Das ohne Schmerz
Mein Herz
Verjüngt mit liebem Scherz
Gar wonniglich und mannigfalt.
Die Schönheit ihrer Gestalt
Macht mich nicht alt – ich bin ergötzt,
Von klaren Äugelein benetzt.«

Scheiden bringt Not.
Dein Scheiden ist der Tod.
Mein Aug ist rot,
Ich bin verzückt,

Der Sinne jäh entrückt.
All meine Zucht,
Die Frucht,
Verdorrt in Sehnens Sucht.
Wenn du mir nicht in kurzem schreibst
Und lange von mir bleibst,
Wie du es treibst, so fürcht ich sehr,
Ich seh dich Liebsten nimmermehr.

108

Ich klag, ich klag, ich klag.
Ein Engel, ein Engel wonniglich, inniglich:
O Tag, erlös sie minniglich!
Verjag die Alten, die Kalten in Falten!
Schweigen wunderlich, freudiglich.

109

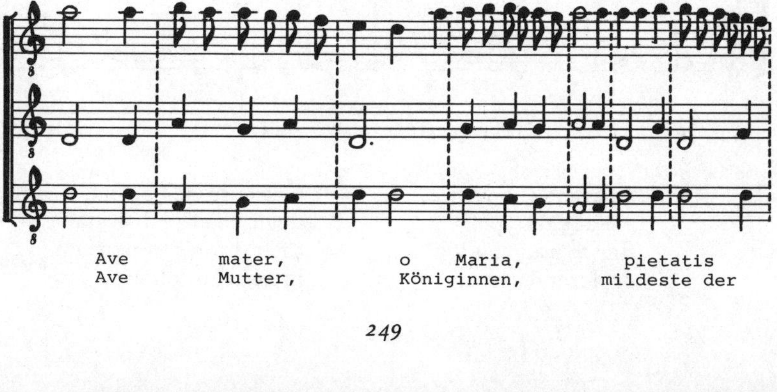

Ave mater, o Maria,
pietatis tota pia,
sine te non erat via
deploranti saeculo.

5 Gratia tu nobis data,
quem fidelis advocata
caeli thronis es praelata
in aeterno solio.

O Maria, tu solaris
micans phoebus stella maris
Christo rege collaetaris
quem portasti utero.

Plena dulcis medicina
tu protegens a ruina,
tu es portus, tu carina
in omni periculo.

Dominus te mundi rosam
praeelegit speciosam
te vocari pretiosam
praecepit ab angelo.

Tecum deus incarnatus,
puer ille nobis natus,
(etiam) pro nobis datus
pro salute gaudio.

Benedicta tu sanctarum
consolatrix animarum,
per te patet lumen clarum
deplorantis oculo.

Tu in valle delictorum
es occursus peccatorum,
tu das animas illorum
Iesu Christo domino.

In exauditu benigna,
totius mundi laude digna,
pia mater et benigna
demonstrans in publico.

Mulieribus honorem
praestas etiam decorem,
tu das omnibus dulcorem
praegustando mundulo.

Et es tota amicabilis,
deprecanti liberabilis,
prius te non fuit talis
nec erit in perpetuo.

Benedictus quem portasti,
quem uberibus lactasti,
tu cum Eva compensasti
praegustato pomulo.

Fructus tuus est cunctorum
consolatio sanctorum
et est cibus beatorum
in caeli convivio.

Ventris aula, vas beatum,
soli Christo deputatum
gessit illud occultatum
in tuo sancto flasculo.

Tui fructus ventris lavit
culpam ade nec peccavit
nostra crimina portavit
maerues patibulo.

Iesu sacri ventris fructus
piae matris, prece ductus,
sit nobis dux et conductus
ad caelestem patriam.

Amen ultimo cantamus
in signum quod peroptamus
quidquid vitae postulamus
in orationibus. – Amen.

Ave Mutter, Königinnen,
Mildeste der Mittlerinnen,
Du nur weißt den Weg zu minnen
In der weinenden Welte.

Gnadenvoll sei dein Beginnen,
Wo man ruft mit Lobesstimmen,
Thron der Himmelskaiserinnen
Auf ewiglichem Felde!

Ave Mutter, Frau, Magd und Maid,
Ehrenreiche im Ruhmeskleid,
Wie uns der Herr durch dich verzeiht,
So hilf uns, edle Krone,

Daß wir einst nach des Todes Leid
Finden die frohe Augenweid
Und besitzen die Seligkeit
Bei deinem holden Sohne.

110

Ich hör, wie mancher Freude hat,
Wenn seine Frau von Adel stammt.
Woher sie kommt, ob Schloß, ob Stadt,
Ich weise sie doch allesamt
Zurück aus meines Herzens Grund.
Sind mir auch viele Länder kund,
Mich lockt allein ein roter Mund
Aus Schwaben zart, auch Sinn und Art,
Person, Gestalt ganz allgemein.

Die stolze Schwäbin ist bewährt,
An der ich keinen Tadel fand,
Die ich im Herzen mehr begehrt
Als alle Frauen rings im Land.
Die Augen, Nase, Mund und Kehl,
So schön geformt, ihr zartes Fell,
Rot, weiß und zierlich, blaß und hell,
Der Arm, die Händ, Brust, Lust ohn' End,
Hart, weiß gemalt, und wunderfein.

Die Taille schmal, ein dicker Sitz,
Fest, rund gewölbt und schön gespreizt,
Zwei Schenkel voller Glut und Hitz,
Ein Bein, das nicht mit Reizen geizt,
Dazu ein Füßchen, schmal und klein,
Zart aufgesetzt, im Wandel rein
Und züchtig ohne allen Schein:
Gar wohl bewahrt ist ihre Art –
Sie hat Gewalt bei mir allein.

III

Passio domini nostri Jesu Christi completa anno 1436

Im Oberland
Ist einst ein König hoch und groß gesessen,
Dem schwand vor Zeiten all sein Heer,
Die Mannen und die Frauen.
Zwei Menschen hatten dies getan,
Als sie im Stolz zerbrachen sein Gebot.
Der ward gesandt
Aus seines Vaters Herrschaft ungemessen
Ins Unterland; da mußte er
Viel Abenteuer schauen.
Manch Ungemach kam ihn da an
Und manche wilde Rotte schuf ihm Not.
Viel Elend, Armut, Frost und Glut
Mit allem Hofgesind,
Geduldig, schutzlos, ohne Hut
Litt seiner Mutter Kind,
Die ihn in Keuschheit hier gebar
Ganz ohne Weh; das sage ich euch wahr.

In starker Macht
Regiert er, über alle Kraft allmächtig,
Daheim in seines Vaters Land,
Wiewohl er hier auf Erden
Die Zeit vertrieb mit harter Pein,
Eh er am Kreuze litt in Todesnot.
Sieghaft entfacht
War sein Gemüt ohn' Unterlaß bedächtig,
Zu brechen mit der eigenen Hand
Der Finsternis Beschwerden,
Um die Gerechten zu befrein,
Die dort nach seinem Willen lagen tot.
Der Wunderzeichen holde Pracht
Tat er in großer Zahl,
Eh ihn ergriff des Todes Nacht
Nach Menschenart mit Qual
Von seiner eigenen Kreatur,
Die er erschuf in menschlicher Figur.

Kein guter Tag
War ihm gegönnt in dreiunddreißig Jahren,

Und war doch von so edler Macht,
Wie nie ein Mensch sie kannte;
Denn ohne Anfang, ohne Schluß
Ist dieses Fürsten Lob in ewigem Rat.
Es ist die Frag,
Warum er solches Leid um uns erfahren,
Der Himmel, Erd, Laub, Gras erdacht,
Die Kreatur entbrannte
In seines Geistes ewigem Fluß,
Als aller Gnaden ewig voller Pfad?
Thomas Aquinas spricht Bescheid:
Ein Kindlein unversehrt
Aus Liebe und Gerechtigkeit
Gab sich dem Marterschwert,
Wiewohl sein Vater mannigfalt
Den Sohn erlösen konnte aus Gewalt.

Darum erbat
Der hochgelobte König auf dem Berge,
Eh ihm sein Jünger gab den Kuß,
Mit blutgemischtem Schweiße
Den Vater inniglich und hold,
Ihn zu befreien, so es möglich wär.
Des Schreckens Pfad
Betrat er angstvoll vor des Todes Fergen,
Doch gab er seines Willens Schluß
Der väterlichen Weise
Ganz in die Hand als Sühnesold,
War ihm das Herze auch unsäglich schwer.
Um zu erleiden alle Pein
Mit tödlichem Gebrest,
Trat er nun zu den Jüngern sein:
Die schliefen alle fest.
Er sprach: »Wacht auf und betet klug,
Da ihr nicht kennt die Zeit des Todes Flug!«

Indessen kam
Judas, um seinen Herren zu verraten,
Mit einer Rotte Juden schal,
Und küßte seine Wange,
Auf daß man ihn erkennen tät,
Da ihm wohl mancher von den Jüngern glich.
Der hohe Mann,
Jesus, sprach sie da an, die zu ihm traten
Mit Schwertern, Spießen ohne Zahl:
»Wen sucht ihr so im Drange?«
»Wir suchen Jesus Nazareth!«

Da sprach er voller Tugend: »Das bin ich.«
Es war das Gotteswort noch kaum
Aus seinem heiligen Mund,
Da stürzten sie im Gartenraum
Hinieder auf den Grund.
So teilten jäh sich seine Kräfte mit,
Und daß er williglich die Marter litt.

All seine Macht
Verging sogleich, da sie ihn fingen, stießen,
Hart banden, rauften an dem Bart
Und stießen auf die Erde.
Häßlich, in Elend, großem Neid
Ward er geführt in eines Richters Haus.
In dieser Nacht
Der Finsternis kann nie ein Mund beschließen
Die Leiden unseres Herren zart.
Sankt Peter, der viel Werte
Verleugnete in kurzer Zeit
Dreimal den Heiland in der Marter Graus.
Maria, die viel reine Magd:
Der Kummer wuchs ihr groß,
Als ihr die Mär ein Jünger sagt;
Und heißes Weinen floß
Um ihren seligen Liebsten gut,
Den sie empfing, gebar in keuscher Hut.

Da nun ihr Will
An ihm erging mit Bosheit und Behagen
In langer Nacht bis an den Tag,
Führten sie ihn im Drange
Kaiphas, Pilatus und danach
Herodes zu als ketzerischen Mann.
Es wär noch viel
Zu singen, wie sie huben an zu klagen;
Allein er schwieg zu jeder Frag:
Die Zeit ward ihnen lange.
Herodes selber zu ihm sprach:
»Er ist nicht klug, weil er nicht reden kann.«
So ward er da zum schlimmen Lohn
Mit Narrentracht geziert,
Sie trieben mit ihm vielen Hohn,
Dann ward er fortgeführt
Und wieder zu Pilatus her
Mit wildem Spott, als ob er töricht wär.

Bei großem Sturm
Und ungestümem Heulen, Schauern, Brausen
Ließ sich der König aller Macht,
Der Herr, Herr aller Herren
Geduldig sanft als wie ein Lamm
Hinwieder führen zu Pilatus Haus.
Derselbe Wurm
Hielt sein Gewissen vor des Kaisers Grausen
In seiner Brust geflissentlich in Acht.
Wohl suchte er zu kehren
Der Juden Haß durch List und falschen Plan,
Und führte doch der Bösen Willkür aus.
Er ließ ihn geißeln barmenswert
An einer Säule bloß,
Bis ihm das Blut hinab zur Erd
Aus seinem Leibe floß.
Man preßte auf sein heiliges Haupt
Die Dornenkrone, allem Leid ertaubt.

Fort aus der Schrann
Ward er geführt mit bitterlichen Schmerzen
Den Juden zu. Pilatus sprach:
»Hier euern König schauet!«
Sie riefen: »Könige han' wir nicht,
Nur einem Kaiser sind wir untertan!«
In Spott und Wahn,
So knieten sie vor ihm mit bösem Herzen
Und ehrten ihn mit hämischer Schmach,
Aus falschem Gruß gebrauet:
»Ave, rex iudaeorum!« – Spricht:
»Gegrüßt, der als der Juden König kam!«
Und riefen tückisch über ihn
Ein mordliches Gericht:
»Laßt uns den Schächer führen hin
Zu seines Todes Pflicht!«
Auf schrien sie da mit Gewalt:
»Pilatus, kreuz ihn, kreuzige ihn bald!«

Der wusch die Händ
Und sprach: »Ich bin an seinem Tod unschuldig.«
Da nahmen sie den Herren gut
Und legten ihm mit Freuden
Ein Kreuz auf seinen Rücken krank,
Das er alleine nicht zu tragen mocht.
Ach wie elend
Trat seine Mutter da zu ihm, geduldig,
Da sie nun sah ihr eigen Blut

Vor all den törigen Leuten
Zum Tode taumeln in verirrtem Gang
Mit seinem schwer gefügten Kreuzesjoch.
Als sie ihn brachten an die Statt,
Wo er nun sterben sollt,
Entblößten sie den Herren matt,
Wie es sein Vater wollt,
Und legten ihn da sonder Scham
Am Rücken nieder auf des Kreuzes Stamm.

Drei Nägel schlug
Man ihm da ein durch Füße und durch Hände;
Verrenkt, gespannt, ans Kreuz getan,
Gequält von jüdischen Mannen.
Die Hammerschläg Maria hört,
Da drangen sie in ihres Herzens Seel.
Mit jähem Ruck
Ward er zur Höhe aufgestreckt elende,
Da blickte er die Mutter an
Und wies ihr Sankt Johannem,
Und endlich schrie er dieses Wort
»Eli, eli!« mit lauter Stimme hell:
»Mein Gott, mein Gott, wie hast du hier
Verlassen mich im Tod!
Vater, in deine Hand befehl ich dir
Den Geist aus meiner Not!«
Und starb da seiner Menschlichkeit.
Mir Wolkenstein sei seine Huld bereit!

confundantur omnes
qui nos persecuntur

Ein blinder Jud Longinus hieß,
Der kam mit einem Speer,
Den er ihm in die Seite stieß:
Blut, Wasser drang da her.
Da sah er ohne Augenlicht:
Gott, mach auf ewig unsre Not zunicht!

Amen.

112

Mich fragte einst ein Ritter gar,
Der auf der Welt so manches Jahr
Sein gutes Maß erfahren hat

In Königreichen, Land und Stadt,
Bei Fürstenhöfen rings bekannt,
Ein wenig auch im Heidenland,
Wie es dem Ritter halt gebührt.
Der war in einem doch beirrt,
Worin ich ihn bescheiden sollt,
Worum er mich auch fragen wollt:
»So sag mir, lieber Bruder mein,
Was mögen wohl die Gründe sein:
Die göttliche Gerechtigkeit
Ist doch ganz ohne Unterscheid
Für alle Christenheit gemein,
Auf daß sie jedem klar und rein
Zustatten kommt vor dem Gericht.
Und doch – wie selten das geschicht,
Und sonderlich in dieser Art,
Daß man Gesetze nicht bewahrt
Und kaiserliches Recht verbiegt
Und arm und reich damit betrügt!«
Ich sprach: »Soweit ich sehen kann,
Sind viele Köpfe schuld daran.
Wer da regiert nach eigener Macht,
Wird endlich davon taub gemacht,
Hat er nicht seinen weisen Rat,
Der ehrbar ist in Wort und Tat
Und dem er gottesfürchtig glaubt.
Ist erst ein Land des Rats beraubt,
So hat Gewalt das Recht vertan;
Denn fängt der Abt das Würfeln an,
Dann spielen alle Brüder nach
Und mehren ihres Herren Schmach.
Verwalter, Ratsherr, Pfleger, Ferg,
Richter und Anwalt, Sprecher, Scherg,
Sie alle gehen falsche Bahn
Und jeder folgt dem Vordermann.
Und so wird das Gewissen hohl,
Mit dem man uns doch helfen soll
Zur göttlichen Gerechtigkeit.
Denn daß man hier einst unterscheidt
Und jedem gleiches Recht geschicht,
Ist eine schwache Zuversicht.
Es ist dem Land die schwerste Buß,
Wenn man das Recht erkaufen muß;
So tritt man auch der Armen Schutz
Nur stets von neuem in den Schmutz.
Wer schmiert, steht meist in schlechtem Ruf,
Wenn er auch sonst nichts Übles schuf,

Weil er sich einer Schuld befleißt,
Die man im Volksmund Raffgier heißt,
Und manchen andern als Gesell
Mit sich hinablockt in die Höll.
Doch nimmt und gibt auch arm und reich,
Ist es doch wiederum nicht gleich.
Wer nimmt, was man ihm gerne gibt
Und ohne Zaudern dennoch übt
Die Tugend der Gerechtigkeit,
Wer nicht um Liebe, Gab und Leid
Dem Geber dafür beistehn will,
Als nur mit Gottes Recht als Ziel,
Sei es in Urteil oder Rat,
Dem bringt sein Nehmen wenig Schad.
Tät er es aber gar um Gott,
Wär es noch besser, ohne Spott;
Und hätt er es umsonst getan,
Hätt er doch nicht Verlust daran
Und trüg der Ehren gnug davon,
Um zu entgelten allen Lohn.
Spräch er gar Recht für beid' Partei
Und wäre selbst mit Fleiß dabei,
Erwürbe er sich Lob und Ehr
Vor Gott und nach der Welt Begehr.
Selig das Recht, das uns so frommt,
Daß gute Freundschaft davon kommt!
Was man in Güte schlichten mag,
Trifft Satan als ein böser Schlag.
Für Recht verirrt sich mancher Mann
In Urteil, Rat und Geld und Wahn.
Falsch Zeugnis, Eid und List und Trug
Fügt sich dem Teufel wohl genug.
Das Recht kommt selten gut ans Ziel.
Die Sünde ist bald klein, bald viel,
Und ganz besonders an dem Schluß,
Wenn einer Eide schwören muß
Und sich verbürgt mit seinem Haupt.
Da ist dann mancher so ertaubt,
Daß er nicht Fünfe zählen kann:
Was ficht ihn da das Recht erst an?
Da gilt dann jedes Runterlesen,
Als wär er Salomon gewesen!
Und endlich gar in der Gemein
Stellt sich das Recht nur selten ein.
Geht man mit Anwalt vor Gericht
Und holt sich Leute von Gewicht,
So stimmen einem alle bei,

Wie falsch der Anspruch immer sei.
Der Richter läßt es auch geschehn
Und will ein Unrecht nicht verstehn,
Das man dem andern angetan,
Wenn er zuvor Bestechung nahm.
Hält sich ein Fürst erst schlechten Rat,
Der weder Seel noch Ehre hat,
So ist das Recht in seiner Hand
Kaum mehr als ein Gelüst genannt
Und alle wissen wie ein Hund
Des Herren Wunsch zu jeder Stund
Und Recht herrscht einzig in Gestalt
Von Frevel, Untreu und Gewalt.
Und also scheint es auch bedingt:
Wenn einer erst Gewalt erringt,
Dann übt er seine Rechte bloß
Im Hochmut, und gewissenlos
Vom Haupt hinunter bis zum Fuß;
Und endet doch in schwerer Buß.
Ein Redner, nimmt er erst den Zoll
Von dem, für den er reden soll,
Ist kein vertrauenswerter Mann,
Auf den man sich verlassen kann.
Glaubt man dazu noch seinem Eid,
Tut mir die Sünde wahrlich leid.
Aus Wachs ist unsres Rechtes Nas,
Es läßt sich biegen wie ein Has,
Der vor den Hunden Haken schlägt,
Schwankt her und hin, wie man auch frägt.
Ich höre, mancher Anwalt nimmt
Von jedem Teil, was sich nicht ziemt.
Von einem nimmt er offen an,
Den andern kriegt er heimlich dran.
Dem einen Part führt er das Wort,
Der Widerpart gewinnt den Hort.
Und so wird übers Ohr gehaut
Just der Teil, der ihm anvertraut.
O Judas, du unseliger Mann,
Wie viele Brüder führst du an!
Doch nicht nur, wer sich Anwalt nennt:
Gar manchen, der den Wechsel kennt,
Trifft man in Staat und Kirche an;
Und wollen gar noch Ehren han
In dieser Welt und auch vor Gott!
Doch dort droht ihnen Furcht und Spott.
Noch eines sei nicht unvermeldt,
Ein altes Übel in der Welt:

Spricht wo der Klerus weltlich Recht,
Beherrscht er Rittersmann und Knecht
Und führet so ein zwiefach Schwert:
Was aber hätte das für Wert?
Sankt Peter nahm nur eines mit,
Als er den Juden damit schnitt
Und ward schon dessen wenig froh,
Als er in seine Höhle floh.
Die Ursach kommt doch davon her:
Von Gott stammt nur des Glaubens Lehr;
Doch unsre Geistlichen sind zach –
Sankt Petern folget keiner nach.
Und herrscht die Geistlichkeit im Land,
Dann wird an Unrecht mehr bekannt,
Als wenn ein Fürst, dem es gebührt,
Das Recht verwaltet unbeirrt;
Denn auch der Adel groß und klein
Dient aller Christenheit gemein.
Gott hat drei Stände wohlbestellt
Und höchsten Lohn für sie erwählt
In Ewigkeit und ohn' Beschwer:
Geistlicher, Adel, Arbeiter.
Die Geistlichkeit sei drauf bedacht,
Daß sie erbitte Tag und Nacht
Für alle Stände Gottes Kraft!
Und streiten soll die Ritterschaft,
Auf daß sie stark das Land beschützt;
Wie auch der Bauer allen nützt,
Wenn er die Arbeit stets bewährt
Und sich und uns damit ernährt.
Da gibt es manchen Unterscheid,
Besonders in der Geistlichkeit
Durch Ungleichheit in dieser Welt! –
Ich hab es vorher schon erzählt.
Ach, gingen jeden Kirchenmann
Nur seines Ordens Pflichten an,
Wie es nach allem Recht sein Teil:
Das wär der Welt zum großen Heil!
Mehr Unfried hier auf dieser Welt
Wird von den Priestern angestellt,
Als von den Laien je geschicht:
Das hat doch Gott nicht so gericht!
Durch sie verkommt das Recht viel mehr
Als sonst von jeglicher Beschwer.
In Rom hab ich da mehr erfahren
Als anderswo in vielen Jahren:
Das Recht wird Unrecht, Unrecht Recht,

Sie machen alles krumm und schlecht!
List und Betrug, der Logik Spiel
Lernt man in Rom, soviel man will.
Selbst der Prälaten Kompanie
Übt sich da frech in Simonie!
Wo unsre Zuflucht sollte sein,
Um abzutun der Sünde Pein:
Daß man da solche Lehren sagt,
Sei, Gott im Himmel, dir geklagt!
Und selbst in der Gelehrten Rat
Spürt man noch solche Missetat:
Und sollten doch die Lehre künden,
Der Seele Licht und Gnad zu finden!
Das kommt, weil hohe Häupter gar
Sich dort entblößen offenbar,
Und sich das Unrecht machen zahm,
Ganz gottvergessen ohne Scham.
Ob geistlich, weltlich – wer das tut,
Ist vor der Sünde nicht in Hut.
Siecht erst das Haupt in Wahn und Wank,
So werden alle Glieder krank.
  Der Kaiser nimmt auch Geld und Gut,
Ein Fürst hat oft den selben Mut.
Man läßt wohl etwas ungesühnt,
Wenn es dem Wohl des Staates dient,
Gestützt von Räten, Land und Gmein.
Dies scheint mir in Gebrauch zu sein,
Wo man dem Kaiser Treue halt,
Und die Gewohnheit ist so alt,
Daß sie als Recht zu gelten hat.
Und pflegt man sie, wird manches glatt,
Das sonst noch lange krumm verbleibt.
Wo man das Recht nach Willkür treibt
Und kaiserliches Recht nicht ehrt,
Da scheint es sicher keinem wert,
Daß man dem Kaiser etwas gönnt,
Wiewohl man ihn den Bronnen nennt,
Dem die Gerechtigkeit entfließt
Und sich in alles Land ergießt.
Und ist kein Landrecht rings erdacht,
Das ohne Kaisers Recht gemacht;
Es muß den Zusatz daraus haben
Und viel der kaiserlichen Gaben,
Wie aller Wasser letzter Grund
Fließt aus des großen Meeres Schlund.
Man fälscht sonst zugleich Gottgebot
Und wirft das Recht aus seinem Lot.

Was nun dem Reich zu Lehen ist,
Das darf sich auch zu keiner Frist
Aus seinem Rechte je entziehn,
Mit keiner Logik Hintersinn.
Es ist von Anfang an bekannt
Viel gut Gewohnheit jedem Land,
Man hält sie dort nach Augenschein
Und mehrt sie täglich ohne Pein.
Ein schlechter Brauch, wie alt er ist,
Ist zu vermeiden ohne Frist,
Drum reformiert man ihn mit Fleiß,
Bis er ein gutes Brauchtum heißt.
Und wo man solche Pflicht nicht tut,
Ist es für keinen Kreuzer gut.
Gewohnheit kommt nicht Schlag auf Schlag,
Und ändert man sie ohne Frag
Und ohne Recht und Kaisers Gunst,
Dann lahmt und hinkt die ganze Kunst.
Und was erst liegt, das steht nicht mehr:
Nur gutes Brauchtum hält sich hehr.
Das Recht ist klar und unverletzt
Für alle Dinge aufgesetzt.
Wie soll das einer wild und heiß
Bedenken, der es gar nicht weiß?
Und fragt man ihn auf seinen Eid,
Das Recht zu fällen klar im Streit,
Wie klug er ist, er wird betört,
Er habe denn viel Recht gehört
Und diese Welt danach bereist,
Wie es nur gut und billig heißt,
An Stellen, wo man Recht und Rat
Vernünftig lernt und vor sich hat.
Ungleicher Sinn, ungleiches Haupt –
Wie könnt es jedem sein erlaubt,
Ein Recht zu bringen an die Statt,
Für das man lang zu lernen hat?
Trifft einer eins, verfehlt er zwei.
Gutdünken schadet mancherlei,
Das man juristisch nicht verfehlt,
Wo man des Kaisers Rechte hält.
Ein Bauer, der nie Schrift gehört,
Und mit den Ochsen ward gelehrt,
Der soll nun mehr verstehn vom Recht,
Als ein gewandter, kluger Knecht
Und ein gelehrter, weiser Mann!
Wo soll er das gelesen han?
Noch eines wundert mich doch auch:

Oft setzt man einen öden Gauch
Als Richter ein, der gar nichts hat:
Nicht Gottesfurcht, nicht weisen Rat;
Und was dem Rechte zugehört,
Da ist er blind und wie betört.
Wie soll der strafen Weib und Mann,
Wenn er sich selbst nicht zügeln kann?
Daß ich es Euch noch besser deut:
Empfiehlt man einem Land und Leut,
Amt, Pflegschaft, Richter und desgleich,
Um so zu richten arm und reich,
So halte er sich in dem Schein,
Selbst ohne jeden Fehl zu sein!
Und so sei jeder Mann geziert,
Der Herrschaft, Land und Volk regiert,
Geistlich und weltlich, wie sie sind!
Oh, wie so selten man das findt!
  Ein Fürst in seinem Hof und Land
Soll Räte haben, wohlbewandt
In Gottesfurcht, adlig und weis,
Von gutem Ruf, der Ehre Preis!
Wo das ein Fürst nicht bieten kann,
Da ist das Recht gar übel dran;
Ob man Vertrag, ob Spruch aufsetzt,
Es wird doch stets das Recht verletzt.
Kein Mensch empfängt mehr Trost und Hut,
Und ist sein Recht auch noch so gut.
Die Schranne wird ihm zwar bestellt,
Doch ist das Urteil auch gefällt,
So hat er doch kein Stück Gewinn:
Da hat das Recht nur bösen Sinn!
  All Wortverdreherei und List
Vor dem Gericht verboten ist;
Man läßt sie aber dennoch nicht –
Ein altes Leiden, wie man spricht.
  Ein Weiser, sitzt er erst im Rat,
Sei stets bemüht in Wort und Tat,
Und stifte mit gerechtem Schied
Für beide Teile guten Fried!
Will einer denn ein Schiedsmann sein,
Der rate beiden Seiten rein!
Und trägt er einer Seite Pflicht,
So rate er der andern nicht
Und höre auch ihr Rechten nicht,
Als nur auf offenem Gericht!
So bleibt er fern von Lug und Neid
Und hilft dem Recht auf beider Seit.

Kein Anwalt sollte Weib und Mann
Verleiten auf des Zweifels Bahn,
So er dazu nicht sicher steht,
Wenn es um Spruch und Urteil geht!
Denn weist er dann umsonst drauf hin,
Fällt des Verlustes Schuld auf ihn.
  Kein Richter soll parteilich sein,
Sei die Partei groß oder klein;
Auch sei es jedem untersagt,
Der sonst noch Amt und Stimme tragt!
Denn wird wo ein Prozeß gestellt,
Wo es dem Richter so gefällt,
Daß jeder seine Leute schickt,
Scheint mir das Urteil schon verrückt.
Und wird das Recht so fortgekehrt
Und alle Eidespflicht versehrt,
So bist du, Richter, schuld dabei,
Denn du begünstigst die Partei.
Steht jeder nur den Seinen bei,
Wie soll das Recht noch walten frei,
Ganz ohne List und abgeklärt?
Doch selten trifft man das bewährt!
Drum frage auch den andern nicht,
Hast du erst solche Zuversicht!
Sei redlich keinem Teil bedacht,
Nimm dein Gewissen gut in acht
Und fördre keinen mit der Frag!
Wohl hat es Gründe, was ich sag.
Es ist wahrhaftig kaum ein Land
Für ein so krummes Recht bekannt,
Denn es schafft Satan Weh und Fluch,
Wo man Gericht sitzt nach dem Buch.
Dort steht das Recht dann wohlbedacht
In göttliche Vernunft gebracht,
Und alle Rechtsgewohnheit auch,
Wie sie im Lande Art und Brauch.
Und hält man es bei arm und reich,
Hebt es des Landes Ruhm zugleich:
Besonders rings im welschen Land
Ist manches Reich dafür bekannt.
In jeder Reichsstadt herrscht der Brauch,
In andern deutschen Landen auch:
Man setzt zwölf Mann als Schöffen ein
Statt anderswo die ganze Gmein.
Denn die Gemein spricht selten Rat
Ganz ohne Schand und Missetat.
Es wird nicht gut, was man so pflegt:

Wo man geschriebene Rechte wägt
Durch Leute, die es wohl verstahn,
Schirmt und beschützt man Frau und Mann.
  Ein Gleichnis, das ich melden will:
Sieht einer zwei bei einem Spiel,
Und hat von keinem sonst gewußt,
Gönnt er doch einem den Verlust.
Und gradeso bei einer Schrann,
die man besetzt mit jedermann:
Wenn einer da nur gut gefällt,
Ist sein Erfolg schon festgestellt,
Was überall dort nicht geschieht,
Wo man das Recht geschrieben sieht.
Manch ein Gewissen lahmt auch schon:
Es krümmt sich wie der Weg nach Rom.
Darum erscheint es mir nicht fein,
Daß im Prozeß die ganze Gmein
Auch Urteil und Beschließung tut!
Solche Gewohnheit ist nicht gut.
Denn Gottes Recht will keinen Zwang,
Braucht keinen Hintertreppengang,
Läßt keiner Hand das Handeln frei;
Nur guter Wille steht ihm bei.
Noch ist der Tadel ohne Zahl:
Das Recht tut manchen schlimmen Fall
Und hemmt das andre, das uns frommt,
Und rein aus alten Büchern kommt,
Darein man täglich Besserung tut. –
Dort lebt man stets in guter Hut,
Wo man so richtet fromm und rein,
Bekenn ich, Oswald Wolkenstein.«

Anno M^{o}CCCC^{o} XXXVIII° haec fabula completa
per me Oswaldum militem.

113

Ihr, Kaiser, Papst und Bauersmann,
Warum seid ihr so ungern heilig?
Da Gott euch nicht verlassen kann,
Bewahrt ihr nur die Ämter selig,
Die euch von ihm sind auserwählt,
Daß ihr sie pflegt in Pflicht und Ehr,
Nach unserm Glauben zugesellt,
Mit klarem Namen aufgezählt:
Geistlicher, Fürst und Arbeiter.

Bitt, heiliger Vater, Tag und Nacht
Für alle Christenheit gemein!
Und wer da geistlich ist bedacht,
Der bete andachtsvoll und rein
Zu Gott, der alle Kreatur
Erschuf und ihr die Sünde nahm
Mit seines heiligen Todes Kur,
Den er in menschlicher Figur
Litt an des heiligen Kreuzes Stamm.

O Kaiser, schirme mit dem Schwert
Wie jeder, der berufen ist,
Das Recht und auch den Glauben wert
Gewaltiglich zu aller Frist!
Die Witwen, Waisen, arm und reich
Beschützt, und nehmet euch in Hut,
Daß nie ein Tadel euch beschleich
Und trübt der Ehre klaren Teich!
Dafür vergießet euer Blut!

Und wer zur Arbeit ist geboren,
Der werke stet und treulich fort!
Tut er dies nicht, so geht verloren
Sein Schaffen beides – hier wie dort.

Doch ist er willig und getreu,
Wie es dem Bauersmann gebührt,
Und stirbt er dann in guter Reu,
So wird ihm alle Freude neu,
Auf ewig rein und unbeirrt.

Ach Welt, wie mühevoll du trabst!
Ihr alle in des Himmels Licht,
Sowohl der Kaiser wie der Papst,
Ein jeglicher in seiner Pflicht:
Ihr Fürsten, Grafen, Ritter, Knecht,
Ihr Bürger, Bauern ungezählt,
Kardinal, Bischof, Prälaten schlecht,
Geistlich und weltlich – hört und sprecht:
Recht tun wär gut auf dieser Welt!

114

Compassio beatae virginis Mariae

Hört, welche elendliche Mär
Ein reines, keusches Weib erfuhr,
Daß nun ein Fürst gefangen wär,
Dem Himmel, Erde und Natur
Zu Diensten war, den sie gebar
Als Jungfrau rein, der Gott allein
Das Ave sprach, da sie empfing.
Ein Knecht und Jünger, der da floh,
Erzählte, wie die Kunde lehrt,
Daß man ihn führte, grob und roh,
Den sie in Liebe einst genährt,
Mit großer Schmach, in Weh und Ach,
Durch Schimpf und Graus zu Annas' Haus,
Der als der Juden Richter ging.
O Frau, wie bitter war der Schmerz,
Den da empfing dein keusches Herz,
Als es vernahm des Jammers Gram! –
Farb und Gestalt den Schreck vergalt,
Da sie nun kraftlos niedersank.

Zahllose Klag, vom Jammer matt,
War dir, o Frau, mit Fug erlaubt,
Als die Vernunft dich neu betrat
Und du des Kindes warst beraubt
Von einer Schar, die treulos war,
Durch deren Mund er ohne Grund
Verklagt ward vor des Richters Stab.
O jungfräuliche, reine Maid!
Mich wundert, daß dir nicht zerbrach
Dein keusches Herz vor großem Leid,
Als sie den Herren dort mit Schmach
In dieser Nacht mit großer Macht
In strengem Rat mit Wort und Tat
Hinführten zu des Todes Grab.
Ach Gott, wie elend war der Schein,
Das Fliehen all der Jünger dein!
Sankt Peter schwach drei Lügen sprach.
Und ruhelos, der Hilfe bloß
Fielst du in deiner Feinde Schrank'.

Du gottgewählte Jungfrau zart,
Verheiligt über jedes Weib,
Wie mochte deine edle Art
Ertragen im so zarten Leib
Den Anblick wild, das Schreckensbild,

Den Geißelstreich, der dich sogleich
Sinnlos zu Boden niederwarf!
Da wuchs das Elend schrecklich groß,
Und viele sahen es gewiß,
Daß man den höchsten Fürsten bloß
An einer Säule geißeln ließ,
Bis ihn das Blut vom Schlag der Rut
Befloß so rot in großer Not,
Wo man ihn angebunden scharf.
Zart minnigliche Kaiserin,
Wie war betrübt dein Herz und Sinn,
Da man so wund des Himmels Grund
Im Spott erschaut! O edle Braut,
Wie ward dein lieber Sohn so krank!

Mit einem Kranz von Dornen scharf
Ward nun der Himmelsfürst bekrönt,
Gepreßt, bis sich das Blut aufwarf
Und ihm das heilige Haupt beträntʼ.
Nun ward bewegt und schwer gelegt
Mit großem Falsch auf seinen Hals
Das Kreuz, an dem er sterben sollt.
Da schwand dem kranken Leib die Macht,
Es aufzuheben von der Erd;
Zu schwer und groß war es vollbracht.
Das sahe seine Mutter wert:
In dem Elend war sie behend
Und bat mit Flehn, ihm beizustehn,
Was man doch nicht verstatten wollt.
Bedenke jede Mutter wohl,
Wenn sie ihr Kind so jammervoll
Säh vor sich stehn, um hinzugehn
Bis in den Tod in solcher Not:
Wie sehr betrübt wär ihr Gedank!

O weh die trauervolle Klag,
Ob man sie kaum beschrieben findt,
Wie sie die edle Fraue pflag
Um ihr so keusch gebornes Kind,
Das vor ihr heiß, in Blut und Schweiß,
Einst hochverehrt, des Todes gehrt,
Aus dem es uns nun all erlost!
Kalvarie ist die Statt genannt,
Wohin das Kreuz zur Rast er trug,
Da man ihm jetzo Fuß und Hand
Der Scham entblößt mit Nägeln schlug.
Auf einem Stein stund sein Gebein,

Weit ausgespannt ward ihm die Hand:
Da schwand, Maria, all dein Trost.
Noch war er, Frau, zu dir geneigt,
Da er dich seinem Jünger zeigt'.
Der Hammerklang, der Gallentrank,
Des Speeres Stich traf, Mutter, dich:
Nun helf uns Gott im Kreuzeshang!

Amen.

115

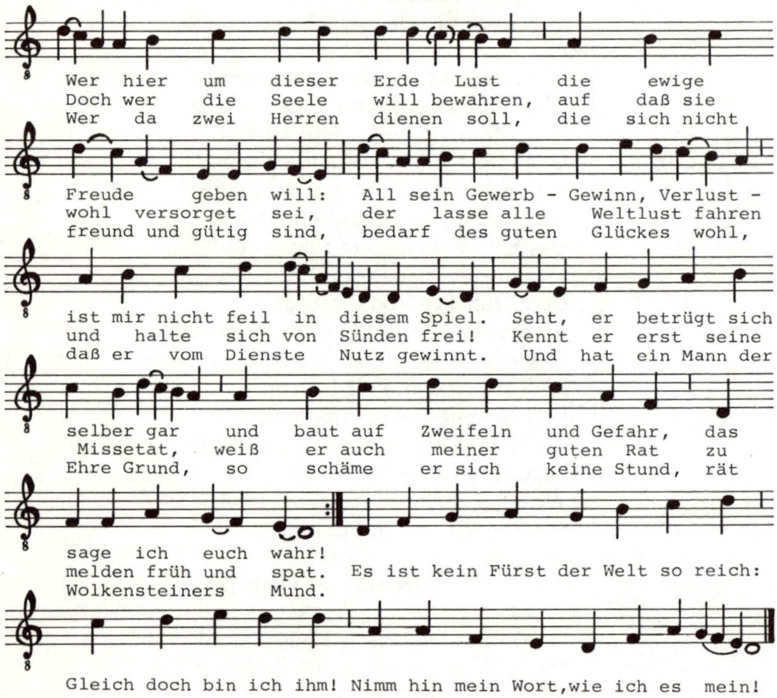

Wer hier um dieser Erde Lust
Die ewige Freude geben will:
All sein Gewerb – Gewinn, Verlust –
Ist mir nicht feil in diesem Spiel.
Seht, er betrügt sich selber gar
Und baut auf Zweifeln und Gefahr,
Das sage ich euch wahr!
Doch wer die Seele will bewahren,

Auf daß sie wohl versorget sei,
Der lasse alle Weltlust fahren
Und halte sich von Sünden frei!
Kennt er erst seine Missetat,
Weiß er auch meiner guten Rat
Zu melden früh und spat.
Wer da zwei Herren dienen soll,
Die sich nicht freund und gütig sind,
Bedarf des guten Glückes wohl,
Daß er vom Dienste Nutz gewinnt.
Und hat ein Mann der Ehre Grund,
So schäme er sich keine Stund,
Rät Wolkensteiners Mund.
    Es ist kein Fürst der Welt so reich:
    Gleich doch bin ich ihm!
    Nimm hin mein Wort, wie ich es mein!

Willst du in Frieden glücklich sein,
Suchst du der Seele Heilgewinn,
So meide Fürstenbrot und Wein,
Denn voller Bosheit ist ihr Sinn!
Für eines weisen Mannes Mut
Geb ich vier dummer Fürsten Gut
Und wahre mich in Hut.
Wie groß ist doch der Toren Zahl!
Sie ändern ihres Lebens Pflicht
Um keinen Schatz, um keinen Gral,
Selbst um die Kaiserkrone nicht.
Seht, mancher liebt sich selbst allein;
So muß die Welt voll Toren sein,
Bedenkt man es nur fein.
O weh, das arme Lämmlein zart,
Das sich den Wolf zum Herren kiest!
Doch auch der Wolf bleibt nicht gespart,
Wenn über ihm die Falle schließt.
Gar mancher meint, er kennte mich,
Und kennet doch nicht einmal sich,
Noch dümmer als ein Vieh.
    Wer nie ein schönes Weib betört,
    Schwört auf die eigene Braut:
    Laut preist er sie allein.

Wein, Zorn und Spiel, ein schönes Weib,
Die vier verführen manchen Mann,
Und lobt man stets den eigenen Leib,
Hat man nur wenig Ehre dran.
Wer soll die Besten auserlesen? –

Denn keiner zählt sich zu den Bösen,
Wär's noch so fein gemessen.
Man rühmt am Grabe manchen Wicht,
Der nie im Leben Lob gewann.
Auch Wahrheit reden schadet nicht:
Die Tugend adelt Weib und Mann.
Wie schnell vergeht der Jugend Wert!
Doch wer im Alter danach gehrt,
Wird fürchterlich betört.
Vom Wolf im Schafspelz geht ein Wort:
Wer Güter rafft in Pein und Not,
Dem schlägt der Geiz den Boden fort
Und martert ihn bis an den Tod.
Jedoch ein leicht gewonnen Gut
Schafft Hoffart, Stolz und Übermut
Und dazu sündiges Blut.
    Ach, daß es nimmer bleiben mag
    Tag im Menschenmut!
    Gut, Böse – nichts als Schein!

Man leidet uns das liebe Leben,
Trennt uns von allen Freuden weit.
Den Armen ist nicht mehr gegeben
Als guter Wahn und schlechte Zeit.
Wer seinen Geist der Andacht weiht,
Den kümmert weder Lust noch Leid
Auf dieser Erde breit.
Die Sünden, Nägel und das Haar,
Die wachsen allen Menschen gut.
Ein jeder schätzt wohl manches zwar,
Doch nur, was er am liebsten tut.
Ich glaube, selbst ein milder Mann
Schafft niemals so viel Güter an,
Als er verschenken kann.
Wird einem auf der Folter heiß,
Scheint selbst ein Augenblick zu lang,
Und sag ich alles, was ich weiß,
Dann muß ich rennen, was ich kann.
Des Toren Rede gilt wie Tand,
Doch mancher zwang ein großes Land,
Der sich darauf verstand.
    Noch kein Prophet auf Erden fand
    Im Lande seine Kron.
    Lohn wird ihm anderswo allein.

Und fährt ein Ochs durch alle Land,
Bleibt er doch immer noch ein Rind.

Doch hat man sich erst selbst erkannt,
Heißt man zu Recht ein kluges Kind.
Wie stillt man einen wilden Hund,
Der täglich winselt ohne Grund?
Wohl dem, der es verstund!
Wer mit sich selbst im Kampfe ist,
Der fechtet einen harten Streit.
Die Hoffnung tröstet manchen Christ,
Der nicht nach Herz und Lust gefreit.
Ein kluger Witz ist Seligkeit.
Der Dieb bleibt selten ohne Leid
In aller Christenheit.
Und hätte ich drei Wünsche gut,
Ließ ich dem Kaiser doch sein Reich.
Kein Weiser lebte sonst in Hut,
Und jeder Tölpel wär ihm gleich.
Man hofft auf's Alter Tag um Tag,
Und wenn es kommt, ist nichts als Klag,
Weil man es nicht mehr mag.
    Wenn mir ein guter Freund verzeiht,
    Weit komm ich da von fern.
    Gern will ich vor ihm schuldig sein.

116

Zergangen ist mein Herzensweh,
Seit wieder fließen will der Schnee
Von Seiseralm und aus dem Flagg –
Hört ich den Mosmaier sagen.
Erwachet sind der Erde Dünst,
Drum mehren sich die Wasserrünst
Von Kastelruth in den Eisack;
Das will mir wohl behagen.
Ich hör die Vöglein groß und klein
In meinem Wald um Hauenstein
Die Musik brechen in der Kehl
Und scharfe Nötlein schellen:
Hoch von dem ›ut‹ hinauf zum ›la‹
Und tief zu Tale auf das ›fa‹,
Mit vielen süßen Stimmen hell.
Drum freut euch, gut Gesellen!
Was geht die Red den Plätscher an?
Mein Singen geb ich ihm nicht dran!
Wem das mißfällt – was liegt daran?
Ich hab es nicht begehrt.
Droht mir von Feigen auch Gefahr,
So tröstet mich der Frommen Schar,
Hat leider auch in diesem Jahr
Manch böse Münze Wert.

Verschwunden war des Herzens Qual,
Als ich die erste Nachtigall
Erklingen hörte hinterm Pflug,
Dort drüben in der Matzen.
Da sah ich viere, zwei und zwei
Verbunden schon zu einem Reih,
Die wollten nach des Mutzen Fug
Wohl durch die Erde kratzen.
Was sich im Winter hat verdeckt
Und vor der bösen Welt versteckt,
Das freue sich der grünen Zeit,
Die uns der Mai will bringen.

Ihr armen Tiere, räumt den Stoll',
Geht auf die Weid, gehabt euch wohl!
Berg, Au und Tal ist grün und weit,
Da mag's euch wohl gelingen!
Was geht die Red den Plätscher an?
Mein Singen geb ich ihm nicht dran!
Wem das mißfällt – was liegt daran?
Ich hab es nicht begehrt.
Droht mir von Feigen auch Gefahr,
So tröstet mich der Frommen Schar,
Hat leider auch in diesem Jahr
Manch böse Münze Wert.

Ihr Frommen, auf, in froher Eil!
Wer Ehren pflegt, der wünscht uns Heil.
Die Schande keiner tilgen mag,
Wie schlau dies mancher trachtet.
Es ist ein oft gesagtes Wort:
Recht Handeln ist ein großer Hort,
Denn alles kommt einst an den Tag,
Wenn's einer auch nicht achtet.
Herr Christus in der obern Pfarr
Ist doch wahrhaftig auch kein Narr:
Wer da probiert ein Gaunerstück,
Der muß gar früh erwachen!
Er wartet zwar, jedoch nicht lang,
Dann firmt er einen auf die Wang,
Daß ihm vergeht die falsche Tück;
Und er wird nimmer lachen.
Was geht die Red den Plätscher an?
Mein Singen geb ich ihm nicht dran!
Wem das mißfällt – was liegt daran?
Ich hab es nicht begehrt.
Droht mir von Feigen auch Gefahr,
So tröstet mich der Frommen Schar,
Hat leider auch in diesem Jahr
Manch böse Münze Wert.

117

Und schwieg ich nun auf immerdar,
So wär ich bald vergessen gar
Und übers Jahr würd keiner an mich denken.
Drum heb ich jetzt von neuem an
Und singe wieder, wie ich kann
Von manchem Mann; wie unser Sinn und Lenken

Sich wandelt, wenn uns erst der Wein
Zu nahe kommt und sich versteigt ins Hirn hinein.
Nach Augenschein wird euch das nun geschildert.
Es gibt zwölf Arten Trunkenheit,
Nach diesen Arten unterscheiden sich die Leut,
Dumm und gescheit, wie die Natur sie bildet.

Gar mancher dünkt sich wunder weis
Und hält darin den höchsten Preis,
Hat ihn das Reis der Reben erst getroffen.
Der andre ist auf einmal reich,
Der Kaiser selbst kommt ihm nicht gleich,
Von dem solch Zeichen eher zu erhoffen.
Der dritte futtert wie ein Gaul,
Was nur nach Essen schmeckt, ob frisch, ob faul,
Stopft er ins Maul, und keiner kann es füllen.
Der vierte weint um seine Sünd,
Weil plötzlich Andacht, Reu und Leid sein Herz entzündt,
Und nur die Gründe kann man nicht enthüllen.

Beim fünften wird die Brunst entfacht:
Der hurt und ferkelt Tag und Nacht,
Hat ihn die Macht des Weines erst getreten.
Der sechste treibt ein schlimmes Amt:
Der flucht, bis ihm die Seele lahmt
Und schreit verdammt; und man kann nur noch beten.
Der siebte belfert wie ein Hund
An seiner Leine, kläfft und heult zu jeder Stund,
Dem ist beim Spund das Hirn mit ausgelaufen.
Der achte wird auf's Schachern geil:
Gut, Ehre, Weib und Kinder sind ihm feil.
Im schlimmsten Teil zeigt sich bei dem das Saufen.

Der neunte wird vom Schwatz betört:
Was er nur weiß und sieht und hört
Wird ausgeröhrt, und nichts bleibt da verborgen.
Den zehnten hat der Schlaf entrafft,
Der elfte singt mit Leidenschaft
Und ungestraft vom Abend bis zum Morgen.
Der zwölfte ist am Schluß so voll,
Daß ihm die Gurgel übergeht: Der kotzt wie toll
Und zahlt den Zoll beim Wirt ganz ohne Sträuben.
So ist es mit des Weines List,
An dem ich nicht viel loben kann, so gut er ist:
In kurzer Frist wär Bessres aufzutreiben.

Wen stört's, wenn so ein stumpfes Haupt,

Von allem klugen Sinn beraubt
Im Suff ertaubt und sich das Hirn verkleistert?
Mich kümmert nur der weise Mann,
Der alle Würden bieten kann,
Und der sich dann am dumpfen Trunk begeistert,
Was seinem Leumund, Leib und Gut,
Der Seele, Ehr, Vernunft den größten Schaden tut:
Ein kranker Mut wird so der Welt bewiesen.
Mein Freund, betrachte es genau:
Wie herrlich ist ein steter Sinn bei Mann und Frau!
Darauf vertrau und sei dafür gepriesen!

118

Wohlauf zur Wacht,
Acht und betracht
Bei Tag und Nacht
Die Frevel deiner Sünden,
Daß sie dich nimmermehr entzünden
In den tiefen Höllengründen!
Ritterlich ficht mit dem Leuen!
Vor dem Beißen und dem Käuen,
Vor dem Reißen, Krallen, Dräuen

Scheuen soll es dich in Treuen
Und um deine Sünden reuen,
Um die alten und die neuen,
Welche Sie und Ihn erzürnet han.

Gesell, erweck,
Streck, mächtig reck
Dich auf und schreck
Ihn, der uns will verhetzen,
Für die Dienste schwach ergötzen,
Treulos bei den schnöden Schmätzen,
Die wir ihm gegeben haben:
Damit will er uns begaben,
Beide, Frauen und die Knaben.
Schaben, aus den engen Waben
Sollen wir entfliehend traben,
Um dereinst uns schön zu laben
An der höchsten Blume lobesam.

Lausch, hör den Ton!
Schon klingt der Lohn
Von einer Kron,
Die uns mit scharfem Dorne
Schwer erlöste von dem Zorne,
Von des Satans ewigem Horne,
Der uns freislich hält umwunden,
Fest gefangen und gebunden,
Bis wir bei den Höllenhunden
Unten Leid und Trauer funden.
Das hat alles überwunden
Einer, der da ward geschunden
Und genagelt an des Kreuzes Stamm.

Hört mich nur fein:
Rein ich es mein.
Nur Ja und Nein
Bescheid ich euch auf Erden
Treulich ohne all Gefährden
In den Worten und Gebärden.
Mich, den Wolkenstein versehret,
Daß sich rings nur täglich mehret
Alles, was die Welt beschweret.
Gehret nur, was euch entehret!
Falscher Rat die Untreu lehret,
Bös und bös sich nicht verkehret:
Fürchtet Gott und seines Zornes Nahn!

Vernehmt den Schall,
Allüberall
Auf Berg und Tal
Von meines Herzens Schreien:
Dient dem Einen und den Dreien,
Daß er einst uns wolle freien
Aus des Ungeschickes Schießen;
Daß auch wir dereinst genießen
Seine Gnaden, die entsprießen,
Und sich nimmer soll ergießen
Nach Verdienst des Feuerstromes Flamm!

119

Bog te primi, was tust du da?
Grand' mair sia tu, sine cura.
Ich freu mich sehr, quod video te.
Con bonamor jaz sem tvoje.
Tot' m'esperans' na te stroio:
Du bist der Glanz cum gaudeo.
Opera mea ich dir halt,
Ma dobri si sluzba bas cald.

Ka c'amores mich machen matt
Chage sum preß? Hoc me mirat.
Wahr deine Gnad cum pietas,
Negam malvat ne m'en di las!
Ki ti cumand' in jaz sem dejal,

Ich hab's bekannt ab omni mal
Hoc debes me genießen lan
Troge moyge com bon van an!

Jo ti p'ro sso, die Gnad allda,
Qu'es si grando et optima.
Halt mich nicht schwer, hoc rogo te,
Com pod pensar 'n addetro ge!
Fior' bell' e bianc', pomagaj meni,
Daß ich dir dank cum fidele!
Non facis hoc, so bin ich tot:
V zelenem log' si tutt' è l' rott'.

Expositio

»Willkommen sei! Was tust du hier?
Nur sorgenfrei: Ich danke dir!
Ich freu mich sehr, trittst du hier ein;
In Lieb, auf Ehr, bin ich nur dein!«
»Mein Hoffen ganz steht fest zu dir,
Du bist der Glanz, der Freuden Zier.
All meine Werke ich dir halt
In Diensten stark und mannigfalt.«

»Was willst du recht ermatten mich
Als deinen Knecht? Das wundert mich.
Wahr deine Gnad und Gütigkeit,
Auf keinem Pfad tu mir ein Leid!
Was du verbannt, vollbrächt ich gern,
Ich hab's bekannt ohn' schlechten Kern.
Drum laß mich, Frau, genießen zwar
In rechter Treu ein gutes Jahr!«

»Um Gnade bitt ich ohne List,
Mit guter Sitt, weil groß sie ist.
Halt mich nicht schwer und denk an mich,
Wie ungefähr ich denk an dich!
Du Blümlein blank, hilf mir aus Pein,
Damit ich dank der Treue dein!
Tust du's nicht bald, so bin ich tot:
Aus grünem Wald stürz ich in Not.«

120

Freu dich, du liebe Kreatur, daß dir in meisterlicher
Kur gemessen ist des Leibs Figur, im
Glanz geformt nach der Mensur. Untadlig, adlig ist die

Freu dich, du liebe Kreatur,
Daß dir in meisterlicher Kur
Gemessen ist des Leibs Figur,
Im Glanz geformt nach der Mensur.
Untadlig, adlig ist die Kraft darein verschlossen,
Geflossen, gossen uns zum Heil.
Und wem dies Wunder ward zuteil,
Der mag sich daran freuen recht von Herzen.

Ein Häuptlein klein nahm ich da wahr,
Drauf kraus und hell gelockt das Haar,
Zwei schmale Brauen, Äuglein klar,
Ein Mund, rubin und wunderbar,
Nas, Kinn und Kehl! Die Haut glänzt blaß, die Wangen brennen.

Darinnen Sinnen wohlbesteckt,
In jungen Jahren dreingelegt.
Der habe Dank, der sie erschuf ohn' Schmerzen!

Wenn ich in meinem Sinn betracht
Des Bildes Schönheit, Zier und Macht,
Wie es der Meister einst erdacht
Und dann so wunderbar vollbracht:
So rein kann keiner dies auf Erden simulieren,
Regieren, zieren, wie man will.
Gewaltig siegt sie in dem Spiel,
Und ehrbar trägt sie sich in Ernst und Scherzen.

121

»Nun ruh von Sorgen, mein verborgen liebster Schatz!
Schließ dein Aug erschrocken zu
Vor des lichten Tages Hatz,
Ihm zum Tratz!
Herzenslieb, es ist noch früh!
All dein Trauern, Lauern laß,
Hoffe Glück und halte Maß!
Tust du das,
Dann bist du ganz mein.«
»Ach, liebes Kind, so soll es sein!«

»Frau, laß mich strafen, denn verschlafen ist die Stund!
Schon verschwand der Morgenstern.
Ei, du rosenroter Mund,
Mach gesund,
Komm doch nah, du bist so fern!
Lenke, senk dich an mein Herz,
Schränk die Arme sonder Schmerz,
Treib den Scherz,
Der uns, Frau, macht froh!«
»Du liebster Mann, gern sei es so!«

»Der Glanz hat sich bereits von Grau nach Blau gewandt.
Ich hör der Vögel Stimmen viel.
Tag, wer hat nach dir gesandt?
Dein Gewand
Unsre Scham nicht decken will.
All dein Weiß, ich preis es klein!
Guten Morgen, Liebste mein,
Nicht mehr wein!
Meiner Rückkunft harre hier!
Ich eile, Frau! Heil wünsch ich dir!«

122

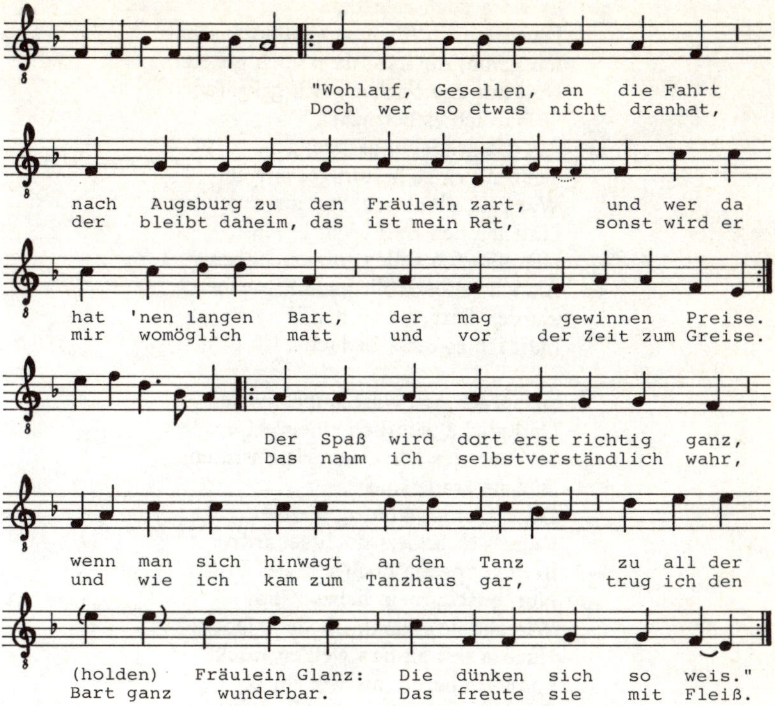

»Wohlauf, Gesellen, an die Fahrt
Nach Augsburg zu den Fräulein zart,
Und wer da hat 'nen langen Bart,
Der mag gewinnen Preise.
Doch wer so etwas nicht dranhat,
Der bleibt daheim, das ist mein Rat,
Sonst wird er mir womöglich matt
Und vor der Zeit zum Greise.
Der Spaß wird dort erst richtig ganz,
Wenn man sich hinwagt an den Tanz
Zu all der holden Fräulein Glanz:
Die dünken sich so weis.«
Das nahm ich selbstverständlich wahr,
Und wie ich kam zum Tanzhaus gar,
Trug ich den Bart ganz wunderbar.
Das freute sie mit Fleiß.

Nur eine sprach, sie hätte schier
Dergleichen nie gesehen hier

Als bei der Geiß. Da schien es mir,
Es wäre doch gelacht,
Daß sie mich für ’nen Geißbock schätzt:
Ich glaub, die hat schon auch gehetzt
Und mit den Füchsen sich gekrätzt.
So hab ich es betracht’,
Als wir gradehin gesprungen,
Tanzend rings herum gedrungen,
Wär mir, glaub ich, viel mehr gelungen,
Hätt ich den Bart nicht bracht.
Den hätt ich sollen runterschaben,
Als ich reiten wollt nach Schwaben
Zu den Frauen und den Knaben,
Hätt ich es recht bedacht.

Sie sprach, ich wäre unbeschaffen
Und gliche wahrlich einem Affen:
So kann das Ding die Gäste strafen,
Wie sie grade sind
Oder es noch künftig werden.
Kann sich anders doch gebärden
In dem Sprung hoch von der Erden:
Nun husch, mein liebes Kind!
Wie gut sie’s kann, die liebe Dock!
Hat sie erst an den weißen Rock,
Fährt sie herum als wie ein Bock.
Doch hält sie mich für blind,
Weil nicht recht gut mein Augenlicht
Zur rechten Seiten vom Gesicht,
Drum drückt sie grad an mich sich nicht:
Einen Narren sie an mir findt.

123

Willst du im Leid erheitert sein
Und ungenetzt beschoren fein,
Dann zieh nach Konstanz an den Rhein,
Wenn sich die Reise füge.
Darinnen wohnen Fräulein zart,
Die grasen einem um den Bart,
Ob sich kein Härlein drein verschart,
Das man nicht gerne trüge.
Mit einer trieb ich manchen Spott
Und holte mir daraus viel Not:
Die rückte mein Gesicht ins Lot,
Als ob man mich erschlüge.
Sie ließ die Hand im Bartgekraus
Und las die langen Haare raus:
Nur ein paar kurze hielten's aus.
Sie trieb es wie im Kriege.

Sie sprach: »Jetzt horch und überleg:
Wer bei uns nascht, der holt sich Schläg!«
Die andre zeigte mir den Weg
Per Faustschlag um die Ohren,
Daß mir mein gutes Aug verging,
Als ich den Ehrentrunk empfing,
Bis mir das Maul am Boden hing:
So wurde ich zum Toren.
Wer leiht, dem fällt der Zins in' Schoß:
Denn Els und Elli tanzten los
Und hüpften Paßgang wie ein Roß –
Da ging mir nichts verloren!
So hab ich mich dann doch gefreut,
Und nur mein Bart hat mich gereut,
Der lag im Zimmer ausgestreut
Wie bei der Saat das Korn.

Denk ich erst an den Bodensee,
Dann tut mir gleich der Beutel weh!
Da lernte ich das ABC

Per Schilling in der »Weide«.
»Los, zahl, du mußt!« war ihr Gesang.
Der Steinbrecher von Nesselwang
Schrie los, daß mir der Schädel klang,
Ich soll zu Hause bleiben!
Er hielt mich wohl für eine Flasch',
Nahm mir das Geld, ließ mir die Tasch':
Was soll man denn so hopp und rasch
Das Naschen dort vermeiden?
Ich bin marschiert in manchem Heer,
Nach Preußen, Reußen, übers Meer,
Doch so massive Gegenwehr
Mußt ich noch nirgends leiden.

Erst viel Geschrei, dann wenig Glanz!
Nur Ziererei und Arroganz
War gar nicht teuer auf dem Tanz
Zu Konstanz dort in Schwaben.
Und fänd ich sonst in meinem Lauf
So billige Weiber für den Kauf,
Ging mir der Beutel selten auf
Zu meines Geldes Schaden.
Was mir das Leben beigebracht,
Darauf gab keine Dame acht!
Sie sagten bloß: »Na, gute Nacht!«
Und wandten ihren Kragen.
Ich sprach: »He, bleibt mal schön im Haus!
Ihr schaut doch auch nicht anders aus!
Bist du vielleicht aus Gold, du Maus?
Das mußt du mir schon sagen!«

Mir riet ein weises Mückelein:
Gesindel stellt sich nie ein Bein,
Und Brücken müssen grade sein,
Um drauf zu gehn und reiten.
Der Hochmut kommt oft vor dem Fall,
Gar manche spielt sich auf mit Schall,
Tut wie ein Pfalzgraf auf dem Ball
Und balzt doch mit den Leuten.
Ein jeder liebt sich selber wohl,
Drum ist die Welt von Toren voll. –
Wann ich aus Konstanz scheiden soll,
Das merk ich an der Seiten.
Ich preis den guten »Goldenen Schlegel«,
Zu diesem kehr ich meine Segel;
Wo ich auch bin auf dieser Welt,
Sein Lob will ich nicht meiden.

124

Ein Abschiedsweh im Tränenstrom
Nahm mir all meinen Zins davon.
So gern ich Freuden leiden mag:
Nun klag, sag, trag ich Jammer, Nacht und Tag.

Ihr Äuglein meine Wang befloß,
Der Arme Zier mich da umschloß.
Ich rückte, drückte ihren Leib:
Ach Weib, verschreib und treib mich nicht und bleib!

Urlaub nahm sie da minniglich
In lieber Art; nun harre ich
Vernünftig künftiglicher Freud:
Ach neid, leid, meide mich nur kurze Zeit!

125

Ein Ehrenschatz, von Tadel rein:
Mein Sinn liegt in des Sehnens Band;
Brand flammt mir jäh durch Seel und Leib.
Ach Weib, seit ich mich scheiden soll
Von dir so schier, wird mir hier nimmer wohl!

Dein Leib, er soll mich reuen nie,
Wie wohl dein Zürnen mich zerbrach,
Ach, schwach ward alles mein Gemüt,
Bis Güte meinen Schmerz vernahm:
Zu Tand gewandt fand sich da all mein Gram.

O Scheiden, das nur Klage zollt!
Hold war mir ihre Zucht und Ehr,
Mehr Lehre nie die Liebe gab.
Ich hab verloren, was mich tröst
Und werd auf Erd versehrt und unerlöst.

126

Freu dich, durchlauchte Jungfrau zart,
Daß keuschlich heut geboren ward
Aus dir ein schöner Jüngling
Fern allem Weh und Grauen,
In einer Stadt, mir wohlbekannt,
Die heißet Bethlehem genannt,
Wo solch ein wundersames Ding
Geschah von dieser Frauen.
Verschwunden war ihr Ungemach,
Als sie den Herren vor sich sah,
An dem der Wesen Grund und Sinn
Unendlich ist zu schauen.
Wie mocht ihr Herz nun fröhlich sein,
Da sie das reine Kindelein,
Das mächtig war im Weltenring,
Barg an des Leibes Auen!

Gelobt sei heut und ewig gleich
Auf Erden und im Himmelreich
Der wonnigliche, werte Tag! –
Sein Lob hat Lob besessen,
An dem uns Gott erschienen war
Aus der viel zarten Jungfrau klar,
Menschlich und hilflos auf dem Waag,
Der einst die Welt gemessen.
Da litt er dann gar manche Not
Um unser Heil, dazu den Tod,

Den keiner je zu denken mag –
Das laßt uns nicht vergessen!
Täglich in unsres Herzens Grund,
Mit Wort und Werk zu aller Stund
Bedenken wir der Marter Klag,
Daß uns die Feind nicht fressen!

Gott, Gott, allmächtiglicher Gott,
Groß war dein väterlich Gebot,
Daß er so fern dich von sich sandt
In Not und Abenteuer;
Daß du als Menschenkreatur,
Mensch wider göttliche Natur,
Geboren warst in unser Land,
Der Christenheit zum Steuer.
Was aber tat der Vater mehr?
Er gab dich an des Todes Speer,
Der dir dein göttlich Herz durchbrannt;
Da losch der Hölle Feuer.
Und allen, die den Willen dein
Erfüllen, und noch künftig sein
In frohem Tun, wird einst zur Hand
Des Himmelreiches Scheuer.

127

(Fragment)

128

Sie hat mein Herz getroffen,
Die Schöne wohlgemut.
Zu ihr nur will ich hoffen:
Es wird noch alles gut.

So frei ich um die Reine
Wohl in dem Herzen mein.
Ich weiß wohl, wen ich meine:
Ihr Eigen will ich sein.

Trüg sie mich in Gedanken,
Die Hübsche minniglich,
Wollt ich von ihr nicht wanken
Immer und ewiglich,
Ganz fest bis an mein Ende
Und ohne Unterlaß.
Sonst muß ich sein elende:
Die Liebe ist mein Maß.

Wenn ich in Lust und Scherzen
An andre Orte floh,
Blieb ich bei ihr im Herzen.
Und war ich anderswo,
In rechter Lieb und Treue
Ich sie doch nie vergaß.
Es müßt mich immer reuen,
Trüg sie mir darum Haß.

Verlör ich ihre Hulden,
Wär es mir immer leid
Und geschähe ohn' Verschulden:
Das nehm ich auf den Eid.
Da mich zu allen Tagen
Ihr Lieben nie verdroß,
So müßt ich bitter klagen:
Mein Unmut wäre groß.

Von ihr will ich nicht weichen,
Nur sie ist mein Gewinn.
Es muß mir sonst verbleichen
Herz, Mut und all mein Sinn.
Ach, daß sie doch erbarme
Die Trauer, die ich trag!
Schlöß sie mich in die Arme,
Verginge alle Klag.

Von Hoffnung will ich leben,
Die hat mich wohl genährt.
Wird mir kein Trost gegeben,
So hat sich aufgezehrt
All meine Freud auf Erden:
Sie hat allein dran Teil.
Doch wünsch ich ihr derweilen
Viel Glück und alles Heil.

129

Mundi renovatio

Die Welt wird neu und lauter klar,
Zur Freude aller Kreatur:
Gott ist erstanden nun fürwahr;
Mit ihm ersteht die Kreatur.
Ihm dienet jedes Element,
Weil es aus süßer Lehre kennt
Die Mächtigkeit des Vaters reich.

Das Feuer naht im Glanze weit,
Die Luft in süßen Flocken weht.
Das Wasser fließt in Leichtigkeit,
Und nur das Erdreich bleibet stet.
Die Leichtigkeit gehrt hohen Schwall,
Das Schwere neiget sich zu Tal,
Und nichts allhier bleibt gleich.

Der Himmel steht beglänzt und hell,
Das Meer erstillet sein Gewell
Und die Gewitter weichen schnell.

Das Tal ergrünt in Wuchs und Saft,
Das Dürre grünt und Frucht keimt auf,
Die kalte Welt nimmt hitzigen Lauf
In süßer und lebendiger Kraft.

Den Todesfrost löst ewiges Wort.
Der Fürst der Welt flieht nun den Ort,
All seine Herrschaft ist zunicht
Und abgewendet seine Haft.
Was er zu halten je gedacht,
Daran verließ ihn seine Macht,
Und fort ist seine Eigenschaft.

Der Weg liegt nun in leichter Acht,
Der Cherub hielt einst strenger Wacht,
Wie ihm Gott geboten hat,
Als er sein feurig Schwerte wies.

Der Tod das Leben überwand.
Der Mensch gar schnell es wiederfand,
Was er einst verloren hat,
Den Freudenhort im Paradies.

130

Mittit ad virginem

Von Gott ward ausgesandt
Der Jungfrau her zu Land
Ein Engel wohlbekannt,
Gabriel war er genannt,
Der große Botschaft wies.

Der Bote war so stark,
Daß er der Schöpfung Sarg
Zerbrach und zart verbarg
Der Jungfrau allen Arg,
Die Magd und Mutter hieß.

Vor alles Leben trat
Der König, jung geborn,
Sein Reich, sein Szepter hat
All Sünde abgeschoren.
Dafür sei Lob und Ehr!

Da er den Drachen stach,
Hat er ihn schwach gemacht,
Wie er die Hoffart brach,
So schlug er ihn in Acht,
Daß er nicht herrsche mehr.

Entweiche, was da webt,
Des Höllenfürsten Brut!
Seit uns Maria lebt,
Sind wir in ihrer Hut
Teilhaft an Vaters Reich.

So kommt, ihr Engel klar,
Und werbt mit schönem Sang!
Die Schrift macht offenbar!
Der neuen Kunde Klang
Ist keiner Botschaft gleich.

Herr Engel, werbet wohl!

Ave, ich sage dir,
Jungfrau, der Gnaden voll,
Gott selber ist mit dir
Und gibt dir Mut und Stärk.

Jungfrau, empfanget Gott!
Vermenschen will er sich;
Erfüllet sein Gebot,
Und glaubet sicherlich:
Sein Geist bewirkt das Werk.

Wie gläubig war die Magd!
Sie glaubte ohne Wank,
Was ihr der Engel sagt'.
So sei ihr ewig Dank,
Da sie nun Gott empfing!

Der uns erschaffen hat,
Das menschliche Geschlecht:
Durch seiner Hände Tat
War er von eh gerecht,
Der nimmer von uns ging.

Der unsre Hilfe ist
Aus Not und Sündenschlamm,
Der süße Jesu Christ
Führt uns ad patriam
Und herrscht in Ewigkeit.

131

Des Wolkensteiners Text über das »Je loe amours«

»Es dringet, zwingt, Frau, deine Güt
Mein Gemüt! Traut liebstes Ein
An Ehren reich!
Gleich so laß mich loben deine Wohlgestalt!
Des Herzens Scherzen schlägt mir Wunden,
Sondert mich von dir, o Freundin mein;
Dein Lachen klingt
Und bringt mir Freuden mannigfalt.
Mein Singen, Frau, zu dieser Frist
Einfältig ist. Fürwahr, du bist
In meinem Herzen nun!
Darum gebeut ohn' Unterscheid,
Traut liebste Maid! –
In Lieb und Leid bin ich bereit!
Zu dienen dir wär große Zier;
Ich wünscht es mir, daß du mir schier
Gebötest all Lassen und Tun!«

»Dein Sehnen wähn ich nicht zu büßen,
Noch zu süßen dein Begehr!
Denn meiner Zucht
Frucht weiß dich zu freuen kaum für eine Stund.«
»Den Willen stillen du wohl könntest
Und entbändest alle Schwer!
Dein Wort und Weis
Leis lieblich wohl durchdringet meines Herzens Grund.«

»Gib meinen Umgang besser hin!
All deine Minn nach meinem Sinn
An mir nicht Freuden findt.
Dein Leiden würde nicht gericht';
Was auch geschicht,
Ich kann doch nicht bei meiner Pflicht
Dir wünschen Heil, wenn nun in Eil
Mein Leib so feil dir würd zuteil:
Schweig still, die Liebe ist blind!«

»Dein Handel, Wandel mich entzündet
Und durchgründet hier und dort.
Darum gedenk,
Schenk mir, o Frau, auf ewig deine liebe Huld!
Des Mundes Kunde will ich hehlen
Ohne Quälen! Traut liebster Hort,
Sieh meine neue
Treue, die von dir weicht um keiner Händel Schuld!
Mit Freuden ich dir nun vergilt.
Dein Warnen mild an mir nicht hielt:
Nie bring ich je dir Pein,
Davon die Ehr dir würd versehrt.
Mein Herz begehrt
Dich unverkehrt, weil stets mich nährt
Dein stolzer Leib: Traut seliges Weib,
Mein Leid vertreib! Dein Eigen bleib
Ich immer in der Gnade dein.«

132

Maidlin zart fein,
Stets um dich sein –
Ich wüßt auf Erd kein größer Freud!
Was ich noch wollt:
Bleib mir so hold,
Wie ich es war ohn' Unterscheid!
Daß du es weißt,
Herwieder reist,
Ich traulich bitt:
Spotte, schwarz Maidlin, mir nit!

Geschäh es mir,
Dann schwör ich dir,
Daß rings auf Erden keiner wär
Mit höherm Mut.
Kein andres Gut

Wünsch ich mir noch statt deiner mehr.
Ohn' Unterlaß
Prüf ich das Maß,
Wie's geht mit Sitt:
Spotte, schwarz Maidlin, mir nit!

Um alles das
Und was fürbas
Möglich ist, müh ich mich zehnfach mehr,
Zu dienen dir.
Nimm's an von mir:
Es soll mir nimmer sein zu schwer!
Weiß mit Begehr
Nichts Süßers mehr –
So sind wir quitt:
Spotte, schwarz Maidlin, mir nit!

133

Der Wolkensteiner spricht:

Willst du gern haben Sorgen,
So sollst du Hofleuten borgen
Und auch den Priestern und Pfaffen:
Dann kannst du schicken und schaffen!

134

Im vierzehnhunderteinunddreißigsten Jahr nach Christi Geburt am Hippolytstag geschah eine ehrlose Flucht aus Böhmen. Und es erneuerte sich da der alte Spruch Daniels im dreizehnten Kapitel: »A senioribus qui videantur regere populum egressa est iniquitas.« Über diesen Ausspruch dichtete mit Klagen der edle Wolkensteiner mit solchem Anfang:

Gott muß für uns fechten,
Daß die Hussiten vergehn.
Von Herren, Rittern und Knechten
Bleibt es ungeschehn.
Sie können vieles trachten,
Es rührt gar wenig an.
Das macht dem schlichten Herzen
Manch argen, bösen Wahn.

Melodieanhang
Die Varianten aus Handschrift A

I

9

Last und drückst mich tief zur Erden.
Gast bei fremden Frauen werden.
Was hilft es, daß ich
manche Nacht in großen Freuden zugebracht in dreizehneinhalb
Jahren? Nun muß ich wachen, seufzen, zittern elendsbleich.
Ihr Heiligen und Engel hoch im Himmelreich: Euch bitt ich,
helft mir ohne Rast, im Leid mein Heil zu wahren!

10

Wenn ich den kranken Sinn zur Einsicht lenke und all der
So ist mir doch das Seltsamste geblieben, wie ich die
Erde dumme Wunder denke, von denen ich so viel erkannt,
Zeit mit Ruhm und Gut vertrieben und nimmer darin Ruhe fand,
da ich sie sah und hörte,
bis sich mein Hirn betörte.
Ich weiß es wohl,
einst kommt die Stund! Und fänd ich aller Welten Grund, ich
gäbe ihn mit Freuden, hätt ich auch nur ein Jahr gelebt nach
Gottes Plan, wie ich so viele einst in Üppigkeit vertan und

nie der Sünde widerstand! Nun muß ich dafür leiden.

II

O schnöde Welt, so lang mich Leib und Gut
in dir verschließen, find ich dich eitel nur und schwach in
Wort, Werk und Gebaren. Voll Untreu bist du bis zum Grund,
daß ich kaum Sinn und Ziel begreifen kann.
Falsches Entgelt zahlst du allein, in Lug und Trug beflissen.
Mit Mühsal, Arbeit, Ungemach und grimmigen Gefahren
ringst du dich selbst zum Höllenschlund. Drum klagt,
ihr Dummen alle, Frau und Mann! Wir streben täglich,
Tag und Nacht nach Gut und Weltenehr, und wird der Wille
uns vollbracht, so bleibt uns doch nicht mehr als karge
Speise, schlecht Gewand, und was wir je an Gutem vorgesandt.

12

Ins Frankenreich, nach Spanien,Aragon,Kastilien,
Engelland, Dänemark, Schweden, Böhmen, Ungarn fort, Apulien
und Naverren, nach Zypern und Sizilien, nach Portugal,Granada,
Sultanskron - Die sechzehn Königreich hab ich umfahren
und erprobt,bis ich erfand den einen stets getreuen Hort: Sie
will mir Treu bewähren, für meine Dienste zu mir stehn:
In ihrem Willen such ich meinen Lohn. Auch tröstet, wenn ich
ihre Huld und Güte schlecht gewahrt, daß sie's nicht rächt
nach meiner Schuld und andrer Frauen Art. Denn darin weiß sie
Gnaden viel,so ich nicht selbst die Freundschaft brechen will.

13

Wer ist sie, die da leuchtet
erquicket und durchfeuchtet
vor aller Sonnen Glanz,
den rings verdorrten Kranz?
Wer ist sie, die voran im Reihen

führt den Tanz, und die dem zarten Maien bringt Blüt'
und Pflanz'? Die hehrste Jungfrau gar, die klar fürwahr
den Sohn gebar, der sie als Vater keusch erlas, bis sie
jungfräulich rein genas der dreifach freien Unitas.
Durch sie sind wir getröst, erlöst von scharfer Höllengier.

16

"Ich fühle Luft und kühlen Duft, daß es mich
deucht in der Vernunft, wer es erspürt, wird es Nordostwind
nennen. Ich Wächter sag:
Glaubt nur, der Tag verkündet sich aus finsterm Hag!
Ich seh, erspäh das Morgenrot herbrennen. Die Vögel
singen überall, die Amsel, Lerche, Zeisig, Drossel,Nachtigall.
Von Berg und Tal die süßen Lieder tönen. Liegt
jemand hier in guter Wacht, der sich in Freuden hat gewiegt
die lange Nacht, der gebe acht: Er muß sich jetzo

trennen!" Die Jungfrau hätt' verschlafen, der
Knab erwachte drauf. Sie riefen Weh und Waffen
zum neidischen Tag hinauf. Die Maid hub an zu schelten:
"Herr Tag, Ihr laßt entgelten mein Glück durch Euern Lauf!"

17

"Fahr, häng und laß und richt dein Maß, bis du erreichst
die rechte Straß, und kannst du das, bist du als Seemann
weise. Sag mir, wohin steht dir dein Sinn, ob ich dir raten
kann darin? Spar mir nicht drin, sonst reut dich deine
Reise!" Der Knabe sprach: "Bei dieser Fahrt magst du
mich gerne weisen, Herzensfräulein zart: Ganz ungespart
sei meines Herzens Trachten! Nach Syrien steht mein
Gedank zum heiligen Grab nach deinem Rat. Ganz sonder Wank
auf deinen Dank will ich nun täglich achten." Sie fingen

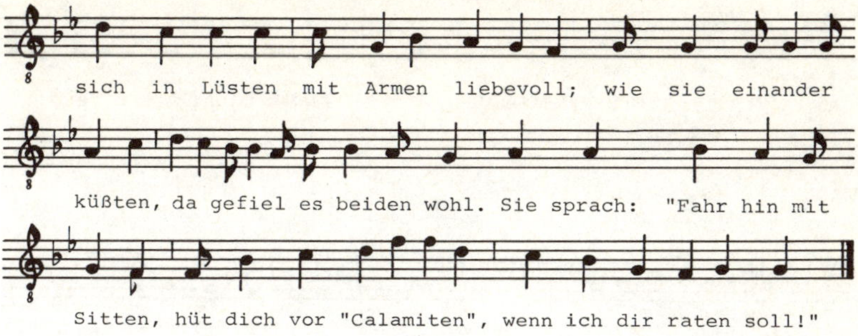
sich in Lüsten mit Armen liebevoll; wie sie einander
küßten, da gefiel es beiden wohl. Sie sprach: "Fahr hin mit
Sitten, hüt dich vor "Calamiten", wenn ich dir raten soll!"

18

Es fügte sich, ich war noch kaum zehn Jahre alt,
Drei Pfennig in dem Beutel und ein Stückchen Brot
da wollte ich besehen dieser Welt Gestalt. In Elend,
nahm ich als Zehrung mit auf meinem Pfad zur Not. Bei Fremden,
Armut, manchen Winkel heiß und kalt hab ich bewohnt bei
Freunden hab ich manchen Tropfen rot gelassen, mußte
Christen, Griechen, Heiden.
mehrmals fast verscheiden.
Ich lief zu Fuß in schwerer
Buß bis mir verstarb mein Vater gar. Fast vierzehn Jahr
kein Roß erwarb: Nur eines stahl ich dazumal von falber
Farb und schied davon auf gleiche Art mit Leiden. Auch
Läufer, Koch war ich dann noch und Marstallier, und hab das
Ruder lang gezogen, das war schwer, in Kandia und anderswo und

wieder her. Manch schlechter Kittel mußte mich bekleiden.

20

Es saust daher von Orient ein Wind,
Den Sturm vernahm ein Fräulein zart,da es
den man Levante nennt, der selbst das ferne India kennt.
von Armesbanden hart in Liebeslust verschlossen ward.
In Syrien bläst er behend, bis er sich fort nach
Sie sprach:"Ich hör den Widerpart! Die Nacht entweicht,der
Hellas wendt, fährt durch barbarisches Geländ, im
Morgen klart. Wach auf, mein Hort! Schon ist geschart der
Sturm bis nach Granada rennt, Portugal, Spanien
Sterne Glanz im Himmelsgart. Wächter, ich hör dich auf
verbrennt. Vom Ost der Welt bis an ihr End regiert dies
der Wart: Nur Jammer schafft mir deine Art.Du Wicht! Wer
edle Element, das uns der Tag als Boten sendt, der
hat dich so gelahrt,daß du verstörst mein Lieben zart? Mein
nach ihm schon das Firmament durchdringt im Streit mit
Herz ist mir in Leid erstarrt. Der Reue bliebe
dem Ponent: Da freuen sich im Okzident die Bürger
ich gespart, wenn ihm mißlänge seine Fahrt. Halt ein mit
1.
2.
von Narbonne.
deinem Tone!" Da wollte sie ihn drücken, zwicken aus
der Rast,freundlich an sich rücken,schmücken ohne Last.Bis er

die Glieder reckte,streckte und sich regte,weckte sie den Gast.

21

Ihr alten Weiber, freut euch mit den jungen! Was einst der
Der kalte Schnee kann nun nicht länger dauern; was sich ver-
kalte Winter hat bezwungen, hat nun der Mai mit viel Geschrei
zogen hat in sieches Lauern, das will er wecken, strecken aus
durchdrungen. Mit süßer Kraft gab er den Wurzeln Saft.
dem Trauern, Laub, Blumenblüt, Gras, Würmer, Tiere müd.
Ihr Vögel, schmiert die rauhe Kehl, schwingt euch auf
Berg, Au und Tal, Forst und Gefild zeigt sich schon neu
und singet hell! Ihr wilden Tiere, putzt euer Fell und
begrünt und mild. All Kreatur, ob zahm, ob wild, nach
trollt euch in die Blumen schnell! Ihr Fräulein,freut euch,
neuer Brut ein Sehnen fühlt, die ganz den Alten
kommt zur Stell! He, Bauer, säe für neues Mehl, daß du
nachgebildt. Mein Roß schreit nach des Maien Schild:Da muß
im Herbst kannst bachen! Tanzen,Springen, Laufen, Ringen,
der Esel lachen. Voll Verlangen woll'n wir prangen,
Geigen, Singen laßt uns bringen, Poltern, Klingen,
laubumfangen, ganz verhangen unsre Wangen,
Küsse zwingen, fröhlich dringen zu den Fräulein zart!
mit Armen langen, Zünglein fangen: Da freut sich mein Bart.

27

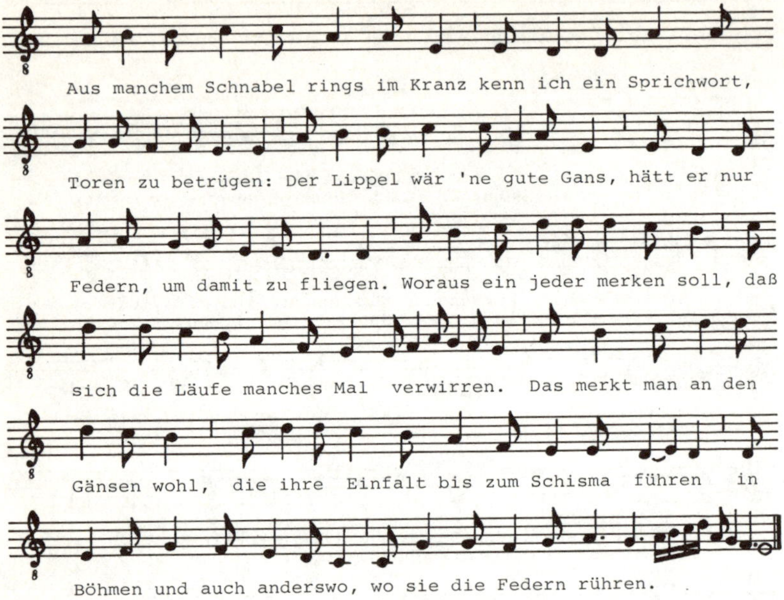
Aus manchem Schnabel rings im Kranz kenn ich ein Sprichwort,
Toren zu betrügen: Der Lippel wär 'ne gute Gans, hätt er nur
Federn, um damit zu fliegen. Woraus ein jeder merken soll, daß
sich die Läufe manches Mal verwirren. Das merkt man an den
Gänsen wohl, die ihre Einfalt bis zum Schisma führen in
Böhmen und auch anderswo, wo sie die Federn rühren.

28

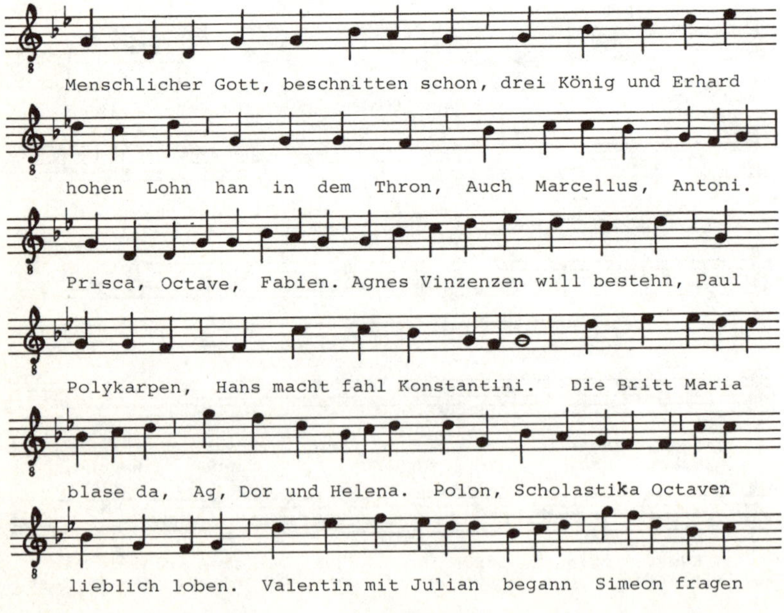
Menschlicher Gott, beschnitten schon, drei König und Erhard
hohen Lohn han in dem Thron, Auch Marcellus, Antoni.
Prisca, Octave, Fabien. Agnes Vinzenzen will bestehn, Paul
Polykarpen, Hans macht fahl Konstantini. Die Britt Maria
blase da, Ag, Dor und Helena. Polon, Scholastika Octaven
lieblich loben. Valentin mit Julian begann Simeon fragen

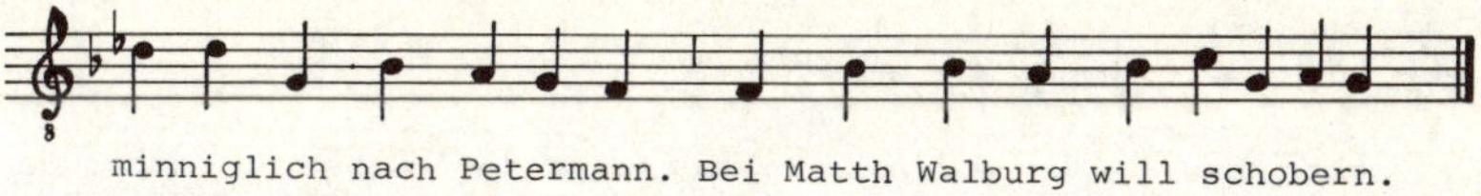
minniglich nach Petermann. Bei Matth Walburg will schobern.

39

Euch, Priester, klag ich meine Sünd, statt ihm, der alles Werk
Ich hab den Vorsatz, nimmermehr zu sündigen, wohin
vollbringt, schlicht, lauter, schamrot ich sie künd
ich kehr. Demütiglich und willig, Herr,
mit andachtnassen Blicken.
will ich zur Buß mich schicken!
Am heiligen Glauben
zweifle ich, bei Gottes Namen fluch ich sehr, selbst meinen
Eltern würdiglich belud ich ihre Bürde schwer.

42

Viel liebe Grüße, süße sich erheben, streben, fröhlich,
Mit hellen Tönen, schönen in den rauhen, grauen Ästen
selig, gleiten, schreiten auf dem Pfad. Grad, früh und spat
Nesten, fliegen, kriegen sie im Streit. Breit, angerweit
hört man Dringen, Klingen, Singen: Vögel in den Auen.
läßt sich Grünes, Kühnes, Neues, Freies gerne schauen.
Winter kalt, ungestalt, dein Gewalt schwindet bald
Grüner Klee jagt den Schnee - jahrlang eh - in den See

vor dem süßen Wehen. Lichter Sommer! Ohne Kummer
und des Meeres Fluten. Nachtigallen, Drosseln schallen,
will ich Dummer als ein Frommer froh in dir vergehen.
Lerchen hallen zum Gefallen statt des Ofens Gluten.

43

Ein gutgeborener Edelmann hielt um
"Mein Fräulein, wollt Ihr gnädig sein, so hört
ein edles Fräulein an. Er sprach zu ihr mit
mich an und achtet fein, worum ich Euch recht
tugendreicher Sitte: Ich lieg im Elend allzu
untertänig bitte! Kaum weiß ich noch, wohin ich
schwer, die Freude flieht mich Armen.
kehr, drum laßt Euch, Frau, erbarmen!"

47

Seid fröhlich und laßt uns nun
singen, springen froh, zu zweien uns reihen im Maien

irgendwo, mit frechem Mut brechen die Pfifferlinge roh, uns
renken, bedenken, wohin mein Schatz entfloh! Herwieder kehr!
Herzlieb, hör mein Begehr! Du weißt doch, sag,
wie ich dich leiden mag! Mein höchster Hort,
ich halte gerne Wort: Gib mir den Kranz vom Rosental!

63

Wohl mir um jener lieben Stund, da mich ein rosenrunder
Darob zwei braune Äuglein rein, die spielten hin und wider

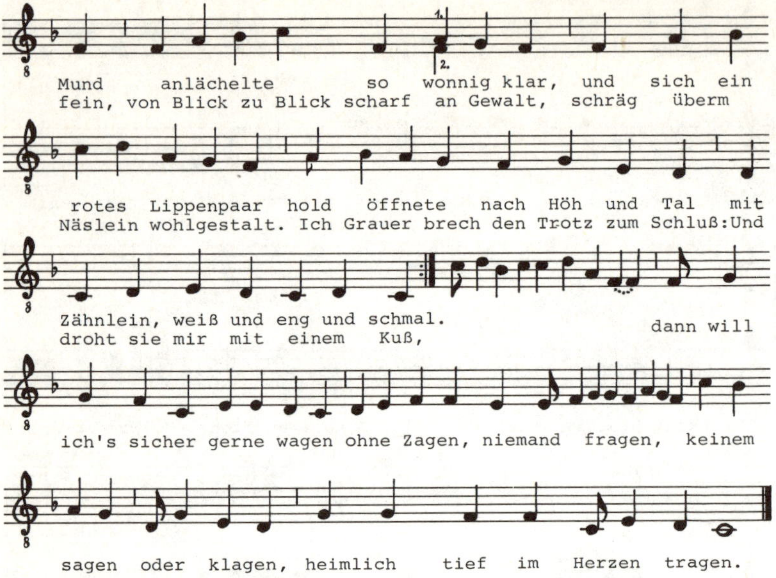
Mund anlächelte so wonnig klar, und sich ein
fein, von Blick zu Blick scharf an Gewalt, schräg überm
rotes Lippenpaar hold öffnete nach Höh und Tal mit
Näslein wohlgestalt. Ich Grauer brech den Trotz zum Schluß:Und
Zähnlein, weiß und eng und schmal.
droht sie mir mit einem Kuß,
dann will
ich's sicher gerne wagen ohne Zagen, niemand fragen, keinem
sagen oder klagen, heimlich tief im Herzen tragen.

80

Ein reines Weib, durch Jugend schön, in zierem Spiel dem
Tadel fern; es läßt ihr Leib mein Glück erstehn, und was
sie will, das tu ich gern.
Die Mühe deucht mich
nicht zu viel; ich spräche: "Liebchen, deinen Will erfüll
ich gerne ohne Ziel, willst du es nicht verwehren."

92

Treib her, treib über her, du liebes trautes

Bärblein mein, zu mir zieh mit den Schäflein
dein, komm hier, mein schönes Bärbelein !

97

Sehnsüchtig lange Weil und Zeitvertreib schafft mir ein
Trauer nur umfängt mich überall und mehret
minnigliches Weib, wenn ich erwach und find sie nicht, die
meine große Qual, weil meinem Arm entrissen ist ein
meine Herrin ist.
Schatz ohn' alle List.
Gehrlich, ehrlich, herrlich
wüchse froh mein Heil, würd mir die Liebe neu zuteil.

116

Zergangen ist mein Herzensweh, seit wieder fließen
Erwachet sind der Erde Dünst, drum mehren sich die
will der Schnee von Seiseralm und aus dem Flagg - hört ich
Wasserrünst von Kastelruth in den Eisack, das will
den Mosmaier sagen. Ich hör die Vöglein groß und klein in
mir wohl behagen. Hoch von dem "ut" hinauf zum "la" und
meinem Wald um Hauenstein die Musik brechen in der Kehl und
tief zu Tale auf das "fa", mit vielen süßen Stimmen hell.Drum

scharfe Nötlein schellen: Was geht die Red den
freut euch,gut Ge- -sellen! Droht mir von Feigen
Plätscher an? Mein Singen geb ich ihm nicht dran. Wem
auch Gefahr, so tröstet mich der Frommen Schar, hat
das mißfällt - was liegt daran? Ich hab es nicht begehrt.
leider auch in diesem Jahr manch böse Münze Wert.

Der Urtext

Die Wiedergabe der Originaltexte folgt – parallel zur Übertragung – in Text und Anordnung der Innsbrucker Wolkenstein-Handschrift B. Zusätzliche Lieder aus Handschrift A und anderen Quellen sind im Anhang beigegeben. Die Nummernfolge ist somit bis auf eine Ergänzung bei Lied 127 mit der Karl Kurt Kleins identisch. (Diese Entsprechung bedingte auch die Wahl des Innsbrucker Codex als Grundlage dieser Ausgabe: so bedeutsam die Wiener Handschrift A als erste und organischere der beiden Sammlungen erscheint – der Herausgeber fühlte sich nicht befugt, nach Beda Weber, Josef Schatz und Karl Kurt Klein mit einer vierten Systematik neue Verwirrung in die Reihen zu tragen!)

Alle Lieder sind im buchstabengetreuen Wortlaut der jeweiligen Handschrift wiedergegeben. Trotzdem machte die Eigenart der dort verwendeten tirolisch-bairischen Bastarda einige Eingriffe nötig: so sind von den drei für *u* und *v* auftretenden Zeichen das Fraktur-*v* als u, Kursiv-*v* als v und im In- und Auslaut Fraktur-*u* als u notiert. Bei den Versalien erscheint Fraktur-*V* als V, das den Initialen vorbehaltene Unzial-*U* als U. Die zahlreichen Varianten des versalen *A* sind einheitlich durch A dargestellt. Einige charakteristische Probleme und Unsicherheiten des Originals – etwa die Unterscheidung zwischen *cz* und *tz* oder zwischen *j* und *J* – mußten individuell und somit ohne den Anspruch letzter Verbindlichkeit behandelt werden.

Die diakritischen Zeichen sind weitgehend beibehalten; so auch die Nasalstriche über m̄ und n̄ oder den vorausgehenden Vokalen (im̄er = immer, mangē = mangen). Die fast identisch markierten Abbreviaturen für *e*, *er* und andere Buchstaben oder Gruppen wurden zur größeren Deutlichkeit durch Apostroph am Silbenende ersetzt (ougn' = ougen, uatt' = uatter, u'lassn' = uerlassen; aber: domi' = domini). Das zuweilen im Wechsel mit *ü* auftretende bairische *ů* ist aus technischen Gründen zu ü vereinfacht (tüt = tuet, mütter = muetter). Auch die Unterscheidung zwischen langem *s* und Schluß-*s* erschien in moderner Druckschrift weder möglich noch sinnvoll.

Schreibfehler des Originals wurden nicht korrigiert und sind statt dessen, soweit sie sich sinnentstellend auswirken, im Kommentar vermerkt. Notationstechnisch bedingte Wortwiederholungen – etwa bei instrumentalen Vorspielen, Melismen oder Klauseln – blieben dagegen unberücksichtigt, ebenso alle nicht unmittelbar dem Text zugehörigen musikalischen Bezeichnungen. Relevante Textergänzungen aus Handschrift A sind in Kursivdruck beigegeben. Die in blau/roter Unzialschrift ausgeführten Initialen und Stropheninitialen (Lombarden), sowie die für Handschrift B besonders typischen Cadellen (einfarbig in Bastarda gezeichnete Folgeinitialen) erscheinen halbfett hervorgehoben. Die im Innsbrucker Codex nicht immer konsequent gesetzten Zäsuren und Interpunktionen wurden nach Handschrift A überprüft und ergänzt.

Die Lieder der Handschrift B

Jnnomīe domi'

JN der Jarczal Tausent vierhundert vnd darnach Jn dem zway vnd dreissigosten iare an dem nachsten Samstag nach Sant Augustins tag ist diss buch geticht vnd volbracht worden durch mich Owalten von wolkenstein Ritter des allerdurchleuchtigosten Römischen künigs sigmūd etc. Rat iar. 18.

I

AJN anefangk/an göttlich forcht die leng und kranker gwissen/und der von sünden swanger ist/das sich all maister flissen/an got allain mit hohem list/noch möchten sy das end nicht machen güt/Des bin ich kranck/an mein' sel zwar ich uerklag mein sterben/und bitt dich junckfrow Sant kathrein/tü mir genad erwerben/dort zu Marie kindelein/das es mich haben well jnseiner hüt/Jch danckh dem herren lobesan/das er mich also grüßt/mit der ich mich uersündet han/das mich die selber büßt/bey dem ein yeder sol versten/das lieb an laid die leng nicht mag ergen/ *Jn gotlicher zucht*

AJin frowen pild/mit der ich han mein zeit so lang uertriben/wol drewzen jar und dennocht mer/jntreuen stet beliben/zu willen nach jrs herczen ger/das mir auf erd kain menczsch nye liebers ward/Perg holcz geuild/jn manchem land des ich uil hab erritten/und ich der güten nye uergaß/mein leib hat uil erlitten/nach jr mit seinklichem haß/jr rotter mund hett mir das hercz uerschart/Durch sy so han ich uil betracht/uil lieber hendlin los/infreuden sy mir manig nacht/uerlech jr ermlin blos/mit trauren ich das v̈berwind/seyd mir die bain und arm beslagen sind –

UOn liebe zwar/hab wir uns offt dick laides nicht erlassen/und ward die lieb nye recht entrant/seyd das ich lig unmassen/geuangen ser jnirem band/nu stēt mein leben krenklich auf der wag/Mit haut und hār/so hat mich got swērlich durch sy geuellelt/von mein' grossen sünden schein/des pin ich übersnellet/sy geit mir büss und senlich pein/das ich mein not nicht halb betichten mag/Vor ir lig ich gebunden uast/mit eysen und mit sail/durch manchen großen v̈berlast/emphrembt sy mir die gail/o herr du kanst wol richten sain/die zeit ist hye das du mich büssest rain –

KAin weyser man/mag sprechen icht er sey dann vnuernünftig/das er den weg icht wandern well/der jm sol werden künftig/wann die zeit bringt glück und vngeuell/und bschaffen ding fur war ward nye gewant/Des sünders pan/die ist so aubenteurlichen verrichtet/mit mangē hübschen klügen lacz / kain maister das voltichtet / wann got der yedem sein gesatz / wäglichen misst mit seiner heilgen hand / Er eyfert man und fröwelein / auch alle creatur / er wil der liebst gehalden sein / jnseiner höchsten kur / wer das versaumpt des sünd gereyfft / er hengt jm nach bys jn ain lacz ergreifft –

LIeb ist ein wort / ob allem schacz wer lieb nuczlich volbringet / lieb vberwintet alle sach / lieb got den herren twinget / das er dem sünder vngemach / verwennt und geit jm aller freuden trost / Lieb süsser hort / wie hastu mich unlieplichen geplosset / das ich mit lieb dem nye vergalt / der seinen tod uolendet / durch mich und mangen sünder kalt / des wart ich hye jngrossen sorgen rost / Hett ich mein lieb mit halbem füg / got nuczlich nach uerzert / die ich der frowen zärtlichen trüg / die mir ist also hert / so für ich wol an alle sünd / O wertlich lieb wie swër sind deine pünt –

ERst rewt mich ser / das ich den hab so fräuelich erczürnet / der mir so lang gebitten hat / und ich mich nye enthürnet / von mein' grossen missetat / des wurden mir fünf eysny läcz berait / Nach seiner ger / so uil ich jn die zwen mit bayden füssen / inainen mit dem tengken arm / mein daumen müßten büssen / ein stahel ring den hals erwarb / der wurden fünff als ichs uor hab gesait / Also hiels mich mein frow zu fleiss / mit manchem hertten druck / ach husch der kalten ermlin weyß / unlieplich was ir smuck / was ich jr klagt meins herczen laid / jr parmung was mit klainem trost berait –

MEin hercz das swindt / jnmeinem leib und bricht uon grossen sorgen / wenn ich bedenck den bittern tod / den dag die nacht den morgen / ach we der engestlichen not / und wayß nicht wo mein arme sel hyn fert / O maria kind / so ste mir wolkensteiner bey jn nöten / da mit ich uar indein' huld / hilff allen die mich tötten / das sy gebüssen hie jr schuld / die sy an mir begangen haben hert / Jch nym es auf mein sterben swër / so swer ichs doch genüg / das ich der frowen nye geuër / uon ganczem herczen trüg / schaid ich also uon diser werlt / so bitt ich got das sy mein nicht engelt /

2

WAch mentzschlich tyer / brauch dein uernunft jr frowen und ouch manne / wie bistu gar erphlumsen so / jndeiner sünden wanne / das du nicht fürchst des herren dro / der dir dein leib und sel uerlihen hat / Louff süch jn schier / es uinstert pald die weyl dus macht gesehen / und sol dich yemand machen los / das müß durch jn geschehen / Er brach die hell die nye gefros / zwar sein gewalt all müglich sach durch gat / Die sunn der man der sterne krantz / den plümlin auf der haid / den geit er farb und liechten glantz / bey mancher ögelwaid / sicht man sein wunder michel swër / wer nicht geloubn wolt das got nicht wër.

WEr habt den himel / und die erd das wasser grosse staine / was pringt den toner sne und wind / das firmament allaine / möcht uns beteuten gottes kind / der sein' mütt' uatter ist und man / Jntieffer tymel / so freyt er fisch da mit sy nicht ertrinken / er habt die uogel jnder höh / das sy nicht abher sincken / er zieret perg und tal die löch / mit manchem klaid das nyemd erdenken kan / Wer nert das würmlin jnder erd / das räblin junck und marb / wenn uatt' und mütter uon jm kert/und fleucht sein weysse farb/das tüt gots herschafft gross und lanck/sein macht gewan nye end noch anefangk/

Der aller frucht/mentzsch tyer und uich ein underschaid kan geben/das eins dem andn' nicht geleicht/der gnad mir an dem leben/und weyß die frawn gütlicher beicht/in der gebot man mir zerbricht die schyn/An weiplich zucht/kompt sy mir selden ymm' auß den oren/wie sy die barschafft uon mir drung/sy tüt mich uil betoren/und das sy als ein zeysel sung/zwar meinen schatz den hat sy pald dahin/Was ich sy man der lieben mër/die sy ainst an mich lait/und das sy mir ein eysen swër/uon meinen füssen tët/und ließ die andn' dannocht stan/da mit traib ich sy ferr uon mir hindan –

DAbey so merkh/weltliche lieb wie pald sy hat verpranget/wër ich ainst hundert meyl gewesen/ir leib hett mich erlanget/da mit ich wër durch sy genesen/nun tüt sy mir den größtn ungemach/Der baine sterck/spannt sy mir hertt' jn wann einem pferde/das ich darauf nicht mag gestän/mit groblichem geuërde/so ward ich jr geuangen man/mein wolgetrauen jr kirchuart v̈bersach/Mein daumen arm darzu den hals/hat sy mir ingesmitt/o frow wie bitter ist dein sals/sy swecht mir mein gelid/erst han ich funden was ich sücht/nu walt sein got der mir den rock gedücht –

3

WEnn ich betracht/strëfflich bedenck den tag durch scharpffs gemüte/der creaturen underschaid/jr übel und jr güte/so uind ich ains in solchem klaid/des übel güt nyemt uerbessren bösren mag/Jch hab gedächt/der slangen houbt da uon johannes schribet/wie jn der werlt kain böser frucht/sich auf der erden scheibet/uil schnöder ist unweiplich zucht/uon ain' schönen bözen frowen plag/Man zemet liephart löwen wild/den püffel das er zeucht/der einem weib die haut abfildt/und sy die tugent fleucht/noch künd man sy nicht machen zam/ir üble gifft ist aller werlde gram.

Wirt sy geert/so kan sy nyemt mit hoffart überwüten/ist sy uersmächt so tobt jr müt/geleich des meres flüten/armt sy an wirden oder an güt/so ist sy doch der boßhait allzeit reich/Ein weib entert/das paradys des Adam ward geschendet/matusalem der starck Samson/geswechet und geplendet/uon weiben dauid Salomon/durch frowen sind betrogen fräuelich/Aristotiles ein maister gross/ein weib jn überschrait/zwar seiner kunst er nicht genoss/hoflichen sy jn rait/küng Alexander mächtig hön/uon frowen uiel und Absolon der schön

AJn schön bös weib/ist ein gezierter strick ein spies des herczen/ein falscher freund der ougn' want/ein lust truglicher smerczen/des ward helyas ferr uersant/und joseph jn den kärker tieff u'smitt/Ain heilger leib/hiess Sant johanns baptista ward enthoubet/durch weibes räch da uor uns crist/behüt ouch ward betoubet/geuangen durch eins weibes list/der uon Wolkenstein des hanck er manchen tritt/Dorumb so rat ich jung und alt/fliecht bözer weibe glantz/bedenckt inwendig jr gestalt/uergifftig ist jr swantz/und dient den frümen freulin rain/der lob ich breys v̈ber all karfunkelstain –

4

HÖr kristenhait/ich rat dir das mit brüderlichen trewen/du hab got lieb für alle ding/es wirt dich nicht gerawuen/und wiltu das dir wolgeling/dein willen ker uon irdischem gelust/Wer liebe trait/ze got von dem sy kompt daran sy hafftet/so wirt der wille pald geschickt/das er tëglichen trachtet/wie er die liebe darzu fickt/das sy nicht werd geferret gotes prust/Des schönen glancz der süssen zeit/und untraw diser werlt/lug hoffart spot hass zoren neyd/götliche liebe nicht melt/kain schacz freud gegenwirtiklich/begert sy nicht wañ gots uon himelreich –

UNsauber scham/der werlt da uon ist götlich mynn gescheiden/kain schidung zwischen jr und got/beschicht nicht uon jn baiden/hoffart unkeusch der geitig spot/darüber ist sy gantz erhaben hoch/Mit widerzäm/wil sy nicht sehen hören greiffen smecken/kain wollust der ir flaischlich ist/den kan sy lieplich decken/den leib die werlt des teufels list/wirfft sy ze rugk allzeiten groblich roch/Si twinget barmug michel groß/herabher aus dem tron/jr handwerck ward nye werch genos/güt ist jr taglon/wo sich enczundt der myne zach/gaistlich da schmilczet laid und ungemach/

WEr gaistlich prunst/mit arbait lieplich jnsein hercz well stozzen/der wach so er dick gn' slieff/bett barhoubt uasten possen/sein hercz bedenck gots leiden tieff/auf baren knyen ouch halt darjnn ein mass/Fleisch weines tunst/teglichen meyd mäßlichen nym die speise/das er den hung' zimlich büss/so mag die lieb jr weyse/gaistlich jn jm gewürcken süss/sein ougen perg das antlicz blaichen lass/Den leib mit armüt frost und hitz/bett närlich auf das stro/wie leiden kompt von gottes wicz/gedultig sey des fro/wann leyden swennt der sünden gall/des lig ich Wolkensteiner jnnder fall –

5

JCH sich und hör/das mancher klagt uerderben seines gütes/so klag ich newr die jungen tag/uerderben freyes mütes/wes ich uor zeiten darjnn pflag/und klain emphand do mich die erden trüg/Mit kranker stör/houbt rugk und bain hend füss das alder meldet/was ich uerfräuelt hab an not/her leib den mütwill geldet/mit blaicher farb und ougenrot/gerumpffen graw ewr sprüng sind worden klüg/Mir swert hertz müt zung und die tritt/gebogen ist mein gangk/das zittren swecht mir all gelid/owe ist mein gesangk/dasselb quintier ich tag und nacht/mein tenor ist mit rümpffen wolbedacht/

AJn krauss weyss har/uon löcken dick hett ainst mein houbt bedecket/dasselb plasnyert sich swarcz und graw/uon schilden kal durch schöcket/mein rott' mund wil werden plaw/darumb was ich der lieben widerzäm/Plöd ungeuar/sind mir die zend und slawnt mir nicht ze kewen/und het ich aller werlde güt/ich künd ir nicht vernewen/noch kouffen einen freyen müt/es widerfür mir dann inslaffes träm/Mein ringen springen louffen snell/hat einen widersturcz/für singen hüst ich durch die kel/der autem ist mir kurcz/und gieng mir not der külen erd/seyd ich bin wordn' swach und schier unwerd.

Ach iüngelingk/bey dem nym war tröst dich nit deiner schöne/gered noch sterck halt dich embor/mit gaistlichem gedöne/wer du yetzund bist der was ich uor/kompst du zu mir dein güt tat rewt dich nicht/Für alle dingk/solt ich yecz leben got zu wolgeuallen/mit uasten betten kirchengän/auf knyen venien uallen/so mag ich kainem bey bestän/seyd mir der leib uon alder ist enwicht/Für ainen siech ich allczeit uier/und hör durch groben stain/die kindlin spottn' mein nu schier/darzü die freulin rain/mit anewitz ich das uerschuld/junck man und weib uersaumt nicht gottes huld.

6

JCH spür ain tyer/mit füssen brait gar scharpff sind jm die horen/das wil mich tretten jndie erd/und stößlichen durch boren/den slund so hat es gen mir kert/als ob ich jm für hunger sey beschert/Und nahet schier/dem herczen mein in befündlichem getöte/dem tier ich nicht geweichen mag/owe der großen nöte/seyd all mein jar zu einem tag/geschübert sein die ich ye hab uerzert/Jch bin erfordert an den tancz/do mir geweiset würt/all meiner sünd ein grosser krantz/der rechnung mir gebürt/doch wil es got der ainig man/so wirt mir pald ein strich da durch getan

ERst deucht mich wol/solt ich newr leben eines jares lenge/uernünftiklich in diser welt/so wolt ich manchen enge/mein schuld mit klainem widergelt/der ich laider gross uon stund bezalen müss/Darumb ist uol/das herczen mein uon engestlichen sorgen/und ist der tod die mynst gezalt/o sel wo bistu morgen/wer ist dein tröstlich ufenthalt/wenn du verraiten solt mit haisser buss/O kinder freund gesellen rain/wo ist ewr hilff und rat/jr nempt das güt lat mich allain/hin uaren in das bad/da alle müncz hat klainen werd/newr güte werck ob ich der hett gemert –

Allmächtikait/an anefangk noch end bys mein gelaite/durch all dein barmung göttlich gross/das mich nicht überraite/der lucifer und sein genos/da mit ich werd enzuckt der helle slauch/Maria mayd/erman dein liebes kind des großen leiden/seyt er all cristan hat erlost/so well mich ouch nicht meyden/und durch sein marter werd getrost/wenn mir die sel fleusst uon des leibes drouch/O welt nu gib mir deinen lon/trag hin vergiß mein bald/hett ich dem herren für dich schon/gedient jnwildem wald/so für ich wol die rechten far/got schepffer leucht mir Wolkensteiner klar etc. *Amen.*

7

LOblicher got/gewaltiklicher küng der hymel tröne/ich man dich alles das ich kan/uernym mein kranks gedöne/dein willen laß an mir ergan/also das ich nicht fließ dein ewigs reich/Nach deim gebot/gedultiklich ich leiden wil zu eren/der bitter mart' so du laid/gedultiklichen geren/umb unser freud und sälikait/dieweylent was uerloren ewikleich/Jch bin umbfangen mit der wat/darjnn ich büßen sol/herr das geschicht nach deinem rat/zwar das uernym ich wol/des seyst gelobt durchleuchtig klar/nach deim begeren bin ich willig zwar/ *Ve nobis*

TRaut sëlig weib/keuschliche mayd frow mütter gottes kinde/der uns durch dich all hat erloßt/uon hellischem gesinde/den nym zu hilff und gib mir trost/da mit ich nicht uerzag inmein' not/O swacher leib/sündiger balg der wirt hat dich emphangen/ich fürcht er well bezalet sein/was du ye hast begangen/mit deiner grossen sünden schein/er fordert dich gib mir das bettenbrot/O hercz hastu ye süss erkant/da nym das sawer für/bistus zu freuden ye gewant/da wider trawren spür/also slach ains gein andern ab/wirdiger got wie köstlich sind dein gab/

DEr sorgen raiff/hat meinen leib zesamen vest gebunden/uon sorgen gross mein hercz geswillt/forcht sorg die hab ich funden/durch sorg mein houbt gentzlich erschillt/graußliche sorg mir dick den slauf erwert/Mit umbeswaiff/uier mauern dick mein trauren hand verslozzen/O lange nacht ellender tag/ewr zeit ist gar uerdrozzen/uil mancher schrick kompt mir zu klag/dem laider hilff uon mir wirt klain beschert/Gen diser werlt hab ich die angst/verschuldet sicher klain/newr vmb den got der mich uor langst/beschüff uon Wolkenstein/der sey mein trost und aufenthalt/O fellenberg wie ist dein freud so kalt –

Nota dise uorgeschriben syben lieder singent sich Jn der ersten weyse des anefangs der da sich mit worten Also anhebet Ain anefangk an göttlich forcht etc. –

8

DV armer mentzsch las dich dein sünd hie rewuen ser/O hailger gaist gib uns deins heiligen uatters ler/das ich bedenck ein klain die macht und wirdig er/jnmeim gesangk uon got dem nicht geleichet/Newn kör der engel die loben got an underlast/jn lobt die sunn der man und aller sterne glast/jn lobt der himel der alles wesen umbetast/und was dorjnn regniert sein namen reichet/Perg und ouch tal/des uoglin schal/der uisch jm wag/all würm und tyer/geloubet mir/was ich ew sag/laub gras geuild/das wasser wild/die nacht der tag/erkennt und lobt got dem der teufel weichet/

SEyd wir nu hören aus aller maist' kunst behend/das yetz geschefft jnseinem wesen got erkent/des hat sich mancher hertter stain enzway entrennt/do er emphand seins schepffers not und sterben/Vil frucht auf erd und die doch unenpfintlich ist/noch ert sy got durch hübsch geplüt und kennet crist/ein yeczs gewächs nach seiner zeit als jm die frist/ist auf gesaczt uon got sein frucht zuerwerbcn/Das alle kunst/mit reichem gunst/ein mentzsch besäß/der minsten blum/und wër sein rüm/noch ainßt so räß/möcht er nicht gantz/nach jren glancz/natürlich häß/posnieren schon/solt er des leibs werderben/

NV alle creatur die got beschaffen hat/sy sind jn wasser jnwind oder auf der erden phat/ye danckperist dem herren jnder maiestat/newr umb die gnad das er sy hat formieret/Ach tumm' menczsch wie ist dein hercz dann gar so wild/seyd du wol waißt das dich got nach jm hat gebildt/und dir uerlihen hat sein grosse gnad so milt/gar manigualtiklichen vntzelieret/Er hat dir geben/leib und leben/sel uernunfft/dir dient die erd fewr wasser wirdiklicher luft/all tier wild zam/der früchte tam/aus tieffer grufft/ist dir als underteniklich gezieret.

DEr wolken krafft das firmament mit klarem schein/und all die freud als sy zu himel mag gesein/mentzsch die genad uon got uolgt all dem dinste dein/dannocht well wir jn denklich nicht erkennē/Mit seinem leib hat er uns aus der hell erlost/des sich der lucifer daselben übeltrost/noch wirt sein heilig' nam mit sweren dick beroßt/uon manchem man der ich ew uil wolt nennen/Ach adams kind/wie ist so plind/dein swacher müt/das du nicht kenst/und v̈bernenst/dein herren güt/der dich mag nemen geben haisser helle glüt/und alle freud mag er dir pald entrennen/

O Heilger crist seyt das dein macht ist ungezalt/so wundert mich ob allem wunder manigualt/das wir nicht fürchten ser dein zorniklich gestalt/und große plag die du uns macht beweysen/Des frewt sich manger gaist der dort uerstossen ward/uon höch der himel hrab zu tal umb sein hochfart/die uns uorlaiten tēglich jnden sünden gart/uon irem rat wayß ich nicht lobs zu breysen/Weib und ouch man/ir schowet an/ewr missetat/snell büßt ewr sünd/und nicht enzünt/euch uon dem rat/der böse wicht/mänlichen uicht/got frü und spat/den nym zu hilff für stahel und für ysen.

9

O Welt O welt ein freud der kranken mauer/wie swër du bist dein lon der wirt mir sauer/seyd du uff mich geuallen hast/und druckst mich auf die erden/Weltliche freud ein tüch uon bitterm ende/wer dich recht kant der koufft dich nicht behende/wil er icht wesen fremder gast/gen manger frowen werden/Was hilfft mich das ich manig nacht/jngrossen freuden han gewacht/jndreuczehenthalben jaren/nu müß ich wachen seufczen zittren ellentlich/All heilgen güt/die engel jndem himelrich/man ich das sy mir helffen uast/mein laid zu güt erarnen/

WAs hilft mich nu mein raysen fremder lande/in manig küngkrich das mir ist bekande/was hilft mein tichten und gesangk/uon manger küngin schöne/Was hilfft mich manig klüghait fremder synne/seyd ich bin worden gar zu einem kinde/und mir entweckt mang swër gedanck/uil zäherlicher döne/Was hilfft mich silber oder gold/seyd ich mir selber selden hold/mag werden wol uon herczen/das mich der werlde schein so gar betrogen hat/Ach starcker got jn kraft der heilgen Trinitat/kom mirmit deiner hilffe fang/jnseniklichem schmerczen/

AJn yeder mentzsch der laß sich nicht belangen/nach freuden gross da mit er werd umbfangen/für war ich mag sein bürge wesen/das end wirt im gar bitter/Hatt einer güt zwar des bedarff er hüten/ye grösser er ye merer toben und wüten/der Neithart ließ eim nicht ein fesen/köm newr ein ungewitter/Jch sprich es wol auf meinen aid/ye grösser lieb ye merer laid/kompt uon den schönen frowen/seyd lieb und laid mit freuden trauren ist gemengt/und zeit und weyl ain senlich schaiden da uerhengt/wie mag das end frölich genesen/das möcht ein yeder schowen.

JSt ainer junck schon mütig hoher gaile/der ander starck gerad an alle maile/der dritte weys er wirt ein kind/kompt er zu uerren tagen/Manig zier und lust wolt ich noch uil erdencken / das sich der mentzsch erfrewt noch müss erkrenken / wenn er der langen jar emphindt / erst tüt es sich gesagen / Seyd uns jndiser kranken zeit / all werltlich freud newr pringet laid / und süß ein sauer ende / und aller lust auf erd die leng uerdriessen pringt / so wundert mich worumb der menczsch nach freuden ringt / offt weiser man wie wirstu plind / inaller kunst behende /

ACh lieber freund wërlich ich wolt uns raten / möcht wir aus disen swachen listen waten / der wir natürlich hie begern / und bëten got den reichen / Das er uns wolt uergeben vnser sünde / und unser hercz jnseiner lieb erzünde / So möcht wir wol mit güten eren / eim yeden fürsten gleichen / Nu unser leib ergenklich ist / und haben weder zeit noch frist / das wir uns müssen schaiden / uon allen lusten freuden güt und eren gros / und uns nicht uolgt wann unsre güte werck gar blos / O hailger gaist welst uns uerkeren / und alle sund erlaiden.

10

WEnn ich mein krank uernunft nërlichen sunder / und uast bedenck der tummen welde wund' / der ich ein tail eruaren han / gesehen und gehöret / So wundert mich uor allem nicht so sere / das ich mein zeit newr lenck nach güt und ere / und dabey nye kain rü gewan / der synn bin ich bedoret / Jch wais wol das noch kompt die stund / und het ich aller werlde grund / dorumb geb ich sey geren / das ich nach gottes willen leben solt ein jar / der ich uil manches laider uppiklichen zwar / in sünden nye wolt widerstän / so müß ich sein emberen /

ICh hör das man vil manchen weysen nennet / das er der werlde curss ein klain erkennet / und darauf legt tëgleichen fleys / wie er des werd gehewer / So maynt er dann derselbig hübsch geselle / das jm nicht schad noch schell kain ungeuelle / er müg verkeren swarcz jn weys / das wer eim esel tewer / Er kan sich stellen marterlich / und maynt das jm nyemand geleich / solt er es halt uerkouffen / er geb es umb ein schilling sicher näher nicht / er zeucht sein wän zu torhait als Petrarcha spricht / inaller werlt der toren breys / kan nyemt mit zal erlouffen /

MAn list und sagt uns uil uon alden jaren / was wunder zaichen darjnn sind erfaren / seyd das die werlt beschaffen ist / uon got dem aller höchsten / Man uindt ouch noch derselben wunder gleichen / die got verhengt den armen und den reichen / babst fürsten herren den ir list / uor unual nit mag trösten / Wer hochber klimbt an widerhab / wer mag des icht uellt er herab / ließ sich jnder mitt benügen / also das er sein zeit von got nicht feyeren las / was hilft ein man der uil bedenckt newr auß der mass / wil es uon got nicht haben frist / wie mag es sich dann fügen /

JNhoffnung smercz inforchten und infreuden / uertreib wir zeit da uon mag ich nicht geuden / seyd das all sach zu diser werlt / kain wesen stët befleusset / Vnd sich das güt zu argem bald uerwandelt / und arg zu gütem selden widerhandelt / ye doch das sich mit bitterm gelt / das end strenklich besleusset / Hie ist gewesen hie ist nicht / falsch untrew böse zuuersicht / wir gen einander tragen/kind uatt' mütter swester brüder all geleich/möcht wir mit liegen triegen jn das himelreich/so wër es uns ein eben ueld/den jamer wil ich klagen.

SJch manger sent nach grosser kurczeweile/jm wër ze tün fund ers inkouffes eyle/her widerumball seinen schacz/den solt er darumb geben/Die werlt tracht wie sy güt und erreyße/und geit dorub köstlichen hort mit fleisse/das sy jr zeit an widersatz/uerzert mit swachem leben/Gedenck ein mentzsch mit aigenschafft/geburd und end was snöder krafft/wir haben und gewīnen/wenn wir dort ligen zannen als die affen tier/küng kayser herczog grafen all geleichen mir/hat yemāt güts dann fürgehaczt/an zwifel wir das uinden/

ICh mayn das wederjn wasser oder auf lande/nicht leb kain wilder tier der es erkande/wann newr ein tëglich grober menczsch/dem als sein tün geuallet/Ein uich begert nicht mer wann es uerbrauchet/nach seiner art natürlichen uerslauchet/so tü wir gleich der wetter gens/die tëglich wasser snallet/Kain tier bitt seins geleichen tod/ains hilfft dem andern jn der not/E das ein grober tralle/lit ellend armüt als uil mancher weiser tüt/er lies ee all sein freund hie sterben umb das güt/ob jm da uon wurd sein gedens/da mit er lebt jnschalle/

FReund wiltu weysshait tugent an dich breysen/das la dich ellend armüt underweysen/dein wilde mag wol werden zam/bistus uon gütem stam̄e/Diemütikait und erenst selden meyde/las hoffart bys gedultig leb an neyde/so werden all dein ueinde lam/dort jnder helle flam̄e/Frid trag jn deines herczen grund/das du uon rach icht werst enzunt/wenig red ein nuczes sweigen/los frag wes du uon güten sachen yerre gast/traw nicht der werlt jr wandel tün ist newr ein plast/hoffnūg zu got dich nicht enscham/so mag dir freude naygen/

Nota diss obgeschriben lied Wenn ich mein kranck uernunfft singet sich jnnder weyse O welt o welt etc.

II

O Snöde werlt/wie lang ich leib und güt jn dir uorslisse/so uind ich dich newr itel swach/mit wort werkh und gepërde/der untrew bistu also uol/das ich das ort noch end begreiffen kan/Falsch bösen gelt/fürstu luglich truglichen gar zu flisse/mit mü und arbait ungemach/und groblichem geuërde/so ringstu nach der helle hol/das klagt jr tūmen frowen und ouch man/Tëglichen stick wir tag und nacht/nach güt und werltlich er/wirt unser will dar jnn wolbracht/so hab wir doch nicht mer/newr klaine speis und swachs gewand/und was wir güts by dem han fürgesant/

Uil mancher spricht/inrechter trew sol ich jn allzeit uinden/mit leib und güt zu meim gebot/uest ewiklichen stëte/köm ich mit armüt insein haus/er wolt ich wër ein fuxs jneinem hag/Klain zuuersicht/wir haben söllen zu des Adams kindern/newr dienen aim der haisset got/die werlt fürt ungeräte/darab so nym dir einen graus/und hoff zu dem der dir gehelffen mag/Ach mir erbarmt manger güter man / und ich mir selber ouch / der da nit recht bedenken kan / wie gar es ist ein rouch / der werlde dienst mit grosser not / was ist der lon wenn man spricht er ist tod/

Kain ermer uich / under allen tieren kund ich nye eruaren / newr eines haisst ein hofeman / der geit sich gar für aigen / dem herren sein umb klainen sold / das tët ein esel nicht und wer er frey / Reit slach und stich / zuck rowb und brenn / den mentzschen tü nicht sparen / nym ross und wagen henn vnd han / gen nyemant tü dich naigen / gedenck dein herr der werd dir hold / weñ er uon dir sicht sölche stampaney / Du ste uor jm tritt hinden nach / vnd kapff den langen tag / ist er ein fürst für jn so gach / das er dich sehen mag / sprech er zu dir ein freuntlich wort / das nemst du für des himel fürsten hort/

IR uogelein / und andre tier bayde wilde und die zamen / jr traget rechte liebe gar / geleich kiest sein geleichen / gemahel sein gemähelein / jnnöten sy bey ainander bleiben stän / Die freunde mein / solt jch vor in erkrumben und erlamen / e das mir ain' gäb sein nar / und solt mich do mit reichen / zu meim gesunt an mailes pein / ich müßt vor jm ee als der sne zergän / Des mentzschen lieb wer gar enwicht / die ains dem andern tüt / hett wir der gab nit zuuersicht / und hoffnung umb das güt / mein aigen kind gewūn vordrieß / wesst es die leng uon mir nicht seinen geniess.

UNd solt ich mir / erwünschen gar nach meines herczen freude / ein leben selber wie ich wolt / mit hilff aller maister synne / so künd ichs doch bedencken nicht / oder ich müßt die leng uordriessen darjnn han / Was hilfft mein gier / zu grossem güt und nach der eren gewde / was hilfft mich silber oder gold / was hilfft der frowen mynne / seyd werltlich freud pald ist enwicht / und wais gar wol das ich schier müß daruon / Turnier und stich / louff tancz und spring / auf einem weyttn' placz / mach kurczweil uil / treib hoflich ding / uerdrädich als ein kacz / und wenn der schimpf all da ergat / gee wider dar so uindst ein öde stat/

ACh freunt gesell / du zweifel nicht was ich dir hie wil sagen / dien got uon ganczem herczen dein / laß dir die werlt nicht smecken / auß irem lust mach dir ein spot / so hastu freude hye und dort genüg / Kain ungeuell / las dich bekümern das dich mach verzagen / kain trübsail las dir pringen pein / ob leiden dich wil wecken / das ist ein sunder gnad uon got / dieselbig gnad zuckt dir der helle lüg / Wer sich den zoren binden lat / der gleicht sich einem uich / und dem got hye verlihen hat / fünf synn uernünftiklich / das ist die höchste wirdikait / wer weyslich vicht in widerwertikait/

MIch wundert ser / das wir auf diser werlt so vil entpawen / und sehen wol wie es ergät / wo sind mein freund gesellen / wo sein mein eldern uodern hin / wo sein wir all newr uber hundert jar / Mich wundert mer / das ich mich nye kund mässen mein' frowen / die mich so lang betrogen hat / mit grossem ungeuellen / mich hat geplennt mein tumm' syn / und nye bekant das sy mir was gevar / Wir pawen hoch auf einen tant / an heusern uesten zier / und tät doch gar ein slechte wand / die leng' werdt dann wir / uolg brüder swester arm und reich / paw dort ein sloss das dich werdt ewikleich – *Amen*

12

JNfrankereich / yspanien Aragun Castilie Engelant / Tennmarckh Sweden Behem ungern dort / Jnpüllen und Afferen / jn Cippern und Cecilie / jnportugal Granaten Soldans kron / Die sechzehen künigreich / hab ich umbfaren und uersücht bys das ich uand / mit treuen newr ein stäten hort / der wil mich trew geweren / umb meinen dienst an zweifels we / mag ich jr newr zu willen leben schon / Doch hab ich trost ob ich jr huld / uerlur oder iren sun / das sys nit räch nach meiner schuld / als andr' frowen tün / und sey dorjnn genëdig mir / bys das ich widerzäm jr freuntschaft schier/

KAin schöner weib / nye mentzsch gesach mit ougen zwar und wer sy kent / der müß mir des verschulde iehen / an ir ist nicht verhönet / ir amplick prehent als die sunn / liecht öglin klar und einen rotn' mund / Wie möcht mein leib / nu traurig sein wen ich gedenck von wort zu end / das ich die rain sol anesehen / uor mir köstlich gekrönet / ir zarter leib geit freud und wūn / und wër ich siech sy macht mich schier gesund / Czwar ich gewūn sein kain verdrieß / möcht ich jrs aberkosen / das sy mich jn jern garten ließ / do sy swantzt durch die rosen / und wurd mir do ein krentzlin grün / uon jrem gunst so wër ich freuden kün/

UJer künigin / uerkrönt uon den mir eren uil beschehen ist / der ich für war nye wirdig ward / und manche fürstin schöne / die mich zu schallen mit ir bat / wenn ich mein danck volbracht auf einem knye / Als ichs besynn / so ist mein frow hoch für sy alle mit klügem list / geworcht nach adeleicher art / das menczsch nye süsser döne / auf kainer zung uernomen hat / wen sy jr stym̄ ye freuntlich hören lye / Sy dempft die gantzen musica / mit großer resonancz / die recht mensur apposita / all noten hol und gantz / lat sy erzittren durch jr kel / das es erklingt inmeines herczen sel/

UNd wer parys / uenedigk Bruck Thomasch und die trippel jnbarbarey / mit berlin gold als v̈berstreut / und jenau uol karfunkel / und persolon mit dyamant / und mumpoliers vol aller maist' kunst / Dennoch wër sys / die disen schatz swër überwäg mit eren frey / die mich zu mancher stund erfreut / wo ich jntrauren tunckel / durch tausent maschen bin verwant / so loßt sy mich aus mangem tieffen runst / An tadel rain diemütiklich / mit aller tugenthait / jnallem wandel züchtiklich / so herscht die schöne mayd / umb trauren gëb ich nicht ein stro / wil sy mir wol so fürcht ich nyemands dro/

ACh frowen schar / es wër wol czeit ein vrlob solt ich uon ew hän / ewr leib betreugt mich also ser / mein trost ist euch unmëre / mein dienst der loufft newr hinden nach / seyt mir die weyß durch braunen bart aufdringt / Jch hoff die klar / die zart die rain die minikliche wolgetan / wil an mir haltn' weiplich er / ob ich sy nicht beswäre / und wennt mir lieplich ungemach / dieselbig lieb mich allczeit billeich zwingt / Jr kayser künig herczog freyen / dinstman wer sey sein / darüber wil ich geuden greyen / mit der frowen mein / und die ir trew an mir nicht bricht / ob ich jr dien mit williklicher phlicht –

Nota diss uorgeschriben lied jnfrankereich singet sich jnn der melodey O snöde werlt etc.

13

WEr ist die da durchleuchtet/für aller sunnen glantz/Vnd keüklichen durchfeuchtet/uns den uerdorten krantz/Wer ist die uor an dem rayen fürt den tancz/Vnd dem uil zarten mayen pringt seinen phlancz/Ein edle junckfrow klar/die zwar/für war/ein sun gebar/der keuschlich ain jr uatter was/mäglichen rain sy des genas/selb dreyen freyen unitas/da uon wir sein getrößt/erlößt/uon scharpffer helle gier/

WEr kan die magt uolzieren/nach adeleicher art/auf erd kain lieber dieren/zwar nye geboren wart/ey du traut mīnikliche keusche creatur/dein klarhait glentzet angeteusche uber alle figur/recht als der liecht rubein/an pein/pringt schein/durchsichtig uein/sein undertan ingoldes runst/der eren uan mit uollum gunst/triuallen/schallen/sunder plunst/so wil ich von der zarten/warten/gnaden schier/

WEr ist die ros an doren/do uon man list und sagt/und die den grossen zoren/all über rugke tragt/wenn sy uns an dem iungsten tage/machet los/aus manigualtiklicher klage/michel gross/wem denn der schossen sail/an mail/mit hail/schon wirt zu tail/ain drum̄ der hat dich frow erkant/d'helle phat/wirt im entrant/ey klare/ware/schildes rant/erbrich des tiefels sper/sein ger/uersetz jm iunckfrow zier. – Amen.

14

Benedicite

GESegnet sey die frucht/tranck essen wein und brot/uon got dem mäglich zucht/gepar/für war/selb dritt ein durch uns laid den tod/Der ymmer lebt an end/ye was an anefangk/sein leiplich speis uns hye send/schier/wenn wir/indisem leben werden krank/des hilff frow kron/kyrieleyson/Vatter heiliger gaist/mit deinem sun/uns gnad uollaist/und nicht den feinden gūn/das sy uns uerlaiten jn we/Amen benedicite

15

Gracias

WOl auff als das zu himel sey/die mīnikleichen wonen bey/dem Alpha et O der eren krey/und helfft uns sagen jn den dankh/mit süssem englischem gesangk/umb zimlich essen und getranck/da mit er speißt die blödikait/an menczschlichem gesind/Amen.

DEs seystu frow an argen hacz/gelobt mit deinem höchsten schacz/der jn dir würckt ein freyen placz/uor dem ich sünder mich beklag/das ich in ellendlicher wag/uil han verczert vnnüczer tag/jndiser snöden zeit so brait/die mir verlech dein kind/

So ist es laider uil ze spät/ich rüff inengestlicher wat/hilf mayt mit gantzer trinitat/und las uns nicht der helle uas/so bistus frow der ich genas/des sing wir deo gracias/mit frid rew herr alle selen beklaid/wo sich der glouben erfindt. Amen.

16

JCh spür ein lufft / aus külem tufft / das mich wol dunckt inmein' uernunfft / wie er genennet / kennet / sey nordoste / Jch wachter sag / mich prüfft der tag / uns künfftig sein aus uinsterm hag / ich sich / uergich / die morgen rot her glosten / Die uoglin klingen ӱberal / galander lerchen zeysel droschel nachtigal / auf perg jn tal / hat sich jr gesangk erschellet / Leit yemāt hye jngüter acht / der sich jnfreuden hat geniet die langen nacht / derselb betracht / das er sich mer gesellet / Die junckfrow hett uerslaffen / der knab wacht lützel bas / sy rüfften bayde waffen / all über des tages hass / das freulin schalt jn sere / her tag jr künnt nicht ere / bewaren jnnder mass/

AIn schlicklin weys / sy botjm fleiss / dem knaben hin mit hendlin gleys / ste auff / und louff / erkyes den grawn' morgen / Ein venster brett / er fuder tett / der knab hin zu dem freulin rett / ach got an spot / er kompt da her mit sorgen / Er dringet durch das firmament / der lucifer hat den schein uon jm gesendt / die nacht uolendt / all gen des tages greysen / Er kusst sy an den roten mund / ach herczen lieb nu ist sein nicht ein halbe stund / das wir verwunt / uns taten zesamen breysen / Si wurden seufften und klagen / mit beslozzen mündlein vein / das sy nu wolt veriagen / des liechten tages schein / sy sprach mein traut geselle / es gee recht wie es welle / du bist gewaltig mein/

DEr wachter rürt / ein stym̄ er fürt / yal durchein horn das man jn hort / er kunnt ein gast / mit gelast / uon oriente / Das freulin tacht / in lieber acht / ach sunne was hat dich fürher bracht / ich wolt / an solt / du werst zu occidente / Jch traut deins scheines wol emberen / mir wër vil lieb der uns kündet den aubent stern / den sëh ich gern / möcht mir der wunsch geräten / Gar laut so lacht der knabe uein / mein höchster hort so mag es laider nicht gesein / in senden pein / so müß ich uon dir watten / Mein freuden macherjnne / meins herczen zucker nar / du hast mir hercz und synne / benomen sunder gar / sy fiengen sich zesamen / mit armen blanck umbuangen / mein lieb dahin ich far/ –

17

UAr heng und lass / halt jn der mass / bys das du uindst die rechten sträss / und kanstu das / so bys dus morner weyse / Sag mir wo hin / stat dir dein syn / ob ich dir raten kund darjnn / spar mich nicht drīn / oder du wirst greyse / Der knab der sprach jn diser uart / mag du mir wol erschiessen herczen freulin zart / gar unu'spart ist dir meins herczen trachtn' / Jnsuria stet mein gedanck / zufronem grab nach deinem rat gar sunder wangk / nach deinem dankh / so wil ich teglich achten / Sy fiengen sich mit luste / ze hauff mit ermlin vol / jr ains das ander kusste / das geuiel jn bayden wol / sy sprach uar hin mit sitten / hüt dich uor kalamiten / seyd ich dir raten sol/

DJe brüff ze hant / ker jn leuant / und nym ze hilff an allen tant / den wint ponant / mitten jn dem poppen / Des segels last / zeuch an dem mast / hoch auf dem giphel vach den gast / tymun halt uast / und la das schiff nicht noppen / Maistro prouentz hilft dir vordan / mit gunst des klügen elemente trumetan / grego der man / vor dem so müstu ortzen / Challa potzu karga behend/mit der mensur und nach des kimpas firmament/den magnet lent/ leuant la dich nicht forczen/Wasßa alabanda sprīgen/teuff in die sutten hinab/forton la dich nicht dringen/du uar ee jn die hab/mag dir die porten werden/so hütt dich uor der erden/du wirff der ancker ab/

ZV manger zeit/kompt dir mit neyd/scherock mit grossem widerstreit/mit dem so leid/ser schrotten jn dem wagen/Derselbig wurm/pringt geren sturm/uach ain quart mit des zirkels furm/ob du wirst durm/so tü doch nicht uerzagen/Challa fella eyola grosso pald/plasübla rüg dy marner mit dem strang nicht halt/kompt mit gewalt/der osst intüt uertreiben/Derselb mag dir zestatten kūmen/mit halber macht als ich es uormals hab vernumen / ysso zu frūmen tü jm chayola reiden/Die stewr richt im clüge/engegen mit dem syn/kompt dann gorwin mit füge/der iagt dich bald dahin/ den weg gen Oriente/got dich herwider sendte/du traut geselle mein.

18

ES fügt sich do ich was uon zehen jaren alt/ich wolt besehen wie die werlt wer gestalt/mit ellend armüt mangen winkel haiss und kalt/hab ich gebawt bey cristen kriechen haiden/Drey pfenning jndem peutel und ein stücklin brot/das was von haim mein zerung do ich loff jn not/uon fremden freunden so hab ich manchen tropffen rot/gelazzen seyder das ich wand uerschaiden/Jch loff ze füss/mit swerer büss/bys das mir starb/mein uatter zwar/wol viertzen jar/nye ross erwarb/wañ eines roupt stal/ich halbs zu mal/mit ualber varb/und des geleich schied ich da von mit laide/Zwar renner koch/so was ich doch/und marstaller/auch an dem rüder/zoch ich zu mir/das war swēr/in kandia/und anderswo/ouch widerhar/uil manchen kittel was mein bestes klaide/

GEn preussen littwan tartarey türkey uber mer/gen frankreich lampart yspanien mit zwayen kunges her/traibmich die mynn auf meines aigen geldes wer/Ruprecht Sigmund bayd mit des adlers streiffen/Frantzoisch mörisch katlonisch und kastilian/teutzsch latein windisch lampertisch reuschisch und roman/die zehen sprach hab ich gebraucht wenn mir zerran/ auch kund ich fidlen trum̄en paugken pfeiffen/Jch hab umbfarn/jnsel und arm/manig land/auff scheffen gros/der ich genos/uon sturmes band/des hoch und nider/meres gelider/uast berant/die swarczen see lert mich ein vas begreiffen/Do mir zerbrach/mit ungemach/mein wargatein/ein koufman was ich/doch genas ich/und kom hyn/ich und ein rewss/indem gestreuss/houbgüt gewin/das sücht den grund/und swam ich zu dem reyffen/

AJn künigin uon Arragon was schon und zart/da für ich knyet zu willen raicht ich jr den bart/mit hendlein weyss bant sy darein ein ringlin zart/ lieplich und sprach non mayplus dis ligaides/Von iren handen ward ich jndie oren mein/gestochen durch mit einem messin nädelein/nach jr gewonheit sloss sy mir zwen ring dorein/die trüg ich lang und nennt man sy raycades/Jch sücht ze stund/künig Sigmund/wo ich jn vand/den mund er spreutzt und macht ein kreutz/do er mich kant/der rüfft mir schier/du zaigest mir/hie disen tant/freuntlich mich fragt tün dir die ring nicht laides/ Weib vnd ouch man/mich schowten an/mit lachen so/newn personier/ kunglicher zier/die waren da/ze pärpian/ir Babst von lun/genant petro/ der Römisch künig/der zehent vnd die von praydes –

MEin tūmes leben wolt ich verkeren das ist war/und ward ein halber beghart wol zway gancze jar/mit andacht was der anfangk sicherlichen zwar/hett mir die mynn das ende nicht erstöret/Die weyl ich rait und süchet ritterliche spil/und dient zu willen ain' frowen des ich hil/die wolt mein nye genaden ein' nussen vil/bys das ein kutten meinen leib bedoret/ Vil manig ding/mir do gar ring/zu handn' ging/do mich die kappen/mit dem lappen/umbefing/zwar uor und seyt/mir nye kain meyt/so wol verhing/die mein wort freuntlich gen jr gehöret/Mit kurczer schnür/die andacht für/zum gibel aus/do ich die kutt/uon mir do schutt/jnnebel rauss/seyd hat mein leib/mit leid vortreib/uil mangen strauss/gelitten und ist halb mein freud erfröret/

ES wër zu lang solt ich erzellen all mein not/ia zwinget mich erst ein außerweltes mündli rot/da uon mein hercz ist wunt bys jnden bittern tod/ uor ir mein leib hat mangen swaiß berunnē/Dick rot und blaich hat sich uerkert mein angesicht/wann ich der zarten dieren hab gewunne phlicht/ uor zittern seufftzen hab ich offt emphunden nicht/des leibes mein als ob ich wër verbrunnen/Mit grossem schrick/so bin ich dick/zwayhundert meyl/ uon ir geröẞt/und nye getröẞt/zu kainer weyl/kelt regen snee/tet nye so we/mit frostes eyl/ich brunne wenn mich hiczt die liebe sunne/won ich ir bey/so ist unfrey/mein mitt und maß/uon ain' frawen/so müß ich pawen/ ellend strass/jnwilden rat/bys das genadt/lat jren hass/und hulff mir die mein trawren käm zu wunne/

UJerhundert weib und mer an aller manne zal/uand ich ze Nyo die wonten jnder jnsell smal/kain schöner pild besach nye mentzsch jnainem sal/noch mocht jr kaine disem weib geharmen/Von der ich trag auff mein rugk ein swëre hurd/ach got wesst sy doch halbe meines laides burd/mir wër vil dester ringer offt wie we mir wurd/und het geding wie es jr müsst erbarmen/Wenn ich jnellend/dick mein hend/offt winden müss/mit grossem leiden/tün ich meiden/jren grüss/spat vnd auch frü/mit kainer rü/so släff ich süss /das klag ich jren zarten weyssen armen/Jr knaben maid/bedenckt das laid/die mynne phlegen/wie wol mir wart/do mir die zart/bot iren segen/zwar auff mein er/wesst ich nicht mer/jr wider gegen/des müßt mein oug in zähern dick erbarmen/

ICh han gelebt wol vierczig jar leicht mynner zway/mit toben wüten tichten singen mangerlay/es wër wol zeit das ich meins aigen kindes geschray/ elichen hort jnainer wiegen gellen/So kan ich der uergessen nymm' ewiklich/die mir hat geben müt uff disem ertereich/jnaller werlt kund ich nicht finden jren gleich/auch fürcht ich ser elicher weibe bellen/In vrtail rat/uil weyser hat/geschäczet mich/dem ich geuallen/han mit schallen/liederlich/ jch Wolkenstein/leb sicher klain/u'nünfftiklich/das ich der werlt also lang beginn zu hellen/Vnd wol bekenn/ich wais nicht wenn/ich sterben sol/das mir nicht scheiner/uolgt wann meiner/berche zol/het ich dann got/zu seim gebott/gedienet wol/so forcht ich klain dort haisser flamme wellen –

19

ES ist ein altgesprochner rat/mer wann vor hundert jaren/und wer nye laid uersüchet hat/wie mag er freud eruaren/auch ist mir ye gewesen wol/das hab ich schon bezalt für uol/jnkatlon und yspanien/do man gern ist kestanien/

UNd was mein bart von freulin rain/zu Costentz hat erlitten/und mein' taschen der sigelstain/ward maysterlich geschnitten/es ist ein vngeleicher syn/ye zwen an ain ziehent jn hin/weder es mir erging zu Arragon/und jnder stat haisst pärpian/

Der einen uogel vahen müss/das er jm nicht emphliege/der tü jm richten locken süss/do mit er jn betriege/jn neczn' läczen/auff dem kloben/uil edler vogel wirt betrogen/den solche list umbgeben/do von er fleusst sein leben/

Pfeiffen trūmen saitenspil/die moren sumpern slügen/dortzu ein uolgk gerichtet vil/die türn und vestn' trügen/mit engeln wolgezieret schon/die sungen klungn' mangen don/ir yeslich' besunder/mit fremder stymme wunder/

ENgegen rait loff arm und reich/uor staub so ward ich haiser/emphangen ward do wirdikleich/Sigmund künfftiger kayser/gen parpian all jn die stat/do wart gehaisset jm ein bad/hett man die leck auff gossen/es hett uns alle verdrossen/

Von küngen künigin junck und alt/ward er gegrüsst mit kussen/doch nach den jungen sach ich halt/tet er sich nymm' wüschen/wer zwaiung an den frowen gelaint/wir hetten uns leicht ee ueraint/wann mit dem peter schreufel/und seinem knecht dem teufel/

Zwar lenger schwantz kund ich nye schowen/an leonen noch an phawben/wann jndemselben land die frowen/hinden anden röcken haben/ring jnden oren nagel rot/e das jr aine ain hendlin bot/sy torst aim E gebietten/ein smutz mit süssem nyeten/

KÜnig Sigmund teglich zu mal/sich arbait achzehn wochen/mit bäbsten bischoff cardinal/und wërn' sy erstochen/der seinen falsch darjnn erzaigt/und zuder scisma was genaigt/ich wolt sy all verklagen/mit pfeiffen auf einem wagen/

Manig hämisch list so ward volbracht/uon jn mit naigen bucken/des hab ich offt ein lange nacht/ain mattras müssen drucken/auff seinem har het ich kain rü/es was von ainer alten kü/die was geheissen mūme/das sagt mir uerdt ein stūme/

Vnd der von Ötting leutet mir/gen tag auff meinem kophe/recht als ein rab eim toten stier / tüt bickn zu dem schopffe / des hab ich jm vil manchen straich / mit einem schüch was nit gar waich / nach sein' haut gesmissen / das man jm sach die rissen/

HErczog uon prig was nicht ein tor / der lag gefach jnsorgen / ich stünd offt hinden auff E vor / und zaigt jm güten morgen / des ward mir offt ein herter schüch / geworffen zu mit wildem flüch / das ich müßt uon jm fliehen / die deck herüber ziehen/

Zwar dise mer die weren lanck / hett ich sy recht besunnen / der pawmgart' her fritzen schanckt / eins morgens weihenbrūnen / aus einem kubel vngesmack / sein wang die joppen und leylach / merket er jm von gelwen streimen / das solt her fricz reymen/

Wenn ich der grossen gloggen klangk / hort nach der zal erklingen / ein kurtzeweil ward mir ze lank / und lust mich klain zu singen / ich docht du faiges glöggelin / und wër ich auff dem Wolkenstein / mit herren und gesellen / zwar ich forcht klain dein schellen/

DErselben sturmglogken schal / iaucht mich mit jrem sumppern / das ich ein stiegen uiel zu tal / in seuberlichem pumpern / do vand ich meinen hrn' stän / inseinem harnasch als ein man / umbegürt mit ainem swert / sich hüb ein wilds geuërt/

Mein güter strich der rewt mich nicht / uon guldin was sein name / seyd das die kristenhait verricht / ist worden zu narbane / herczog uon prig Bischoff uon Rig / gross Graf künig Sigmunds sig / was euch empholhen eben / der lon wirt euch gegeben/

Vnd allen den die harnasch ros / zu letze dort haben gelässen / ouch ob jr kainer durch ein moss / müsst watten in der strässen / die haben all genad davon / ob sy mit andacht geren gän / von meinē örssen alln / so bracht ich ouch drithalben/

ZWar peterlin du böse kacz / ain kind mit falscher lawne / dir hat geuält der alte glacz / ich hort zu Affiane / ein brief uon künigen hern' lant / die vor an dich geloubent hand / die pfeiffent dir mit grillen / zu tantz auff ainer tyllen/

Des trat wir die procession / ze hauffe mit gedrange / mit pfeiffen trūmen gloggen don / und löblichem gesange / des nachtes ward der tancz berait / secht do ward petro glatz uerklait / uon macher schönen dieren / mit springen vnd hofieren/

Zwar alle ding verkert sich knawss / der strich leit mir jm synne / ein ander füret zwen hinaus / so liess ich ainen dynnen / der gieng zu rund umb meinen leib / uil mancher nympt ein edel weib / er deucht sich wol gehewer / wurd im so vil haimstewer/

NOch ist es als ein klainer tadel / seyd mir die schöne Margarith / stach durch die oren mit der nadel / nach jres landes sitte / dieselbe edle künigin / zwen guldin ring sloss sy mir dryn / und ein in bart uerhangen / also hiess sy mich prangen/

Ain edler nam ward mir gelesen/wisskunte von türkey/uil manger wont ich sey gewesen/ain haidnischer frey/mörisch gewant von golde rot/kunig Sigmund mirs köstlich bot/dorjnnen kund ich wol swantzen/und haidnisch singen tanczen/

Zu parys manig tausent mentzsch/jnhewsern gassen wegen/kind weib und man ein dick gedenns/stünd wol czwo gancz lege/die taten alle schowen an/künig Sigmund Römischen man/und hiess mich ain lappen/jnmeiner narren kappen/

Die nacio uon aller schüle/mit iren guldin bengel/erten jn auf seinem stüle/noch höher dañ ein engel/und yede schule besunderlich/die lobt jn sicher maisterlich/inainem grossen sal/studenten maister ane zal/

Auf bayden knyen so lernt ich gän/jnmeinen alten tagen/zu fussen torst ich nicht gestän/wolt ich ir nahen pagen/ich mein frow elst uon frankereich/ein künigin gar wirdiklich/die mir den bart von handen/verkrönt mit aim dyamanden/

Jngrossen wassern michel uisch/facht man mit garnen strecken/des ward mir geldes auf ein tisch/wol fünfthalb grosser secke/künig Sigmund follet mir/den strich mit manchem plancken zier/was ich an als verzagen/selb dritt newr mocht ertragen/

Crafft not mich dar vermüt/uon dannen müßt ich reitten/künig Sigmund das edel blüt/schüff pald ich solt nicht beitten/uon parys bot er mir die hand/und sigelt vber jn Engelant/die künigę ze verainen/antzu ich das maine/

Uber all die franczos breys ich ain/getrewen permafoya/des frümkait dunkt mich sicher rain/der edel von Sophoya/das wort er von des kaysers hand/ain herczog wirdiklich genant/do manicher an den ruggen/uil mit des stüles bruggen/

Wie vil ich hör sing und sag/den louff der werlde streyme/so ist recht andem jungsten tag/ein watsack als ein rieme/ein glogghaus gilt ein essich krüg/dient wir der sel nach jrem füg/das sy wër unbetwungen/so hett ich wolgesungen/

20

ES seusst dort her uon orient/der wind leuant ist er genent/durch jndia er wol erkennt/jnsuria ist er behend/zu kriechen er nit widerwent/durch barbaria das gelent/granaten hat er bald errent/portugal jspanie erbrent/uberall die werlt von ort zu end/regniert der edel element/der tag jn hat zu bott gesennt/der nach jm durch das firmament/schon dringt zu widerstreit ponent/des frewt sich dort jnoccident/das norbögnische geschlëchte/
Den sturm erhort ein freulin zart/do es mit armes banden hart/mit liebem lust uerslossen ward/sy sprach ich hör die widerpart/der tag die nacht mit schein bekart/wach auf mein hort sich hat geschart/der sterne glast uon himels gart/wachter ich spür ein valsche wart/dein leib pringt mich jniamers art/ach wicht wer hat dich das gelart/das du mich pringst jnsendes

mart / da von mein hercz inlaid erstart / es müßt mich rewen hie und dart / ob jm mißlingt mit hineuart / das pringt dein snödes geträchte etc.
ZWar sy began jn drucken / zucken / aus dem slaff / freuntlich an sich smukken / rucken / ane straff / das er began zu krachen / wachen / sunder swachen / machen / lieplich zaff/

DEr knab erschrack aus lawres wän / sag lieb wie sol ich das uerstän / das mich dein zärtlich umbefan / in grīmer rache hie began / erschreken ser mit widerzam / hab ich dir misseuallen tan / Ach nayn du außerwelter man / mich rewt dein sorgklich uon mir gän / des bin ich mütes worden an / hör zu den voglein wūnesan / den tag zu melden sy nicht län / ain yedes vicht sein sundern yän / mit heller stymm auff pomes pan / mein hertz das müß dem wesen gran / der vns hat vberslichen/
Zwar liebste frow deins herczen qual / mich freuden ant zu manchem mal / wie wol dein er mit lieber zal / mich hat erfreut an argen ual / so ist so uil der merker schal / die uns verdencken vberal / mit snödem ticht jnschanden tal / das ich wolt sein ein animal / yo wesen gleich der nachtigal / da mit deins zartn' leibes sal / an schuld nicht flur der eren gral / doch hoff ich das kain böser gal / sich andir frew jnneydes pal / O wachter dein verswigen hal / mit trewen hat gewichen / Repeticio
Das zünglin gan sy jm spitzen / smiczen / jnden mund / plind lieb die hat nicht witzen / hiczen / trähers kund / sy aus den öglin giessen / niessen / än verdriessen / fliessen / schon verwunt/

ACh schaiden ich bin worden dein / so redt das zarte frewelein / gross freud an mir ist worden klein / seyd ich dich ußerweltes ein / hie meyden müss uon tages schein / O trumetan wie hastu mein / vergessn' hye jnsolcher pein / das du hast lan gewaltig sein / den süd und osst spatzieren hrein / ponent dein sterklich widergreyn / uerdrungen hat der dies reyn / auch lucifer der klarhait vein / dein greysen du laßt vberfreyn / des müß ich ellends magatein / auss lieben slossen strecken/
Frow nicht betrüb dein öglin klar / mich hat dein mündlin wolgeuar / erzunt mit rechter liebe gar / das mir kain not nicht schaden tar / umb trauren gäb ich nicht ein har / mein hertz sich an deins leibes nar / die mich ye weisst uon tadels par / dein er behüt sant Balthazar / die von mir vngeswachet zwar / hie worden ist an zweifel gar / das zeug ich mit der engelschar / sleuss auff dein weysse ermlin mar / zu bleiben lenger ich nicht tar / gesell dein widerkunft nicht spar / sant peter müß dich decken Repeticio
Die mayd liess in mit synnen / rynnen / jnden grans / durch weysse zendlin zynne / der mynne / sant johans / zway lieplich umbeuahen / nahen / da beschahen / zu gahen / mit geranns –

21

JR alten weib nu frewt ew mit den iungen / was uns der kalte winter hat betwungen / das wil der meye / mit geschraye / dungen / mit süsser krafft / den würczlin geben safft/
Des kalden snees mag er nit lenger tauren / was sich uersmogen hat in

krumbes lauren/das wil er wecken/recken/schir aus trauren/laub plümlin plüd/gras würmli tierly müd/
JR voglin smyerbt ewr rauhe kel/trett auff höher singet hel/jr wilden tyer vernewt ewr fel/hart welgt ewch jnden plümlin gel/ir freulin gailt ew sunder quel/gepawer rewt ein ander mel/das du den herbst wilt bachen/
Perg ow und tal forscht das geuild/sich schon erzaigt aus grundes mild/All creatuer zam und wild/nach junger frucht senlichen quillt/yecz seim geleichen nachgepildt/mein örsch schreyt gen des mayen schilt/des tüt der esel lachen/
RAyen springen/louffen ringen/geygen singen/lat her bringen/klumpern klingen/mündli zwingn'/frölich dringen/gen den freulin zart/
An uerlangen/well wir brangen/jnden sangen/mit verhangē/Laub die wangen/mit ermlin vmbfangen/zünglin zangen/des frewt sich mein bart/

Wie wol der gauch uon hals nit schon quintieret/und der frantzoisch hoflich discantieret/gug gugk/lieb ruck/der hal mir bas sonieret/und frewt mich uil für jöstlins saitenspil/Hecz iagen baissen bierssen schiessen tauben/uor grünem wald nach pfifferlingen klauben/mit ainer mayt/beklait/von ainer stauden/den lust ich breys/für alle hofeweys/May dein gezellt geuellt mir wol/wo man grëslin baden sol/ein yeklich wild besücht sein hol/da es die jungen birgt vor dol/trinck tranck katalon spanyol/dasselb gesangk und paga den zol/der troschel nicht geleichet/Jndem selben land so nam ich war/und secht ir mir icht grawe har/die trüg ich uon den freulin zwar/die weyssen bainlin wolgeuar/uerdackt mit roten hosen gar/und jre liechte öglin klar/mit swartzer farb bestreichet/Der mich aine/die ich mayne/frewt allaine/leibgebaine/wer nicht saine/mein trauren klaine/ach die raine/mitt sys hosen tüch/Mit den gebunden snüren unden/gar uerswunden/wër mein wunden/und hett funden/all mein kunden/jnparys lunden/frümt ich jr zwen schüch/

GAr waidenlich tritt sy den firlifanczen/jr hohe sprüng unweiplich sind zu tantzen/ouch hat sy phlicht/des angesicht/zu verglanczen/dieselbig mayt/die ring inoren trait/Mein langer bart der hat mir dick verschroten/uil manchen schmutz uon zarten mündlin roten/die schöne wenglin für die hendlin botten/wenn sy die leut emphiengen mit gedreut/Jr neglin rot mich machen krank/die sein gewundn krump zu lanck/nider auff die erden ist ir swanck/siczen pfligt sy sunder wanck/ouch lob ich den umbehanck/bey den betten uor den klanck/zu ainlicz von der gloggen/Jspania preussen soldans lant/Tenmarck reussen eyfen strant/Afferen frankreich engelant/flandern bickardi prabant/Cippern Nappel Romani duscant/Reynstram wer dich hat erkant/bistus der freude tocken/Da zyßly müßly/füßli fißly/henne klüßly/kompt jns hüßli/werffen ein tüßli/sußa süßly/nyena grüßli/well wir sicher han/Clërly metzly/elli ketzli/tünt ein setzly/richt ewr lëtzly/vach das rëtzly/tula hëtzly/trucza träczly/der uns freud vergan/

DEs grossen herren wunder / nyemand uolsingen mag / doch wil ich ains besunder / uast legen an den tag / wie sich der mentzsch formieret / jnder planeten purt / uon dem er wirt gezieret / geswechet vnd naturt/
Zwelf zaichen klar durch yetten / die volgen auch darzẅ / mit siben der planeten / teglichen spat und frü / sich maisterlichen sencken / tieff in des menczschen prüt / darnach es sich müss lencken / mit leib synn vnd gemüt/
AJn planet ich eẅ melde / uon erst der sunne fluss / darnach des mannes zelde / Mars und mercurius / Jouis uenus zwen klüge / zu recht nyemād uerdringt / mit seuberlichem füge / Saturnus zu jm springt/
Der leo jn seinem zaichen / ein zwelffer ist genant / ein krebs mit seinem slaichen / geleichet dem tarant / stier wider die junckfrowe / das zwiling uisch ein schücz / leg auf die wag und schowe / wasserman den Stainbock sprütz/

UNd welcher uon der sunne / orient geboren ist / dem geit der leo die wunne / starck ring zu aller frist / klüg fündig haiss und fraidig / ersam ouch dick gesund / släffrig und selten laidig / unbleiblich zu aller stund / Smal füss und mitten klaine / brait antlitz brüste gross / klain houbt klar öglin raine / schon nas nymt jr genoss / dick forschen nach dem schaden / uil mër der sind sy fro / undienstlich hubsch geladen / und achtent klain der dro / Der mon ist kalt und feuchte / der krebs also gestalt / jr menczschen faister euchte / der slaff tüt jn gewalt / gross houbt und klaine ougen / sibel der nasen spitz / uon lugern groß an lougen / sawmig launiger witz / Cheusch jnder mynne wunder / uil freud ist jn ein gast / und allzeit gern besunder / uon hertter heut getast / dünn lebson klaine zende / der amplick lang gezafft / smal schulter dicke hende / bewart gar tugendhafft/

AJn herr der bösen glider / Mars dürr und grīmlich haiss / der Tarant und ein wider / sten jn dem selben krais / jr lob ich nicht uast treute / in mentzschlicher natur / sy früchtent uast swach jr leute / mit leib syñ und figur / Jr volgk ist gar uerlogen / krieg stelen rouben tüt / unendlich gar betrogen / schendt frawn und priester güt / dünn wang gerümpffen rümer / teuff ougen jnnder praw / brait schult' weyt mülig lümer / falsch zung bös hye und da / Ain adelar ich finde / an dem Mercurio / darnach ein hübsch gesinde / junckfrow das zwilig so / die würcken göttlich cristan / reich mild warhafft getrew / scharff tichter klug juristen / stainmecz' goldsmid new / Die red mit red verkeren / hübsch prawn ein mittre leng / forchtig und hören geren / fremd sach jr antlicz eng / lang nas ein hohe stieren / schon augen dick das har / verswigen weys jr hieren / rain sauber über jar/

JOuis der tugent krone / uber alle tugent frisch / der schücz hilfft jm des schone / darzü der edel uisch / feucht haiss zu fride schiessen / sich schamen bözer weyss / hofflich an als verdriessen / zu waidenhait den breys / Clain houbt schon har murr nasen / gross brust ein runt person / eng braw dünn lebs an fasen / lang zend dick waden gedon / mißtrawig wanckler synne / zu reuten gier von stat / genaiget zu der mynne / hüglich zu aller tat / Venus der wuñe haile / sein mentzschen waidenlich / die wag des stieres gaile / sy machet gogelreich / mit saittenspil und singen / was die natur erfrewt / zu bülen tanczen springn' /sy nyemand vbergewt /Dick hals klain houbt vil löcke / swartz ougen stieren brait /lanck krumb der nasen schöcke /gross zend schön hend gemait /kurtz arm klain dicke füsse /nach der person wol lanck / die vnkeusch ist jn süsse /das nachst jr liebster gedanck/

SAturen kalt dürr geboren /sein kinder böz gelart /der Stainbock mit den horen /stat jnder selben art /ze morden stelen rouben /frowen schenter sind bekant /ze spil swërn trinken glouben /untrewlich sind gewant /Von aissen engring täsig /trüb augen swarcz nas flach /dick har brait hercz gar hessig / dick lebs törocht jr sach /gäch durch des zornes flam̄e /zu wankelhait geplunst /vßrichtig von dem stamme /des wasserman̄es flunst /Doch wirt jr fluss gemenget /uom zaichen wasserman /ein tail da von gesprenget /als ich ew sagen kan /sich schamen diser dinge /blaich weyss jr angesicht /jr zu kunfft mit gelinge /natürlich nyemt uernicht /Doch hat der mentzsch ein adel /von got natürlich brait /ob jn ein böser tadel /berürt als ich uor sayt / das er jm mag entrīnen /durch tugenthaffte spreutz /und fleiss sich rainer synne /mit hilff des heilgen crewtz/

23

WJe uil ich sing und tichte /den louff der werlde not /das schäcz ich als für nichte /wenn ich bedenck den tod /der mich nicht wil begeben /wie ferr ich uon jm ker /und stellt mir nach dem leben /sein gieng mir nahent not /An wider pott jnsäczen /zeucht er uns all hindan /mit scharpffen klügen läczen / er yedem richten kan /güt frid ist jm zerrunnen /gar snell walt sein geuert / wer ich jm nicht entrunnen /er het mich langst verzert /Jnwasser und auf lande /ze rosse füssen dick /hett er mich an dem bande /verknüpfft mit snellem strick /hett ich all schäcze funden /die soldan ye erkos /die müsst er han uerslundn' /wer ich gewesen los /Mit fällen wassers trencke /und grosser wunden tieff /Siben mal ich gedencke /noch hab ich dhainen brief /das er mich sichern welle /zeit weyl minut noch quint /er ist mein zergeselle /got waiss wie er mich uindt/

MJt warhait wil ich sprechen /von erst ein not gezalt /mit einem pflag ich ze stechen /auff rossen gross und valt /ein tür von klafters klimme /und dreyer füsse weyt /da für ich durch mit grīme /dannocht was es nicht zeit /Wol vier und zwaintzig staffel /tieff in eins kellers grund /die viel ich ab mit raffen / mein ross zerbrach den slund /mich daucht ich wolt versinken /inainem uas mit wein /yedoch bott ich ze trinken /den güten freunden mein /Darnach v̄ber ettlich wochen /got lech mir seinen hüt /ein schiff ward mir zerbrochen /auff wilden meres flüt /ich lert ein uas begreiffen /mit gütem maluisyr / das zoch mich zudem reiffen /verzagt so hett ich schier /Vnd nach derselben rayse /so was mein erste gab /geuangen und ein wayse /ward ich all meiner hab /mein houbt hett volgesungen /von slegn' ward es krank /ouch ward jn mich gedrungen /ein swert nach halbes lanck/

AVch schwīmen wolt ich leren /auf einem tieffen see /do schoss ich zu der erden /das mich sach nyemād me /vil v̄ber ein güte stunde /do kom ich aus der hicz /uisch sücht ich an dem grunde /mit meiner nasen spicz /Geuangen und gefüret / ward ich ainst als ein dieb / mit sailen zü gesnüret / das schüff meins herczen lieb / uon der ich hab erworben / mein aigen leiden swër / wer sy noch ainst gestorben / noch ist sy mir geuër / Des bin ich worden jnnen / do ich gen vngern rait / noch von derselben mynne / kom ich jngrosses laid / jnwasser wetter wegen / husch lert ich mayerol / und was ouch nach belegen / der tauggel ward ich uol / Das ist ein wasser sumpern / von hohen kläpffen gross / dorjn uil ich mit pumpern / des gouggels mich verdross / ich wett umb all die stainer / poliert durch edel dach / ob doch aus hundert ainer / plib gauggelt er mir nach /

DArnach bey dritthalb iaren / mir trauren ward bekant / von haym so wolt ich varen / ein reys jnfremde land / jnportugal kranaten / jspania barbarey / dorjnn kom mir zestatten / vil krumber stampaney / Ain herczog hochgeboren / gehaissen friderich / beweyßt mir seinen zoren / des ward ich lüczel reich / durch jn ward ich geuangen / an schuld auf meinen leib / ich wand es wër zergangen / auf diser erden pleib / Got lat nicht vngestraffet / uon seinem höchsten stül / des bin ich wild gezaffet / danck hab mein alter bül / die mir hat zü gepfiffen / vil meines leibes not / wie wol sy hat begriffen / vor lang der bitter tod / Jr lecz die slach der schawer / und kracz der wilde bër / die ist mir worden sawer / das ich jr nymm' ger / het ich die lieb versüdert / bey ainer haissen glüt / des wër ich bas gefüdert / an leib sel er und güt /

ES wër noch vil ze sagen / da wil ich lassen von / was ich jn jungen tagen / geaubenteuert han / mit kristan reussen haiden / jnkriechen güte zeit / der schimpf wil mir erlaiden / syd mich das alder ritt / Vnd waiß wenn er mich zucket / davon ich hab gesait / stümpfflichen nyder bucket / wie schon wer ich berait / wurd mich der richter howen / mit seinem strengen sail / Owe des großen grawen / wem wurd ich dann zu tail / Darumb jr fürsten herren / so gebt euch selber rat / ich darff euch nicht ze leren / ir secht wol wie es gat / all menig arm und reiche / macht ewch der sünde keusch / das euch nicht vbersliche / der tod mit seim gereusch / Welt mich nympt ymm' wunder / wer dich newr hab geplent / und sichst tëglich besunder / das uns der tod entrent / hewt frisch starck morgen krenklich / und vber morgen tod / dein lob ist vnuerfäncklich / bedenckst du nit die not etc. *Amen – Amen – Amen –*

Nota diss uorgeschriben lied. Wie uil ich sing und tichte singet sich jnnder melody des grossen herren wunder etc.

Vil hor vnd wänig sag. So lebstu mit frauden manigen tag.

24

KAin freud mit klarem herczen / trüg ich nye ainen tag / an hoffnung forcht und schmerczen / der ains mich yo bewag / uil armüt ich empfinde / tëglich auf diser erd / mit mangerlay gesinde / des mir das alder mert / Mein frewd ward nye so michel / uil grösser ist die wart / wenn mir des todes sichel / die zeitlich freud verkart / güt hoffnung tüt mich waichen / das ich jr wolgetraw / ich fürcht sy werd mich laichen / wie vil ich auf sey paw / So mich der schmercz begreiffet / und dent mich zudem tod / freud hoffnung von mir sleiffet/und lat mich inder not/die forcht kompt wie ich sterbe/graußlicher wirt die kunst/das ich dort nicht verderbe/jnengestlicher brunst/

ALl maister uns das lesen/aus der vil hailgen schrifft/das kainer müg genesen/wer jnn der sünde gifft/tödlichen wirt erfunden/än beicht büss ware rew/des sel werd dort geschunden/mit mangerlay geprëw/Seyd yecklich sünd besunder/gebusset wirt swërlich/so nymt mich ymm' wunder/wes ich mich selber zeich/das ich mein tödlich leben/hie büßlich nicht vertreib/und laß mich v̈berstrebn'/den krancken snöden leib/Mit sünd groß mitter klaine/und swachlichem gelust/vernunft volgt mir vnraine/und all mein synn vertust/das ich nicht wil verschrenken/den gifftiklichen wurm/der mir die sel maynt krencken/schärpflich mit herttem sturm/

AJn schacz hab ich uerloren/köstlich das ist mein klag/und tüt mir ymm' zoren/vmb mein vergangen täg/der ich schier hab uertriben/wol segs vnd vierczig jar/sündtlich darjnn beliben/das rewt mich sicher zwar/Die zeit auf erd hie pringet/der sel mang sweren stoss/die zeit auf erd hye twinget/uon got genad so gross/die zeit schafft frewd und quale/hie nach des todes zil/des hastu menczsch die wale/zu nemen was du wil/O außerwelte schrancke/keusch junckfrewliche macht/mein lob dir ymmer dancke/seyd du ein kindlin bracht/das vns mit seinem leiden/erlost an creuczes päm/ob wir newr wellen meyden/was jm ist widerzäm/

25

AJn burger und ein hofman/begunden tyspietiern/die namen einen obman/für war ein alte diern/und welcher bas möcht geben/den freulin hohen müt/darumb sy wurden streben/do sprach der hofman güt/Jch bin ain jüngling küne/kraws weyss ist mir das har/darauf ein krenczlin grüne/trüg ich das gancze jar/wol kan ich singen schallen/und schreyen frischlich ju/solt ich nit bas geuallen/den freulin rain wänn du/Jch sey ein burger weyse/gar still ist mein geuert/mit süssen worten leyse/wirt mir vil liebs beschert/und trag ein swere taschen/die ist der pfenning vol/darjnn so laß ich naschen/das tüt den freulin uol/Des frag die alte kewe/mit kurtzen worten slecht/ich sprich bey meiner trewe/der burger hat wol recht/ich hab mein Zeit verkuppelt/zu brixsen jndem krays/vil parell aus gesuggelt/das ich den louff wol waiss/

JCh pflig nit grosser wicze/mein barschafft die ist klain/jr alte kamer czicze/ia bin ich hübsch und rain/solt mir nicht bas gelingen/nu tün ich mir so we/mit reitten tanczen springen/vil durch den grünen kle/Jch bül mit güten sitten/daran bin ich nicht lass/hab ich nicht uil geritten/leicht mag ich dester bas/mit güt und an dem leibe/wann jr vil röscher knab/auch füg ich mangem weibe/mit kostberlicher gab/Rain frow von hohn eren/der ist dein gab enwicht/jr hercz mag nicht emberen/wann sy mich frölich sicht/verwegenlichen sprengen/v̈ber einen graben tieff/ich hoff sy tü verhengen/send ich jr meinen brieff/Des müss ich aber lachen/sprach es die grieswärtlin/was sol man daraus machen/die bülschaft hat nicht jnn/ich hett mich ainst verschossen/mit einem knaben junck/des hett ich nye genossen/newr vmb ein bösen trunck/

HEr jünglingk ew möcht friesen/jr habt verschrotten zwier/werdt jr das dritt verliesen/das habt jr newr von jr/ich traw ein mayd ersleichen/zwar die jr nicht erlouft/und mügt mir nit geleichen/jr werdt dañ recht getoufft/Das müsst der valant schaffen/ich sey von cristen art/und weiss das mit dem pfaffen/der mich töfflich bewart/auch wil ich des geniessen/gen freulin weyt für dich/wenn ich mein sper lass fliessen/mit ritterlichem stich/Turnieren und ouch stechen/das ward mir nye bekant/ich hab ein peutel frechen/darjn stoss ich mein hand/gold silber edel gestaine/zeuch ich daraus genüg/und tail den freulin raine/dasselb ist bas jr füg/Gar war sprach es die alte/so werdt mir nymmer hold/kain besser lieb nicht walte/wann silber oder gold/darumb liess ich mich nüczen/auf den geracken tod/E ich mich wolt beküczen/mit kaines hofmans not/

Seyd ich nu han verloren/du alter böser sack/das tüt mir ymmer zoren/ich slach dich auf dein nack/das dir bey ainlif zende/emphallen nicht gar schon/der tiefel müss dich schenden/das gib ich dir zu lon/Jch burger zuck ein ryem güt/uon einem peutel gross/see hin mein liebe diemüt/fünf pfund für disen stoss/kouff hüner ayr und würste/und darzu güten wein/und wenn dich aber dürste/so kom h'wider ein/Der lon der wirt mir sawer/nu han ich kainen zand/den hofman slach der schawer/der mir sy hat entrant/und müss hinfür derwelhen/koufft jr mir nit ain kü/da mit ich hab zu melhen/ein müss des morgens frü/Jch kouff dir kü und kalben/und wes dein leib bedarff/seyd ich den hofman ualben/hab vberstritten scharf/und waiß ein schöne mëtzen/dort oben an dem egk/die soltu mir ersweczen/das gilt dir würst und wegk/

Der streit hat sich verbrauset/redt all darzu das best/wer alde weiber hauset/der hat ouch geren gest/wañ alte weib und änten/gehören inainen see/was sol man dran verquenten/kain uich das schnattrot me –

Nota diss uorgeschriben zway lieder kain freud mit klarem herczen etc. und Ain burger und ain hofman singet sich Jnn der melodey. des grossen hrn' wunder etc.

26

DVrch aubenteuer perg und tal/so wolt ich uaren das ich nicht verläge/Ab nach dem Reyn gen Haidelwerg/jnengelant stünd mir der syn nicht träge/gen schottlant yerrland vbersee/auf hölggen gross gen portugal zu siglen/nach einem plümlin was mir we/ob ich die liberey da möcht erstiglen/uon ainer edlen künigin/jnmein gewalt verriglen.

UOn lyzabon in barbarey/gen Septa das ich weylent half gewynnen/da manger stolczer mor so frey/uon seinem erb müsst hinden aus entrynnen/Granaten hett ich bas versücht/wie mich der rotte küng noch hett emphangen/zu ritterschafft was ich geschücht/uor meinen kindlin wer ich darjnn gangen/dafür müsst ich zu tisch mit ainem/stubenhaiczer brangen/

WJe wol ich mangen herrten straiff/eruaren hett des hab ich klain genossen/seyd ich ward zu dem stegeraiff/mit baiden sporen seuberlich uerslozzen/dieselbig kunst ich nye gesach/doch hab ich sey an schaden nicht geleret/do klagt ich got mein ungemach/das ich mich hett uon howenstein verferret/ich forcht den weg gen wasserburg/wenn sich die nacht versteret/

INeinem winckel sach ich dort/zu fellenberg zwen boyen eng und swëre/ ich swaig und redt da nicht uil wort/ye doch gedächt ich mir nöttlicher mëre/wurd mir die ritterschafft zu tail/jndisen sporen möcht ich mich wol streichen/mein gogelhait mit aller gail/geriet vast trauriklich ab jn ain keichen/was ich güt antlas dorumb gab/das tet ich haimeleichen/

ALso lag ich ettlichen tagk/der römisch küng die sorg mir nicht vergulde/ das ich nicht wesst wenn mir der nack/verschrotten wurd wie wol ich hett kain schulde/zwar oben nyden hinten vor/was mir die hüt mit leuten wolbestellet/wart Peter Märckel zu dem tor/er ist bescheid das er uns nit entsnellet/mein listikait hett jn der fürst/die oren vol erschellet/

DArnach so ward ich gen jnsbrugk/ein preussen vart gen hoff köstlich gefüret/dem meinem pfärd all vber rugk/verborgenlichen nyden zü versnüret/ellender rayt ich hinden ein/und hett doch nicht des kaysers schacz uerstolen/man barg mich uor der sunneschein/für springen lag ich zwainczig tag verholen/was ich da auff den knyeen zerraiss/das spart ich an den solen/

AJn alter swab gehaissen planck/der ward mir an die seitten dick geseczet/ Ach got wie bitterlich er stanck/uon seinem leib wird ich des nicht ergeczet/ er trüg ein bain mit ainer klufft/der autem gieng jm wilde uon dem munde/ darzü so felscht er dick den lufft/uast ungehäbig nyden An dem grunde/ und ob er noch den Reyn uerswellt/wie wol ich jm des gunde/

DEr peter haiczer und sein weib/planck und ein schreiber der was tëglich truncken/die machten grausen meinen leib/wenn wir das brot zesamen wurden duncken/symm ain' koczt der ander hielt/den bomhart nyden mit der langen mässe/Als der ein büxss uon anderspielt/die vberladen wër durch buluers lasse/hofieren das was mangerlay/uon jn durch uolle strässe/

MEin frölichkait gab tunkeln schein/do mich gedenck hin hinder machten swiczen/das mich der phalczgraf uon dem Reyn/uor kurtzlich bat ob jm ze tische siczen/wie gleich der falck den kelbn' was/der römisch küng hett mein so gar uergessen/bey dem ich ouch uor zeitten sass/und halff das krut auss seiner schüssel essen/da wider was ich uon dem viersst/abguallen ungemessen/

NOch waiss ich ainen jnnder leuss/mit namen kopp den kund ich nye geswaigen/der snarcht recht Als ein hafenreuss/wennjn der starck tramynn' trang ze saigen/zwar sölhen slaff ich nye gehort/des müsst ich baide oren dick verschieben/mein houbt hat er mir dick bedort/das es mir von ainander wolde klieben/wër ich ein weib umb alles güt/so möcht er mir nicht lieben/

DEr kreyger und der greysnegger/moll trugsäzz retten all darzu das besste/

der Salczmair und der Neydegg'/freyn Grauen Säldenhoren freunt und gesste/die baten all mit rechter gier/den fürsten reich durchleuchtig hochgeboren/da mit er wër genëdig mir/und tët kain gäch inseinem ersten zoren/er sprach ia werden solcher leut/uon bomen nicht geboren/

DJe selbig red was wol mein füg/mit meines bülen freund müßt ich mich aynen/die mich uor jaren ouch beslüg/mit grossen eysen nyden zu den baynen/was ich der mynn genossen hab/des werden meine kindlin noch wol jnnen/wenn ich dort lig jnmeinem grab/so müssen sy jre hendlin dorumb winden/das ich den namen ye erkannt/uon diser hausmanynnen/

DO sprach der herr auss zornes wän/gen seinen Rëten gar An als verdriessen/wielang sol ich jn ligen lan/künt jr die tayding nymm' mer versliessen/was hilfft mich nu sein trauren da/mein zeit getraut ich wol mit jm vertreiben/wir müssen singen fa sol la/und tichten hoflich uon den schönen weiben/pald ist die vrfech nicht berait/so lat sy kurtzlich schreiben/

DEm kantzler ward gebotten zwar/Auss meiner uäncknuss halff er mir behende/geschriben und versigelt gar/des danck ich hertzog fridrich An mein ende/der Marschalck sprach nu tritt mir zẅ/mein herr hat deins gesanges kom erbitten/ich kom für jn do lacht er frü/secht do hüb sich ein heulen ane sitten/uil mancher sprach dein vngeuell/soltu nicht han verritten/

DO batt ich in an allen haß/für meinen frewnd der ist für war ain freye/der newnt halb iar gelegen was/geuangen jnn des edlen fürsten kreyge/Er sprach nun für in mit dir haim/vnd hilf im durch sein frewnd genade süchen/also kert ich gen hawenstain/zwar disem fürsten sol ich nymm' fluchen/das er mir noch so wol getrawt/des helf mir got geruchen/

DEr wirdig got der haimlich got/der wunderlich jnden vil außerkoren/der liess mir nye kain freys gebott/die leng des han ich dick ein spil verloren/mein tentzschikait und ṽppig er/ist mir durch jn an wasser offt erloschen/wann zeuch ich hin so wil er her/indisem streit so wird ich ṽberdrosschen/verdiente straff zwar umb die mynn/bestet mich manchen grosschen/ *Vltimus uersus est uerissimus. Peroswaldum Wolckenstainer.*

27

JCh hab gehört durch mangen granns/mit ainem sprichwort dick ein toren triegen/sym̄ lippel wër ein güte ganns/hett er newr federn das jm slawnt ze fliegen/bey dem ein yeder merken sol/das sich die löff jnmanchem weg uerkeren/das prüfft man an den gensen wol/jr ainualt sy gescheidiklichen meren/zu Behem und ouch anderswo/do sy die federn reren/

DAs federspil hat ser uerzagt/die Adler falcken häbich sparwer smyeren/sein bayss mir laider nit behagt/wan ich jr schellen uast hör tympelieren/des wirt uil manig edel geuicht/uon ainer groben ganns ze tod geslagen/gebissen ser und gar uerdiecht/wie da beschicht darnach türfft jr nicht fragen/wann alte sünd pringt newe scham/hör ich die weysen sagen/

JR edlen ualken pilgerin/ewr nam ist gaistlich wirdikleich gebreiset/mit ewerm flug uil höher hin/wañ ander ualken kürlich underweyset/ein maister gross uon oberlant/ewr schnäbel füss/hat forchtiklich uerhürnet/nu lat ew reulich wesen ant/wo jr denselben maister hand erzürnet/und mawßt die alden federn ab/leicht wirt die ganns verdürnet/

JR sägger blawfüss nemet war/als edel geuiecht der cristenhait besunder/seyd euch entstet ein genslich schar/uon ainem land des lat ew wesen wunder/des hört man offt ein genselein/durch seinen vaistn' kragn' spöttlich lachen/wol auff all uogel rauch und rain/hilf Adler gross dein swaymen las erwachen/fliegt schärpfflich ab und stosst die genns/das jn die rügk erkrachen/

IY huss nu hass dich alles laid/und heck dich lucifer pylatus herre/des herberg wirt dir unuersait/wenn du jm komst auss fremden landen ferre/und ist dir kalt er macht dir warm/mit einem bett so wirstu nicht verlassen/uil güt geferten reich und Arm/die möchstu finden auff derselben strassen/wilt du den wigklöff nicht verlän/sein ler die wirt dich hassen/

AJn yeder uogel jnnder welt/sein orden halt jn dem er ist geboren/mit seinem gelouben vnu'melt/wann newr die ganns wil tragen krumppe horen/da mit sy ander uogel rain/uerstossen wil sich selber gar versenken/mit tieffem flug uon der gemayn/gen fewerspach tüt sy die federn schrenken/die schrift zu felschen mer wann All/jr vodern ye gedenken/

DEn besten vogel den ich waiss/das was ein ganns vor zeitn' ward gesungen/das hat zu Beheim jnndem krays/verkeret sich wann jn ist misselungen/mit einem wort wo vor das best/jndisem rayen merklich ist gestanden/da wider schreiben maister gest/das bösst so man es uindt in allen landen/Also hat sich die ganns verkert/daselbs mit grossen schanden/

IR braitter füss möcht werden smal/wolt newr ein man der vns all hat beschaffen/wie der vergëss seins zornes fal/und stiess durch barmung jn sein veintlich waffen/das er ṽber uns gezogen hat/mit scharpffer schneyd und grauselichem spitze/umb unser grosse missetat/die wir tëglich begen durch sünden glicze/der kaine vngeschaben bleibt/mit peiniklicher hicze/

IR güten cristan seyt gemant/andächtiklich helfft uns den fürsten flehen/das jm sein zoren werd gewant/den wir durch grosse zaichen rächlich sehen/jnfrankreich Engelant katalon/jnlampart und zu Behem auf der mitte/mit jnflüss mansleg sterben gan/und durch gelouben ketzerlich' sitte/stee für Maria wendt dein kind/Jch Wolkenstein das bitte Amen.

28

Cisioianus

MENczschlichen got beschnitten schon/drey küng für Erhart hohen lon/han jn dem tron/ouch Marcellus Anthoni/Prisca octauo fabien/Agnes Vinczenczen wil besten/paul pollicarpen/Hanns macht val constantini/Die breyd maria blasen da/Ag dor und Helena polon Scolastica/octauo lieplich loben/Valtein und julian began/symeon fragen freuntlichn' umb peterman/jns math Walpurg wil zoben/

ROman donat sym küng Äderlin/pfincztages in des mertzen schein/ein bedëlein/Gregorio beraiten/Hilf marthan das gedrut verleich/uns herberg Benedict nit weich/unser frowe reich/Ruprecht well uns dort laitten/ Abrelle wankelicher müt/Ambrosius der Celestim mit hohem früt/gab Babst Leo dem tyburtzen/Auss ellend uns Valer schier ker/eins güten endes jörg Marcus uns hye gewër/Vitalis früchtet wurtzen/

PHilipp Sigmund Creucz florian/Gothart johanns zwen hailig man/Corbianus bran/pangratz brangt der Sophellen/Pilgrin der bracht potentz basill/ein mayen plüd durch urbans will/vergib Hanns tzirill genczlichen petronellen/Bewart getrewer Asimus/und Bonifacius mit senat der primi alsus/wart pflancz las veut nicht faulen/Gelobt ein heilger ritter uein/ Achacius und johannes toufft Henselein/peyss leo peter paulen/

DJe künigin uor ulrich rait/Vnd ouch kylianus darnach schrait/Margret Haintz sait/taylunge gebt Allexen/Arnolf der lüd praxederlein/Magdalena Junckfrow Cristein/jacob Ändlein/die band felix ein krächsen/Petrus Steffan steffanus frūm/Oswaldus Sixt Affra die romt laurentzium/und nussen polt Euseben/Frow trinck sprach Agapt ein Bernhart/fragt Thimotheen den Bartlomeen unu'kart/ob ruff Hanns Augst mer leben/

GJlg schankte güten most sant Mang/Regin Marey Corbin illang/protüslin sang/hochgelobtes creucze froni/Offney lamprecht vernempt mich gar/ Matheus und Maricz Ruprecht zwar/Virgil Cosmar/wenczla Michel yeroni/Remigius kenstu frentzelein/mit seinen faulen käsen dyonis jm gügelein/ Maxim Colman lert hangen/Gall husch lucas göttlichen schraib/Vrss süchte Colen Crispinus Columb haym blaib/Symon marcz kunt wolfgangen/

HEiligen Eustachius der vieng wild/lienhart gebrüdern vier gilt/Mart Martein milt/Briczien gens briet öttel/Jss mit elzbetha frölich fro/Cecil Clement Crisogono/kathrein Cünczo/Virgil louff nach Andriöttel/Cant frölich sola Barbara/nicetus Claus und maria uon Montsera/damasius und Lucie/Die müsssen alle hilflich sein/auss jndia Thomas kündt uns das jhesumlin/ste hanns kind Tho kumpt silureyen/Siluester –

28

(Fassung nach Hs.A)

Jr solt merchen daz anno dm̄ xxxj ist vij die guldein czal vnd dar nach xxxij sint viij die guld czal vnd also fur vnd fur iarichleich vncz auf newnczechnē so hebt man wider an einē an. vnd wa ir in dem kalend' vij findet anno 3i. da wirt der man new

Jtm' ob ir welt wissen wen d' vasenacht ist so merchket den nachsten newen manē nach dem liechtmessmes tag vnd der nachste mittich dar nach ist d' asch'mittich

die guldein Zal	*Hore*	*Minutt'*				*Guldein Zal*	*Hore*	*Minutte*			
xjx	*v*	*xj*	*d*	*A*	*ensleichen*					*c*	*Valtein*
viij	*v*	*lij*	*n*	*b*	*got*	*iiij*	*vj*	*xxvij*	*d*	*d*	*vnd*
				c	*wesnytten*					*e*	*julian/*
xvj	*ij*	*j*	*n*	*d*	*Schon/*	*xij*	*vij*	*xviij*	*n*	*f*	*began/*
v	*ij*	*xlij*	*d*	*e*	*drey*	*j*	*iij*	*xxviij*	*n*	*g*	*Symon*
				f	*kunig*	*jx*	*iiij*	*jx*	*d*	*A*	*fragen*
xiij	*iij*	*xxxiij*	*n*	*g*	*vnd*					*b*	*frewtleichen*
ij	*xj*	*xxxij*	*d*	*A*	*Erhart*	*xvij*	*o*	*xviij*	*d*	*c*	*vmb*
				b	*hochen*					*d*	*peterman/*
x	*o*	*xiij*	*d*	*c*	*lon/*	*vj*	*o*	*lviiij*	*n*	*e*	*Jnns*
				d	*han*	*xiiij*	*j*	*xl*	*d*	*f*	*math*
xviij	*viij*	*xxij*	*n*	*e*	*jnn*					*g*	*walpurg*
vij	*jx*	*xiij*	*d*	*f*	*dem*	*iij*	*jx*	*xlviiij*	*d*	*A*	*wil*
				g	*tron/*	*xj*	*xj*	*xxx*	*d*	*b*	*czoben/*
xv	*jx*	*xliiij*	*n*	*A*	*auch*	*xjx*	*vj*	*xxxjx*		*c*	*Roman*
				b	*marcellus*					*d*	*donat*
iiij	*v*	*xliij*	*n*	*c*	*antonÿ/*	*viij*	*vij*	*xx*	*n*	*e*	*sim*
xij	*vj*	*xxxiiij*	*d*	*d*	*Brisca*					*f*	*kung*
j	*ij*	*xliij*	*d*	*e*	*octauo*	*xvj*	*iij*	*xxviiij*	*n*	*g*	*äderlein/*
				f	*fabien/*	*v*	*iiij*	*x*	*d*	*A*	*pfincztags*
jx	*iij*	*xxiiij*	*n*	*g*	*agness*					*b*	*jn*
xvij	*xj*	*xxxiiij*	*d*	*A*	*vinczenczen*	*xiij*	*iiij*	*lj*	*n*	*c*	*dez*
				b	*will*					*d*	*merczen*
vj	*o*	*xv*	*d*	*c*	*westien/*	*ij*	*j*	*o*	*n*	*e*	*schein/*
				d	*Paull*	*x*	*j*	*xlj*	*d*	*f*	*ain*
xiiij	*o*	*lvj*	*n*	*e*	*pollicarpen/*					*g*	*padellein/*
iij	*jx*	*v*	*d*	*f*	*hanns*	*xviij*	*jx*	*l*	*n*	*A*	*gregorio*
				g	*macht*	*vij*	*x*	*xxxj*	*d*	*b*	*weraitten/*
ij	*jx*	*lvj*	*n*	*A*	*val*					*c*	*Hilf*
				b	*constantiny*	*xv*	*jx*	*xij*	*n*	*d*	*matron*
xjx	*v*	*lv*	*n*	*c*	*die*	*iiij*	*vij*	*xxj*	*n*	*e*	*daz*
viij	*vj*	*xxxvj*	*d*	*d*	*breid*	*xij*	*viij*	*ij*	*d*	*f*	*gedrawt*
xvj	*ij*	*xlv*	*d*	*e*	*Maria*					*g*	*verleich/*
				f	*blasen*	*j*	*iiij*	*xij*	*d*	*A*	*vns*
v	*iij*	*xxvj*	*n*	*g*	*da/*					*b*	*herberg*
xiij	*iiij*	*vij*	*d*	*A*	*ag*	*jx*	*iiij*	*liij*	*n*	*c*	*benedict*
				b	*dor*					*d*	*nicht*
ij	*o*	*xxvj*	*d*	*c*	*vnd*	*xvij*	*j*	*ij*	*n*	*e*	*weich/*
				d	*elena/*	*vj*	*j*	*xliij*	*d*	*f*	*Vnser*
x	*o*	*lvij*	*n*	*e*	*polon*					*g*	*frawe*
xviij	*jx*	*vj*	*d*	*f*	*scolastica/*	*xiiij*	*ij*	*xxiij*	*n*	*A*	*reich/*
				g	*octauo*	*iij*	*x*	*xxxiij*	*d*	*b*	*Ruprecht*
vij	*jx*	*xlvij*	*n*	*A*	*lipleich*					*c*	*wel*
xv	*x*	*xxviij*	*d*	*b*	*loben/*	*xj*	*jx*	*xiiij*	*n*	*d*	*mich*

Guldein Zal	Hore	Minutt				Guldeī Zal	Hore	Minutt			
jx	vij	xxiij	n	e	dort	xij	jx	xxxj	d	b	Sophellen/
viij	iiij	iiij	d	f	laitten/					c	Pilgrim
				g	Abbrelle	j	v	xl	d	d	der
xvj	iiij	viij	d	A	wankleicher					e	bracht
				b	Mütt	jx	vj	xxj	n	f	potencz
v	iiij	liiij	n	c	ambrosius					g	pasill/
xiij	v	xxxv	d	d	der	xvij	ij	xxx	n	A	ein
				e	celestin	vj	iij	xj	d	b	maien
ij	j	xliiij	d	f	mit					c	plud
				g	hochem	xiiij	iij	lij	n	d	durch
x	ij	xxv	n	A	frut/					e	vrbans
xviij	x	xxxiiij	d	b	gab	iij	o	j	n	f	will/
				c	pabst	xj	o	xliij		g	Vergib
vij	xj	xv	n	d	leo	xjx	viij	l	d	A	hanns
xv	xj	lvj	d	e	den	viij	jx	xxxj	n	b	Zirill/
iiij	viij	v	d	f	Tiburczen/					c	ganczleichen
				g	Auzz	xvj	v	xlij	d	d	petronellen/
xij	viij	xlvij	n	A	ellend					e	Weratt
				b	vns	v	vj	xxij	n	f	getrewer
j	iiij	lvj	n	c	valer/	xiij	vij	iij	d	g	asmus/
ij	v	xxxvij	d	d	schir					A	vnd
				e	cher/	ij	iij	xij	d	b	bonifacz
xvij	j	xlvj	d	f	eins					c	mit
				g	guten	x	iij	liij	n	d	senat
vj	ij	xxvj	n	A	endes					e	der
xiiij	iij	viij	d	b	Jorg	xviij	o	ij	n	f	primÿ
				c	marcus	vij	o	xlij	d	g	alsus/
iij	xj	xvij	n	d	hie					A	wart
xj	xj	xxxviij	d	e	gewer/	xv	j	xxij	n	b	pläncz
xjx	viij	vij	d	f	vitallis	iiij	jx	xxxiiij	d	c	laz
				g	fruchtet	xij	x	xv	n	d	nicht
viij	viij	xlviij	n	A	wurczen/					e	veitt
				b	Philip	j	vj	xxxiiij	n	f	ffaulen/
xvj	iiij	lvij	n	c	Sigmūd	jx	vij	v	d	g	Gelobt
v	v	xxxviij	d	d	chrewcz					A	ein
				e	florian/	xvij	iij	xiiij	d	b	heiliger
xiij	vj	xxj	n	f	gothart					c	ritter
				g	johanns	vj	iij	lv	n	d	vein/
ij	ij	viij	n	A	czwen	xiiij	iiij	xxxvj	d	e	achatius
x	iij	ix	d	b	heilige					f	vnd
				c	man/	iij	o	xlv	d	g	Johannes
xviij	xj	xviij	n	d	corbinianus	xj	j	xxvj	n	A	taufft
vij	xj	lviiij	d	e	pran/	xjx	jx	xxxv	d	b	henssellein/
xv	o	xl	d	f	pangracz					c	peis
iiij	viij	l	n	g	prangt	viij	xjx	xvj	n	d	leo
				A	vor					e	peter

dy guldein Zal	Hore	minutt'				Guldein Zal	Hore	Minute			
xvj	*vj*	*xv*	*n*	*f*	*paulen/*	*jx*	*viij*	*xxxiij*	*d*	*c*	*Fraw*
v	*vij*	*vij*	*d*	*g*	*Die*					*d*	*trinkk*
				A	*kunigin*	*xvij*	*iiij*	*xlij*	*d*	*e*	*sprach*
xiij	*vij*	*xlvij*	*n*	*b*	*vor*					*f*	*agapt*
				c	*Vlreich*	*vj*	*v*	*xxiij*	*n*	*g*	*ein*
ij	*iij*	*lvj*	*n*	*d*	*Rait/*	*xiiij*	*vj*	*iiij*	*d*	*A*	*bernhart/*
x	*iiij*	*xxxvij*	*d*	*e*	*vnd*					*b*	*fragt*
				f	*auch*	*iij*	*ij*	*xiij*	*d*	*c*	*dyemothe*
xviij	*o*	*xlvj*	*d*	*g*	*kylianus*	*xjx*	*jx*	*iij*	*d*	*d*	*den*
				A	*dar*	*xj*	*ij*	*liiij*	*d*	*e*	*Bartlmen*
vij	*j*	*xxviij*	*n*	*b*	*nach*					*f*	*vnv'kart/*
xv	*ij*	*viij*	*d*	*c*	*schraytt/*	*viij*	*xj*	*xliiij*	*n*	*g*	*ob*
iiij	*x*	*xviij*	*n*	*d*	*margret*						*Ruff*
xij	*x*	*lviiij*	*d*	*e*	*haincz*	*xvj*	*vij*	*liij*	*n*	*b*	*augst*
				f	*saytt/*	*v*	*viij*	*xxxiiij*	*d*	*c*	*Hanns*
j	*vjj*	*viij*	*d*	*g*	*taillunge*					*d*	*mer*
				A	*gebt*	*xiij*	*jx*	*xv*	*n*	*e*	*leben/*
jx	*vij*	*xlviiij*	*n*	*b*	*allexen/*					*f*	*Gill*
				c	*Rrnolff*	*ij*	*v*	*xxiiij*	*n*	*g*	*schankt*
xvij	*iij*	*xlviij*	*n*	*d*	*der*	*x*	*vj*	*vj*	*d*	*A*	*guten*
vj	*iiij*	*xxxjx*	*d*	*e*	*ludt*					*b*	*most*
				f	*praxedellein/*	*xviij*	*ij*	*xv*	*d*	*c*	*sand*
xiiij	*v*	*xx*	*n*	*g*	*magdalen*					*d*	*mãg/*
				A	*junkfraw*	*vij*	*ij*	*lvj*	*n*	*e*	*regin*
iij	*j*	*xxjx*	*n*	*b*	*christein/*	*xv*	*iij*	*xxxvj*	*d*	*f*	*mareÿ*
xj	*ij*	*x*	*d*	*c*	*jacob*	*iiij*	*xj*	*xl*	*n*	*g*	*corbin*
xjx	*x*	*xjx*	*n*	*d*	*ändlein/*					*A*	*illang/*
viij	*xj*	*o*	*d*	*e*	*die*	*xij*	*o*	*xxviij*	*n*	*b*	*protusellein*
				f	*pant*	*j*	*viij*	*xxxvj*	*d*	*c*	*sang/*
xvj	*vij*	*jx*	*d*	*g*	*felix*					*d*	*hochleiches*
				A	*ein*	*jx*	*jx*	*xvij*	*n*	*e*	*chrewcze*
v	*vij*	*xv*	*n*	*b*	*kräschen/*					*f*	*froni/*
xiij	*viij*	*xxxj*	*d*	*c*	*Petrus*	*xvij*	*v*	*xvj*	*n*	*g*	*Offney*
				d	*stephan*	*vj*	*vj*	*xvij*	*d*	*A*	*lamprecht*
ij	*iiij*	*xl*	*d*	*e*	*steffannus*					*b*	*vernempt*
				f	*frum/*	*xiiij*	*vj*	*xlvj*	*n*	*c*	*mich*
x	*v*	*xxj*	*n*	*g*	*Oswaldus*					*d*	*gar/*
					syxt	*iiji*	*ij*	*lvj*	*n*	*e*	*matheus*
xviij	*j*	*xxxj*	*n*	*b*	*affra*	*xj*	*iij*	*xxxviij*	*d*	*f*	*mauricz*
vij	*ij*	*xij*	*d*	*c*	*die*	*xjx*	*xj*	*xlvij*	*n*	*g*	*vnd*
xv	*ij*	*lij*	*n*	*d*	*Romt*					*A*	*Rupprecht*
iiij	*jx*	*ij*	*d*	*e*	*Laurenczium/*	*viij*	*o*	*xxviij*	*n*	*b*	*zwar/*
				f	*vnd*	*xvj*	*viij*	*xxxvij*	*d*	*c*	*Virgil*
xjx	*xj*	*xliij*	*n*	*g*	*nussen*					*d*	*Cosmar/*
				A	*polt*	*v*	*jx*	*xxviij*	*n*	*e*	*weczla*
j	*vij*	*lij*	*n*	*b*	*Euseben/*	*xiij*	*jx*	*lviiij*	*d*	*f*	*michel*

Guldein	Hore	Minutt				Dyguld Zal	Hor'	Minute			
				g	jerony/					e	otell/
ij	vj	jx	d	A	Remigius	xiiij	viij	xvj	n	f	Js
				b	kenst					g	mit
x	vj	l	n	c	dw	iij	iiij	xxv	n	A	elspeta
				d	franczellein/	xj	v	vj	d	b	froleich
xviij	ij	lviiij	n	e	mit	xjx	j	xv	d	c	fro/
vij	iij	l	d	f	seinen					d	cezill
				g	faulen	xviij	j	xxvj	n	e	clement
xv	iiij	xx	n	A	kässen	xvj	x	vj	d	f	Crisogono/
iiij	o	xxx	n	b	diniss					g	kathreyn
xij	j	xj	d	c	jm	v	x	xlvij	n	A	kunczo/
				d	gugellein/	xiij	xj	xxviij	d	b	virgil
j	jx	xxviiij	n	e	maxim					c	lauff
jx	x	j	d	f	colman	ij	vjj	xxxvij	d	d	nach
				g	lertt					e	anderötl/
xvij	vj	x	d	A	hangen/	x	viij	xviij	n	f	Cant
				b	Gall					g	froleich
vj	vj	lj	n	c	husch	xviij	iiij	xxvij	n	A	sola
xiiij	vij	xxxij	d	d	lucas	vii	v	viij	d	b	barbara/
				e	gotleichen					c	nicetus
iij	iij	xlj	d	f	schraÿb/	xv	v	xlviij	n	d	claus
				g	vrs	iiij	j	lviij	n	e	vnd
xj	iiij	xxij	n	A	suchte	xij	ij	xxxjx	d	f	maria/
xjx	o	xxxj	n	b	kölen					g	von
viij	j	xij	d	c	Crispinus	j	x	lviij	n	A	mantsera/
				d	columb	jx	xj	xxjx	d	b	damasÿus
xvj	jx	xxj	n	e	haim					c	vnd
v	x	ij	d	f	pelaib/	xvij	vij	xxxviij	d	d	Luceye/
xiij	xj	xliij	n	g	Symon					e	Die
				A	narcz	vj	viij	xjx	n	f	mussen
				b	kuntt	xiiij	jx	o	d	g	all
ij	vj	liij		c	wolfgangen/					A	hilfleich
x	vij	xxxiiij		d	Heiligen	iij	v	jx	d	b	sein/
				e	Eustacheus					c	auz
xviij	iij	xliij	d	f	der	xj	v	l	n	d	Jndia
				g	vieng/	xjx	j	lviiij	n	e	Tomas
vij	iiij	xxiiij	n	A	wild/	viij	ij	xl	d	f	kündt
xv	vj	iiij	d	b	Lienhart					g	vns
iiij	vij	xiiij	d	c	gebrudern	xvj	x	l	n	A	Daz
				d	vier	v	xj	xxxj	d	b	Jesumlein/
xiij	j	lv	n	e	giltt/					c	ste
j	x	xl	d	f	mart	xiij	o	xij	d	d	hanns
				g	martein/					e	kynd
jx	x	xlv	n	A	milt/	ij	viij	xxj	n	f	tho
				b	Briczien	x	jx	ij	d	g	kumpt
xvij	vj	liiij	n	c	gengs					A	Silfrey
vj	vij	xxxv	d	d	pryet						

29

DEr himel fürst uns heut bewar / got und sein liebe mütter klar / die engel schar / vnd all gots heilgn' werde / Allmächtikait v̈ber alle macht / und der als wesen hat bedacht / künstlich uolbracht / jnhimel und auf erde / Der sey unser schilt uor aller not / beschierm uns durch sein mart' und den bittern tod / das blüt hailg rot / walt unser sünd ablässe / Laß herr dein zoren nicht ergän / nach unser schuld wie wol wir dick verschrotn' han / mit tün und län / dein huld durch sündlich rässe/

GEsegen uns hewt Altissimus / dartzu der mīnikliche fluss / den Longinus / mit seinem spiess hett funden / Dasselbig sper kron nagel drey / ste uns vor schaden schanden frey / frid won uns bey / und die heilgen fünf wunden / Verlewss dein bitters gallen getranck / herr nicht an uns wie wol wir sein der sünden kranck / kreuczlicher hanck / erlös uns ewikleichen / Jch beuilch uns heut dem heilgen grab / und dem der sich unschuldig toten darjn gab / Maria hab / hilff An dem letzten keichen/

TRiualtikait sun heilger gaist / uerslozzen jn ains uatters laist / seyt du nu traist / die macht kron aller fürsten / So tail dein barmung köstlich gross / mit unser sel wenn sy gar bloss / nach Abrahams schoss / tut seniklichen dürsten / Verheng dem tiefel nicht gewalt / das er uns trieg vorlait durch grauselich gestalt / wenn er sich spalt / gen unserm kranken leibe / So wir hye raumen ditzs ellend / freuntlos und stim̄lich uechten mit des todes hend / O got das end / uns gnediklich uerschreibe/ *Amen.*

30

KAin ellend tet mir nye so and / von klainer sach jnfremdem land / newr wenn ich fand / die herbg' uoller kinder / Jr schreyen hat mich dick bedort / das ich offt selber nicht gehort / mein aigen wort / und sunder gen dem winder / So ich den langen tag erfros / müdlichen rait gen aubent zwar des klain genoss / ein stauben gross / die ward mir offt zu enge / Jnmancher wiegen dick ergal / ein kindlin klain das es mir durch die oren gal / die nachtigal / mich fröwet bas die lenge/

JR rumpplen gross mit hurlahay / dafür lob ich den grünen may / und sunder zway / freuntlich dorjn gesellet / Noch ist sein uil das mir gewirt / uon ainem kindlin so es kiert / und mich veryert / mein singen und erschellet / Durch manche falsche disonantz / falseten gross da bey kain freuntlich concordantz / der resonātz / hat mich so dick verdrossen / Zu swaigen ist offt eins so tracz / mit widerwärtikait recht als ein böse kacz / uon meiner tacz / hand sy des klain genossen/

ZV prespurg dort jnvngern zwar / ein kind mir macht vil grawe har / uon dritthalb jar / und ließ mich selden slauffen / Die langen nacht bys an den tag / und ander vich des ich da pflag / newr sv ich iag / dick eines tet ich sträffen / Das kind schray offt wie ser mich dürst / man bracht jm met und wein als ob es wër ein fürst / fisch hüner würst / newr wes sein hertz begeret / Dannocht gewan es selden rast / vil manchen zwick hab ich jm zu der heut getast / haimlichen uast / das es sein stymm uerkeret/

MJch wundert ser An einem man/das er sein kind nicht ziehen kan/und lat es gan/so gar An alle rütte/Der dunck mich sicherlich nicht weys/und möcht wol schlipffen auf dem eys/mit klainem breys/an seinem aigen blütte/Güt mütter hand ir nye gelesen/vor langer zeit ye lieber kind ye grösser besen/das ewig wesen/mügt jr an jn verhönen/Das jr jn hengt den willen nach/da von offt ains die leng gewīnt vil vngemach/dorumb groß rach/uolgt ew mit bösen lönen/

31

DEr oben swebt/und nyden hebt/der uor und hinden neben strebt/und ewig lebt/ye was an anefange/Der Alt der iung und der uon sprung/triliczscht gefasst inainlicz zung/an misshellung/mit unbegriffner strange/Der strenklich starb und was nicht tod/der keuschlich ward emphangn' und an alle not/geboren rot/weyss durch ein junckfrow schöne/Der manig wunder hat gestifft/die hell erbrach den tiefel dorjn ser vergifft/getült geschifft/All wurtz durch stammes tröne/

DEm offen sein/All herczen schrein/grob tadelhäfftig swach güt uein/das er dorjn/sicht allerlay gedenke/Dem tün und lan/ist undertan/die himel steren sunn der man/der erden plan/menczsch tier all wasser rencke/Auss dem all kunst geflossen ist/uon dem der aller creatur durch spähen list/zu yeder frist/ir zierhait würckt schon eusset/Dem alle tier zam und ouch wild/hie danckber sein das er den samen hat gebildt/d' narung milt/gar waidelich uergreusset/

DEr himel erd/gar unuersert/hat underseczt an grundes herd/das wasser kert/dorjn durch fremde rünste/Der wunder zal/uil tusent mal/wër mer ze singen v̈beral/mit reichem schal/so hindern mich die künste/Der mir die sel klar geben hat/leib er und güt uernufft und kristenliche wat/der geb mir rat/das ich jm also dancke/Da mit ich All mein veind verpaw/bayd hye und dort das mich jr kain' nicht verhow/O keuschlich frow/dein hilff mir dorzu schrancke/ *Amen.*

32

DVrch toren weys/so wird ich greys/und mag beiagen klainen breys/auf disem eys/es well sich dann verkeren/Vnd schier gedächt/wie das ich mächt/dort komen auss des tracken ächt/derselb mich vächt/wil ich sein nicht emperen/Das ist die hell mit irem slund/darjnn wol syben kamer grauslich sind erzunt/fund ich den fund/mein laid das wurd sich meren/Als salomon gemeldet hat/menczsch wie du sündst geleich uindst du die widertat/groß freud umb quat/der kouff ist nicht ze leren

GElt wider gelt/got selber melt/der ersten kamer swach gezellt/zu hell da quellt/versigelt/haisser lecken/Von fewer gram/gar widerzam/das alle flüss des meres tam/der mīnsten flam̄/ir raiss nicht mag erstecken/Dieselbig kamer pringet we/wer sich vnkeusch begreiffen lasset sunder ee/groß jamers kre/uindt er jnhaissen secken/Da mit so wirt vergolten das/ein yeder metz nach seinem lehen mit der mass/die rechten sträss/helff uns maria strecken/

DJe ander kamer/ist mit iamer/uoller kelt ein gross gewamm'/dasselb getamm' / kain fewr nicht mag erhiczen / Wer hass und neyd / mit widerstreit / uertriben hat jndiser zeit / derselbig leit / darjnn frostlichen glitzen / Die dritte kamer tunkelfar / das man die vinster greiffen mag bey ainem här / des scheines klar / sol da kain mentzsch besiczen / Wer vngelouben hat gefürt / all juden haiden keczer darjnn sind versnürt / das liecht berürt / jn mund und nas durch bliczen/

DJe vierd prisawn / ist swacher lawn / uon snödem smach jnwildem zawn / das kain allrawn / noch wurcz den mag vertreiben / Mit wunder mail / so vindt man vail / dorjnn die rouber brenn' gail / und die an hail / den armen recht vermeyden / Die fünfte gilnitz ungestallt / uon schäwtzen schricken greulich brünsten gross gezalt / gar manigualt / so ist dorjnn das leiden / Von hochfart grosser vppikait / wie sich der menczsch gezieret hat gestaldt von klaid / swër hertzenlaid / müß er da wider sneyden/

DJe sechste keich / ist wunder reich / uon würmen autern slangen sleich / dem häsig teich / dem wücher ist beschaffen / Vnd wër sein lëtz / mit fürkouf sätz / hie richten tüt gross zöll und täcz / der sünd geträtz / schreyt alles dorjnn wäffen / Das sibent gadem ist beswärt / mit grosser zagknuss ewiklich dorjnn bewärt / da sein vermärt / böss nunnen münch und pfaffen / Vnd alle die verzweifelt han / jniren sünden darzü An dem höchsten man / des gadems pan / tüt sy daselben sträffen –

Jtem die uier lieder oben geschriben nach ainander das erst Der himel fürst das ander kain ellend etc. singent sich jnn der melody Menschlichen got etc.

33

AJN tunckle farb / uon occident / mich senlichen erschrecket / Seyd ich jr darb / und lig ellend / des nachtes ungedecket / Die mir zu vleyss / mit ermlein weyss / und hendlin gleyss / kan freuntlich zu jr smucken / Die ist so lang / das ich uon pang / jnmeim gesang / mein klag nicht mag uerdrucken / Von strekken / krecken / mir all bain / wenn ich die lieb beseuffte / Die mir / mein gier / newr weckt allain / darzü meins vatters teuchte/

DUrch wincken wanck / ich mich uerker / des nachtes ungeslauffen / Gierlich gedanck / mir nahent ferr / mit unhilfflichem waffen / Wenn ich mein hort / An seinem ort / nicht uind all dort / wie offt ich nach jm greiffe / So ist newr ach / mit ungemach / fewr jndem tach / Als ob mich brenn der reyffe / und winden / binden / sunder sail / tüt sy mich dann gen tage / Jr mund / All stund / weckt mir die gail / mit seniklicher klage/

ALso vertreib / ich liebe Gret / die nacht bys an den morgen / Dein zarter leib / mein hercz durchgeet / das sing ich unuerborgen / Kom höchster schatz / mich schreckt ain ratz / mit grossem tracz / da von ich dick erwachen / Die mir kain rü / lat spät noch frü / lieb dorzü tü / damit das bettlin krache / Die frewd / gewd / ich auf hohem stül / wenn das mein hercz bedencket / Das mich / hoflich / mein schöner bül / gen tag freuntlichen schrencket/ *Amen.*

34

ES leucht durch graw / die vein lasur / durchsichtiklich gesprenget / Blick durch die braw / rain creatur / mit aller zier gemenget / Breyslicher yan / dem nyemand kan / nach meim verstan / blasnyeren newr ein füssel / An tadels mail / ist sy so gail / wurd mir zu tail / uon jr ein freuntlich grüssel / So wër / mein swër / mit ringer wag / uolkomenlich gescheiden / uon der / man er / lob singen mag / ob allen schönen mayden/

DEr tag leucht gogeleichen hel / des klingen alle owen / Dorjnn mang vogel reich sein kel / zu dienst der rainen frowen / Schärpfflichen bricht / süsslichen ticht / trostlichen flicht / uon strangen heller stymme / All plümlin sprancz / des mayen krancz / der sunne glancz / des firmaments höh klymme / Dient schon / der kron / die uns gebar / ein sun keuschlich zu freuden / wo ward / kain zart / Junckfrow so klar / ye pillicher zw gewden/

DAs wasser fewer / erd lufft wynd / schatz kräfft der edlen gestaine / All aubenteuer / die man uindt / gleicht nicht der maget rayne / Die mich erlöst / tëglichen tröst / sy ist die höchst / jnmeines herczen kloster / Jr leib so zart / ist unuerschart / Ach rainer gart / durch wurcz frölicher oster / ste für / die tür / grauslicher not / wenn sich mein houpt wirt sencken / gen deinem / ueinen / mündlin rot / so tü mich lieb bedencken   etc. –

35

JNsuria / ein braiten hal / hort man durch gross geschelle / Des frewt sich da / die frümen all / auf erden und zu helle / Der newen mër / wie das an swër / geboren wër / ein sun uon rainer maide / Des wunders bloss / gar ser uerdross / den tiefel gross / das er durch zornes laide / Brach inain mauer tieff ein klufft / Als es die alten yehen / zu Betlaheme ob der grufft / die spalt hab ich gesehen/

O Reicher got / küng aller reich / herr fürste aller herren / Der lebentig rot / auf ertereich / uergangen und noch werden / Wie ward die nacht / mit armer macht / so wol bedacht / durch dein göttliches wund' / Als dich an mail / löblichen gail / mit grossem hail / gepar keuschlich besunder / Die schönste junckfrow wolgetän / als sy ye ward erkoren / die müsst ein ellend herberg han / do sy dich hett geboren/

EJn ochs dem esel / tierlich sipp / mit freuntschafft tet begegen / Vor den mit fesel stünd ein kripp / dorjn müßt sy dich legen / Die dein genas / uor der du sass / ir herr du was / got vatter und sy dein mütter / Du sy beschüff / uon veiner brüf / sy hat den rüff / du seyst jr kind sun güter / Freuntlichueraynt / das ich Wolkenstein / die lieb nicht kan beklaiden / göttlich geburd durch magt mentzsch rain / hilff Andem letzstn' schaidn'/

36

ZWar alte sünd pringt newes laid / des wird ich tëglich jnnen / Vmb das ich leid uil gross arbait / dem kan ich nicht entrynnen / Wie wol der leib / uon ainem weib / mit todes schreib / ist in der erd versoffen / So hat ir letz / mit scharpffer wecz/und sneller hecz/mein hail auf erd erloffen/Jch watten noch geswymmen kan/und get mein pflüg uneben/was sy mir lieb laid hat getän/das well jr got vergebn'/

AJn schaffer aller creatur/herr maister aller fürsten/Der sich nach mentzschlicher natur/liess seniklichen dürsten/Das er den val/uon Adams qual/mit seinem gral/löblichen widerbrächte/Vil bittrikait/er dorumb laid/der marter brait/von jüdischem geslechte/Ein schatz vand er mit seinem tod/der tiefflich was verloren/danck hab sein edel blüt hailg rot/ uon rayner mayd geboren/

O Vas der barmung vberfluss/das nyemand kan erschepffen/Jch han vermodelt mangen guss/mit sündiklichem trepffen/Von anefangk/eins kindes gangk/bys auff die schranck/schier gen den fünfczig jaren/Das ich dein huld/nye hab verguld/mein sünd mein schuld/du mir ze grab nicht sparen/ zwar die mich rewen jnnikleich/das ich der hab begangen/hilf got den ich unwirdikleich/auf barmūg hab emphangen/ –

Nota die uorgeschriben drew lieder Es leucht durch graw und die andre zway darnach etc. singent sich jnn der weyse Ain tunckle farb etc.

37

DEs himels trone/entpfärbet sich/durch tags gedranck/Die voglin schone/ erwecken mich/mit süssem klanck/Verswunden ist der snee/laub gras kle/ wunnikleich entspringen/Des wil ich uon herczen/an smerczen/meiner frowen/singen/.
DJe mir kan wenden/Als mein senden/trauren blenden/mit den henden/ mīnikleich/freudn' reich/macht mich die raine/klaine/ist mein ungemach/ Wenn ich gedenck/jn ir gelencke/sunder wencke/freuntlich schrenke/die sy kan/undertan/so ist mein leib/dem zarten weib/newr wo ich gach/

PPfeiff auf lass rayen/die lind ist grüne/der wald entsprossen/Gen disem mayen/hercz lieb bys küne/und unuerdrossen/Schow an die blümlin klar/ wolgeuar/zierlich ir gepfläncze/Dorjnn well wir brangen/emphangen/sind die liechten glëntze/Von manger uarbe/junck und marbe/schmelhlin garbe/würczlin harbe/manigualt/new und alt/hand sich gesüsset/grüsset/ sey jr sprintz und spranntz/Gezwayt gefieret/schärlich tyeret/schraïlich gieret/kurczlich schieret/alle gnucht/weiplich zucht/gedenck an mich/ wenn ich/kom zu dir an den tancz/

Fliehet scharpff winde/lat uns an not/jr seyt genydert/Die meinem kinde/ sein mündlin rot/han durchfidert/Sein Amplick hendlin weyss/sol mit fleyss/uon ew uersichert sein/Wenn sy durch die owe/mit towe/benetzt jr schüchlin klain/Wol auf die lassen/an die gassen/die uor sassen/als die nassen/auf der banck/blöd und kranck/frewt ew der sunne/küler brunne/ klar geflinst/May du kanst machen/allen sachen/ein erwachen/des wir lachen/fraget wes/alles des/das newr ain got/An spot/uns sölche gnad verzÿnnst/

38

KEuschlich geboren/ein kind so küne/uon rayner mayd/Das grossen zoren/durch ewig süne/hat erlait/All unser ueind an zal/sein zu mal/schricklich ser erloschen/uon dem kindlin klaine/sein raine/lauter uein gedroschen/Derselben plüder/frewt ew brüder/seyd ein müder/hat die lüd'/zügeschockt/süss gelockt/uns zu dem rayen/mayen/zier hat er gewalt/Vnd alle freude/ṽbergeude/würczlin kreude/loub gesteude/plümen sprancz/disem tantz/mag nicht geleichen/weichen/uor des rayen schalt/

EJn wib ein dieren/ein mayd und frowe/des kinds genas/Wer kan volzieren/so genawe/des degens uas/Das er jm selb erwelt/Als ein held/frischlich er daraus sprangk/An sorg we sunder mail/So gar gail/des hab er ymm' danck/Der grossen wunder/frewt ew munder/seyd ein zunder/bracht besund'/fewres flünt/vnerczünt/wer hat die macht/bedacht/der alles ding vermag/Des frew dich ymm'/jn dem zymm'/da kain tymm'/trawren wymm'/nye hin kam/nicht enscham/dich rain figur/der kur/uon dem der jn dir erlag/

WEr mag durchgründen/die aubenteuer/uon dem jungen/Aus den erzünden/mit gaistes fewer/nye gedrungen/Wart seiner werche spür/durch kain tür/so weyt uolkomner gab/Vnzälich aus der mass/sein tün lass/gerecht an widerhabb/Gerümt der steren/dein geberen/und das meren/sterbens geren/uns ze trost/hat erloßt/mit deiner früchte/güffte/uon dem höchsten bam/Die von dem zoren/was verloren/das ein doren/stach das koren/deiner sat/die du yat/aus deinem garten/warten/sey wir gnaden gam/

Nota diss obgeschriben lied/keuschlich geboren etc. singt sich jnn der melody Des himels trone etc.

39

MEJn sünd und schuld ew priester klag/an stat der alle ding uermag/grob laut' schamrot forchtlich das sag/durch andächt nasser ougen/Vnd hab ein fürsacz nymm' mer/mit vleiss zu sünden wo ich ker/diemütiklich mit willen herr/gib ich mich schuldig taugen/
AN dem gelouben zweifel ich/bey gottes namen swër ich uast/mein vatter und mütter erenreich/vertragen hab mit vberlast/

ROub stelen töten ist mir gach/leib er und güt dem mentzschen nach/ban veyrr uast tün ich ungemach/falsch zeugknus fügt mir eben/Spil fremder hab wird ich nicht uol/zobry lüg untrew tüt mir wol/verräterschafft brand gib ich zol/hochuertig ist mein leben/Von geitikeit ich selden rü/spot zoren unkeusch ist mir kund/ṽberessen trinken spat und frü/träg neydig Als der esel und hund/

DJe sünd ich haiss die sünd ich rat/die sünd ich tün und leich jr stat/günstlich nicht understen die tat/tailhäfftig an rüglichs melden/Den blossen hab ich nye erkennt/armen durst hungers nye gewent/kranck tod geuangen ellend hend/kain barmung nicht mag uelden/Vnschuldigs blüt vergossen han/die armen leut beswär ich ser/ich kenn die sünd von sodoman/verdienten lon mit halb gewër/

DJe weysshait gots vernufft und kunst / göttlicher ratt gots sterck inbrunst / göttliche vorcht göttliche kunst / göttlich lieb güt nye kande / Den priester ich smäch mein E zerbrich / mein touff und fiermüg übersich / gots leichnam ich nym unwirdiklich / ölung beicht büss tüt mir ande / Vnwillig armüt ṽbelhait / treib ich durch zeit verloren / das gots recht an barmherczikait / ich hass nach gunst mit zoren/

MEin sehen hören sünntlich brauch / mein kossten smecken lustlich slauch / mein greiffen gen gedenckh uerdauch / unfrüchtiklich dem herren / Der himel und erd beschaffen hat / und was dorjenne wonlich stat / der gab mir Wolkenstainer rat / auss beichten solt ich leren / Durch mein gesangk vil houeleut / und mangen vngewissen mentzsch / die sich verfliegen jnn der heut / recht Als zu Behem tünt die genns/

DOrumb hab ich die zechen gebot / die syben todsünd grosse rot / die fremden synnd an allen spot / bekannt durch rewlich schulde / Die werck der hailgen barmung rain / die gab des heilgen gaistes stein / uier rüffend sünd fünf synn verayn / O priester gebt mir hulde / Durch hailikait der syben gab / sprecht Ablas meiner sünde / acht sälikait ir nempt mir ab / das ich gaistlich erzünde –

40

ERwach an schrick vil schönes weib / der nye geleicht kain yerdisch leib / mit aller hendlin uisament / des fröw dich loblich hewer / Blick durch des mayen obedach / und tröst mich lieb für ungemach / wenn man den hohen tag erkennt / so kom mir frow zu stewer/
Das ich des wachters nicht engellt / und uon jm bleib still unuermellt / dorumb ob ich zu lang geblennt / wurd jn verslauffner schewer/
Bey ainer der ich nacht und tag / günstlich mit gütem herczen pflag / und die mich zölich nach jr zennt / durch sorgklich aubenteuer/

Repeticio.
Auff jung und alt jr macht ew kün / und gailt ew gen des mayen grün / der sich erglenntz lustlich ze blüeen / uber Alle farbe gërwe/
Poliert ew klärlich weib und man / das wir den mayen nicht verlän / mit dem wir sollen hoh erstän / gar wunniklich an hërwe/

JCh hör uil süsser uoglin don / jnmeinem houbt erklingen schon / von oben abher gar zu tal / das sich mein hercz erwecket / Gen dir uil außerweltes ayn / ich hoff du lasst mich nicht allain / seyd du nu bist mein höchster gral / der Alles laid verdecket / Dein stëter diener ewiklich / so wil ich sein du mīniklich / kürlich für aller frowen zal / mit richem schatz bestecket / Das hastu wol uerschuldet zwar / umb mich durchleuchtigs freulin klar / mit deines zarten leibes sal / der eren vol verstrecket / Rep°. ut sup'

ES nahent gen des tages glantz / frow ich solt lügen auf mein schantz / das ich den warner nicht versawm / der uns ye was mit trewen / Vnd jm so wol beuolhen sind / mit grosser lieb recht als ein kind / das seiner mütter nymet gawm / des müg wir uns wol fröwen / Die zeit dringt her aus külem tufft / das spür ich wol An mangem lufft / der mich berürt durch swëren trawm / ich fürcht ein schidlichs strewen / Hilff schacz das ich dein schön gestallt / kurczlich sëh indes mayen wald / mit frewden bey dem hochsten pawm / der sich grünlich tett newen/ Sequitur Aliud.

41

UOn wolkenstein / wolt ich zu Cölen gütter lawn / und kom gen Salczburg zu einem wiert gehaissen prawn / der hett ein also tugenthaffte schöne frawn. frölich mit eren / hoflich jr gemüte / Jngütt' mayn / uil zucht ist mir engagent zwar / uon jr unsträfflich / danck hab die seuberliche klar / mit gütem herczen wünsch ich ir uil lieber jar / got well jr meren / haill durch all sein güte / Czwar meiner kunft / durch güt uernunfft / des ynnen ward / ein bischoff gross / ercz wierden gnoss / her Eberhart / der schickt nach mir / kurtzlichen schier / ich zu jm kart / ob seinem tisch / dick essens ward ich müde / Vil grosser frewd / zierlicher gewd / wellend ich kum / ward mir bekant / der ich da vand / ein michel drūm / durch mangen tritt / das weys ich mit / dem reutter frūm / der braitlich frisch / besach d' welde plüde/

Jnfreym gelait / so ward ich aber wegehafft / gen München bald ich danck der edlen ritterschafft / die mich da lüd zu güten frowen schön gezafft / nach unserm füg / begund wir singen schallen / Von gůtter hayt / uil manger wein ward mir geschanckt / zu Augspurg Vlmen / des jn mein dienst noch willig danckt / zw Vlmen vand ich einen tancz köstlich uerschranckt / uon frewlin klüg / die kunden hoflich schallen / Ain edelman / der weyst heran / sein elich kůn / für mich zu sten / nu haiss mir den / wilkomen schon / sy sprach zu jm / ich wol vernym / dein krumben don / was möcht mir ach / der Beghart wolgeuallen / Ser ich engalt / das mein gestalt / fürt halbs gesicht / wer einen wigt / nach schawn der pfligt / der wicze nicht / ein slēcht gewand / tet mir die schand / Als offt geschicht / mein mandel sprach / wes liesstu nicht dein wallen/

GEn haidelwerg / rayt ich zu meinem herren reich / fünff fürsten uon der kur vänd ich da wirdikleich / uon Cölen Maintz und Tryel drey bischof hoher zeich / phalczgraf bey Reyn / Marggräf Brandburg gemachet / Hoch auf den berg / schrayt ich gen hoff gar an die tür / zu herczog ludwig / den ich für alle fürsten spür / an frümikait göttlichen milt do kom ich für / gütlichen vein / ward ich uon jm versprachet / Schier müsst ich singen / hell erklingen / manig liet / an allen jammer / insein kamer / ich geriett / dorinn zu lign' / unuerzigen / sölcher myett / und eer ward nye / den freunden mein erwachet / Von mandel rock / recht Als ein tock / ward ich beklait / durch füxss und märder / mein wallgehäder / von mir lait / hütt underzogen / kom geflogen / auf mein schayt / sein rat ich ye / müsst swëren still verdachet/

AVff meinen völn / und schiffen ich zu Cölen für / uon dann gen Aach miet ich ein karren wild' rür / newr blicz und blacz wielg er nach ungeleicher schnür / des ich emphand / durch kümberlich gebosse / Mein her' von Cöln / und der uon perg zwen fürsten süss / beweyssten mir genediklichen jren grüss / wes ich all da begert des ward mir sorgen büss / günstlich an schand / durch furdernusse grosse / Nit mer ich sprach / was mir darnach / kuntlichen ward / Ab nach dem Reyn / sücht ich güt weyn / die widervart / von fürstenberg / gen haidelwerg / zu meinem bart / herczog genannt / phalczgraff kurfürsts genosse / Der zerung speis / mit gütem fleiss / für mich begärt / wellend ich kos / so was ich los / mit knecht und pfärd / nu bin ich hye / und waist noch wie / es sich verdärt / E ich zu land / kom jnmeins weibes schosse/

42

UIl lieber grüsse / süsse / sich erheben / streben / frölich / zölich / yetten / tretten jn das phat / drat / frü und spat / hört man dringn' / singen klingn' / voglin jnden owen / Durch helle döne / schöne / jnden strauhen / rauhen / esten / glesten / fliegen / kriegen / widerstreit / breyt / angerweyt / sol man grünlich / künlich / sünlich / kurczlich ane schowen/

WJnder kalt / ungestalt / dein gewalt / ist entspalt / von den süssen lüfften / liechten summ' / Ane kummer / wil ich tummer / Als ein frumm' / gewden und güffte / Grüner kle / iagt den snee / jarlag me / jnn den see / wilder meres flüte / nachtigalle / droschel schalle / lerchen halle / uns geualle / für des ofens güte/

DJe blümen gële / hele / hübsch geuerbet / gërbet / prawne / schawne / plawe / grawe / mangerlay / may / dein geschray / sich florieret / zieret / gieret / kösstlicher gelüsste / Vnd hübsche wësly / grësly / sich entsliessen / spriessen / hüglich / tüglich / plüde / früde / violspranczt / glantz / firlafantz / Aller pame / zame / game / zier auss kalder früste / Stauden stock / machet schock / rauhen rock / als ein bock / löblichen bedecket / swartzer doren / weysser koren / gar verloren / ist der zoren / den der winder wecket / Küler brunn / warme sūn / geit uns wunn / gail dich nunn / hinden auss dem kloster / bey dem Reyne / jndem scheine / als ein veine / bülbegyne / rayen nach den ostern/

DJe swammen stupffen / lupffen / auss der erde / herde / würmly / türmly / wachen / machen / newen slauch / gauch / lock uns auch / durch die haide / rayde / ir mayde / sücht der stauden winckel / Da well wir kosen / losen / mit beslossen / gossen / warmen / armen / lieplich / dieblich / jnn dem busch / dusch / mündlin kusch / ob die raine / klaine / saine / mir emblösst ein schinkel / An ain knye / ich wer hye / des nit lye / und tet wie / ich das gefügen kunde / zu ir rucken / freuntlich smucken / lieplich drucken / biegen bucken / ob sy mir des gunde / So wër quitt / was ich litt / hielt sys mit / disen stritt / müsst ich überwinden / sunder klifen / tasten grifen / mänigen lifen / lust vertrifen / bleiben bey dem kinde/ –

43

AJN güt geboren edel man / warb umb ein frewlin wolgetan / er sprach jr zü mit tugentlichem sytten / Genad ein frewlin waidelich / wolt jr ein klain verhören mich / was ich ew underteniklich wolt bitten / Jch bin uerellendt Also ser / an freuden müss ich Armen / und wais nicht wellend ich hin ker / das lat ew frow erbarmen/

JR liesst gen mir wol ewern spot / und seyt jr kranck so helff ew got / der mag ew alles trauren wol embinden / An mir so leyt ein klainer trost / dorumb so werdt jr hart erlost / sücht anderswo wo jr mügt freude finden / Wann ich mag kaines helffer sein / das möcht ain yeder schowen / ich bin ain klaines frewelein/was wolt jr auff mich pawuen/

ACh frow was sol der ungelimpff/es ist mir laider auss dem schimpf/mang jar bys her müsst ich uil kumbers tragen/Jnewerm dienst uerborgenlich/und waisst got wol uon himelreich/das mich nye halff gen ewch mein senlichs klagen/Wann mir kain weiplich creatur/nye bas geuil von herczn'/dorumb mein leiplich kranck natur/müss leiden grossen smerczen/

IR mügt wol sagen was ir wellt/sy ist nicht hie die euch geuellt/das waiss ich wol mich triegen dann mein synne/Wann ich bin grauselich gestallt/uon vier und zwainzig jaren alt/was möcht ew gen mir lussten klüger mynne/Vnd kan ouch weder weys noch wort/das kainen müg erfröwen/und wër ich yetz ewer leyser hort/es wurd ew morgen grewen/

WAs dürfft jr newr der klügen sprach/ewer schön die tüt mir ungemach/ewer wandel klüg der hat mein hercz betwungen/Erhör mich stolcz frewlin gemait/zwar mir ist ye gewesen laid/wer dich betrübt mit seiner falschen zungen/Vnd was dich übet säligs weib/zu nassen öglin klare/dasselb betrübet mir den leib/und macht mir grawe hare/

DEs danck ich ew mit gantzem fleiss/da von so habt jr lob und brays/das euch der fröwlin smäh tüt misseuallen/Ye doch beswärt es mich ein klains/ich tröst mich sicherlichen ains/das mir nicht schaden mag kain v̈bels kallen/Wer frewlin schendet ane sach/und sich jr An schulde rümet/derselb verphendet vngemach/sein lob wirt jm enthümet/ *das mag niemant gelawben das es chain barhait ist fur bar ich das sag etc.*

LAt mich geniessen edle frucht/durch all ewer er und weiplich zucht/das ich nye gert was ew möcht schaden bringen/Was hilfft ew newr mein teglich pein/ewer trewer diener wil ich sein/und wër unfro uon ew kain misselingen/Zwar ich bedarff nicht sölcher knecht/ewer dienst ist mir zu wähe/nit redt als scharpf frow bedenckt ew recht/wie geren ich das sähe/

44

DVrch barbarey Arabia/durch hermany jnperssia/durch tartary jn suria/durch Romany jntürggia/ybernia/der sprüng han ich uergessen/Durch reussen preussen eyffenlant/gen lytto lyffen v̈bern strant/gen Tennmarckh sweden jn prabant/durch flandern franckreich Engelant/und Schottenland/hab ich lang nicht gemessen/Durch Arragon kastilie/Granaten und Afferen/auss portugal yspanie/bys gen dem vinstern steren/uon profentz gen Marssilie/Jnraces vor Saleren/daselbs belaib ich Ander E/mein ellend da zu meren/vast ungeren/
Auff einem runden kofel smal/mit dickem wald umbfangen/uil hoher berg und tieffe tal/stain stauden stöck snee stangen/der sich ich teglich ane zal/noch aines tüt mich pangen/das mir der klainen kindlin schal/mein oren dick bedrangen/hand durch gangen/

WJe vil mir eren ye beschach/uon fürsten künigin gefach/und was ich freuden ye gesach/das büss ich under ainem dach/mein ungemach/der hatt ein langes ende/Vil gütter wicz der gieng mir not/seyd ich müß sorgen vmb das brot/darzw so wirt mir vil gedrot/vnd tröst mich nyena mündli rot/den ich Ee bott/die lassen mich ellende/Wellent ich gugk so hindert mich/köstlicher ziere sinder/der ich E pflag da für ich sich/newr kelber gaiss böck rinder/und knosppot leut swarcz hässeleich/vast rüssig gen dem winder/die geben müt als sackwein vich/vor angst slach ich mein kinder/offt hin hinder/So kompt ir mütter zü gebraust/zwar die begynnt zu schelten/gäb sy mir aines mit der fawsst/des müsst ich ser engelten/sy spricht wie hastu nu erzausst/die kind zu ainem zelten/ab jrem zoren mir da graust/doch mangeln ich sein selten/scharpff mit spelten/

MEin kurczweil die ist mangerlay/newr esel gesang und pfawen geschray/des wunscht ich nicht mer vmb ain ay/uast rawscht der bach newr hurlahay/mein houbt enzway/das es begynnt zu krancken/Also trag ich mein aigen swër/tëglicher sorg vil böser mër/wirt howenstain gar seldn lër/möcht ichs gewenden an geuër/oder wer das wër/dem wolt ich ymm' dancken/Mein lanndesfürst der ist mir gram/von böser leutte neyde/mein dienst die sein jm widerzam/das ist mir schad und laide/wie wol mir susst kain fürstlich stam̄/bey meinem güten ayde/nye hat geswecht leib er güt nam/jn seiner fürsten waide/köstlich raide/Mein freund die hassen mich v̈berayn/an schuld des müss ich greysen/das klag ich aller werlt gemayn/den frümen und den weysen/darzü vil hohen fürsten rain/die sich jr er land preysen/das sy mich Armen wolckenstein/die wolfnicht lan erzaisen/gar verwaysen/

45

WEr machen well sein peutel ring/und jm desselben wolgeling/der frag den weg gen V̈berling/da gelten viertzen pfifferling/fünfzen schilling/der Costniczer geslagen/Vnd sechzen haller umb ein ay/der zwen vnd dreissig gelten zway/fleisch lüczel krut ein gross geschray/auss klainer schüssel gat der ray/von mangem lay/dem hungrig ist sein magen/Ain wasser müss jn ainer pfann/die brauten kurcz gemessen/wildbrät und visch sein jnn dem bann/der turrent jr nit essen/da mit wol vff hebt ew von dann/jr sein zu lang gesessen/zwen grosschen so geb yederman/des sond jr nit vergessen/wol Anhin hessen/Nicht lenger ich gebeitten mag/nu ziecht die ryem gesellen/nach dem so ist kain andre frag/ich gib ew kurtze ellen/und nym die langen nach dem tag/das gelt lat von eẅ snelln'/zal gilt du müsst das ist mein sag/ich woltz nicht anders wellen/mit ainer kellen/ –

Uasst süsser wein als slehen tranck/der reuhet mir die kel so kranck/das sich veryerrt mein hels gesangk/dick gen Tramynn stet mein gedanck/sein hertter twangk/pringt scharpffen vngelimpffen/Wann er geit freud und hohen müt/recht Als der sack dem esel tüt/sein räss erschreket mir das blüt/davon so wird ich swach unfrüt/sein wilde flüt/schafft mir den tryel verrimpffen/Zwar güter kurczweyl sicht man vil/da mitten auf dem blacze/mit tantzen springen saitenspil/von ainer rauhen kacze/gen v̈berling ich nicht enwil/mer fragen nach dem schatze/Jch wolt dann einen slegel still/da kouffen vmb ein ratze/jn zu tracze/Mein wyert der was beschaiden zwar/er schied das gold von leder/das nam ich ander bettstat war/zwelff pfenning gulten ein feder / und käm ein alter karren dar / er liess jm nyena reder / sein lob ich nicht gebreysen tar / Als einem bom von zeder / denselben fleder /

DEn bessten schacz ich da verschreib / zwar das was misst und alde weib / und faisste swein gemescht von kleyb / vil flöch mit langer weyl vertreib / der pawren leib / wolt mir nicht lenger smecken / Doch rewt mich noch ein klainat kraus / das was die dieren jndem haus / zway brüstlin Als ein fledermaus / trüg sy vor an jrs herczen paus / jr kratzen zaus / vil mangen tett erschrecken / Zway smale füsslin als ein schilt / trait sy jnbraiten schühen / darob zway bainlin klain gedilt / recht als ain dicke bühen / jr ermlin hendlin sind geuillt / weyss als ein swartze rühen / vil grosser sleg der was sy milt / mit swëren und mit flühen / kund sy das tůhen / Verborgen was der liechte glancz / uon berlin und von spangn' / zu v̈berlingen an dem tancz / vnd da man jnn solt brangen / unlöblich was des mayen krancz / bey röselochtn' wangen / newr bey dem ofen stünd mein schancz / mit kinds geschray vmbfangn' / das tet mich pangen /

Nota diss uorgeschriben lied Wer machen well den peutel ring singt sich jnder melody durch Barbary arabia etc.

46

Discantus

DV ausserweltes schöns mein hercz / dein wunniklicher schercz / hat benomen mir besunder smertz / ey mīnikliches falcken tertz / wie süss ist dir dein snäblin wolgeuar /

Kain mentzsch gesach nye lieber diern / ich kan jr nicht volziern / weisse brüstlin sinwel als die byern / da mit sy kösstlich kan hofiern / ir stolczer leib benympt mir trauren gar /

Secunda pars

Vnd solt ich die vil zarten gesehen nymm'mer / ir ler / zucht und weipliche er / müss ich bedencken wo ich jnn der werlt hin ker / sennliches schaiden bringt sawer zucker nar /

Tercia pars

TRöstlich gedingen ich zu der gütten han / wie sy mich nicht well län / unuergessen bin ich jr undertan / und harr auff güten wän / Du ausserweltes schöns mein hercz etc' ut supra etc. /

47

FRÖleichen so well wir / schir / singen / springen hoh / uns zwayen / schon rayen / all jnn des mayen / loh / mit frechen / abbrechen / der pfifferlingen roh / an wencken / gedencken / wo mir die zart empfloch / her wider ker / hercz lieb ist das mein ger / du waisst wol wie / du mich und ich dich lie / mein höchster hort / zwar ich halt stät die wort / wurd mir der krantz von rosental –

Dein weipliche güt / tüt / mich straffen / zaffen dick / mit geren / verkeren / des meren / ich erschrick / laß faren / nicht sparen / durch mich dein lieplich blick / mein quelen / dein helen / pald mir trostlichen schick / Ach traut gesell / ich sol was dein gnad well/dein fremden gross/mich annt der synnen bloss/ mach haimlich zam/gierlichen sunder scham/ergetz hüglich meins herczen qual –

SEnliche begir/mir/pringt achen/wachen vil/das laiden/und meyden/sich nyndert schaiden/wil/ich lamer/mit iamer/nicht treffen kan das zil/die klüge/durch füge/mich halt newr wie sy wil/der bitter tod/mag helffen wol aus not/ob ir genad/nicht wenndt engstlichen schad/zart liebstes weib/ den iamer hie vertreib/erkück den man in freudenschal etc. –

48

Discantus

FRow ich enmag/wann es ist ferre gen dem tag/nu wol/wenn sol/ich uol/ slauffen mir genüg/zü lat ewch der weyl/ya trag wir ouch ein peyl/bleib hye nicht eyl/mein trauter chünczel/süntzel/ist mir werlich lieb/

Wer kompt hernach/der mir wennt meinen ungemach/so schain/unrain/ allain/arbait ist ein mort/Chuncz kathry ist unnutz/jenslins pin ich vrdrucz/mit liebem smutz/pin ich Chünczlis genczlich aus dem edln' zilerstal/

Frow ewr straffen ist enwicht/spynnen keren mag ich nicht/phlicht/trag ich zu dem Chüntzelein/wann er ist wol mein/sein leib pringt freudn' vil/ darnach sich sennt mein gier/

Tenor

STand auff maredel/liebes Gredel/zeuch die rüben auss/zünt eyn setz zü flaisch und kraut/eyl bys klüg/get ir faule tasch/die schüssel wasch/wer bett Chüntzel knecht/der dieren flecht/auss dem haus jr verleuchter dieb/

Gret louff gen stadel/süch die nadel/nym den rechen mit/gabel drischel reitter sichel uindstu dort/jans kathrey nym mit dir/der Cüntz bleib mir/ sweig du faige haut/und schrey nicht laut/dein schand werd brait und Er sicherlichen smal/etc.

Pfäch dein Gredlin/spynn ker/dich ner/nicht verzer/deinen rock/lock/so wirstu ain bock/dock/vir schock/gib ich dir/zu ainem manne vil schyer/

49

Discantus

SAg an/herczlieb nu was beteutet vns so gar schricklicher hal/mit seinem don/aahü aahü wol auf die nacken bloss/
Ainiger man/sol uns der gast erstören hye so ach ellend/wem lastu mich/ aahü aahü her gat des tages schein/

2ª pars

Pald ab dem weg/die geren läg/hör hör hör gesell/klüglichen geschell/ stand vpp/risch upp/snell upp/die voglin klingn' jndem hard/amssel droschel/der vinck/undein zyselin das nennet sich guggukh.

Tenor

LOs frow und hör des hornes schal/berg und tal/vberal/anequal/ouch hör

ich die nachtigal/des liechten morgen rötte sich/vor der pleb her dringt blas schon/wachter ich spür dein zoren michel gross/
Mich rürt ain wind von orient/der entrennt/ouch blennt/das firmament/ und der uns die freud hye wennt/zart minnikliche dieren/das horen pollret grimmikleich/ich hör dich wol du trübst die frowe mein/

2ª pars
LOs los los los sennliche klag/mordlicher tag/wie lang sol unser not mit dir bestan/hab urlob höchster schacz/kürczlich herwider ruckh/ etc.

50

Discant'
DEr may mit lieber zal/die erd bedecket v̈beral/pühel eben berg und tal/ auß süssen voglin schal/erklingen/singen hohen hal/galander lerchen droschel die nachtigal/der gauch fleucht hinden hin nach/zu grossem ungemach/klainen vogelin/gogelreich/höret wie er sprach/cu cu cu cu cu cu den zins gib mir/den wil ich han von dir/der hunger/macht lunger/mir den magen schyr/Ach ellend/nu wellent/sol ich/so sprach das klaine vich/ küngel zeysel mays lerch nu komen wir singn' oci und tuich tuich tu ich tu ich oci oci oci oci oci oci fi fideli fideli fideli fi/ci cieriri ci ci cieriri ci ri ciwigk cidiwigk fici fici/so sang der gauch newr kawa wa cu cu.

2ª pars
Raco so sprach der rab zwar ich sing ouch wol/vol/müss ich sein/das singen mein/scheub ein/herein/vol sein/liri liri liri liri liri liri lon so sang die lerch so sang die lerch so sang die lerch ich sing hel ein droschelin ich sing hel ein droschelin ich sing hel ein droschelin das jn dem wald erklinget/ ir lierent zierent gracket/und wacket hin vnd her/recht Als vnser pfarr'/ zidiwick zidiwick zidiwick zificigo zificigo zificigo nachtigall/dieselb mit irem gesangk behüb den gral/ etc.

Upchahi so prach das ful/lat vns auch dar zu/frw/vert die kue/der esel lue/ her sak/auff meinē nack/rigo rigo rigo rigo rigo rigo kum/so rufft die mül/ so rufft die mul/so rufft die mul/ker ab so sprach die mulnerin/heb auff schrey die pawrin/nu trag hin mein eselein/da da/prusta JA nü leir/nicht veir/bis dir d' geir/dye hawt abziehn' wirt bey dem veyer/wol auff wol auff wol auff wol auff/saylon pint auff schintt dich wolpurg rugel dich gut waydman/mit iagn' paissn' rogken in den tan/ –

PErmontes foys Tenor

51

Tenor
ACH senliches leiden/meiden/neyden/schaiden/das tüt we/besser wer uersunken jndem see/zart mīnikliches weib/dein leib/mich schreibt/und treibt/gen josophat/hercz müt syn gedanck ist worden mat/es schaidt der tod/ob mir dein gnad nicht helffen wil/auss grosser not/mein angst ich dir verhil/dein mündlin rot/hat mir/so schier/mein gier/erwecket vil/des wart ich genaden An dem zyl/

MEin hercz jn jamer vicht/erbricht/bericht/und slicht/den kumm' jo/frow schidlicher freuntschafft wart ich so/recht als der delephin/wenn jn/der syn/fürt hin/zu wages grund/vor dem sturm und darnach wirt enzunt/von sunnen glast/die jm erkückt all sein gemüt/hercz lieb halt vast/durch all dein weiplich güt/lass deinen gast/nicht sterben/serben/werben/in vnfrüt/jnellendn' pein ich tob und wüt/

MEin houbt das ist beklait/mit waffen/slauffen/straffen/die natur/das mich twingt ein stund für tausend vr/wenn ich mein laid betracht/die nacht/so wacht/mein macht/mit klainer krafft/und ich freuden gancz wird sigehaft/mich nyemand tröst/und ist mein leiden sicher gross/mein hercz das wirt geröscht/mit manchem seufften stoss/Ach we wann wirt erlöst/mein trauren/tauren/lauren/negt und pösst/da mit ich der synn wird gar emblösst/

52

Discantus

WOl auff gesell/wer iagen well/engagent jm kain ungeuell/wart/unuerkart/so pringstu vil wildjn mart/los freud/zwar dein stymm ich geud/ich hör lieb und trost/der mich dick erlost/auss verhangem rost/hecz zü/es ist noch frü/(clausula) hin rück/heng nach gelück

JAgt nach jr trauten hundes kind/ew schenck/richt ob stät und wenck/zw̃ by will vnd harr/der vart bistus ein narr/krays vmb süch wid' dar/nach trüb/das wild ist müd/

Tenor

WOl auff gesell/wer iagen well/wiss das er sein necz recht stell/psetz die hohen wart/

Los zü hin all/mit laut und schall/das es den forstern wolgeuall/perg und tal/nu kall/blaus ab der klingen/das uns müss wolgelingen/
Hin loufft die stolczen hind/

Wart wunn und hail/lass nicht uon dem sail/so machstu wild wolfail/vertritt die alten spür/nicht laß für/gewd und meld mit willen kür/Se lapp/setz von rügg und trapp/her loufft gail und gsund/still ir liebn' hund/danck so hab ewr mund/hin rück/heng nach gelück/heuch heuch heuch heuch hoch hauch und ju schenck/richt obstät und wenck/zu wywyll und harr/der vart bistus ein nar/krays umb süch wider dar/nach trüb/das wild ist müd/Jagt nach jr trauten hundes kind/ju schenck etc.

53

Tenor

FRölich/zärtlich/lieplich/und klärlich/lustlich/stille/leyse/jnsenffter/süsser/keusch'/sainer weyse/wach du mīnikliches schönes weib/reck/streck/breys dein zarten stolczen leib/

2ª pars

Sleusś auf dein uil liechte öglin klar/taugenlich nym war/wie sich uerschart/der sterne gart/jnn der schönen/hayttren/klaren/sunne glancz/wol auff zu dem tancz/machen einen schönen krancz/uon schawnen/prawnen/plawen/grawen/gel/rot weyss/viol plümlin sprancz/

LVnczlot/münczlot/klünczlot/und zysplot/wysplot freuntlich sprachen/ auss waidelichen/güten/rainen/sachen/sol dein pösschelochter/rotter mund/der ser mein hercz lieplich hat erzunt/Vnd mich fürwar tausent mal erweckt/freuntlichen erschreckt/auss slauffes träm/so ich ergäm/ain so wolgezierte rotte engespalt/lächerlich gestalt/zendlin weyss dorjn gezalt/ trielisch/mielisch/vöslocht/röslocht/hel/zu vleiss waidelich gemalt/

WOlt sy/solt sy/tät sy/und käm sy/näm sy/meinem hertzen/den senikli-chen grossen hertten/smertzen/und ein brüstlin weyss darauff gedruckt/ secht/slecht/so wër mein trauren gar verruckt/Wie möcht ein zart seuberli-che diern/lustlicher geziern/das hercze mein/an argen pein/mit so wunnik-lichem zarten rainen lust/mund mündlin gekusst/zung an zünglin/brüstlin an brust/bauch an beuchlin/rauch an reuchlin/snel/zu fleiss/allczeit frisch getusst/ *Amen –*

54

Discantus

FRÖlich geschray so well wir machen/lachen/swachen/den zwar der uns nicht geuellt/junckfrow sind die ayr noch gar gezellt/so loufft ir zieren held/und esst sy ungeschellt/frow Gelt/trag her des weines kelt/So schon/ sprach des mayers dieren all niden auff der banck/mach lanck/geselle mein hab ymmer danck/dein gesangk/und getranck/und süsser winckenwanck/ pringt mir freuden vil/Smucz sprach mein frowe/nu welcher fidelt mir newr auf meinem saittenspil/das tün ich/Hainczel und Jäckel/da mit hüb sich ain gäggel/do sprach sy snäggel/owe haincz magstu nymmer/so kom jäckline/trauter socie/ler mich das ABC/und tü mir doch nicht we/Jte venite/

55

WES mich mein bül ye hat erfrewt/das han ich seyder wol verdewt/mit mangem ungefegten rost/den ich durch jren willen kost/und ist das laider ane zal/gelückes hab ich klainen val/seyd das sy mich mit grossem qual/ hieng mit den füssen lieplich An ain stange/An andern grossen vberlast/ den mich ir lieb hat angetast/solich jr dorumb dancken vast/des müss sy von mir warten eben lange/

Repeticio

Von ir ich dol/zu vngern wol/der kinder vol/genant mit siben füssen/die tretten mich/und yetten mich/und knetten mich/und fretten mich/das ich mein sünd möcht büssen/ *Nichil debz hic stare nisi montserra tle dd*

ZV prespurg vor dem ofenloch/ich und der Ebsser hetten Rät/zwar schü-ren haiczen kund ich doch/das ich den künig fürher iagt/ich meldt mich das er es ersach/er sprach zu mir dein ungemach/leidst du uon der die andir brach/dorumb das dir die saitten nymmer klungen/Jch antwurt jm an als geuër/hett ich gehabt ein peutel swër/Als ewer genad vernempt die mär/von meiner frowen wër mir bas gelungen. Repeticio ut sup'

ICh hoff mein sach möcht werden güt/liess herczog fridrich seinen strauss/ wie er desselben nicht entüt/so ist dem schimpff der bodem auss/Segs tausent guldin wil er han/die bülschaft käm mich sawer an/do sys verbott hett ichs gelän/so törfft mein rugg yecz gen der banck nicht krachen/Jn ungerlant die lange nacht/da man die küss auss sätteln macht/dorumb ain yeder mynn' tracht/da mit er bül das er des schimpfs müg glachen/ –

56

Discantus

TRöstlicher hort wer tröstet mich/hercz lieb wie lang sol ich dein wesen An/dein fremdikait mir pringet pein/und betrübet ser/ich ger/gnad mit hilff und Rat/jn kurczer frist/

Gesell geluck freud wunn und hail/begierlich zeit vertreib ich nacht und tag/uil manger herrter seufften stoss/mein hercz ser bekrenckt/nicht wenckt/unzweifenlichen gar/stätiklich jngüt/

2ª pars

Dein posschocz mündlin freuden pringt/dein zendlin zwingt/wem da gelingt/derselb muglicher singt/mein hercz das wil und mag/an dich nicht genesen/zu geuallen dir/dorumb bistus mir erwellt/mīnikliches weib/jneren gunst/

Mein hercz das prüfft uil offt und dick/das selczam blick/pringt freuntlich schrick/in der lieben strick/frow deine drewch und netz/haben mich vmbfangen/und vergernet gancz/nyemand kan erlösen mich/newr dein stolczer leib An tadel frey/

Tenor

FRölich das tün ich/mein ausserwelter man/so bys gewaltig mein/ye lenger ye mer/ich dein frü und spat/wann du es wërlich bist/

Freuntlich ane mail/ich dir wünschlich betracht/An freuden sey es bloss/der uns uerdenck/das sol werden wär/uor arg werst dus behüt/

2ª pars

Newr dein allain/ich mayn/mein ayn/all freuntschafft gross und klain/billich sol ich ganczer trewe dir dancken schir/fro gezellt/ich pflig tëglich stäter mynne runst/

Von rechter gier/ist mir/als dir/in grosser freuden zier/treulich soltu uon mir warten lieber schancz/wūniklich mich dich halt der eren krey –

57

– Regina margarita –

AJN menczsch uon achzehen jaren klüg/das hat mir all mein freud geswaigt/dem kund ich nye entwynnen gnüg/seyd mir ein oug sein wandel zaigt/An underlass hab ich kain rü/mich zwingt jr mündlin spat und frü/das sich als lieplich auff und zu/mit worten süss kan lencken/

Wie ferr ich bin mir nahet schir/ir rains gesicht durch alle land/jr zärtlich blick umbfahent mir/mein hercz jnrechter lieb bekannt/Ach got und wesst sy mein gedanckh/wenn ich uor jr senlichen kranck/hertt stän und tar jnkainem wanck/desgeleichen rencken/

WEiplicher weib menczsch nye gesach/so liederlich an tadels punt/jr schön gepärd tüt mir ungemach / uon höch der schaittel über ab den grund / wenn ich bedenck so gar die mass / kürcz leng smal brait zwar tün und lass / wer möcht der lieben sein gehass / O wolt sy mich bedencken/

58

MEin bül laisst mir gesellschafft zwar / recht Als die monat tünt dem jar / von ersten yenner ich nicht spar / der mich dick keltet und erfröret/ Zu yedem hat sy sich verphlicht / mit müt und ouch mit angesicht / der hornung lat michs liegen nicht / des freud der winter hat erstöret/ etc.

Sy macht mich siech dick offt gesund / mit lieb und laid zu manger stund / das macht der mercz der jrs tüt kund / Als ich uon ärczten han gehöret/ Gelück ist güt für ungeuell / wann ich wen ich sey güt gesell / so tüt sy gleich Als der Abrell / halb hye und dort ist sy betoret etc.

ZWar sy ist hübsch und wolgetan / das erbt sy uon dem mayen an / des gelückes ich jr zeittlich gan / darnach und sy mich fröwen tüt / Jr har ir mund jr wenglin vein / ir öglin klar als der Rubein / dem geit der junius liechten schein / mit seiner krafft in hübschem plüt / Der Julius hat seinen fleiss / gelegt auf jr brüstlin weyss / ir ermlin blanck jr hendlin gleiss / recht als das silber jnder glüt / Si ist ain waideliche diern / gedrät sinbel recht als die biern / die uns der Augst kan fürher ziern / mit lust und ouch mit güttem müt/

SJ tüt geleich dem september / der ist ein tail ouch mit geuër / dorumb das er macht lass und swër / die leut an müt und ouch an macht / Des bin ich worden uon ir jnn / das sy mich lat auss irem synn / ich hoff der October mir pring / gelück als er uor offt hat bracht / Wol in das haus als du ouch mir / mein hercze vol da mit mein gier / erfüllet werd uon irer zier / der Nouember ist wol besacht / Mit mangerlay des man sich nert / syd sy hat yeder zeit ain geferrt / so wirt mir klain von jr beschert / kalt ist december tag und nacht/

59

SOlt ich uon sorgen werden greys / und nach dem schaden klüg und weys / des danck ich meines bülen breys / den sy mir hat gemessen / Der ich zu willn' ainmal trüg / ein guldin kettenlin gefüg / haimlich am arm verslozzen klüg / des hett sy rain uergessen / Seyd mir mit solcher underschaid / ein eysen dreyer finger brait / uon jren züchten eng berait / was an die stat gesessen / Vnd ich den tracz müsst sehen an / das sys ain andern treuten kan / der mir uil laides hett getän / das laidot mir mein essen/

AVff wolgetrawen ich mich uerschoss / zu jr uon rechter liebe gross / des hab ich mangen hertten stoss / desselben gangs erlitten / Do ich ir kirchfart ϋbersach / die sy wolt reitten als sy sprach / kain hailg hett irs geschriben nach / hett sy die fart vermitten / Doch hab ich es also betracht / die rays wër mir zu güt erdacht / wann hett sy mich gen himel bracht / so müsst ich dort für sy bitten / Dorūb das sy mir an geuër / mit ainer boyen michel swër / die schinbain freuntlich hin und her / hiess reiben ane sitten/

WOl hin das wenndt ein ringer müt / es schadt nicht was die liebe tüt / ye zart' kind ye grösser rüt/ain liebt ich ir getrange/Das prüfft ich wol wann sy ist stät/untäsche lieb wil han gerät/des ward ich hübschlich aufgedrät/mit füssen an die stange/Viertausent marck begert ir hercz/und howenstain es was ir schercz/das prüfft ich wol do mich der smercz/macht kerren an dem strange/Do sy mir pfaiff der kaczen lon/do därrt ich jr der meuse don/fünf eysen hielsen mich gar schon/durch iren willen lange/

60

ES nahet gen der uasenacht/des süll wir gail und frölich sein/ye zway und zway ze sament tracht/recht als die zarten teubelein/doch hab ich mich gar schon gesellt/zu meiner krucken/die mir mein bül hat ausserwellt/für lieplich rucken.

Repeticio
Wnd ich die kruck/uast an mich zuck/freuntlichen under das v̈chsen smuck/ich gib jr mangen hertten druck/das sy müss kerren/wie möcht mir gen der vasenacht/noch bas gewerrē/plehe nu lat ew' plerren/

Seyd das die wilden uoglin sint/gezwayt yet schon an allen neydt/was wolten dann die liebn' kind/nu feyern gen der lieben zeit/mit halsen küssen ein schönes weib/smucz la dich niessen/haimlichen brauch dein iungen leib/an als uerdriessen/Rep° Vnd ich die kruck etc.

[D]ie uasnacht und des mayen pfat/die pfeiffen uast auss einem sack/was sich das jar verborgen hat/das tüt sich ögen an dem tag/doch hat mein frow jr tück gespart/mit falschem wincken/all gen dem herbst ich schraw jr uart/seyd ich müss hincken/

61

GElück und hail ein michel schar/wunsch ich dir frow zum newen jar/mein stët gerechte trew für war/jn deinem dienst ich nymm' spar/des soltu werden ynnen/Das macht dein mündlin wolgeuar/mit wenglin rot ain lieplich par/uerglanczt von liechten öglin klar/die örlin klain darob das har/rayd krispel krumpel krynnen. krauss güldlocht gel durch flocket/ etc./ O got

NAs zendlin kyn kel der hals zu tal/mit ganczer mass hat seinen ual/bys auff der weyssen brüstlin sal/der sinkel hert geit reichen schal/ain yeds gelid durch messen/Arm finger lang zway hendlin smal/das beuchlin hel sleicht v̈beral/und ein uolkomen reuch zu mal/gross hinderseczt mit gedrolt' zal/mit hertter mass besessen/die füsslin klain geschocket/

JR zarter leib nye mailes pein/uerschart zucht tugent eytel rain/junck edel adeleicher schein/mit wandel sich probiert dorein/nach maisterlichem sitten/An allen tadel ist sy uein/Zart traut gesell vergiss nicht mein/seyd ich nu bin gehaissen dein/so la dir hercz lieb aberfreyn/des ich lang hab gebitten/und das mich senlich locket/ etc.

62

Discantus
UOn rechter lieb krafft/länt mich gedenck nicht frey/ain weiplich bild/hat betwungen mich/lass frow genad/An mir beschehen/

2ª pars
Des gib mir dein trew / ich sey dein liebster man / den schacz nyemand pärlichen / uon uns wissen sol/

Tenor
SAg an gesellschafft / was deinem herczen sey / mit gerner mild / ich das hör und sich / dein eren An schad / so wil ich yehen/

2ª pars
Mein höchster hort an rew / müsst du mich han / so bys uerswigen gerlich / daran so tüstu wol.

MEin freuden macher / meins herczen zucker nar / dein aigen weib / ich wil dorumb sein / ach traut gesell / newr lieb und nymmer laid / So bys allczeit stët / und zweifel nicht an mir / und halt dich gar taugen / uor falscher merker sag / Jnherttem slauff fraw / uertreib ich lange zeit / trawn nayn ich zwar / ausserweltes ayn / das machen newr / der melder lugen spil / Jr uerdencken falsch / inargk das tüt mir we / gib urlob meinem herczen / wann es wil werden spat/

DV hast all mein swër / benomen sunder gar / ewer stolczer leib / pringt mir freud und pein / was dein gnad well / dorzẅ bin ich berait / Wie geren ich das tet / uon rechter gier / mein herczen lieb An laugen / das tün ich nacht und tag / Hastu kain missetrew / das sag mir sunder neyd / warumb so gar / lastu mich allain / durch aubenteuer / müss man wagen uil / Die red auss jrem hals / nit lang beste / ich wunsch dir hail An smerczen / lieb kom herwider drat/ etc.

63

WOl mich an we der lieben stund / do mich ain pöschelochter mund / An lacht mit wüniklichem smyel / und sich ain röselochter triel / uon ander spielt die höch zu tal / mit zendlin weyss geschaiden smal / Darob zway prawne öglin klar / schälklichen spilen her und tar / uon plick zu plick scharpff mit gewalt / schriems ṽber ain näslin wolgestalt / Jch grab' brach nach disem trucz / vnd trowt sy mir mit ainem smucz / Das müsst ich sicherlichen wägen / an verzagen / still verhagen / nyemand sagen / oder klagen / gar haimlich jnndem herczen tragen/

TEnkisch zesehen weisst mich das / wann mir gerecht ye was gehass / wie sy uor trüg zwen sinwel knöpff / spiczlich gedrät recht als die töpff / gedrollen auf des herczen wulst / owe der zarten lieben geswulst / käm mir die blösslich an die brust / so wër mein greysen gar umb susst / der bart müsst weichen uon der heut / mir zerrunn denn messer oder leut / und wurd mir dann ein umbefangk / uon ermlin bloss erst wër ich kranck / wie sich die lieb als umb mich wünde / freuden günde / ich da fünde / ob sy mir günde / sölcher pünde / ich spräch jr Ablas für all jr sünde/

UNd von der gürttel umbefangk / bys auf den füss stat mein gedanck / wie sy wol hab die rechten mass / doch möcht ich es gefügen bas / das ich die lidmass griff und säch / käm sy mir dann insolh genäch / das ich die manhait retten solt / ich fluh ir nicht gult was es wolt / ob ich des kriegs der nyder läg / villeicht so wurd mir dannocht tĕg / ze laisten wider jn ir haus / darab so hett ich klainen grauss / ich wolt mich dannocht mit der raynen / schier veraynen / an vermaynen / umb die zaynen / zu jr laynen / mit leib hend füssen und gepainen etc. *Finis istius tractatuli –*

64

Fuga

GAr wunniklich hat sy mein hercz besessen / (2° abinjtio) Jnlieb ich ir geuangen / bin mit stĕtikait / uerslozzen gar / jn der uil zarten ermlin strick / Mein höchstes hail ich bin dein aigen / zwar des gib ich dir meinen brieff /

JN welcher mayn hastu dich frewd vermessen / gen mir doch unergangen / so bin ich berait / herczlieb nym war / das uns nicht uach der melder rick / als ungeuell / behüt die faigen / yo und geschech in nymmer lieff /

Jnaller trew weib du solt nicht uergessen / teglich ist mein belangen / dir zu dienst berait / der freudn' schar / ich wart uon liechten öglin blick / dein mündlin rot mit süssem naygen / schon mich beroubt der sorgen tieff etc.

65

Tenor

MEjn hercz das ist uersert / und gifftiklichen wunt / mit einem scharpffen swert / zwier durch bys an den grund / Vnd lebt kain arczt auff erd der mich uerhailen kan / Newr ain menczsch das mir den schaden hat getan /

Frow krön dein edle art / bewar dein höchsten schacz / das dir nicht werd verschart / dein wild jn schanden lacz / Da mit kain zungen an dir nicht werd erfrewet / so wirt mein hercz gesund gar und uernewet.

JCh man dich lieb der wort / mit williklichem trost / bedenck das kleglich mort / da mit ich werd erlost / Vil besser ist mit eren kurcz gestorben zwar / wann mit schanden hye gelebt zway hundert jar etc.

66

WEyss rot mit brawn uerleucht / jnainem runden veld / schüff mir uil manig teucht / hertlich der ich nicht meld / gar eng ward mir die werlt / Do sich zu fleiss mein oug / gierlich dorjn verschoss / uon krankheit ward ich plaug / der zeit mich nicht verdross / mein Anmacht die was gross /

Ein farb uon itel grün / den possen rain uerdackt / der yedem fürsten kün / sein manhait wol erwackt / wenn er sich bey jm strackt / Nach dem als ich jn sach / gar waidelich uerstampt / so wendt er vngemach / der mir emphulch das Ampt / uil nahent ich jm rampt /

Ain zwisel waidelich / darob ain maser hertt / die tragt zwo byeren reich / gar süss ist jr geuerrt / weyss frisch wo man sy zert / Wer ich ein kindlin klain / uernüfftig alt und weys / und ich der bieren ain / müsst saugen für mein speis / so wurd ich nymmer greyss /

Nota diss obgeschriben lied Weyss rot mit brawn etc. singet sich jnnder melody Mein hercz etc.

GEnner beschnaid crist wirdikleich.
drey kunig für Erhart lobleich.
Genn' hat dem stern eylten snell hin nach.
xxxj tag Marcell Anthony Priscam sach.
ffabian Agnes Vinczencz uil kund.
Paul Pollicarp hanns guldiner mund.

Czündt hornung breyd Maria blas.
schraib Agath Dorothea las.
Hornung Elen Polon Scolastic span.
hat xxviiji das worcht valtein und julian.
der Symeon swärlich trüg.
Pul Peter und Mathe Walpurg klüg.

Emphacht her Mercz fraw kunigund.
Adrianus der ward gesund.
Mercz hat pfincztages jn merczischem bad.
xxxj tag Gregori ler die schüler drat.
Gedraut mach uns dein herberg klar.
schür zw Marey nym Ruprecht war.

das uns der Abrell dick begiess.
Ambrosy hat des kain uerdriess.
Abrel hat Bewar uns adelicher leẅ.
xxx tag und tyburtz uor poslicher trew.
valer das gross ellend uersmäh.
Sant Jörg Marcus stet für gäch.
genediklich unuerlan.

Philipp may creuczt florian.
Gotthart Johanns wont uns bey.
May hat Corbian der pangracz und die Sophey
xxxj tag Pilgrin der bracht potencz Pasill.
ein krenczlin grün durch urbans will
kom hanns zirill gen petronell

der Junius Asem koufft da snell
Senat und preym seczt phlanczen güt
Junius hat So wirt Veitlinus wolgemüt
xxxj tag Gelobt drey hailigen sunder pein
Achacz Gross Hanns klain henselein
hilf leo Peter paulen frisch.

Marey schanckt Vlrich julius fisch.
und kylian brach kerssen Segs.
Julius hat Margreth Haincz die tailten mit Alex
xxxj tag Arnolff der lüd braxederlin
Magdalena Junckfrow Cristein
Jacob Anna melt pantaleon

fliecht haissen Augst Petro steffan
stefflin künig Oswalt sixt Affra
Augst hat mit dem Laurenczen baissten da
xxx tag ypold Euseb Maria zart
die trunken einen bernhart
sprach Thimothe zu Pertelin
wie münchisch predigt Augustin

jnn dem September Gilg schanckt güt most
Gib mang der Marey das sy kosst
Septēb' hat das minniklich Creucze fron
xxx tag Offny Lamprecht beschierm vns schon
Matheus Mauricz emphelcht mein sel
virgil Cosmar Wenczla Michel

jeron October hupff auff francz
mit deiner kutten An den tancz
Octob' des hieng Colman Jn Osterreich
xxxj tag Gall sprach Lucas schreibt waidelich
Vrss ze Colen Crispinum vand
dolos hat Symon wol erkannt

Nouember Heiligen All uerkünd
auss vancknuss Lienhart los all pündt
Nouemb' Trinck Martein wein und gens yss Ott
xxx tag leicht kompt Elsbetha zw getrott
Cecil Clement prach Ketterlin
Chüncz sprach was fischet Anderlin

December hilff uns Barbara
Sant Nicklas und Maria
Decemb' dar zw̄ die minniklich Luczey
xxxj tag das wir der sünden werden frey
her Thomas und der heilig Crist
Steffan Hanns kind Thomel frist
Siluester etc. *Amen*

68

MEJn hercz iüngt sich inhoher gail/und ist getrösst/erlösst/uon lieber hand/Die mir zu fleiss frey tadels mail/zärtlich erschoss/entsloss/all meine band/so gar an strëfflich schand/Jch lob den tag/stund weyl die zeit minut und quint/do ich es hort und gaistlich sach/Das mir mein klag/vnzweifelichen so geswind/ward abgenomen do zerbrach/meins herczen vngemach/

MJt eren O ausserweltes G/so frewst du mich/glich/jnn der sele grund/Darnach ein edel R und E/mich trösten sol/so wol/durch rotten mund/frölich zu aller stund/An end der wort/zwai T beslozzen han die trew/uon dir zu mir in ewikait/Mein höchster hort/das laß dir teglich wesen new/und desgeleichen ich berait/mit ganczer stetikait/

WErgiss durch all dein weiplich er/wo ich dein zucht/frucht/ye erzürnet han/Für all diß werlt liept mir dein er/und wil/der vil/bas wesen undertan/löblich an abelan/Vngeschaiden/hye auff erd bys in den tod/und darnach hundert tausent jar/Von vns baiden/kain falsche zung das bettenbrot/sol fröwen mer klain umb ein här/hercz lieb got füg das wär/

69

DO frayg amors/adiuua me/ma lot mein orss/na moy serccë/rennt mit gedanck/frow purȧty/
Eck lopp ick slapp/vel quo uado/wesegg mein krap/ne dirs dobro/Ju gslaff ee franck/merschy voys gry/

Repeticio
Tewczsch welisch mach/franczoisch wach/vngrischen lach/brot windisch bach/flemming so krach/Latein die sybend sprach/

MJlle schenna/yme man gür/Peromnia/des leibes spür/Cencza befiu/mit gschoner war/Dut seruiray/pur tzschätti gayss/nem tudem fray/kain falsche rays/got wett wol twyw/eck de amar etc.

DE mit mundesch/Margaritha well/Exprofundes/das tün ich snel!/datt löff draga/griet per mafoy/Jnrecommisso/dyors et not/my ty commando/wo ich trott/jambre twoya/Allopp my troy etc. Teuczsch welisch etc.

Exposicio

DO frayg Amors *(franczoß)*/Ach wars mein lieb/Adiuua me *(latinisch)*/hilff mir/Malout *(vngrisch)*/mein pferd/min orß *(flemmsch)*/mein ross/Nay moy sercce *(windisch)*/dorzu mein hercz/rennt mit gedanck *(tewczsch)*/frow pur äty *(welsch)*/frow newr zu dir/Eck lopp eck slapp *(flemmsch)*/ich louff ich slauff/vel quo vado *(lateinisch)*/oder wo ich gen/wesegg *(ungrisch)*/wërlich/mein krappf *(tewczsch)*/ne dirs dobro *(windisch)*/der halt nicht vast/jv gslaff *(welsch)*/ich Aigen/Ee franck/vnd frey/merschy voys gry *(franczoß)*/dir dencklich rüff/

MJlle schenna *(windisch)*/zart liebstes weib/yme *(vngrisch)*/see hin/man gür *(franczoß)*/mein hercz/Peromnia *(lateinsch)*/vberal/meins leibes spür *(tewczsch)*/Cencza befiw *(welsch)*/An allen spot/met gschoner war *(flemmisch)*/mit schönem werd/Dut seruiray *(welsch)*/ich dyen dir gantz/pur tschätti gaisch *(windisch)*/newr was du wilt/Nem tudem *(vngrisch)*/und waiß nit/fray *(francoß)*/für war/kain falsche rays *(tewczsch)*/got wet wol twyw *(flemmisch)*/got waiss wol wie/eck de amar *(lateinsch)*/ich dich lieb hab/

DE mit mundesch *(ungrisch)*/newr was du wilt/Margarita well *(welsch)*/mein schöne gret/Exprofundes *(latein)*/auß ganczen gründen/das tün ich snell *(tewczsch)*/dat löff *(flemmsch)*/das gloub/draga griet *(windisch)*/liebe gret/Permafoy *(franczoß)*/auff mein trew/Jnrecommisso *(lateinisch)*/jndein beuelchnüss/dyors ee nöt *(franczoß)*/tag vnd nacht/my ty commãdo *(welsch)*/mich dir emphilch/wo ich trott *(tewczsch)*/jambre *(vngrisch)*/ liebe/twoya *(windisch)*/newr dein/Allopp my troy *(flemmisch)*/all auf min trew̃/

70

Fuga

HEr wiert und dürstet also sere/trag auf wein/trag auf wein/trag auf wein/ (2°) Das dir got dein laid verkere/pring her wein/pring her wein/pring her wein/Vnd dir dein sälden mere/nu schenck ein/nu schenck ein/Nu schenck eyn/

GRetel wiltu sein mein treutel/so sprich sprichs/so sprichs/so sprich sprichs/Ja koufst du mir einen beutel/leicht tün ichs/leicht tün ichs/leicht tün ichs/Vnd reyss mir nit das heutel/newr stich stichs/newr stich stichs/ newr stich stichs/

SYm jensel wiltus mit mir tanczen/so kom auch/so kom auch/so kom auch/Böckisch well wir umbhin ranczen/Jans nit strauch/Jans nit strauch/ Jans nit strauch/Vnd schon mir meiner schranczen/dauch schon dauch/ dauch nach dauch/dauch Jensel dauch/

PPfeiff auff hainczel lippel snäggel/frisch frow fry/frisch frow fry/frisch frow fry/Zwayt ew rürt ew snurra bäggel/jans luczei/Cüncz kathrey/ Bencz Clarey/spring kelbrisch durta jäckel/iu hayg hayg/ju hayg hayg/ju hayg hayg/

HJn get der raye seusa möstel/nu reckt an/nu reckt an/nu reckt an/gumpp auf hainreich noch ein jösstel/rür biderbman/rür biderbman/rür biderbman/rür biderbman/mecz diemut döwt das kösstel/dran dran dran/dran dran dran/dran dran dran/

NV füdert ew man ysst jm dorffe/nempt kain weyl/nempt kain weyl/ nempt kain weyl/nachin Cünrat fauler thschorffe/du lempeyl/du lempeyl/ du lempeyl/lüg umb dich als ein orffe/eyl held eyl/eyl held eyl/eyl eyl eyl etc.

71

Fuga

MJt günstlichem (2°) herczen/wunsch ich dir/ein uil güt jar/zu disem new/ und was auff erd/dein hercz begeret/Amen mein hort/zwar das ist recht/ gedenck An mich/geselle meyn/
Dein schallen und scherczen/liebet mir/das nym ich zwar/dir lon mein trew/der wunsch lieb werd/an vns gemeret/danck hab das wort/ich bin dein knecht/newr frewt es dich/zwar das sol seyn/

MJch frewet traut weib/dein rotter mund/ich dein allain/mit stetikait/ dein züchtlich er/mich tiefflich senet/des pin ich fro/vnzweifel gar/das hör ich gern/zart liebe Grett/
Dein manlicher leib/mich hat erzunt/dasselb ich mayn/ich dir berait/dein tugent mer/höchlich mich zenet/dem ist Also/ich sag dir war/nach deim begern/Os wie es get/

UErgiss mein schacz nicht/durch all dein güt/wer ist mein hail/wer tröstet mich / des wol mich ward / der grossen freuden / du wendst mir we / du wendst mir pein / du wendst mir laid / und vngemach / Dein schärpfflich gesicht / mein hercz durch plüt / newr ich an mail / frow das tün ich / zwar vnuerkart / sol ich dich gewden / ouch du vil me / lieb das sol sein / zart frow gemait / dem kom ich nach etc.

72

Fuga

DJe mynne füget nyemand / wer da nicht enhat / wann wo er hin (2°) gat / man spricht / du wicht / we dir / was wiltu mir / ge für hin drat / hast nicht / so richt / dich balde von hynnen / dein mynnen / dir v̈bel Ane stat/

DEr wiert wil uns nicht borgen / das ist mein grösste klag / er fegt mich nacht und tag / umb gelt / O welt / pfü dich / wie kiffst du mich / du voller wiert / nu schellt / und bellt / frow knecht diern und kinder / der winder / mich jnnder taschen syertt/

NV trinck wir auss dem fläschlin / lassen wir den kopff / so trenelt uns der schopff / schenck ein / henslein / das fläschlin vol / das tüt uns wol / jm godersnal / her wein / get in / her frischlichen giessen / und fliessen / bys jn der blauter fal/

DJe junckfrow solt ich mynnen / das tet der frowen zorn / ye doch müsst ich sy born / ich schob / und klob / dasselbig bloch / von ander doch / ich arm' knab / sy hob / das stro / der stadel ward schütten / und rütten / den jren slayer Ab/

73

O Herczen lieber nickel mein / vergiss mein nicht auff alle treẅ / des heyaho / Sym nayn ich zarts mein Elselein / dein freuntschafft ist mir Allzeit neẅ / dem sey Also / Mein hercz das swindt / seyd du dich schaidst uon mire / sweig liebes kind / ich kom herwider schyre/

Repeticio

ACh nickel nickel / trauter schöner klewsly / hals mich küss mich leich mir her das meußli/

UErhaiss mir bald mein schöne Els / das du kain andern wellest hän / des heyaho / Jch wolt E springn' v̈ber den fels / E mich beslieff kain ander man / dem sey Also / Mein trew gefüg / An dir nymmer erwinde / mein Nickel klüg / du leist mir in dem synne/

GEsegen dich got mein höchster hort / kain schaiden tet mir nye so we / des heyaho / Du lasst mich hye und pleibst du dort / wenn kom wir zu Ainander me / dem sey Also / Jnkurczer vart / wil ichs herwider keren / mein nickel zart / das tü mich schier geweren/

74

SWeig still gesell dem ding ist recht / ju gib mir frewlins bettenbrot / des heyaho / Sy ward mein herr und ich jr knecht / nu ist mir sicher ungedrot / dem sey Also / Jch mayn die zart / zu der ich bin verbunden / des wol mich ward / erst han ich freude funden / Repeticio Ach raines töckel traute schöne tocke / du liebst mir mit dem zipffel Andem rocke/

MEin dienst ir allzeit ist berait/und hoff das mich die lieb nicht enstoss/des heyaho/Mit iren hörelein gemait/E trawt ich jr ein kinglin bloss/dem sey Also/An als geuër/als meinem rechten herren/des knecht ich wër/gar williklichen geren/Repeticio Ach raines töckel ut sup'

JCH fröw mich noch der lieben stund/do sy zu diener mich erkos/des heyaho/Vnd hoff ir röselochter mund/soll mich uon sorgen machen los/dem sey Also/Hercz müt und syn/Jr gailt mit stätem fleisse/wie ferr ich bin/uon jr ju dar die weysse/Rep° ut sup'

75

Tenor

WOol auff wol An/kind weib und man/seyt wolgemüt/frisch frölich früt/Tanczen springen/härpffen singen/gen des zarten/mayen garten/grüne/Die nachtigal/der droschel hal/perg ow erschellet/zway gesellet/ffreuntlich kosen/haimlich losen/das geit wunne/für die sunne/küne/

Repeticio

Amplick hertte/der geferte/well wir meiden/von den weiben/ungestalt/Mündlin schöne/der gedöne/macht uns höne/manigualt/

RAucha steudly/lupff dich kreudly/jndas bädly/Ösly gredly/Plümen plüde/wendt uns müde/laubes decke/rauch bestecke/mëczly/Pring den buttern/laß uns kuttren/wascha maydly/mir das schaidli/Reyb mich knäblin/umb das näblin/hilfst du mir/leicht vach ich dir/das rëczly/

JV heya haig/zierlicher mayg/scheub pfifferling/die mauroch pring/Menczsch loub und gras/wolf fuxs den has/hastu erfrewt/die welt bestreut/grünlichen/Vnd was der winder/uast hynhinder/in die mauer/tieffer lauer/het gesmogen/ser betrogen/die sein erlöst/may dein getröst/fröleichen etc./Amplick hertte etc.

76

Tenor

AJN graserin durch külen tow/mit weissen blossen füsslin zart/hat mich erfrewt in grüner ow/das macht ir sichel brawn gehart/do ich ir halff den gattern rucken/smucken/für die schrencken/lencken/sencken/Jn die sewl/wolbewart/damit das frewl/hinfür An sorg nicht fliesen möcht jr gensel etc.

ALs ich die schön her zewnen sach/ein kurcze weyl ward mir ze lanck/bys das ich jr den vngemach/tett wenden zwischen zwayer schranck/mein häcklin klain hett ich jr vor/embor/zu dienst geweczet/geheczet/neczet/wie dem was/schübren halff ich jr das gras/zuck nicht mein schacz sym̄ nayn ich lieber jensel/

ALs ich den kle hett abgemät/und all ir lucken wolverzewnt/dannocht gert sy das ich yät/noch ainmal jnnder nydern pewnt/ze lon wolt sy uon rosen winden/binden/mir ain krenczel/swenczel/renczel/mir den flachs/treut jn wiltu das er wachs/hercz liebe gans wie schön ist dir dein grensel/

77

Tenor

SJmm gredlin gret mein gredelein / mein zarter bül / hercz lieb gemait / dein züchtlich er an mir nicht weich/
Halt wie es get mein Öselein / jnn deiner schül / trew stetikait / die wil ich leren ewikleich/

Die wort / sol ich behalten mier / und schreibn jnmeins herczen grund / uon deinem röselochtn' mund/

Mein hort / das selb ist wol mein gier / wann ich wil nicht wencken / *das sol ich pedencken* / Gedenck liebs Öselein an mich / dein Gredlin sol erfrewen dich/

DV kanst mich nicht erfrewen bas / wann das ich läg / an deinem arm / uerslossen als ein kleusener / jndeiner phlicht wurd ich nicht lass / an sainlich träg / mach ich dir warm / und ist mir das ain klaine swër / Hab danck / mein trauter aidgesell / das sol ich dir vergessen klain / wann du bist wol die ich da mayn / An wanck / uon mir kain ungeuell / hercz lieb nicht enwarte / danck so hab die zarte / zart liebster man mir ist so wol / wenn ich dein brust umbsliessen sol/

UOr aller freud tröst mich dein hercz / dorzw dein wüniklicher leib / wenn er sich freuntlich zu mir smucket / Gesell so geud ich wol den schercz / und gailt sich fro dein ainig weib / wenn mir dein hand ein brüstlin drucket / Ach frow / das ist mein zucker nar / und süsst mir alle mein gelid / seyd du mir haltst günstlichen frid / Getraw / mir sicherlichen zwar / Öslin gar an ende / Gredlin das nicht wende / kain wenden zwischen mein und dir / sey uns mit hail beschaffen schier/

78

Tenor

MJch tröst ein adelige mayt / die ist für war / durch klar / an tadels mail / Der keuschlich er ist wol so brait / das sy uerdeckt / erschreckt / all strëfflich gail / mit wirdiklichem hail/

Sy hat den breys / inmeinem herczen ewiklich / für alle die ich ye gesach / jr wandel weys / ist wol so reich / das sy wenndt ungemach / süsslich an welich ach etc.

FRäw dich du weltlich creatur / das dir all mass / tün laß / recht wol an stat / Vnd du nach menczschlicher natur / loblichen zart / uon art / keuschliche wat / besiczt an missetat / Dick smel kürcz leng / uon höch zu tal so ist jr leib / waidlich possnieret unuerhönt / und dein gemeng / uon amplick weib / blaich weiss durch rot getrönt / für alle mayd uerkrönt/

JVnckfrow durch all dein köstlich er / solt ich uon got / an spot / des wierdig sein / So wolt ich doch nicht wünschen mer / wann das ich möcht / getöcht / newr wesen dein / recht Als ain gsläfelein / Erst wolt ich gewden / gailich schallen singen hel / uon meiner frowen der ich wër / und die mit freuden / hercz müt leib sel / wol hailen mag an swër / mit wort werch und gepär/

79

Tenor

FRölich / so wil ich aber singen / der edlen frowen süss / Haincz hainrich / erst wirt mir wolgelingen / seyd du mir haltst deinen grüss / Ja frow und wer das nicht ewr spot / Symm nayn es hainrich sommer got/

We hewt wol E / solt ich ewr huld erwerben / dorumb litt ich dėn tod / Jst dir so we / dannocht soltu nicht sterben / und leiden grosse not/

MJch frewt ewer leib / dorzu die guldin spangen / uor an den ermeln zart / Jch bin ain weib / mit gürttel umbefangen / uon adelicher art / Jr secht recht als ain ualken kel / Nu kan ich doch nicht fliegen snel / Vergieng das paw / ich verwäg mich zwayer oxsen / und wurd mir newr ein smucz / Was spräch dein saw mein hainczel vngeloxsen / und brächstu disen trucz/

EWer falbes har / darzẅ die weissen hende / mir geben hohen müt / Du laichst mich zwar / das wett ich umb dein zende / deucht es dich wesen güt / Mit meinen zenden fräss ich wol drey / Sym wenstu hainczel trittenbrey / Mich näm vnnider / oder ich sprung jnain wasser / uon zorn jn ainer gäch / kämstu herwider / dann für mich also nasser / wie geren ich das säch/

JR edle mayd / was bedürfft ir mein ze spotten / ia wurd ich schier so fraiss / Zwar vnuersait / ist dir ain dicker schotten / uon meiner rotten gayss / Sym topffen hab ich selber gnüg / Danck hab mein hainczel richt den pflüg / Jch wil es klagen / meiner lieben mütter / das jr mich habt versmächt / Ge smyerb den wagen / und drisch den rossen fütter / als ander dein gesläch/

80

AJn rainklich weib / durch jugent schön / klain aufgedrät / an tadels dro / der wandel leib / gailt mich so hön / wes sy newr bät / des wer ich frow/

Der arbait deucht mich nicht ze uil / ich spräch hercz lieb newr was du wil / das sol ich tün / an endes zil / wolt es dir nicht uersmahen/

MJch frewt für war / jr rotter mund / darzü jr frölich angesicht / aufrüstig gar / zu aller stund / ir houpt unttrölich ist gericht / Mit ganczem fleiss wort und gepär / gar unuerschroten an geuer / ir zarter leib frücht tugent swër / das tüt mich senlich vahen/

Sy hat mein hercz / mit stätter gier / strencklich besessen nacht und tag / frow disen schercz / den klag ich dir / dein trost mir wol gehelffen mag / Mein dienst dir allczeit ist berait / es sey dir kind lieb oder laid / erhör mich stolcz freulin gemait / lass dir mein ellend nahen/

81

SWeig güt gesell schimpfflichen lach / lass dir kain flüch zu herczen gän / uerantwurt nicht all krumpe sach / weich umb wo du nicht solt bestän / schreibt uns haincz mosmayr mit geschray/

Wer seinem richter geit beuor / und halt den pfarrer unuersmächt / der dunckt mich sicher nicht ain tor / ob er die zway nuczlich uolbrächt / und hiess für wär ain klüger layg/

Repeticio
WEr nesseln zafft/und gilgen strafft/der wil das gärtlin stören gar/und sein tauben/tüt erlouben/rappen und geyern/die nicht feyern/der wennt sein nucz die lenge zwar/

AN hass hab ich die wort erzalt/nu sing wir uon den freulin rain/der ich kain frūme nye geschalt/newr sy wër vor der eren sain/infräuelicher weyse/ Wer haimlich sündt dem wirt sein büss/inainer stille auf gesaczt/dasselb bedenckt liebs freulin süss/ewer züchtlich er lat unuerhaczt/und halt ewer freuntschafft leyse/ Repeticio ut sup'

SEyd ich nu haiss die nachtigall/und lob ouch uast die frewlin güt/doch breys ich wol durch hellen schal/ein zart schön weib mit er behüt/für sterck der grossen lewen/Vnd bin ouch got von herczen hold/das er ain schön weib tadels frey/schon würckt der lob für alles gold/erleucht wont tugent er da bey/an offenbars verstrewen/

82

GOt geb ew einen güten morgen/jr uil edle kayserinne/mich daucht uil wol jnmeinem müt/jr seyt ein also schöne junckfrow/als man sy ferre kennet/ Da pfleg ich klainer sorgen/darzu der gailen mynne/mit ainem hübschen knaben güt/der ist gesessen under krä/zu kastellrüt/genennet/ Secht secht des habet ymmer danck/das sol er umb ew dienen/dasselbig knechtlin wol berait/und fürder sich gar rasche/das jr jm newt empharet/ Kain weg der ward mir nye so lanck/und wer es halt gen Wyennen/ich hulff dem knaben hübsch gemait/auss vngelückes masche/da mit er wër bewaret/

Repeticio
Frisch frey fro frölich/ju iucz iölich/gail gol gölich/gogeleichen/hurtig tum tümbrisch/knawss būm bümbrisch/tenczsch krumb rümblisch/rogeleichen/so ist mein hercz/An allen smercz/wenn ich/an sich/meins lieben bülen gleichen/

AWy awäch jr vil trautes gold/wie wol kündt jr newr spächten/das ich sein schon derklupffe/uon rechten fräden auf mein trew/das macht ewer klüges gelüdme/Ach lieber mayr wersst du mir hold/zwar du förchst klain mein brechten/wann sich kain falscher tropffe/jnmeinem herczen nyndert prew/ uon kainerlay gepüdme/Sich num' dum und numine/so kewt man unuermainet/ich hett noch wol Ain faistes rind/das gäb ich drumb wër ich ew lewp/und liesst das knēchtlin gschämppen/Her mair das gieng mir an mein E/ich han mich so veraynet/das mich erfrewt mein hort mein kind/mein lieb mein knäblin krauss gestreut/wenn es sein har tüt kämppen/ *Respondit Rusticus*

NV gesegen uns heynt der vil hailge gaist/sant hedewigk und sant jenuein/ wie gar seyt jrs verschnorffen/ett als auf den uersortten knecht/und hett ich sein doch kunde/Er ist der liebest und der maist/uerslossen jn dem herczen mein/ich bin jm vnuerworffen/kund ich jm dienen wo ich möcht/mit meinem rotten munde/Se sä nu gämet zieren held/was solt ich des gelauben/das jr so luppiklichen acht/was ich ew uor gekeude/mit klügen worten wacker/Louff how das holcz wer dich der kelt/und haicz jn mit den schäben/auch drisch das koren tag und nacht/erlass mich deins gesnewde/rewt mä und far gen acker/ Repeticio ut sup'

83

AJn yetterin iunck frisch frey früt/auf sticklem berg in wilder höch/die geit mir freud und hohen müt/dort umb die zeit wenn sich die löch/mit grünem loub verreuhen/
So wart ich ir recht als ein fuxs/jnainem hag mit stiller lawss/gugg auss der stauden smeug dich luxs/bys das ich ir die prewn ermauss/auf allen uieren kreuhen/an als uerscheuhen/

Repeticio
JR rotter mund/uon adels grund/ist rain uersüsst gar zuckerlich/füsslin klaine/weÿss ir baine/brüstlin hertte/wort gefertte/uerget sich biergisch waidelich/

DEr amsel tün ich ungemach/und manger droschel ausserwelt/ze öbrist auf dem lenepach/mit ainem kloben der sy fellt/wenn ich das schnürlin zucke/Jnainer hütten wolgedeckt/mit rauhen esten lustlich grün/leicht kompt zu mir die mich erweckt/mit ganczen freuden trostlich kün/gesloffen durch die lucke/schon mit getucke/ Rep° ut sup'

WEnn ich das uoglen zu geschöck/und aller zeug beynander ist/so hört man zwar ein süss gelöck/durch gross gesnewd in kurczer frist/des möcht die schön gelachen/Das sy mir all mein kunst abstilt/was ich zu voglen han gelert/uon irem kloben mich beuilt/des gümppels er zu dick begert/das macht die hütten krachen/uon solchen sachen/ Rep° Jr rott' mund etc.

84

Tenor
WOl auff wir wellen slauffen/hausknecht nu zündt ain liechtel/wann es ist ander zeit/da mit wir nicht verkaffen/der letzt sey gar verheyt/das layen münch und pfaffen/zu unsern weiben staffen/sich hüb ain böser streit/

HEb auff und lass uns trincken/das wir also nicht schaiden/uon disem güten wein/und lämt er uns die schincken/so müsst er doch hereyn/her kopff nu lat ew wincken/ob wir zu bette hincken/das ist ain klainer pein/

NV sleich wir gen der türen/secht zẅ das wir nicht wencken/mit ungelichem tritt/was gilt des stowbs ein ÿren/her wiert nu halt es mit/wir wellen doch nicht züren/ob jr ew werdt beküren/nach pollanischem sytt/

HEr tragt den fürsten leyse/da mit er uns nicht felle/auff gottes ertereich/sein lob ich ymmer breyse/er macht uns freuden reich/ye ainr den andern weyse/wiert schlipff nicht auff dem eyse/wann es gat vngeleich/

HJn slauffen well wir walczen/nu fragt das hausdierelin/ob es gebettet sey/das krawt hat sy versalczen/darzw ain güten brey/was soll wir dorzu kalczen/es was nit wolgesmalczen/der schëden waren drey etc.

(Fragment » Ain klügen abt « siehe Lied 127!)

85

NV Huss sprach der Michel / uon Wolkenstain / so heczen wir sprach Oswalt / von wolckenstain / za hürss sprach her lienhart / uon wolkenstain / sy müssen alle fliehen / uon greiffenstain geleich /

DO hüb sich ain gestöber / auss der glüt / all nyder jndie köfel / das es alles blüt / banczer vnd armbrost / darzu die eysenhüt / die liessens vns zu lecze / do wurd wir freuden reich /
Die handwerch und hütten / und ander ir gezelt / das ward zu ain' aschen / jndem obern veld / ich hör wer übel leihe / das sey ain böser gelt / Also well wir bezalen / herczog friderich /

SChalmüczen schalmeussen / nyemand schied / das geschach uorm raubenstain / jnndem ried / das mangem ward gezogen / ain spann lange nyet / von ainem pfeil geflogen / durch Armberost gebiett / Gepawren von sant jörgen / die gancz gemaine / die hetten uns gesworen / falsch unraine / do komen güt gesellen / von Raubenstaine / got grüss ew nachgepawern / ewr trew ist klaine /

EJn werffen und ein schiessen / ain gross geprewss / hüb sich än verdriessen / glöggel dich und seuss / nu rür dich güt hofeman / gewynn oder fleuss / ouch ward daselbs besenget / vil dächer unde meuss / Die boczner der ritten / und die von Merän / häfning der melten / die zugen oben hran / serntner senesyer / die fraidige man / die wolten vns vergernen / do komen wir der von –

86

O Phalczgraf ludewig / bey Reyn / so vein / dein steig / geit braite / schraitte / tugent gross / kainer dein genoss / Dir nicht geleichen mag / hör mich / was ich / dir sag / sich klärlich / bärlich / uindet das / nach adelicher / mass / Die rürstu / fürstu / jn stëtem schilt / durch manhait / weisshait / warhafft / milt / ouch fröwen dich die frowen / permafoy / hort ich uon deim getruen / gemaheln von sophoy /

JCh rüm dich haidelwerg / lob oben auf dem perg / das schöne / fröne / mündlin rot / da zeren můss und brot / Mit züchten wolgemüt / ir er / ist ser / behüt / durch meczlin / keczlin / kädrichin / Agnes und engichin / Der iugent / tugent / wolgeziert / mit wandel / handel / vngefiert / das lob ich got den milden / was ich kan / das er also kan bilden / schön kindichin wolgetan /

DO ich den necker koss / der bach / gemach / nicht floss / in Reyn / der mayn / darzw die now / umbpingn' neckerow / Dein scheren vngeneczt / der taschen / maschen / seczt / an rüff / schüff / ich mir güt gemach / zu Manhaim bacherach / Vnfröstlich / köstlich / mein da ward / gepflegen / engegen / uon dem lieben bart / der mich hat schon gedecket / mit füchsen swër / durch märder ser erschrecket / das spil louff mir nicht lër /

87

ROt weyss ain frölich angesicht/emplösst auss swarczer farbe klaid/ain klain uerdackt der stieren slicht/mit ainem schlayerlin gemait/durchsichtiklich geschittert/Darjnn ein mündlin rosen var/smielisch mit zendlin weyss besteckt/uerleucht uon swarczen öglin klar/die meinem herczen freuden weckt/das es dorjnn erzittret/frölichen kittert/Rep°/Jr wort gepär/ringt mir die swër/wenn ich das aigentlich beschaẅ/darzu jr iugent/freuntlich tugent/mit schallen/schimpffen/pringt gelimpffen/des frew dich aller liebste fraẅ/

Wie wol gedenck mich lan vnfrey/so tar ich doch gesprechen nicht/dieselbig forcht mir wonet bey/newr dester wierser mir beschicht/das ich die tuczsch sol meyden/Darzu v̈bt mich mein grobe art/das ich so selden wirt getröst/uon nöten greyset mir der bart/seyd mein hercz senlich wirt geröscht/gar dick mit grossem leiden/müss ich das reyden/

SV̈ndlichen sehen klaine spräch/und wer die tüczsch nicht wil uerstän/das pringt dick ainem vngemach/das er sein not nicht werben kan/des müss ich offt engelten/Mit eren ausserweltes · M · liebst du mir in meins herczen grund/dein stolczer leib mich nicht enklemm/der mag mir freude machen kund/so gar an alles melden/tet ich es selden

Nota diss obgeschriben lied Rot weyss etc. singt sich jnn der melody Ain yetterin iunck etc.

Tenor

88

UIer hundert iar auff erd die gelten newr ainen tag/vnd wo sich lieb zu lieb haimlich uersliessen mag/da wër ich nicht ein zag/ich druckt die minniklichen zu mir auf die brust/nach meines herczen lust/so wer mein laid/so wer mein laid/uertuscht/das hail drung mich zu liebem ungemach/

ICh rüm den tag und breys den wunniklichen schercz/do sy mich hat erwellt so gar an allen smercz/gancz für jr ainigs hercz/und desgeleichen unuergessen ewikleich/jr nymm' mer geweich/jn meines herczen teych/als ich ir das löblichen hoch uersprach/

MJt urlob frow kain schaiden tet mir nye so we/solt ich dein stolczen leib gesehen nymm' me/das wër mein gifftlich kre/und raẅ mich ser dein pöschelocht' rotter mund/der mich tiefflichen wunt/gar jn des todes grund/des mordayo oy my und ymm' ach/

89

HERcz müt leib sel und was ich hän/das frewt ain lieplich angesicht/Dem sol ich wesen undertan/zu dienen stetiklich gericht –

Repeticio

FRow du solt unuergessen sein/jnmeinem herczen ewikleich/und wër das ouch der wille dein/so ward nye kayser mein geleich/

JCh wolt du wesst an als geuër/mein freuntschaft halb die ich dir trag/zwar du erfürst uil lieber mër/uon dir zu mir an alle frag/

Wie ferr ich bin so nahet mir / inbrünstiklich dein stolczer leib / Senlich darnach stet mein begier / du fröwst mich zwar für alle weib /   Rep° Frow du solt unuer etc.

90

ACH got wër ich ain bilgerin / Als ich uor zeitten ainer was / So walt ich zw den swestern mein / gar brüderlichen ane hass / Vil aubenteuer newer mër / wolt ich jn losen / scharpff jndas örichin An geuër / freuntlichen kosen/

Repeticio
Tzway stäbichin hëtt ich pald genät / auff ainen höggen wie ich tät / darunder klösterlich uerdrät / schon Als ein brüder / der seine swestern lieber süchte wann die müdern/

WO herczen lieb bey nander ist / da durt die nacht ain ougen blick / wie kund ich mich der kurczen frist / benügen der ich nicht erschrick / und die mein hercz besessen hat / scharpff mit gewalte / ich kan ir nymmer werden sat / die weyl ich alde/

SEnliches schaiden mich ermart / mit grosser klag ich das uerdol / ye doch mich teglich panget hart / das ich mich selden schaiden sol / Vnd mir vndicke wonet bey / die mich tüt fröwen / uor aller werlde stampaney / das müss mich rewen/   Rep° ut sup'

90
(Fassung nach Hs.A)

[A]CH got wer wer eck ein belgerin / als ick uor tyten eine was / so So walt ick tu den söstern mein / gar brüderlicken ane haß / Vil auentuwer nuwer mër wolt eck jn losen / gscharp jn dat örigin angeuär / freuntlicken kosen/

Re°.
Tway stäbickin hiet ick pald genät / upeinen höggen wier ick tät / darund' klösterlick uerdrät / gschon als ein brüder / der seine söstern liefer süçkte wañ die müdn'/

Wo herten lif bynander ist / da durt die nacht ein ougen plick / Wie künd ick mick der kurtten frist / benügen der ich nicht ergschrick / Vnd die mein hert beseden hat / gscharp mit gewalde / ick kan jr nymm' werden sat / die weyl ick alde/   R° ut sup'

Senlickes gscheiden mick ermart / mit groter klag ick dat verdol / Ye doch mich darnach panget hart / dat ick mick selden gscheiden sol / Vnd mir vndecke wonet by / die mick tüt frowen / für aller werlde stampaney / dat müt mick ruwen –

91

Tenor
FReuntlicher blick / wundet ser meins herczen schrein / mit ainem scharpffen zayn / zway öglin rain / lauter klar vnd vein / eyn / sein / gewaltig mein/
Auss slauffes schrick / vil gedenck melancoly / dicke mir wonen bey / zetter ich schrey / nach der edlen krey / ey / das sy bey mir sey/
JR günstlich grüss / von dem mündlin süss / mit unmüss / mir pringt senlich

büss/bayde tag und nacht/so ich betracht/und acht/das mich liederlichen umbfacht/ermlin macht/etc.
Mit herttem druck/kürlich zu jr smuck/und mich tuck/das sy nicht enzuck/bys ir rotter mund/auf sleust/den punt/uerwunt/des sy maisterlichen ain grund/schaffen kund/

TRaut selig weib/selden sehen überal/dort mir der synne zal/seyd mich zu mal/deines leibes sal/gral/werffen wil zu tal/Ellenden leib/für ich auf der yerren pan/und hoff auf zweifels wän/recht Als ain man/den man wil verlän/von freuden müss/ich stän/Vnd swebt mein klag/auf dem wilden wag/tüglich tag/das ich schier verzag/seyd mein höchstes hail/mir machet fail/die gail/und jn kainerlay wandels mail/brach das sail/Dorumb ist ach/fewer jndem tach/kain gemach/jnmeins herczen vach/wenn ich recht bedenck/die zarten renck/gelenck/mit so mangerlay hendlin schrenck/sunder wenck/

ACh raine frucht/lass erbarmen dir mein not/was hilfft dich nu mein tod/dein mündlin rot/mag verhailen wol den schrot/grot/den mir unfal bot/Kain andre flucht/newr allaine frow zu dir/lendt sich meins herczen gier/dein köstlich zier/wil behelffen mir/schier/des ich hart embier/Bedencka jo/lieb do waisst wol wo/hab also/lass mich nicht unfro/nu wend meins herczen laid/das mich all rayd/beklaid/durch dein seuberlich schön gemayt/Zierlich brayt/Erst wurd ich reich/nyemand mein geleich/uon dem speich/süsser wunne teich/vrlob gäb ich we/und grünt mein kle/als E/schaiden bitterlich kalter snee/scharpffer kre/kom nicht me/

92

TREib her treib überher/du trautes berbelin das mein/zu mir/ruck mit den schäfflin dein/kom schier/mein schönes Berbelin/

JCh merck ich merck dich wol/aber ich entün sein wërlich nicht/dein waide/die ist gar enwicht/mein haide/stat ingrüner phlicht/Mein waid mein waid die ist wol/auß der massen kurlich güt/mit kle/loub gras vil plümlin plüt/der snee/get ab inmeiner hüt/So hör so hör ich hye/uil süsser uogelin gesangk/da bey/ist mir die weyl nicht lanck/gar frey/ist Aller mein gedanckh/

SO han so han ich hye/wol ain külen klaren brunn/dorumb/ein schatten für die sunn/Nu kum/meins herczen höchste wunn/Von durst uon durst so hab/ich kainerlaye hendlin not/ya kewt/ich nye das käss und brot/von hewt/das mir mein mütter bot/Vil swāmen swem̄elein/die wachsen hye jndisem strauch/darzu/vil junger voglin rauch/kämstu/zu mir ich gäb dir ouch/Wiltu wiltu mich sichern/gentzlichen mit gemache län/villeicht/so treib ich zu dir hnan/susst weicht/mein vich verrlich herdan/

NV fürcht nu fürcht dich nicht/mein ausserwelte schöne tock/ia flicht/ich dir deinen weissen lock/und slicht/dir deinen rotten rock/Das hast das hastu mir/so dick versprochen bey der wyd/uest stet/zu halden einen frid/noch tet/du mir/an meim gelid/Der schad der schad was klaine/der deinem leib all da beschach/jn mass/Als es dein swester sprach/ich lass/

dich fürbass/mit gemach/Das wirt das wirt sich sagen/erst so ich werden sol ain braut/ob sich/verraucket hat mein haut/pfüg dich/du tët mirs gar zu laut/

BJs wil bis wilkomen/du wunniklicher schöner hort/du bist/mir lieber hye wann dort/nu lispp/mir zu ein freuntlich wort/Vnd wer und wer ich dort/wer wër dann lieb bey dir allhye/mein hercz/dich genczlich nye vorlye/an smercz/du waisst wol selber wie/Des wol des wol mich ward/uil mer wann hundert tausent stund/mich trösst/dein röselocht' mund/der losst/auf sweres herczen punt/Vil freud vil freud und wunne/jr baider leib all do betrat/bys raid/der aubent zuher yat/an laid/schied sich jr baider wat/etc./

93

Discantus

prich/rich/sich/schercz/dringt/zwingt/und pringt/natürlich lieb/jnymm'/ach/rach/grīmiklichen schrey/ey/frey/gesell/kenn dein trew be

Tenor

HERcz/prich/sich/smercz/hie ser und pringt/natürlich lib/ich ymm' ach/rach/ich grīmiklichen schrey/frey/gesell/wenn dein trew bedencken/

HOrt/mein/dein/ain/wort/mort/mir gail/vnhail/das sail/ich schreiben tün an wage schild/wild/mild/mein hercz begriffen hat/quat/mat/nu snell/gelück/rück/mir lieb verrencken/

Tod/laid/maid/schaid/not/rot/dein mund/trost wund/die hund/der stymm mir nye wolt louffn' süss/büss/müss/mir freuden werden an/wan/man/gesell/nye/lye/plausen auff schrenken/

94

Tenor

LJEb dein uerlangen/hat umbfangen/unergangen/wiss fraw/traw/schaw/mich tröst dein ellende/
Dein lieplich possen/hat beslossen/freuntlich gossen/die zang/lang/wang/mit süssem wellende/
Ey was sol das/mit geren bas/ich nye uersass/die schrenck/wenk/lenck/hercz lieb mich fellende/

95

O Rainer got/gnad tugent hoch/der barmung tieffer gründe/ain doctor aller weyshait scharpff/ain loner gütter dinge/ain recher böse werche macht/gewaltiklich ain herr der mächtikait/Jch klag den spot/den du vertraist indiser werlde sünde/ach frumm' klag wenn du sein darff/das schand für er sol dringen/und recht durch unrecht wirt uerkart/wer dasselb kan der dunckt sich des gemait/Das lert man jnn der fürsten schül/seyd ich es recht bedenck/darumb so dringt da manger stül/für alle tisch und benck/der billich wol ain schamel wër/wenn man jm rechen solt der eren swër/

JCh spewr drew tyer/indiser werlt die zway iagt man ger selden/dem dritten lat man nymmer rü/und ist es falsch genennet/die zway gehaissen trew und er/der nam ich breys für aller werlde schacz/So es die vier/hie sprechen tün/heb auff trag hin lass gelden/sein schuld grab jn und deck jn zẅ/erst wirt sein nam erkennet/er ist gewesen diser und der/was er der falsch in vacht der helle lacz/Da vindt er seiner gnossen vil/gefangen umb ir schuld/die hie mit mangem falschen spil/auch fluren gottes huld/da von sy nyemand breysen kund/bys sy hat gar verschlickt der helle grund/

WO in dem wald/wont trew und Er die süchen sich ainander/und desgeleichen bös und falsch/also das gleich sein gleichen/im ausserwelt mit liebem gunst/das prüfft man an vil grossern höptern wol/Die sechen pald/was in da fügt käm ainr dort auss flandern/ist er Ain kraut von böser sals/behend so müss er reichen/secht der genewsst seinr bösen kunst/des zwar ain frumm' nicht engelten sol/Wen allczeit vast nach eren dürst/und fleisst sich gütter sach/dem geit der obrist himelfürst/in seinem reich gemach/und darnach hie ain vil güt wort/das besser ist dann aller fürsten hort/

96

Tenor

GRasselik lif/war hëf ick dick verloren/all dise lange sütten summertyt/
Dat gy my komt tu vorn/so left min hert in grot yo lyt/

Geilicken fro/all tëlich sunder truren/tüt yo frowen lan/eynig minen lif/
Dat gschol ick nit uerluren/mit willen gschin/dein einig wif/

Freuntlicker gschat/dat slot müt gschin uerbunden/und so keiserlick wol verrigelt syr/Erst hëf ick freude funden/und welt min hert kain andern myer etc./

97

SEnlich mit langer zeit und weyl uertreib/schafft mir ain mīnikliches wib/
wenn ich erwach/und uind ir nicht/die mein gewaltig ist/Trauren mich besleusset genczlich überal/und meret sich mein grosser qual/so mir an meinem arm gebrist/ein schacz an argn' list/
Hüglich tüglich rüglich wer ich sicher gail/wurd mir die lieb noch ainst zu tail/

ACh schaiden du bittre wurtz verderblich krut/du ferrest mir mein liebste brut/der ich uor kaine nye gewan/so gar an tadel wëh/Für war ich wolt wër ye schaiden hett erdacht/das jm hinfür kain liebe nacht/uon kainer frowen wolgetän/halt nymm' mer beschëch/Trauren tauren lauren müss ich als ain kind/bys ich die zarten wider uind/

GEsell gelück frewd wunn hail und höchstes G/nu wend durch got mein senlich we/uernünfftiklich nach weysem rat/das ich dich kurczlich an schow/Seyd das ich gelouben sol als du da sprichst/dein stäte lieb und nicht embrichst/da mit dein adeliche sat/nicht frücht ödlichen paẅ/Fancze glantze sprancze waideliche gret/uergiss mein nicht halt wie es get/

98

O Wunnikliches paradys/wie gar zu Costnicz uind ich dich/für alles das ich hör sich lys/mit gütem herczen fröwst du mich/

Jnwendig auss und v̈beral/zu münsterling und anderswa/regniert dein adelicher schal/wer möcht da ymmer werden graw/

Repeticio
Wil ougen waid/jn mangem klaid/slecht zierlich raid/sich man zu Costnicz brangen/von mündlin rot/An alle not/der mir ains trowt/mit röselochten wangen/

GEpärd wort weys an tadel spëh/schowt man durch hügelichen tritt/von manger stolczen frowen wëh/sant peter lat michs liegen nicht/Des lob ich ymmer breysen sol/andächtiklich jnmeim gebett/wann er ist aller eren vol/ und wër mir laid wer anders redt/

Uil zarter engelischer weib/durchleuchtig schön mit liechtem glancz/besessen haben meinen lib/all jnn der kaczen bey dem tancz/Vnd der ich nicht uergessen wil/das macht jr mīniklich gestalt/mit eren lustlich freuden spil/ uindt man zu Costnicz manigualt/

99

FV̈r allen schimpff des ich uil sich/zu Nüremberg frölich bestellt/mit eren so tüt fröwen mich/der hader wunniklich gesellt/
Von manger lieben frowen schön/und der kain tadel nye geflücht/die sich dem hader machet hön/und doch kain hader nye uersücht/

Rep°
WOl auff gesell/wer hadren well/für vngeuell/der vleyss sich freudn' ungeswacht/auff glihem dail/der mag sein hail/wol machen gail/an alles mail/ob er den orden wolbetracht/

ZVcht er lob tugent ist jr krey/wer sich der regel halten wil/der mag dem hader wonen bey/mit aller hendlin freuden spil/Vnhäderlich an argen schein/frölichen fro wer das verdächt/der möcht wol An jm selber sein/ uerurtailt jn des kaysers ächt/

WO solcher schercz an argen wän/bynander ist uernempt den syn/wer möcht natürlich das gelän/er wurff sein hader ouch dorein/Ob yemand das verkeren wolt/der tet nach sein' groben art/kain frow solt jm nit werden hold/seyd er nit bessers het gelart/ Wol auff gesell etc.

100

O Wunniklicher wolgezierter may/dein süss geschray/pringt freuden mangerlay/besunderlich wo zway/an ainem schönem ray/sich mütiklich uerhendelt hän/

GRün ist der wald/perg ow geuild und tal/die nachtigal/und aller uoglin schal/man höret ane zal/erklingen v̈beral/

Seyd nu die zeit wendt frölich ungemach/so wach lieb ach/zwar mir sol wesen gach/zu hengen der hinnach/der ich lang nye gesach/und mich ir ermlin weyss umbfahen

101

Tenor

WAch auff mein hort/es leucht dort her/von orient der liechte tag/blick durch die braw/uernym den glancz/wie gar vein blaw/des himels krancz/sich mengt durch graw/uon rechter schancz/ich fürcht ain kurczlich tagen/

JCh klag das mort/des ich nicht ger/man hört die voglin jndem hag/mit hellem hal/erklingn' schon/O nachtigal/dein spëher don/mir pringet qual/des ich nicht lon/unweiplich müss ich klagen/

MJt urlob fort/deins herczen sper/mich wunt seyd ich nicht bleiben mag/schidliche not/mir trauren pringt/dein mündlin rot/mich senlich zwingt/der bitter tod/mich mynder dringt/mich schaiden macht verzagen/

102

SJCH manger frewt das lange jar/gen des liechten mayen schein/und Also hab ich ouch getän/hort wie es mir ergie/Ains alten weibes nam ich war/uon der ich kom jnsweren pein/und hett sy halb wes ich ir gan/sy hunck an ainem knye/ –

VNrübin ist jr nam/des ward mein rugk wol ynnen/do sy mich zu der lieben brächt/und ich nicht mocht entrynnen/unrüb gewan mein armer leib/ich wesst nicht selber wie/
Fürs gryen und für den kram/ward mir die haut erberet/uon uieren die des nicht uerdross/got waiss was mich erneret/erst raw mich ser das mich ain weib/gar alt so dick empfie/

JCh kom geritten für ir haus/mit ainem finger winckt sy mir/ich müsst ye hören was sy wolt/das wunder mich ser baiss/Do hüb sy auff an allen grauss/Hanns maler ich wil sagen dir/die törel ist dir wunder hold/und gert dein also haiss/Mein hercz ward freuden uol/und gailt sich diser mëre/ich sprach zu jr wer dem also/erst kant ich wër ich wëre/seyd ich den frewlin noch geuil/und daucht mich des so fraiss/Jr trewe die was hol/zwar das vernam ich klaine/bys das ich ward durch knüttler wald/gefüret uast unraine/zwar mir gelang so ṽbel nyel/inkainer sölchen rayss/

Ajns grossen kriegs nam ich mich an/mit meinem weib auf ainen tag/und wesst nicht selber wol warumb/newr das ich uon ir käm/Gen sant laurenczen solt ich gan/und das bedorfft nit ander frag/der kirchfart nam ich klainen frūm/und ward mir widerzäm/Als ich ew das bedewt/ich ward gar schon emphangen/man fürt mich in ain kemerlin/so gar an als belangn'/mir stolczt der müt uon rechter gier/und grünet als ein bäm/Man legt mich zu der breut/bett bolster weyss leylachen/das was nach lust gezieret wol/ain bischof solt ich machen/darauss so wurden vnger uier/die kind der teufel nem

MAn sprach lebt aller sorgen büss/also trost mich der alde hund/da mit sy jn die tür auff sloss/und liess sy inher gan/Viegga waniadat was jr grüss/der teuczsch ich nicht u'nemen kund/bys das ain aichin wasser gross/uon vngern mich beran / Der mynn ward mir gelont / mit brügeln und mit eysen / das weib und man die beulen sach / ich torfft sein nicht zu weysen / den maistn' schaden ich da nam / das tet ain ungrisch man / Jch wolt er wer gedont / uol zwischen flaisch und balge / das er nicht mer gesprechen möcht / und ob es tet der galge / es wër dem reich ain klaine scham / und hiengens alle dran

WJl süsser wort mein mund jn gab / wie wol mein hercz des nit veriach / das sy geuangn' namen mich / und daucht mich / dannocht güt / Si gerten vast der meinen hab / erst do mert sich mein vngemach / ye doch so lebt ich sicherlich / gar uast nach irem müt / Bys das ich uon in yat / gebrechen an dem leibe / do kert ich gen Prawnegk hinwider / uast zu meinem weibe / sy sach mich an als ob ich trüg / ain blawen eysenhüt / Vnd gsegnet mir das bad / mit flüchen und mit scheldn' / ich bat sy uast auff alle trew / das sy es nicht solt melden / sy sprach das sein hye alte mër / doch iunget sich ir blüt /

WEr alden weiben wolgetraut / der nympt den teufel zu der E / secht Also ist geschehen mir / und noch uil mangem mer / Man solt sy baissen jn der haut / und darnach werffen jn den see / das wër ain hochzeitliche zier / der werlt ain köstlich er / Zobry und kuppelspil / das machen sy nicht tewer / es wirt offt aine gar uersert / mit ainem haissen fewer / dorumb hab ich gedingen güt / also beschech ouch der / Wann in ist nicht ze uil / wo sy den segel wenden / das prüfft man an der aubenteuer / wol man sol sy blenden / und all ir helffer swach unfrüt / das wer meins herczen ger etc. –

103

WEr die ougen wil uerschüren mit den brenden / sein leben enden / mit güten zenden / ṽbel essen ligen in dem stro / der füg sich jn die lumpardie / da vil mang' wirt unfro / tieff ist das kot / tewer das brot / vngötlich reẅ / mit falscher trew / sol man da vinden tëglichen neẅ / das ist ain speis der ich nicht keẅ /

WEr nach der wage ringe hechten kouffen welle / für vngeuelle / so fail geselle / ainen der ain staine leber trag / forsch jn des kaysers Cancelye / wo man solche fisch eriag / Gülcher mach kund / was galt ain pfund / pro zingk soldin / et tre zesyn / also galt sich das leberlin vin / von disem sütten hechtigin /

HErman marquart costnicz ulmen wër das leben / uns freud zu geben / uon mündlin eben / vnd mein öheim hinder dem ofen wër / das wër ain besser stampanie / wan das uns der peutel ler / wirt zu placencz / mein consciencz / wirt offt so swach / wie wol ich lach / so das mein schreiber dick gefach / klagt seinen grossen ungemach /

SEbastian wërst dus ain oxs zu florenczöla / oder ain caniöla / und zugst cum döla / tëglich misst auff ainem wagen gross / das nëm ich für ain süssen breye / für wär ich geb dir auch ain stoss / zu dein' brust / als du mir tüst / mit valsch' gier / grob als ain stier / zwar desgeleichn' videlt ich dir / und wurd dir mer das stünd zẅ mir –

104

UOn trauren möcht ich werden taub/seyd das der uorder wind'klaub/herwid' hat behauset sich/auff seinen altn' sicz/
Der ist so nahent bey der tür/gelegen mir durch mangen spür/des ich mag klayn erfröwen mich/das macht sein grober licz/
Kellt reyff und grossen snee/den bach uerdackt mit eyse/bracht er auss des bösayers haus/des nam ich auch nicht breyse/wann raine frucht auss bözem ay/kom nye uon vogels hycz/
Gras blümen grüner kle/gancz seyder ist uerswunden/uerflogen sein die vogelin/der wald ist loubs beschunden/der sunn verlos uon seym geschray/zu howenstain den glicz/

NV mir der pawer ist geuar/und auch gen Brixsen nicht wol tar/dorumb das ich erczürnet han/ain klainen ungenant/Mit ainem smalen widerdriess/den ich bot dem geraden füss/so rewt mich klain wes ich dem gan/der mir den schimpff da wandt/Der fräueliche schlupff/dem risen wer geweret/den er zu seiner meczen tüt/und alle gassen keret/mit ainem mantel gabriel/des faul dir mer ain zand/Jch näm ain grossen klupff/als der mir strassburg gäbe/ob in wurd allen ausgefegt/mit ainem haissen schäbe/die mynn da pflegen sunder hel/durch gogeliche schand/

JCh wond mein sach wër richtig gancz/newr an der trew so lag der stoss/das marckt ich wol an aim gerün/das stob auss faulem lufft/Da sweign' was mein besste schancz/gôt sey gelobt wes ich genoss/do man die rigel und die zewn/so geren hett uermufft/Noli me tangere/laich mich nicht perczli v̈li/was sich nicht wol gelimpffen mag/das richt man auff ain stüli/schon mit der newen hand beluckt/nach welischer vernufft/Leicht tün ich mir so we/mit smucken und mit smiegen/ob ich den bauch noch recken möcht/leicht hulff ich ainen biegen/der mir den staffel geren zuckt/tieff jndes meres grufft/

ACh Cölen wyenen mayncz parys/Affian costnicz nüremberg/was ich ye freudn' da gesach/die gan mir hye nicht jn/Dorumb das ich von ebner wys/dick hausen müss auf hohen berg/das macht ain weib under ainem dach/von swangoẅ der ich bin/Vnd darzẅ manig kind/die mir den schimpf zerrütten/dorumb das ich bedenken müss/wie ich sy müg beschütten/das jn die wolf verzucken nicht/das brötlin vnd dem win/Ain mü die ander vindt/wers alles wil besorgn'/das tü mein her' von Österreich/vmb seinen schacz verborgn'/der tod die leng vil sach richt slicht/und mangen krumpen syn –

105

ES komen newë mër gerant/von ainem grauen süss genant/wie sawer der sein gesst emphacht/dort jn Runczelian/Hinfür den Bapst gelangt der schal/zu Rom für mangen Cardinal/daraus so ward ain grosser bracht/uon weiben und auch man/Die kirweich was bestalt/von pawern vnd von knappen/die herberg sy da buchten auff/und lieffen an die trappen/mit kewlen spiessen wolbetracht/auff ainen bösen wän/Sechzehen gesst gezalt/

die bischof wolten weyhen/und welcher da kain bewlen hett/der dorfft sein nicht zu leyhen/berait' vier für ain gemacht/ettlicher bracht der van

DEr wiert ward an dem erstn' strauss/geworffen zudem venster auss/also das jm derselben zech/ward sein geleicher tail/Dietrich fannaw' ianko knab/newr bey dem har die stiegn' ab/geschindert wurdn' also frech/das was jr gross unhail/Mein öheim matheys sligk/der hüb sich zuden tachen/recht als ain kacz zum fenster auss/er sprach es wil sich machen/ich wolt und wer ich auff dem lech/jnain' züllen gail/Doch ward jm auch ain bick/zu sein' nasen grusschel/den er zu Rom wol vierczen tag/liess sehen für ain musschel/German sein knecht/ain vels gerecht/mass hoh an alle sail

HEr gotschalck und her Mert von speir/ir yeder trüg ain krumppe leyr/von seiner achssel auf den dawm/in ainer binten weiss/Vnd was in freuntschafft mer beschach/sy klagten ser den ungemach/des hab ich wol genomen gam/an jn mit ganczem vleiss/Her hanns von Tenemarch/ward auff ain loch gedrungn'/ab durch ain bün inainen stall/das jm die oren klungen/als ob er lëg jnainem tram/bey ainez fewer heiss/Rigo von wyene starch/ward auch hin nach geschupffet/do schray er laute wer ist hye/wie bin ich des erklupffet/ich wond du wërst der büne bam/jnsorgn' wierd ich greiss

UOn slegen ward der steren blaẅ/und schray misericordia/das halff jn lüczel vmb ain ay/jm ward sein rechter lon/Noch sein ir syben ungenant/dorumb das ich sy nicht erkant/die all jndisem hurlahay/die weyh empfiengn' schon/Jr rugk füss lend vnd bain/die bischof wol erblawen/und welcher ye was komen dar/den hett es ser gerawen/do Conta dulcz den firlafay/pfaiff durch ain sawern don/Ettlicher da ergrayn/recht als ain alter karren/der nye kain smer emphangn' hett/und ward zu ainem narren/do sich empferbt in dem geschray/sein leib durch roten tron

DEr kirchtag was also besaczt/und welch' nicht drey stiegn' placzt/secht oder zudem mīsten zwo/der was nit recht geweicht/Vnd wer der kewlen nicht empfand/die sy dar brachtn' jnder hand/wie wol des mang' ward vnfro/der hett nicht wol gebeicht/Als diser marckt passärt/vnd es begund zu tagn'/sy sprachn' an ainander zu/mit seniklichem klagn'/erheb wir vns auss disem stro/ee man vns bas erstreicht/Jr kainer auff ain pferd/mocht siczen ane kreyssten/do ward gesehen hend vnd füss/verbundn' mit den reissten/zwar unuergessen sunder dro/jnires herczen seycht – Nota diss lied singt sich jn der weyse Von trauren möcht ich etc.

106

NEmpt war der schönen plüde/früde/müde/ist der kalde winder/kinder/schickt ew zu dem tancz/glancz/zieret sich lustlich des mayen tenne/Durch mang' hendlin farbe/garbe/marbe/würczlin grüne gräsli/wäsli/mit den plümlin gel/hel/singt die nachtigal weyt für die henne/Die droschel hat ain wett getan/mit ainem alten rappn'/zu tichtn' auff des mayen pan/und gilt ain iunge kappen/uil stolczer maide wellen dran/das wisst jr rösschen knappen –

DEs wart ich uon der schönen/hönen/krönen/wolt ich noch ir hercze/smercze/kan sy wendn' mir/schir/und benemen alles trauren bitter. Die mich so ferr unrübet/trübet/v̈bet/durch uil aubentewer/getrewer/was ichs ye ir knecht/secht/desgeleichen bin ichs nu ir ritter/Jnirem dienst die weyl ich leb/sol ich mich lassen uinden/ob sich ain klain ir widerstreb/bedecht gütlich zu linden/ich trag ain burd swerlicher heb/wolt sy mich der embinden/

ACh wolgemüte klaine/raine/saine/ist gen mir dein helffe/gelffe/tapfferlich gestalt/walt/meines leibs unforchtlich deiner eren/Mein ritt'lich gesange/lange/pange/lass frow ainig iölich/frölich/lieb erwecken dich/ich/nems für güt woltst du mich noch geweren/Dorumb ich in dem achten jar/mich dicke hab gewunden/mit seniklichem seufftn' zwar/und bin noch vnenbundn'/trost mich dein mündli wolgeuar/erst het ich frewde funden/

AVffrüstigkliche wunne/sunne/brunne/meines herczen fewchte/lewchte/dein' öglin klar/gar/mich verzucket jnder liebi schricke/So mir dein höptlin naiget/saiget/zaiget/willikliches grüssen/süssen/wunsch ich da emphach/nach/meines herczen lust beschech es dicke/Dein vnu'gessen fraw mich schreib/wie ferr ich bin ellende/so nehet mir dein stolczer leib/da von ich nicht enwende/ach seltn' sehen liebstes weib/wenn hat die not ain ende –

107

KOm liebster man/meins leibs ich dir wol gan/an abelan/kom traut gesell/glücklich fleuch ungeuell/kom höchster schacz/zu tracz/der falschen zungn' lacz/kom schier meins herczen laid uertreib/und tröst mich uil armes weib/dein mänlich leib/reicht synn und müt/an mir für aller welde güt/

DEin wort gepär/ringt all mein swër/fraw lieber mër/seyd mein begerd/ain stolcz weib/iunck hoch und werd/die mir das hercz/an smercz/ueriüngt mit liebem schercz/gar wūniklichen manigualt/ir mīniklich schön gestalt/macht mich nicht alt/und bin ergeczt/uon klaren öglin mich beneczt/

Schaiden mich nöt/dein schaiden mich ertöt/mein öglin röt/und bin uerzuckt/der synnen blösslich entruckt/mein weiplich zucht/die frucht/fleusst senlich ir genucht/ob du mir kurczlich nicht enschreibst/und selb lang uon mir beleibst/wie du das treibst/so fürcht ich ser/oder ich gesech dich nymm' mer/

108

Tenor

JCH klag/Jch klag/Jch klag/ain engel/ain engl wūniklich/jnnerklich/

O tag/erlös die minniklich/

Veriag/die alden/die kalden/geualden/swig' wūnd'lich/Gëmelich –

109

AVe mater O maria/pietatis tota pia/sine te non erat uia/deploranti seculo/(2'ps) Gracia tu nobis data/quam fidelis aduocata/celi thronis es prelata/inet'no solio/

O maria tu solaris/micans phebus stella maris/xpo' rege colletaris/quam portasti utero/Plena dulcis medicina/zu protegens aruina/tu es portus tu carina/in omni periculo/

Dominus te mundi rosam/preelegit speciosam/te vocari preciosam/precepit abangelo/Tecum dus' incarnatus/puer ille nobis natus/pronobis datus/prosalute gaudio/

Bn'dicta tu sanctarū/consolatrix aīarū/p'te patet lumen clarum/deplorantis oculo/Tu in valle delictorum/es occursus pec'orum/tu das animas illorum/ihesu cristo domino/

Jn exauditu benigna/tocius mundi laude digna/pia mater et benigna/demonstrans inpublico/Mulieribus honorem/prestas t' decorem/tu das om̄ibus dulcorem/pregustando mundulo/

Et es tota amicabilis/deprecanti liberabilis/prius te non fuit talis/nec erit in p'petuo/Bn'dictus quē portasti/quem uberibus lactasti/tu cum eua c'pensasti/p'gustato pomulo/

Fructus tuus est cunctorū/consolacio sanctorū/et est cibus beatorum/inceli c'uiuio/Ventris aula uas beatum/soli cristo deputatum/gessit illud occultatum/intuo sancto flasculo/

Tui fructus uentris lauit/culpam ade nec peccauit/nra' crimina portauit/merues patibulo/Jhesu sacri uentris fructus/pie matris p'ce ductus/sit nobis dux et conductus/adcelestem p'riam/

Amen ultimo cantamus/in signum quod p'optamus/quitqt' uite postulamus/inor'onibus Amen –

Aue mütter küniginne/miltikait ain milderinne/an dich kain weg löblicher mynne/get in waynender welde/Gnaden vol an uns begynne/wo sich rüfft gelöblich stymme/trön der himel kayserinne/in ewikleichem velde/

Aue mütter fraw magt und mayd/erenreiche lobesam beklait/seyd vnd dir der herre nicht versayt/so hilff uns edle krone/Das wir nach des todes hynnen schaid/vinden dort ain frölich ögelweid/und besitzen alle sälikait/bey deinem kindlin schone –

110

ICh hör sich manger fröwen lat/ain yegklich fraw geboren hoch/Auss welchem land sloss oder stat/die bürtig sey das wierff ich roch/Ze rugk auss meines herczen grund/was ich der land ye hab erkunt/dafür liebt mir ain rott' mund/von swaben her/wort/fort/gepër/person gestalt gemainiklich

Ain stolcze swäbin das bewärt/an der ich nye kain tadel uand/die meinem herczen ist v'mërt/für alle die ich ye erkant/Jr öglin nas mund kynn vnd kel/formieret schon darob das fel/rot weyss ain klain v'blichen hel/jr ermlin hend/brüst/lüst/an end/hertt weyss v'malt gar rainiklich

Klain inder mytt ain dicken sicz/keyf rund v'welbt schon und'sprewtzt/zway diechlin waidelich' hicz/zw tal das bainlin vnu'schewczt/Mit ainem füßlin smal vnd klain/klüg vnderseczt Jr wandel rain/vnstrefflich ist der welt gemain/der rechten mäss/mit/sytt/tün lass/hat sy gewalt gancz ainiklich

III

Passio domi' nri' ihu' xpi' c'pleta. Anno 36.

Jn oberland/ain hoher küng gewaltikleich gesessen/vor tzeiten gancz sein her verlos/baid manne und auch frawen/durch zwo person dasselb beschach/dorumb das die zerbrachen sein gebot.
Der ward gesandt/von seinem vatt' vërrlich vngemessen/gen nyderland er Jn erkos/uil awbentewer schawen/die er versücht mit vngemach/verwegenlich durch mange wilde rott/
Gross ellend armüt frost vnd hicz/mit allem hofgesind/gedultiklich durch gruntlos wicz/laid seiner mütter kind/die jn kewschlichen hye gebar/an we vnd mayl das sag ich eẅ für wär

Sein her'lich krafft/hersscht aller macht volkomenlich allmächtig/dahaym jn seines vatt' reich/wie wol er hye zw lande/sein zeit vast hërtiklich verdolt/ee das er an dem crewtze laid die not/Senlich sighaft/was sein gemüt än vnderlass newr trechtig/zerbrechen schier die uinstern keich/mit sein' aigen hande/vnd die gerechten darauss holt/die hye nach seinem willen waren tod/Gross wunderzaichen süsser ler/er von Jm sehen lye/ee jn begraiff des todes ser/den er menschlichen hye/laid uon seinr aigen creatur/die er beschüff jnmenschlicher figur/

Kain güten tag/er nye betratt jn vierdhalb dreissig jaren/wie wol sein macht durchlewchtig was/die nyemād kan durch gründen/löblich an end vnd anefangk/so ist des fürsten wesen ain ewig mass/Es ist ain fräg/warumb vns wolt so hertiklich eraren/der himel erd schüff laub vnd gras/all creatur erzünden/lebentig darjn mit aim gedanck/vnd aller gnaden ist ain volle strass/Aquinas Thomas des beschaidt/ain kindlin vnu'sert/von lieb vnd durch gerechtikait/sich gab der mart' swert/wie wol sein vatt' manigualt/erlösen mocht den val durch sein gewalt/

Dorumb so batt/der hochgelobte küng vor an dem berge/ee jm sein iunger gab den kuss/mit tüfftikleichem trone/sein vatt' innikleichen süss/das er jn freyte ob es muglich wër/Der forchte wat/was engestlichen von des todes fërge/doch gab er seines willen fluss/der vätterlichen krone/gancz jn sein hend sünlicher grüss/wie wol jm was das hercz vnmässlich swër/Als er ye leiden solt die pein/nach tötlichem geferrt/do kert er zẅ den Jungern sein/die slieffen also herrt/er sprach/wacht auff bett mit vernunft/wann Jr nicht wisst tag zeit des todes kunfft/

Jndem so kam/iudas der seinen herren hett v'räten/mit ain' rott der Juden schal/vnd kusst jn an sein wange/dorūb das man jn kennen tët/wann er aim iunger was ain tail gelich/Der wierdig nam/ihesus sprach zw dem volck die jn beträtten/mit swërten spiessen ane zal/wem sücht ir so gedrange/das tü wir ihesum nazareth/er antwurt tugentlichen das bin ich/Als er das wort götlich vermeldt/auss seinem hailgen mund/sy vielen jn des garten veld/all rügkling auf den grund/da ward geprüfft sein mëchtikait/vnd das er williklich die marter laid/

Sein loblich macht/darnach verhieng das sy Jn viengn' stiessen/hertt bunden raufften auss den bart/jn wurffn auf die erde/hässlich ellend mit grossem neyt/ward er gefürt Jnaines richters haws/Dieselbig nacht/der vinster ain end kain mund nicht mag besliessen/das leiden von dem hrn' zart/sant Peter der vil wërde/verlognot dreymal kurcz' zeit/des der vns losst mit sein' mart' graws/Maria die vil raine magt/vnsäglich ward betrübt/als jr die mer ain iung' sagt/haiss wainen sy da ṽbt/umb jren selign' lieben schacz/den sy empfieng gepar durch kewschen lacz/

Als nu ir will/an jm ergieng strencklich durch bös behagn'/die langn' nacht bys an den tag/sy fürten in mit gahen/Caypha pylato vnd darnach/herode zẅ als ain schedlichen man/Von dem noch vil/zẅ singen wër wes sy Jn tetten frägen/er antwurt Jn mit klain' sag/das gund jn ser versmahen/herodes jn jm selber sprach/er ist vnweys seyd er nicht reden kan/Vnd legt jm an zẅ vngelimpf/ain törlich klaid berürt/auß jm so tribn' sy den schimpf/wid'umb ward er gefürt/pylato fürbas vngestillt/durch micheln spot als ainen toren wild.

Mit grossem sturm/vnd ungefügem hewlen schawren brawsen/liess sich der küng küng aller küng/der her' her' aller herren/gedultiklich recht als ain lamp/pylato smächlich wider weysen für/Derselbig wurm/krenckt sein gewissen von des kaysers grawsen/haimlich Jnseines herczen drüng/wie wol er wesst den keren/der iuden hass durch valsche wamp/noch volgt er Jn mit böser wille kür/Er liess jn gaiseln bärmiklich/An ain' sewle bloss/von jm das blüt gar ärmiklich/auss seinem leichnam floss/man saczt jm auf sein hailigs hawbt/ain dürnin kron mit herttem druck betaubt/

Auss der ratschrann/ward er/geweyst mit bitt'lichem smerczen/den Juden für pylatus stymmt/den ewern küng hye schawet/sy sprachen künges hab wir nicht/newr ainen kayser dem wir sein v'mannt/Spöttlichen sann/So knyeten sy für jn mit bösem herczen/vnd eertn' jn hëmisch v'grym̄t/mit falschem grüss gebrawet/Aue rex iudeorum spricht/gegrüsst ain küng der juden her gesandt/Vnd zügten fälschlich ṽber jn/ain schacherlichs gericht/lat vns den ächter füren hyn/zw seines todes phlicht/vnd schryeren hoch da mit gewalt/pylato an crewcz chrewtz jn chrewtz jn bald/

Er wüsch sein hend/vnd sprach ich bin an seinem tod vnschuldig/do namen sy den h'ren güt/vnd legten jm mit frewden/ain chrewcz auf seinen rugken kranck/das er allain da nicht getragen mocht/Ach wie ellend/sein liebe müt' nach jm trat geduldig/do sy an sach jr aigen blüt/geen vor den swachen lewden/zw seinē tod durch blöden swanck/mit disem chrewcz das swärlich was geblocht/Als sÿ jn brachten an die stat/vnd er ye sterben solt/do blossten sy den hrn' mat/als das sein vatt' wolt/vnd legtn' jn da sunder scham/ze rugke nyder auf des crewczes stam̄/

Drey nagel murr/ward jm geslagen durch sein hend vnd füsse/crewczlich gedënnt gespannt v'zwickt/von aim iüdischen manny/die hamersleg maria hort/vnd drungn' da durch jres herczen sel/Behender snurr/ward er gesteckt auf höher gar vnsüsse/sein müt' er da aneblickt/die er beualch Johanni/vnd pflag da schreyen dise wort/hely hely mit lawt' stÿme hel/Mein got mein got wie hastu schier/verlassen mich Jn tod/vatt' jn dein hend beuilch ich dir/mein gaist jndiser not/vnd starb da an der menschlichait/mir Wolkenstein werd dort sein huld berait/Confundant[r] oms' qui nos persecunt[r]

Ain blinder jud longinus hiess/der kom mit ainem sper/Jn sein hailig seitten er das stiess/blüt wasser drang jm her/gar an sein augen er gesach/got ewikleich sech vns vor vngemach/Amen –

112

MJch fragt ain Ritter Angeuar
Der sich der welde manig iar
Zw güt' mass ervaren hett
Durch manig kungkreich lāt vn' stet
Jnfürsten höfen hyn vnd her
Ain tail der haidenschaft entwer
Als dann aim ritt' zẘ gebyert
Jnainem so was er veryert
Das ich in des beschaiden solt
Dorumb vnd er mich fragen wolt
Beschaid mich lieber brud' mein
Von welchen sachen mag das sein
Das göttliche gerechtikait
Geordnet ist an vnderschait
Jnaller christenhait gemayn
Aim yeden menschen laut' rain
Czẘstattn' komen durch gericht
Vnd doch gar selten daz beschicht
Besunderlichen der gestalt
Da man die leges nicht enhalt
Nach den geseczten kaiserleich
Da wirt betrogn' arm vnd reich
Ich sprach Als ferr ich mich v'stān
Da sein vil höpter schuldig an
Wer da regiert nach seinem houbt
Wie clüg der ist er wirt betoubt
Beseczt er nicht ain weisen rat
Dabey fraw ere wol bestat
Vnd volgt dem nach durch götlich forcht
Jnwelchem land man das verhorcht
So hat gewalt das recht verhagt
Als wenn der Abpt die würffel tragt
Die brüder spilen all hyn nach
Zw lieb dem hrn' wüster sach
Vicztum ratgeb pfleg' und verg
Richter vorsprech vrtailer scherg
Die tretten all ain valsche pan
Ain yeder zlieb seim v̈berman
Zwar der gewissen wirt so hol
Da mit man sich behelffen sol
Zw gottlicher gerechtikait
Seyd das man jns nit vndersait
Das nyemād kein geleichs beschicht
Das ist ain swëre zuuersicht
Vnd ist aim land ain hertte büss
Wo man das recht erkouffen müss
Damit so stet des armen schancz
Newr allczeit hynden andem tancz
Der gebhart hat ain swachen nam
Wie wol er ist natürlich zam
Dorumb das er ist gancz durchpaisst
Mit grosser gierhait man das haisst
Da von verlait sich mang gesell
Durch in abgrüntlich in die hell

Doch nemen geben arm vnd reich
Secht aber es ist vngeleich
Wer nympt was man im gern geit
Also das er kain argen neyt
Well tragen der gerechtikeit
Weder vmb lieb gab oder leyt
Dem geber welle bey bestän
Newr wes er götlich recht sol han
Es sey mit vrtail oder rat
Sein num ist im des mind' schad
Tët er es aber gar durch got
Das wër vil besser sunder spot
Beschech es dan vmb ainen susst
Da bey so wër ain klain verlusst
Jm wurd doch so vil er da von
Das im bezalet wer der lon
Auch möcht er richtn' baid partey
Vnd tët sein güten vleyss da bey
Darjnn erwurb er lob vnd eer
Von got vnd von der welde ger
Sëlig wër das recht wo man es näm
Wēn güte freūtschaft da von käm
Was man an recht geslichtn' mag
Das ist den tewfeln grosser slag
Durch recht v'loufft sich māge dyet
Mit vrtail rëten gab und myet
Falsch zeugknus aid vn' aufsäcz hol
Das fügt dem tewfel alles wol
Kain recht kompt selden zw dē zil
An sünde wenig oder vil
Besunderlichen inder hayt
Da ÿederman auf seinen aid
Ertailen sol nach seinem houbt
Darunder mang' ist betoubt
Das er nicht fünfe zellen kan
Wie mag derselb ain recht v'stan
Vnd gilt als vil am abelesen
Als wër er Salomon gewesen
Vnd gärlichen in der gemayn
Fugt sich das recht gar seltn' rain
Hat ain' newr ain vrtailer
Vnd dabey lewte nach der swër
Si volgen all dem selben nach
Wie falschlich ist sein anespräch
  Der richter lat auch übergen
Vnd wil das vnrecht nicht v'sten
Das yenem tail beschehen ist
Das tüt als gebhart wo der ist
Fleisst sich ain fürste swacher rët
Den sel noch eer nicht hoher krät
So ist das recht in seiner hant
Newr wie in lusst wirt es erkant
Wañ si wissen wol als die hund
Des hrn' willen zwaller stund
Da hat das recht kain andr' gstalt
Wañ trib man fräuel vnd gewalt
Vnd desgeleichen volgt der schein
Von allen die gewaltig sein
Das recht besiczen für vnd für
An vorcht gewissen als ich spür
Hoch von dem houbt bis auf dē füss
Vnd nympt doch end mit swer' büss
  Ain redn' der da nymet güt
Von ainem dem er reden tüt
Der ist ain argkwönleich' man
Den solt man nicht ertailen lan
Trawt man daruber seinē aid
Sündt man daran dz ist mir laid
Das recht hat gar ain wëchsin nas
Es lat sich biegn' als der has
So in der hund pringt inden wäck
Newr hyn vnd her stat sein gedäck
  Jch hör das mang' vorsprech nÿpt
Zw baider seytt das übel zympt
Von ainem nympt er offenlich
Der ander sticht in haimelich
Der ainen part redt er das wort
Der ander tail behabt den hort
Mit dem so wirt durch jn v'hawt
Die ain partey die im getrawt
O iudas du vnselger man
Was hastu brüder hye gelan
Allain nicht der da vorsprech haißt
Mang hoher der den wechßel baißt
Gaistlich wëltlich vindt man der
Vnd die doch wellen haben eer
Gen diser welt wie halt gen got
Daselben fürcht ich ir mit spot
  Noch ains lass ich nicht vnu'meldt
Ain bös gewonhait inder welt
Die gaistlich sein vnd weltlich recht
Regieren mer wān ritt' vnd knecht
Vnd wellen nuczen baide swert
Wie habent die so güten wërt

Sant peter hett newr ains berait
Da er den iuden mit v'snaid
Vnd slawnt jm da mit nicht gar wol
Do er tët fliehen in das hol
Vnd get der grund doch dannen her
Von got gesaczt gaistliche ler
Offt gaistlich vätt' sein so zach
Sant petern kain' volget nach
Wo gaistlich hersschn' lewt vn' lant
Da wirt mer vngeleichs erkant
Wann fürstn' den das zẅ gebiert
Das recht zw halten vnu'yerrt
Oder andm' adel gross vnd klain
Jnaller christenhait gemain
Got hat drey tail geordent schon
Dorumb er geben wil den lon
Dort ewikleichen sunder swër
Gaistlich edel vnd arbaiter
Der gaistlich ist also bedacht
Das er sol bittn' tag vnd nacht
Für die zwen taile gottes kraft
Vnd streittn' sol die ritt'schaft
Hertt für die andn' vorgenant
Der pawer darzẅ ist gewant
Das er sein arbeit teglich brauch
Vmb vnser nar im selber auch
Das hat ain grosse vnderschaid
Besunder an der gaistlichait
Durch vngeleichs in diser welt
Als ich das vor an hab v'meldt
Jch wolt wër gaistlich wer gemüt
Er hielt sein orden inder hüt
Als er das solt von rechte tün
Das wër der welt ain gross' sün
Mer vnfrid kompt der welde blos
Von priesterschaft vnd ir genoss
Wañ susst von allen layen pschicht
Das hat doch got beschaffen nicht
Durch si das recht vil mer erkrūpt
Wañ das von anders yemād kūpt
Das hab ich mer zw rom ervaren
Wann anderswo in kurczen iaren
Recht zu vnrecht vnrecht zu recht
Si machen kunnen krūp vn' slecht
Aufsäcz trugnuss loyca spil
Lernt man zw rom wie vil mā wil
An die prëlätisch piegkaney
Die man da treibt durch symaney
Da vnser züflucht solde sein
Zw waschen ab der sünden pein
Das man so böse ler da tragt
Das sey dir got von himel klagt
Das durch die glerten für vnd für
Zẅ mercken ist ain solche spür
Die unser liechter süllen wesen
Zw leren indas ewig gnesen
Es kompt als von den höptn' dar
Die sich emblössen offenbar
Vnd das vnrecht machen zam
An götlich vorchte sund' scham
Gaistlich weltlich wer das tüt
Der ist von sünden nicht behüt
Wan siecht das houbt durch blödn' wanckh
Die glider werdn' alle kranckh

Der keyser nympt auch geren güt
Vil fürsten han denselben müt
Si liessen ettwas ẏbergän
Wo si die volge mugen hän
An rëten landen vnd auch lewt
Da für ich gsaczte recht wol trewt
Wo man die kaiserlichen halt
Vnd ain güte gewonhait alt
Die ist zẅ halden für ain recht
Wer sich des fliss da wurd vil slecht
Das susst gar langksam krūp beleibt
Nach dunckn' recht wo man dz treibt
Wo kaiserliche recht nicht gän
Da wil man nyndert hören von
Das man dem keiser icht engūn
Vnd ist doch aller recht ain brunn
Darauss si fliessen gancz gerecht
Jnalle land natürlich slecht
Vnd mag kain lands recht sein erdacht
An kaiserliche recht verbracht
Es muss ain züsacz da von habn'
Vil von den kaiserlichen gaben
Als alle wasser habent grund
Flüss auss des grossen meres slūd
Man well dann felschn' gots gesecz
Vnd das gerechte machen lecz

Was von dem reich zw lehen ist
Das mag sich zwar zw kain' frist
Auss seinem recht enziehen nicht
Mit kain' loyca getickt

Vil güter gwonhait ist v'gundt
Aim yeden lande nach dem grūd
Zw halden nach des landes schein
Tēglich zw bessern ane pein
Ain gwonhait bös wie alt die ist
Die ist zẅ meiden kurczer frist
Vnd götlich reformieren pald
Das si haiss güt gewonhait alt
Wo man desselben nicht entüt
So gilt si nicht ain helbling güt
Gwōheit new niemād seczn' mag
Pschicht es darüber ane frag
Vnd ān gewalt des keisers gunst
Pēen vellig ist dieselbig kunst
Wann so er leicht er pstät nicht mer
Newr redlich alte gwonhait her
  Ain yeder sach der ist geseczt
Das recht weislichen vnu'heczt
Wie mag das ain' gächling haiss
Bedencken der des nicht enwaiss
So man in fragt auf seinen aid
Das recht zw treffen klar gemait
Wie weys er ist er wirt betört
Er hab der recht dān vil gehört
Vnd dise welt darzw versücht
Nach notdurft als sich daz gerücht
An enden wo man recht vnd rat
Vernüftiklichen vor im hat
Als manig hiern als māig houbt
Wie künd aim yeden sein erloubt
Das recht gancz pringē an sein stat
Darauf man lang gstudieret hat
Trifft ain' ains so fält er zway
Beduncken recht schadt mang'lay
Des man in rechtn' nicht enhielt
Wo man der keiserlichen wielt
  Ain pawer der nye schrifft verhort
Vnd mit den oxssen ist betort
Der sol nu bas v'stän das recht
Wann ain gewandert güt' knecht
Oder ain gelart' weiser man
Wo wolt er das erlesen han
  Noch wundert mich ains grossē auch
Das man offt seczt ain öden gauch
Zw ainem richt' der nicht hat
Götliche vorcht noch weisen rat
Vnd was dem rechten zẅ gehört
Das er des genczlich ist betört
Wie sol der sträffen weib vnd man
Vnd der sich selbs nicht straffn kan
Als ich ew das noch bas bedewt
Wem man beuilcht lant od' lewt
Ampt pfleg gericht vnd desgeleich
Zw straffen richtn' arm vnd reich
Der sol sich haltn' in dem schein
Das er vnstrēflich mug gesein
Vnd desgeleichen all die han
Herschäft land lewt und'tan
Gaistlich weltlich wër die sind
O wie gar selden man daz vindt
  Ain fürst in seinem hof vnd lant
Sol haben rēte die da hand
Göttlich gwissen edel vnd weys
Ain gmain güt wort d' eren preys
Wo des ain fürste nicht enhat
Das recht daselben übel gat
Baide mit vrtail vnd geding
So hat das recht ain misseling
Vnd darff sich nyemād tröstn' slecht
Wie vil er hat der güten recht
Jm wirt die schrann also bestellt
Mit ain' vrtail da geuellt
An seinem tail durch klain gewin
Da hat das recht ain bösen syn
  Verzickte wort vnd allgeuër
Jm rechten sein v'botten swër
Man lat sein aber dorūb nicht
Vnd ist ain alts als man da spricht
    Ain weis man der ratmässig ist
Der tü sein vleyss zw aller frist
Da mit er rat zw gleichem schid
Auf baid partey nach gütem frid
Wil ain' sein ain schidlich man
Der mag an baide rät wol gan
Wil er aber ainem hilflich sein
Dem andn' tail rat nicht darjn
Vnd hör auch sein' rechten nicht
Newr was an offn' schrān beschicht
Damit bleibt er an mailes neyt
Liebt im das recht zw baider seyt
Kain ratgeb der sol weib noch man
Verfüren auf ain zweifels wan
Zw dem er nicht gedienen mag
Mit vrtail kompt es an die frag

Verweyst er in darüber susst
So hat er schuld an seiner flusst
Du richter solt nicht pärtig sein
Jnder partey vil oder klein
Noch niemand das gestattn' bist
Dem der desselben leders ist
Wo man ain solch gerichte hat
Vnd da ain richter des gestatt
Das yede part da seczt ir lewt
Das richt ich weder lob noch trewt
Vnd wirt das recht hin hind' kert
Vnd durch die aid gröblich versert
Da bistu richt' schuldig an
Das du die partey lassest gän
Wann yeder stat dem seinen bey
Wie wol das recht sol wesen frey
Anargen list grüntlich verklärt
Wie wol man selden das bewärt
Du solt auch niemand fragn' nicht
Wo du hast solche zuuersicht
Der wederm taile sey genaigt
An güt gewissen da verfaigt
Vnd nyemād füdern durch dein frag
An sach ich dir diczs nicht ensag
Man vindt nicht vil derselbn' land
Da solche krump recht ergänd
Vnd ist den tewfeln grosser flüch
Wo man tüt richten nach dem büch
Darinn die recht sein wolbedacht
Auf yede sach götlich verbracht
Dabey gewonhait güt vergundt
Aim yeden land nach seinē grund
Vnd die man halt baid arm vn' reich
Das ist aim land ain löblich zeich
Besunderlich in welschem land
Durch mang küngkrich mir bekāt
All reichstet haben auch den sytt
Vil ander tewczsch' land da mit
Da man durch zwelf tut richtn' rain
Bas wān susst durch gantz gemain
Selden durch gemain ain sach ergat
An schand vnd ettlich missetat
Des lob ich nicht wo man des pfligt
Für gschribne recht wo mā die wigt
Durch solche lewt die es v'stän
Da wirt versorgt baid fraw vn' man
Ain ebenbild ich melden wil
Sicht ain' zwen ob ainem spil
Vnd die er nye erkante susst
Er gunnt dem ainen bas v'lusst
Vnd desgeleich an ain' schrann
Die man beseczt durch mangē man
Bstet aim da newr günstlich geuell
Er hat die volg gee wie es well
Das als an stettn' nicht beschěch
Woman die recht geschriben sěch
Offt ains gewissen ist so lom
Si krumpt sich als der weg gen Rom
Dorumb so lob ich sicher klain
Das man ain sach auf ain gemayn
Durch vrtail dick erkennen tüt
Ain solch gewonhait ist nicht güt
Wann götlich recht hat kaine' twanck
Zẅ nöten auf ain hindergangk
Durch kain' hande vrtail frey
Es sey dann güt' will da bey
Noch ist der tadel ane zal
Darinn das recht hat bösen val
Zwar wid' diczs das man da halt
Geschriben nach den büchern alt
Vnd die man teglich bessern tüt
Darjnn ist mēniklich behüt
Wo man die füret laut' rain
Beckenn ich Oswalt wolckenstain

Anno M°cccc°xxxviij°
hec fabula completa·
peŕ me Oswaldū militē

113

JR bäbst ir kaiser du pawman / warumb seit ir nicht geren hailg / seit das eẅ got nicht wil verlän / behalt ir newr den orden sälig / der ew von im ist außerwelt / zw füren löblichen entwër / auss vnsm' glouben zẅ gesellt / mit namen laut' da gezellt / gaistlich der edel vnd arbaiter /

Du hailger vatt' tag vnd nacht / für alle christenhait gemain / vnd wër da gaistlich ist bedacht / andächtiklich solt bitten rain / Den got der alle creatur / beschaffen hat vnd vns erlost / mit seines hailgn' todes kur / den er in menschlicher figur / laid an des hailgen crewtzes rost/

O kaiser schierm mit deinem swert / vnd wer zw dem gesegnot ist / das recht vnd den gelaubn' wert / gewaltiklich zw aller frist / Die witwen waisen arm vnd reich / beschüczt auch halt ewch inder hüt / das man ewch selber nicht enzeich / des icht berür der eren teich / ee so vergiesst ewr aigen blüt/

Wer zw der arbait ist geporn / der arbait durch getrewen hort / tüt er des nicht so wirt verlorn / sein arbait baide hie vnd dort / Vnd herwidrumb ist er getrew / als ainem pawman zẅ gebiert / stirbt er also mit güter rew / sein frewd mag im wol werden new / dort ewikleichen vnueryerrt/

Ach welt wie hertikleich du trabst / noch alles dort vor gottes schein / geleich der kaiser als der babst / ain yeder in dem orden sein / Die fürsten grauen ritter und knecht / ir burger pawren all v'meldt / chardnäl pischof prelaten slecht / all gaistlich weltlich hört vnd secht / recht tun wer güt in dieser welt/

114
Compassio beate virginis Marie

HÖrt zẅ was ellentleicher mër / ain raine fraw kewschlich erfür / wie das ain fürst geuāgen wer / der himel erd vnd alle rür / gewaltig was / des si genas / magt vor vnd nach / von ain' sprach · Aue an mail empfieng gebar –
Ain knecht und iunger der da floch / v'kundt der frawen als man redt / wie man den fürte groblich roch / den si lieplich erzogn' hett / mit grosser smäch / ellender gäch / durch micheln praws / jn Annas haws / der richter was der iuden schar.
O fraẅ wie bitter was der smercz / den da empfieng dein kewschlich hercz / als es erhort / das sënlich mort / leib varb gestalt / des schricks engalt / das du kraftlose nyder sanckh/

Vnzälich klag vnd senlich mat / bedächtikleich was fraw erlaubt / als dich v'nunft widerūb betrat / und du deins kindes ward berawbt / durch solche lewt / der ich nicht trewt / die in välschleich / än wäre zeich / verklagten vor des richters stab / O iunckfröleiche raine maid / mich wundert das dir nit erbrach / dein kewschlich hercz von grossem laid / als du den herren hort vnd sach / dieselbig nacht / mit grosser bracht / peinlichen verch / durch wort vnd werch / ser fürdren zw des todes grab / Ach got wie ellend was der schein / das fliehen von den iungern dein / sant peter zwar / v'lauget gar / an rü vnd rast / ellend du wasst / vmbgeben in der veinde schranckh./

Du gots erwelte creatur / durchlewcht verhailgt v̈ber alle weib / wie mocht dein adelich natur / erzewgen durch ain zarten leib / den grossen schrick / und scharpffen blick / des gaisel slag / von dem du lag / geswindlich auf die erden viel / Wol was die barmung michel gross / von menikleich zẅ sehen an / das man den höchsten fürsten bloss / an ainer sewl solt gaiseln lan / das im das blüt / von solcher rüt / den leib verröt / das man in not / gebunden mit des sailes ryel / Zart minikliche kaiserin / wie was betrübt hercz müt und synn/

do man verwundt/des himels grund/spotleichn' schawt/O edle brawt/wie was dein lieber sun so kranckh/

Mit ainem krantz von dornen scharff/der himel fürste ward verkront/tiefflich gedruckt das sich entwarff/mit blüt sein antlutz houbt betrönt/swërlich bewegt/man Jm da legt/mit grossem valsch/auf seinen hals/ain chrewtz daran er sterben solt/Des er von kranckhait nicht enmocht/allain getragen von der erd/wann es zẅ swärlich was geblocht/und das ersach sein mut' werd/in seim ellend/was si behend/von rechter gier/im hilflich schier/des man ir nicht verhengen wolt/Bedenck ain yede müter das/wenn si ir kind in solcher mass/säch vor ir steen/vnd darnach geen/zw seinem tod/mit solcher not/wie ser betrübt wer ir gedanckh/

Awe die ellend wainlich klag/der man nicht vil geschriben vindt/allain newr als die fraw da pflag/vmb ir kewschlich geboren kind/das vor ir haiss/sein blüt vnd swaiss/köstleich verrert/des todes gert/mit dem er vns all hat erlost/Caluarie ain stat genant/das chrewtz sein rast daselben hett/darauf man jn mit füss vnd hand/schamleichen bloss vernageln tet/sein leib gebain/jn ainen stain/gesteckt an barm/so ward der arm/da flosst du Maria dein trost/Noch was er fraw zw dir genaigt/do er dich seinem iunger zaigt/die hamer klenck/und gallen trenckh/des speres stich/maria dich/verzuckt helf uns sein chrewtzlich hanckh Amen

115

WEr hie vmb dieser welde lust/sein ewig frewd dort geben wil/Zwar des gewerb gewinn noch flust/ich halden wil auf kainem spil/Secht der betreugt sich selber zwar/vnd pawt auf ainen zweifel gar/das sag ich eẅ für war/Auch wër die sel sein wil bewaren/da mit si wol versorget sei/Der lass die glüst hie yerdisch varen/und hüt sich vor den sünden frey/Wer mercken wolt sein missetat/Der hett der meinen vil güt rat/zẅ melden frü vnd spat/Vnd wer zwayn herren dienen sol/vnd die vngüstlich sein in ayn/Czwar der bedarf gelückes wol/das er sein dienst nuczlichen laÿn/Von wew ain man hat eren grund/der scham sich des zẅ kain' stund/rat Wolckenstainers mund/

Repeticio
Es ward kain fürste nye so reich/gleich/so wër ich im/nym/mit gedencken ich das mayn/

Wer mit dem fride welle sein/und trachten nach der sele hail/Mass sich der fürsten brot vnd wein/wann ir gemüt ist voller mail/Jch näm ains weisen mannes müt/für vier törleicher fürstn' güt/vnd hielt mein sel in hüt/Man vindt noch vil der toren zal/Si gäben nicht ir leben schon/Vmb allen schatz der eren gral/Noch vmb die wierd des kaisers kron/Secht mang' guellt jm selber wol/des ist die welt der toren vol/seyd man es reden sol/Awe dem armen lemblin das/ain wolf zw ainem herren hat/Auch ist dem wolf vil lüczel bas/so auch ain bün v̈ber jn ergat/Vil mang' went er kenne mich/vnd der nye recht erkante sich/gleich als ain ander vich/Rep°. Auch wer nye liebes weib gewan/han/maynt er die besst/vesst/bleibt er darauf allain/

Wein zoren spil vnd schöne weib/die vier betoren mangen man/Vnd der vil lobt sein aigen leib/secht der hat lützel eer da von/Wer mag die bessten aus gelesen/seid niemandwil der bösste wesen/als klain newr vmb ain fesen/Es wirt offt nach dem tod gerümt/ain man der lob hie nye gewan/Vil red durch warhait nyempt entümt/gros tugent adelt weib vnd man/Wes sich die iugent hat gewent/das alder sich darnach versent/vnd wirt gar hart verklent/Dem wolf zymt nicht wol schäffes wat/wer güt gewūnen hat mit not/Die geittikait nicht bodems hat/si lat es hart bis an den tod/Sich vindt das sanft gewūnen güt/macht hoffart vnd v̈ppigen müt/vnd dick ain sündigs blüt/Czwar nyemand stet beleiben mag/tag/in aim gemüt/güt/v̈bel ain kërleicher schein/

Vnd wer aim laidt sein liebes leben/von freuden er jn schaidet weyt/Den armen ist nicht anders gebn'/wann güt geding vnd v̈bel zeit/Wer ain andächtigs hercze trait/den kümbert weder lieb noch laid/in aller welde brait/Die sünde nagel vnd das här/wachst an dem menschen ierleich frūt/Aim iegklichen dem liebet zwar/newr was er aller gernest tüt/Jch mayn wol das ain milter man/zw geben nye genüg gewan/als vil er möcht gehan/Wer auf den leib geuangn' haiss/leyt dem ist lang ain kurcze weyl/Vnd sagt ich alles das ich waiss/so müsst ich raumen manig meyl/Man höret selten toren rat/vil grosser land betwungen hat/wer sich darauf v'stat/Man sichet selten weissagen/tragen/schon/die kron/dahaym/newr in der fremde rain/

Vnd für ain oxs durch alle land/so hiess man jn doch newr ain rind/Auch wer sich selber wol erkant/der hiess von recht ain weises kind/Stillen sol man fraidigen hund/das er nicht greyn zw all' stund/das wër hubsch wer es kund/Der mit jm selbs zẅ aller frist/newr vicht das ist ain hertter streit/Gedingen fröwet manchen krist/vnd der nye hertzen lieb gefreyt/Güt reiche witz ist sälikait/der dieb wirt selden ane laid/in aller kristenhait/Vnd möcht ich freyen willen han/Dem kaiser liess ich gar sein reich/Die weisen möchten nicht bestän/Vnd wëren in die toren gleich/Wir wünschn' alters alle tag/vnd wenn es kompt so ist ain klag/das ainer nymm' mag/Ob mich ain frewndt verzeihen tët/bet/vnerlich/gerlich/wer die schuld newr mein/eyn/ –

116

ZErgangen ist meins hertzen we/seid das nu fliessen wil der snee/Ab sewser alben vnd aus flack/hort ich den Mosmayr sagen/
Erwachet sind der erden tünst/des meren sich die wasser rünst/von Castellrut in den ysack/das wil mir wol behagen/
Jch hör die voglin gros vnd klain/in meinem wald vmb howēstain/die musick brechen inder kel/durch scharpffe nötlin schellen/
Auf von dem vt hoch in das la/vnd hrab zw tal schon auf das fa/durch manig süsse stym̄ so hel/des frewt ew güt gesellen/

Rep° –
Was get die red den plätzscher an/mein singen mag ich nicht gelän/wem

das missuall der lass mich gän/vnd sei mir hewr als verd/
Ob mir die vaigen sein geuar/noch tröst ich mich d' frum̄en zwar/wie wol das hewer an dem jar/valsch böse muncz hat werd/

Verswunden was meins herczen qual/do ich die ersten nachtigal/hort lieplich singen nach dem pflüg/dort enhalb in der matzen/Da sach ich vierstund zwai vnd zwai/gewetten schon nach ainem ray/die kunden nach des muczen füg/wol durch die erden kraczen/Wer sich den winder hat gesmuckt/vnd von der bösen welt verdruckt/der frew sich gen der grünen zeit/die uns der may wil pringen/Jr armen tier nu raumt ewr hol/get sücht ewr waid gehabt ew wol/perg aw vnd tal ist rauch vnd weyt/des mag ew wolgelingen/ Rep° ut sup'

Wol auf jr frūmen vnd seit gail/wer eren pfligt der wünscht vns hail/kain schand niemand glosieren mag/wie scharpf man si betrachtet/Es ist ain alt gesprochen wort/recht tün das sei ain grosser hort/wann es kompt alles an den tag/oft ain' des nicht achtet/Her christan jn der obern pfarr/zwar der ist sicher nicht ain narr/wer jn wil tewschen auf dem stück/der müss gar frü erwachen/Er beyt ain weyl vnd doch nicht lang/darnach so fiermt er aim ain wang/das jm vergen sein valsche tück/des er nicht mag gelachen/. Rep°. Was get etc.

117

Vnd swig ich nu die lenge zwar/so würd mein schier v'gessen gar/durch churcze iar/niemand mein gedächte/dorumb so wil ich heben an/zu singen wider ob ich kan/von manchem man/der sich mit dem geträchte/v'keren tüt so im der wein/zu nahent kompt vnd im v'iert daz hieren sein/durch solche schein/als ich euch noch bedeute/Mit zwelferlaie trunckenhait/darnach vn' yeder ist geschickt mit vnderschaid/der synne brayt/nach der nature trewte/

Oft ainer duncket sich so weys/vnd hab dar jnn den höchsten breys/so in das reis/der reben hat geschlagen/der ander wënt er sey so reich/das im der kayser nicht geleich/der sölher zeich/von mir ist wol uertragen/der dritte frässig als ain gaul/das im nyemād durch speyse weder frisch noch faul/sein weites maul/die zeit nicht mag erfüllen/der vierd bewaint sein grosse sündt/durch michl' rew sein hertz andächtiklich erzündt/tämischer grund/die nyemād kan erhüllen/

Der fünft die vnkewsch hoch betracht/vnd pfligt der selben tag vnd nacht/so jn die macht/dez weines hat betretten/der segste hat ain kläglich ampt/mit swüren er die sel v'dampt/daz sy erlampt/vor got an allen stetten/der sübent kriegt greint als ain hund/an ainer lammen der da billt zu aller stund/sein hieren rund/zu vechten ist genaiget/der acht vō trincken wirt so gail/daz im sein er gut weib vn' kind ist alles vail/daz truncken mail/sich an im da erzaiget/

Der newnt vnhältig ist betört/newr was er waÿs sicht oder hört/da wirt embört/durch jn aus vnu'borgen/der zehent ringet nach dem schlaff/der ainlift singet wüsster zaff/vn' schreit an straff/den abent vn' den morgen/

der zwelft uon sauffen wirt so vol/das er ez oben greiffet jn dez goders hol/vn' geyt den zol/dem wirt an alles aÿschen/Also hört ir dez weines list/dar an ich nicht vil loben mag wie gut er ist/in kurczer frist/man pessers möcht erfarschen/

Mich wundert nicht an gmaÿne houbt/die hoher klügkait sein beroubt/ob die betoubt/getrank der swachen wiczen/Mich müt newr an die weysen gross/vnd die den eren sein genoss/vnd die sich bloss/in tauben tranck erhiczen/daz irem lewmet leib vn' gut/den eren sel v'nunft mercklichen schadn' tüt/ain krancker müt/sich gröblich da beweÿset/Betracht ain yeder mensch genaw/wie zierlich ist ain stät v'nunft durch man vnd fraw/darauf so paw/löblichen hoch gebreyset/

Daz lied singt sich jn der Melodey Der himl'fürst mich heut bewar etc.

118

WOl auf vnd wacht/acht/ser betracht/den tag die nacht/ewr fräueleiche sünde/das sich die selbig nicht erzünde/tiefflich in der helle gründe/ritterlich vecht mit den lewen/Für ir peissen vnd daz kewen/für ir reissen scharpffer kleẅen/rewen/ser durch nȳmer prewen/Las dich pey den güten trewen/gen dem alden vnd dem newen/wo wir die vnd den erzurnet han –

Gesell dich weck/reck/ranslich streck/dich auf vnd schreck/den der vns newr wil verhetzen/vns' dienst swachlich ergetzen/fälschlich pei den snöden smetzen/die wir im gelihen haben/da mit er vns wil pegaben/paide frawen vnd die knaben/schaben/aus den engen naben/süll wir flüchtikleugen traben/daz wir vns schön mugen laben/mit der höchsten plumen lobesan.

Los hor mein don/schon/dient den lon/von ainer kron/die vns mit scharffen doren/swärlich erlost von dem zoren/der ewigen helle horen/die vns fraislich het verslunden/ser geuangn' vnd gepunden/mit den zorniklichen hunden/funden/trawren het wir vnden/das hat alles uberwunden/ainer der da ward geschunden/vnd genagelt auf des crewtzes pan.

Jr horcht mich sayn/rain/ich eẅ maÿn/newr ia vnd naÿn/beschaid ich vns der mëre/getrewlichn' an gevëre/vnsre wort werck vnd gepäre/mich Wolckenstain' verseret/dorumb das sich tëglich meret/alles das die werlt enteret/geret/wert/newr was vneret/falscher rat die vntrew leret/pös in pös sich nicht verkeret/dorumb fürchtet gotes zorn ergan –

Vernempt mein schal/hal/v̈beral/auf perg in tal/durch meines hertzen schreyen/dient dem ainen vnd den dreÿen/da mit daz er vns welle freÿen/von dez widerualles schiessen/Also das wir doch geniessen/hoh' gnaden die entspriessen/vnd das vns nicht well vergriessen/nach v'dien' haisser lëne ran pran –

Die zusätzlichen Lieder aus Handschrift A

119

BOg dep' mi/was dustu da/gramer sici ty/sine cura/
Jch fraw mich zwar/q'video te/cū bonavnor/jassem toge/
Bis willen kum/was tustu da/an sorg v'namē/dank ich dir ja/
Jch fraw mich zwar/das ich dich sich/mit lieb gar/dein so bin ich/

Dut mi sperancz/nate strvoio/wañ du bist glancz/cū gaudeo/
Opa ma'/ich dir halt/nadobrisi slusba/baß calt/Mein geding gācz/d' stat zu dir/wañ du bist glācz/mit frewdn' zir/Zwar meine w'kh/ich dir doch halt/mit dienstn' stark/vil manigualt/Ka cu mores/mich machn' mat/chage sum preß/hoc me mirat/Bedenk dein gnad/c' pietas/negam maluat/nemon dilaß/kiti cū mand/en iaßem dyal/wo ichs bekant/abo'i mal/Hoc des me/genissn' lan/troge moyge/cū bon wañ an/Wie magstu recht/mat machn' mich/dein gefangn' knecht/des wūdert mich/Bedenck dein genad/mit guttikait/in kainem phad/thu mir nit lait/Was du verpant/das thet ich gn'/wo ich bekant/an vbel kn'/Des lo mich fraw/genissen zwar/auff wol getrewn'/zu gutn' Jar/Jo te prosso/dein genad all da/gesi grando/t' optīa/Halt mich nit sw'/hc rogo te/q° popēsar/natē troge/Flor wellenpiank/pomag menne/das ich dir dank/cū fidele/Nō fac' hoc/so bin ich tod/sellennem tlok/sit tutel rot/Dein gnad ich bit/an argn' list/mit guttn' siten/wān dy groß ist/Halt mich nicht sw'/gedēck an mich/als ich angever/gedenck an dich/
Plum schon vnd plank/hilff mir auß pein/da mit ich dank/der trewe dein/
Tustus nit pald/so bin ich tod/aus grünem wald/var ich in not –

120

FRäw dich dw weltlich creatür/daz dir nach maisterlich' kür/gemessn' ist rain all dein figur/Verglanczt ze tal nach d' mensur/an tadel/adel krefftiklich dar Jnn v'slossn'/der possn'/gossn'/ist an mayl/dem er sich geben hat zu taÿl/der mag sich des erfrewen wol von herczen/

Ain höbtlin klain dez nam ich war/dar auff krawß plank krumliert das har/zwo smale pra die euglein clar/ain müdlein rubein roslein var/naß kÿn vnd kel/das vell/blaich wais mit wenglin prinnē/dye tynnen/synnen/volgestackt/von Jungn' Jarn' dar Jnn verstrakt/dankh hab ain mān der es schon wurcht an smerczn'/

Wān ich durch all meÿ sinn betracht/des bildes form leib schon vnd macht/wie es der maister hat bedacht/vnd darnach genczlich wirt volbracht/daz kain/so rain/Jr geleich auff erd mug symuliern'/regniren/pulchrier'/wie man wil/gewalticlich behalt sie daz spil/mit ern' zwar tar sie wol ernstn' vnd scherczn' –

121

NV Rue mit sorgn'/mein v'borgen/lich' schacz/sleius dein augn' schricklich zu/gen des lichten tages hacz/Jm ze tracz/herczn' lieb es ist noch frw/

all dein trawrn' /laurn' /las /freudn' hoff vnd halt die maß /tustu das /so bistu wol mein /ach liebe dirn' das sol sey sein/

Fraw thu mich straffen /ich verslaffn' /hab die stund /lucifer verswundn' ist / ey du roselacht' mund /mach gesund /ber dort hie wo mir enprisst /dein haubt naigt /saig /auff meyn hercz /ermlein schrenk sunder smercz /treyb den schercz /der vns fraw macht gail /zart lieb' man das sey mit hail –

Der glancz durch grebe /von der plebe /ist entrant /ich hor voglin döne uil / tag wer hat nach dir gesant /dein gewant /vnser scham nicht teken wil /zwar dein greys /ich preys /doch klain /gutn' morgn' liebstes ain /nicht ser wain / mein' kunft /der wort schir /mit vrlaub fraw hail wunsch ich dir – Finis J.v.

122

WOl auf gesellen an dy vart /gen Augspurg zuden frewlin zart /vnd wer da hat ein langen part /der mag gewinnen preyse/
Auch wer desselben nit enhat /der pleib da haim das ist mein rat /oder er mocht werden mat /vnd darzu kurczlich greyse/
Sein frewd möcht im wol werden gancz /ober möcht komen anden tancz / all zu den frewlin glancz. die duncken sich so weyß/
Des hab ich wol genomen war /do kom ich auf dz tanczhawß dar /ich trug ain part gar /wolgeuar. der geuil in schon mit fleyß/

Zwar aine sprach sy het den syt vormals mer gesechen nit /wann von der gayß hielt ich es mit /es dewchte mich geswacht /Das sy mich zuder gaysse schaczt /mich dawcht sy wer auch vor gehaczt /vnd het sich mit den füxsen kraczt /also hab ichs petracht /Do wir nach der snür hin sprungen /an dem tancz /all vmbhin drungen /mich daucht mir wer vil paß gelungen /het ich des barts nit bracht /den solt ich haben abgeschaben /do ich reiten wolt gen Swaben /zuden frawn vnd zuden knaben /het ich es recht pedacht/–

Dy sprach ich wer vngeschaffen /und gleicht mich zu ainem affen /Also kan sy dy gastlin sträffen /fur all dy da sind /oder dy noch künftig werden /dz kan sy auch wol vmbhin kern /jnden sprung hoch von der erden /nun huczsch mein liebes kind /wie wol sy kan dy liebe dock /wenn sy hat an den weyssen rock /so fert sy vmbhin recht als ain bock /sy geswier oder ich wer plind /darumb das ich nit wol gesich /zur grechten seytten vngelich /da uon so reyb sich nit an mich /ain narren sy an mir findt/

123

DEr seines laids ergeczt well sein /vnd vngeneczt beschoren fein /der ziech gen Costnicz anden Rein /ob jm dy rayß wol füge/
Darjnn so wont mang frewlin zart /dy kunnen grasen jn dem part /ob sich kain har darjnn verschart /dz er nit gn' truge/
Mit ainer so traib ich den schimpf /zwar des gewan ich vngelimpf /des lert sy mich ain süssen rimpf /Als der mich wol ersliege/
Ain hand sy mir im part vergaß /dye langen har sy darawß las /dy weyl der kurczen aines was /sy daucht es wären kryege – /

Hör trawt gesell was ich dir seg/genesch wil haben allczeit sleg/ain andre dy zaigt mir den weg/mit ain' fewst zum oren/Das mir dz besser aug verging/wie ich die ertrunck zarg ueruieng/vnd meinen tryel vast darumb hieng/dest E wurd ich zum toren/Vnd wer aim leicht dz ist ain gelt/schön Els vnd Äll gant den zelt/hin gumppn' vber twerches veld/des hab wir me verlorn/Der leib mich da erfrewet ser/des ward mein arm' part entwer/ geströwet jndy stuben hin vnd her/recht als der sat das korn/–

Do ich gedacht an podemsee/ze stund tet mir der pewtel we/mit schilling ich das Abc/must leren pey der wyde/Zal gilt du must was ir gesangk/dem Stainbrecher von nesselwangk/vil zornikleichen gen mir klanck/wes ich dort haim nit plybe/Jn daucht ains wol ich wär ain flasch/er nam das gelt liess mir dy tasch/ich wil das er des klainen gnäsch/noch kainem nit verczig/Jch han gewandelt manig her/gen prewssen Rewssen vber mer/ Zwar ich gesach nie scherpffer wer/von schinden schaben g'me/

Ain hoch gepräng von klainem glancz/vast edel nöttig swacher swancz/ was vns nicht was vns nicht tewr andem tancz/zu Costnicz dort jnswaben/ Vnd het ich funden insolchem lauf/so wolfail aller hendlin kauf/der peitel wer mir selten auf/getan meinem gelt ze schaden/Was ich mein tag ye hab gelert/dz dawcht die frewlin gar vnwert/sy sprach ich wer ir hewr als verd/ die ab mir wand den kragen/Jch sayt junckfraw pleibt jnnd' hewt/ja seyt jr auch als ander lewt/oder ist ewer leib von gold gedrewt/das mocht jr vns doch sagen –

Zwar mir sayt ainst ein weyse mugg/geleiche purd prech nymd den rugg/ und slechte gwin ein edle brugg/dy mocht man gen vnd reiten/Wer vber well der vber walczt/vil manig went sy sey gephalczt/vnd dy gar höchlichen kalczt/sy möcht der lewt noch peitten/Ain yegklichs geuelt jm selber wol/des ist dy welt der toren vol/wenn ich von Costnicz schaidē sol/des emphind ich an der seitten/Jch preyß den edlen guldin schlegel/zu dem so ker ich meinen segel/ett wo ich inder welt hin ker/des lob ich selden meyde/ –

124

Ain ellend schyd/durch zahers flins/mir bey der wyd/verlegt den zins/der frewden/gewden/ich wol mag/von klag/sag/trag/ich baide nacht vnd tag/

JR öglin mir ain wang begoss/der ermlin zier/mich da besloss/mit drukken/smucken/an den leib/ach weib/nicht treib/schreib/mich von dir ich bleib/

Vrlob so nam/die mīniklich/mit lieber zam/des fröw ich mich/uernünftig/ künftigkleicher beyt/an neyd/leyd/meyd/mich fraw ain klaine zeit/

125

Ain eren schacz an tadels ort/mort/synn vnd müt in senlich rick/dick/ schrick/durch geen mir sel und leib/ach weib/seyd ich mich schaiden sol/ uon dir/so schier/ich byer/dein fraw nicht wol/

Dein leib der sol mich rewen ye/wie/wol dein zoren mich betrat/wat/mat/

ward alles mein gemüt / dein güt / die klag an mir ersach / da ward / uerkart / vnhart / mein vngemach /

O schaiden ich dich klagn' müss / süss / was gen mir ir sträff zucht er / mer / ler / ir lieb mich nye begab / ich hab / uerloren meinen trost / auff erd / die werd / v'sert / und vnerlost –

126

Frew dich durchläwchtig iunckfraw zart: das chäwschlich hewt geporen wardt: von dir ain schöner jüngling an we vnd vnuerhäwen: Jn ainer stat ist mir wechannt: vnd haisset betlehem genant: da solich wunderleiche ding weschach von diser frawen: Verswundn' was ir vngemach: do sÿ den her'ñ vor ir sach der alles wesen ain vrsprunck ÿe was an endes schawen: Wol macht ir hercz des fröleich sein: do sy das raine kindelein: das mächtig was der welde ring drückt an ires leibes awen
Gelobt seÿ hewt vnd ewichleich: auf erd vnd in dem hÿmelreich: der wünnichleiche werde tag sein lob hat lob wesessen: Dar an der ware got erschain: durch dy vil zarten iunckfrawn' rain: menschleichn' mitten auf dem wag. der erd vnd der weld gemessen: Dar inn er laid vil mange not: vmb vnser hail dar zw den tod: das im chain mensch voldanckn' mag des süll wir nit vergessen: Tägleich in vns's herczn' grundt: mit wort vnd werchn' zẅ aller stund: denckleich seiner martter klag das vns dÿ feint nicht fressen
Got got almächtig' got: gros was dein väterleich gepot: do er so verr dich von im sannt in sorgleich abentewre: Als du durch menschleich creatur: mensch wider gotleiche natur: geporn' wardt in vns' lannt der kristn'hait zẅ stewre: Was tet dein vater aber mer: er gab dich an des todes sper: der dir dein götlich hercz durch rannt do lasch der helle fewre: Gein allen dÿ den willen dein: ye teten vnd noch chünftig sein: lobleich zẅ tuen den wirt gehannt das hÿmelreich scheine

Nota das lied singt sich in der melodey erwach an schrick vil schönes weib sine repeticiōe

Fragment aus Handschrift B

127

AJN klügen abt . . .

G. . .

S. . .

A. . .

G. . .

H. . .

S. . . / ein . . . / abt . . . el das . . .

E. . . / . . . / . . . verdeckt . . .

Den herczog . . . /gen . . . /des Trautsuns . . .

Her ba. . . /wein . . . / . . .

Nu tracz vnd . . . /müsse. . . sch. . .sige yedoch/chem kü. . .

Her Pre. . . /dan . . . /einander . . .

Si essen . . . /galge . . . / . . . vnser / . . .g. . . /halt ich . . .

Der uns die complet (hat) . . . mit g. . . /darzü lacht do er die mer also w. . . / . . . vnd fünf vnd zwaintzig (ze botzen) . . .

Lieder aus anderen Quellen

128

Augsburger Liederbuch
München, Bayerische Staatsbibliothek Cgm 379
(um 1454)

Wolckẽstaiñer

Sÿ hat mein hertz getroffẽ/die schön die wolgemůt/Zů ir so wil ich hoffẽ/es würt noch alles gůt/So freÿ ich mich der rainẽ/woll in dem hertze mein/Ich waiß woll weñ ich mainẽ/der aigẽ wil ich sein/

Wölt sÿ sich noch bedenckẽ/die hůbschs die seiberlich/Von ir wolt ich nicht wenckẽ/ÿme' vnd ewigcklich/gar stat bis an mein ende/on alles abelon/süst můß ich sein ellẽdẽ/weill ich das liebẽ han/

Ob ich mit schimpfÿ mit schertze/an anderẽ ende frö/beÿ ir bin ich in hertzẽ/vnd anderst inderß swo/in recht' lieb vnd trew/ich ir doch nie vergaß/Ez můst ich ÿme' rewe/trůg sÿ mir dar vmb haß/

Würd mir (vrkhunt) ir hulde/eß wär mir ÿme' laid/eß geschůch an all mein schůlde/schwer ich auff meinẽ aid/das ich beÿ meinẽ tagẽ/ir liebe nie verdroß/So můst ich aber clagẽ/vnd wer mein vn mut groß/

Doch will ich võ ir nit setzẽ/sÿ ist mein hochste gyñ/an sÿ So wil ich hertzẽ/hertz můt und all mein sinn/Ob es sÿ wolt erparmẽ/mein trawrẽ das ich trag/Schlüß sÿ mich an ir arme/vergangẽ wer mein clag/

Der hoffnũg will ich lebẽ/sÿ hett mich dick ernert/würd mir kain trost gegebẽ/So han ich gar verzert/zwär all mein frewd auff erde/dar an hat sÿ ein tail/doch wünsch ich ir ÿe beÿd' weÿllẽ/gelück vnd alles hail/

129

München, Bayerische Staatsbibliothek Cgm 715
(um 1450)

Ain ander Mundi renouacio

DEr werlde vernewung lawter klar/pirt new frẽwd aller creatur/nw Got erstanden ist füerwar/mit im erstent all creatur/dy Element im dyennen ser / sy versten nach süesser ler / dy machtikait ires vater reich/

Das fewer her seinper gleste schrät / das luft süeß flocket vnd wät / das wasser fleust in leichtikait / das erdreich beleibet stät / dy leichtikait gert hohen swal / dy swär sich naiget hinczutal / alle dingk verewen sich/

Der hymmel stet polirter klar / das mer gestillet ist füerwar / gewitter reichsent hinder gar / vnnser tal beginnet gruenen hie / vnfruchtbar gruent vnd früchte pirt / kalt natur in hiczig wirt / do lebentig süeß sich ane fie/

Todleichen frost löst ewigs wort / der werlde fürst hat an ein ort / vnd wirt auch gänczleich da zusträt / in vns sein gewalt herschen gros / den er im zu halden gedacht / an dem er nichts gehaben macht / sein aigenschaft er do verlie/

Der weg pfligt nw vil linder wag / der cherubim vor scherffer phlag / als im Got gepoten het / do er sein fewrein swert verkart/

Der tot das leben v̈berwant / der mensch gar snell es widerfant / was er vor verloren het / paradises wunn vnd frëwden gart/

130

München, Bayerische Staatsbibliothek Cgm 715

Ain ander Mittit ad virginem

Von Got so wart gesannt / der jungkfrawn her czu lant / ein engel wol erkannt / Gabriel was er genannt / der starcke potschaft czam/

Der pot der was so stark / nature irē sark / zerbrach er vnd verpargk / der junkfraun allen ark / magt mueter was ir nam/

Uber all creatur trat / der künig jungk geporn / sein reich sein tzepter hat / all sünd gar abgeschorn / des sey im lob vnd eer/

Den trak den feint er stach / dy hat er gar gemacht / ir hochfart er zebrach / vnd hat in nicht gestat / das sy im herschten mer/

Weicht höher trit hindan / ir fursten helle kind / seit wir Mariam han / domit wir worden sint / tailhaft des vater reich/

Tret herfüer Enngel klar / werbet schon ewre wortt / macht dy geschrift offenbar / dy vor nye wart gehort / von kainem poten geleich/

Her Enngel werbet schon / Aue daz sag ich dir / jungkfraw genaden vol / werbet Got sey mit dir / vnd went dir alle vorcht/

Jungkfraw enphahet got / der wil vermenschen sich / ir laistet sein gepot / das gelaubt sicherleich / sein geist dye sach e worcht/

Gelaubig was dye maid / vnd west an allen wankch / was ir der engel sagt / daz was ir alles dankch / do mit sy Got enphie/

Der vns beschaffen hat / vnd alz menschleich geslecht / von seiner hanntgetat / er was ye vnd yee gerecht / der vns auch nye verlie/

Der vns geholffen ist/vnd went vns sünden slam̄/der süeß herr Jhesus krist/ füer vns ad patriam/do er wont yee vnd yee/

131

München, Bayerische Staatsbibliothek Cgm 4871
(1461)

Den Techst vbr' das geleyemors Wolkenstain'

Mir dringet/zwinget/fraw dein guet/mein gemüet/trawt liebsstes ain/an ern reich/gleich/so mues ich lobn̄ fraw deiñ guet gestalt/Deins herczn̄/scherczn̄/mich ser wundt'/sundrt'/von dir trawt geselle rain/dein höflich schimpf/glimpf/mit frewdn̄ mich behaget manigfalt/R° Mein schalln̄ fraw zw disr' frist/ainfaltig ist/für war dw pist/der ich meins herczn' gan/darumb gepewt an vnd'schaid/trawt liebste maid/in lieb vn̄ laid pin ich berait/zediennē dir/nit liebr' mir/brächt grossr' zier/wenn dasstw schier/gepewtest mitt mir tün vn̄ lan/

Dein Seneñ/wenen/ich nitt puessē/kan volsuessn'/dein' ger/mein weiplich zucht/frucht/mag klain erfrewen dich zw kain' stund/meinn' willn'/stilln'/du wol kündest/vn' enpündest/all mein schwär/dein wort vn' weis/leis/lieblich erkuchkn' möcht meins herczn' grunt/R° Geselschafft tw soltt abelan/dein guet' wan nach meim̄ verstan/an mir nitt frewdn' vintt/dauon dein leidn' wurd enttricht/wie mir geschicht/so kan ich nicht/mit k..... pflicht/dir wünschn' hail/dauon an mail/mein leib s.. gail/dir würd ze tail/schweig still dÿ lieb dÿ ist plint/

Dein hanndl/wandl/mich enczündet/vn' dürch gründet/hi.. vn' tort/darumb gedengk/sennck/mich fraw beleibn' stät in dein' huld/Mein munde/kunde/dir mues heln'/sund' queln'/trawt liebst.. hort/gannez stäte trewe/newe/von dir nitt weicht vmb kain' laÿ hänndll schuld/R° Mitt frewdn' ich das wider gilt/deinn' ernn' mild von mir ni.. hilt/gein dir kain vngewin/dauon dein er dir wurd ... sert/mein hercz begert/dich vnu'kert des gleich mich nertt/dein stolczr' leib/trawt sendlich weib/mein laid vertreib/dein aigenn bleib/ich immer auff dÿ gnade dein etc.

132

Einzelblatt aus Oswalds Nachlaß
Nürnberg, Germanisches Nationalmuseum, Wolkensteinarchiv

Medlin zartt stein/Stecz vmb dich sein/west ych auff erd nitt grosser fräd/Aüch wünschen wold/dacz mich so hold/als ich eh hab an vnderscheid/vnd du des weist/her wider leist/dich ttrewlich pitt/Ju swarcz meidlin mir nitt/

Wo das geschech/hyn für ich sprech/das meins geleich auf erd nitt wer/der höchern mütt/jch mir kein gütt/Zehaben stett fur dich beger/an vnder laß/Ich mich stecz maß/wyes gschech mitt sytt/Ju Ju swarcz meidln mir nitt/

Vmb alles das/vnd was furbas/muglich ist zeheñ mich fleissen will/zedienen dir/nymps auf voñ mir/Es soll mir nichcz nitt sein zë fill/Sünder mit lüst/nichcz weiß ich süst/So wurd gancz quit/Ju Ju swartz meidlin mir nit/

133

London, British Museum, Ms. Add. 16581
(15. Jahrhundert)

Wolckenstainer spricht

Wilt du haben zü sorgen/So solt du hofleutten porgen/Vnd ouch den priestn' vnd pfaffn'/So gewynnest du zü schicken vnd zü schaffen/

134

Regensburger Goldschmiedeordnung
Regensburg, Stadtmuseum, Inv.Nr. R 58
(1432)

Nach cristi gepurt vierczehn' hundt' iar vnd aynsunddreissig iar an sand ypoliti tag geschach eȳ erlose flucht aus peham Vnd wart da v'newet der alde spruch danielis am dreyczehēdñ vnd'schaid A senioribus qui videantur regere populum egressa est iniquitas Von demselbn' aufpruch hat getícht mit klag der edle wolkenstainer mit sulhm' anfang

Got mus fur vns vechtē/sulln dy hussen v'gan/von herrñ rittern vn' vō knechtē/ist ez vngetan/sy kūnen nur vil trachtē/da ist gar lüczl an/daz macht den slechtē herczn'/gar argen posē wan

Kommentar

Die drei grundlegenden Wolkenstein-Handschriften, der Wiener Codex A, die Innsbrucker Liederhandschrift B und die posthume Innsbrucker Abschrift c sind mit den Siglen Hs.A, Hs.B und Hs.c abgekürzt. Die nachstehenden Ziffern nennen die jeweilige Seitenzahl, die Buchstaben r (recto) und v (verso) markieren, ob es sich um die Vorder- oder Rückseite des betreffenden Blattes handelt.

Erscheint eine Liedmelodie bereits an anderer Stelle einer Handschrift, so ist das nachfolgende Lied oft nur mit den ersten Noten oder der ersten Zeile dieser Melodie bezeichnet. Ein solcher kurzer Vorspann heißt im Kommentar »Incipit« (von latein. »Es fängt an«).

Die Datierung der Texte folgt, soweit nicht neuere Erkenntnisse vorliegen, dem Teildruck von Werner Marolds Dissertation »Kommentar zu den Liedern Oswald von Wolkensteins«, Göttingen 1927.

Vorspruch:

In gotischen Lettern auf dem ersten Blatt von Handschrift B über dem Inhaltsverzeichnis. Gegenüber auf der linken Seite befindet sich das bekannte, unserer Ausgabe vorangestellte Portrait. Die Datierung nennt den 30. August 1432. In Handschrift A findet sich eine ähnliche Notiz über dem Register auf Folio 38r. Sie lautet: »Innder Jarczal Tawsend Vierhundt' Vnd Jnndem fünf Vnd Zwainczigisten Jare Geschriben jst daz puch Vnd jst es genannt der Wolkenstainer –«

1

Entstehung: November 1421 während der Gefangenschaft auf Burg Forst.
Überlieferung: Hs.A 1r/v, Hs.B 1r, Hs.c 1r-2v. Das Vollbild vor Hs.A zeigt Oswald, in seiner Rechten ein Blatt mit dem Beginn von Lied 1: »ANi anefang/angotlich«.
Melodie: Erhebliche Unterschiede in beiden Fassungen (s. Melodieanhang!). Auffällig ist der Wechsel der Tonart: in Hs.A lydisch, in Hs.B dorisch. Ganser/Herpichböhm nehmen deshalb einen Schlüsselfehler und somit eine durchgehende Irrung um eine Terz in Hs.B an. Die notierte Fassung erscheint jedoch so angemessen und überzeugend, daß sie mit guten Gründen als echte Korrektur Oswalds betrachtet werden kann.
Die *b*-Vorzeichnungen stammen vom Herausgeber, sind aber in beiden Fällen zwingend.
Text: 9) Das Fest der hl. Katharina von Alexandrien wird am 25. November begangen. Ihre Anrufung könnte als Datierungshilfe dienen.
15/16) Die Stelle lautet in Hs.A: »mit dem ich mich v'sundet han/das mich das selbe püst«. Eine Beziehung der ersten Strophe auf Anna Hausmann ist erst nachträglich in Hs.B hergestellt.
21) Nach dieser Angabe könnte eine Beziehung zur Hausmannin seit 1407/8 angenommen werden.
54) In Hs.A: »die zeit ist hie das du mich besserst rain«.
80) Fehler in Hs.B! Die Zeile lautet in Hs.A korrekt: »wie hastu mich vnlieplichn' geplendet«.
103) In Hs.A: »Also hiels mich die güt zu fleys«.
107/8) In Hs.A Präsens(!): »was ich ir klag meins herczñ leid/ir barmūg ist mit klainē trost berait«.
Auf dem unteren Blattrand von Folio 1r in Hs.B ist – nur fragmentarisch entzifferbar – ein Brief König Sigmunds an Herzog Friedrich IV. vom August 1431 notiert: »Künig Sigmund etc. Herczog Fridrich ze Osterreich Hochgeborn' lieber Öhaim und fürst als yetzund dein rēte allhie bey uns gewesen sein haben wir in unser ...ung wol erzellt an dein lieb widerumb zu bringen und senden darzu mit in den edeln Oswalten uon Wolkenstein unsern rat und lieben getruen ...len ettlich unser maynung

...furn und dir zu bringen das deiner land und leut bestes und nutz ist und begeren was er dir uon unsern wegen ... wellest im gentzlich geloubed und ...leut bestes fürwenden wann wir dir ye in güt genaigt sein wiltu anders das soltu ... zu Nüremberg anno etc. tricesimo primo.«

2

Entstehung: Oktober/November 1421 in Gefangenschaft auf Burg Vall.
Überlieferung: Hs.A 1v-2r, Hs.B 1v, Hs.c 2v-3v.
Melodie: Wie Lied 1.
Text: **42/61**) Bei der Folter mit spanischen Stiefeln wurden zwei der Fußform angepaßte, innen genoppte Metallplatten miteinander verschraubt und so ein zunehmender Druck auf Wade und Schienbein ausgeübt. Bei Oswald scheint man diesen Fußblock zusätzlich am Bein hin- und hergeschlagen zu haben. Erhebliche Verletzungen an Knochen und Muskulatur waren die Folge (vgl. die Lieder 59 und 60!). Auch die in Zeile 67 und an anderer Stelle erwähnten Daumenzwingen gehen über das normale Maß mittelalterlicher Fesselung drastisch hinaus.
45) Oswalds Gefangennahme war vor allem wegen finanzieller Forderungen Martin Jägers, Anna Hausmanns und anderer Gläubiger unternommen worden.

3

Entstehung: Frühjahr 1422 (?).
Überlieferung: Hs.A 3r, Hs.B 2r, Hs.c 3v-4r.
Melodie: Wie Lied 1.
Text: **8**) Offenbarung 12.
25) 1. Mose 3. Vgl. auch »Freidank« 104,22ff.!
27) »Methusalem«: 1. Mose 5, 21ff. Die Anspielung dürfte sich aber auf eine apokryphe Überlieferung, etwa Buch Henoch 106 oder Buch der Jubiläen 4, 20ff., beziehen. »Samson«: Richter 16,4.
29) 2. Samuel 11; 1. Könige 11.
31) Spätantike, im Mittelalter beliebte Anekdote: Aristoteles verbietet seinem Schüler Alexander den Umgang mit der Hetäre Phyllis. Diese rächt sich, indem sie den Philosophen so nachhaltig betört, daß er sich Zügel anlegen und in Gegenwart Alexanders von ihr reiten läßt.
35) Die Stelle bezieht sich wahrscheinlich auf Alexanders in der Folge verderbliche Hochzeit mit der Tochter des Perserkönigs, Stateira. Ebenso denkbar aber ist die in den »Gesta Romanorum« verbreitete Sage von Alexander und der Prinzessin mit den vergifteten Lippen (»Vom täglichen Sündengift«).
36) 2. Samuel 13ff., 2. Samuel 16,20.
41) 1. Könige 19,1–4.
42) 1. Mose 39,7ff.
43) Matthäus 14,6ff.
53) In Hs.A: »vnd dyent den gutn' frawen rain«.

4

Entstehung: Oktober 1421 in der Gefangenschaft auf Burg Vall.
Überlieferung: Hs.A 2r, Hs.B 2r, Hs.c 4v-5r.
Melodie: Wie Lied 1.
Text: **54**) Die Stelle ist doppelsinnig: »In der Falle« und »In der Vall(burg)«. Sie enthält damit zugleich den einzigen Hinweis auf den ersten Ort von Oswalds Gefangenschaft.

5
Entstehung: 1422/23 (?).
Überlieferung: Hs.A 12v, Hs.B 2v, Hs.c 5r/v.
Melodie: Wie Lied 1.
Text: **17**) Quintieren: beim Gesang eine zweite Stimme auf Quintenbasis improvisieren. Hier ironisch für die im Jammer sich überschlagende Stimme.
54) In Hs.A: »Nu füg vns got das end mit seiner huld/Amen«.

6
Entstehung: Um 1425 (?).
Überlieferung: Hs.A 37 v, Hs.B 2v, Hs.c 6r/v. Das Lied fehlt im unmittelbar darauffolgenden Register von Hs.A, ist also vermutlich nach dessen Fertigstellung 1425 in eine dafür freigelassene Stelle nachgetragen.
Melodie: Wie Lied 1. Das in Hs.A beigegebene Incipit lautet abweichend: f,a,b,b,c, c,c,b,b ...
Text: **14–42**) Die theologische Konstruktion des Liedes erinnert auffällig an spätere »Jedermann«-Spiele. Oswald dürfte somit aus gängigem Repertoire geschöpft haben.

7
Entstehung: März/April 1427 als Gefangener auf Vellenberg (vgl. Lied 26!).
Überlieferung: Hs.A 41v-42r, Hs.B 3r, Hs.c 6v. In Hs.c ist nur die erste Strophe notiert.
Melodie: Wie Lied 1. In Hs.A lautet der Anfang abweichend: f,a,b,c',c',a,c', b,a,g,f,f,d,e,f/c',d',e',f',e',f',e'...
Text: **44/54**) Burg Vellenberg bei Innsbruck: Sitz des Inntaler Landgerichts und tirolisches »Landesgefängnis« (lt. Anton Schwob) für Widersacher Herzog Friedrichs IV. (vgl. auch Zeittafel!).

8
Entstehung: 1423 (?).
Überlieferung: Hs.A 2v-3r, Hs.B 3r/v, Hs.c 8r/v. Die Strophen 1 und 2 fehlen in c.
Melodie: Geringfügige Unterschiede zwischen den Fassungen (Varianten aus Hs.A sind in kleinen Noten beigegeben). Die Melodie ist eine Umformung von Lied 18.
Text: **2**) In Hs.A: »O hailiger gaist gib mir dez hailign' vaters ler«.
15) Matthäus 27,51.
52) Vgl. Lied 27,85 ff.

9
Entstehung: Winter 1421 (?).
Überlieferung: Hs.A 3r/v, Hs.B 3v-4r, Hs.c 8v-9v.
Melodie: Zahlreiche Unterschiede zwischen den Fassungen (s. Melodieanhang!). Eine durchgängige Terzverschreibung in Hs.A ist korrigiert. Der zweite Stollen von A hat in Zeile 2 eine zusätzliche Note (klein angegeben).
Text: **7**) Gemeint ist die »Wallfahrt« mit Anna Hausmann (vgl. Zeittafel!).
9–11) Vgl. Lied 1,20ff.
16/17) Vgl. die Länderkataloge in den Liedern 12, 18, 26, 44 etc.
19) Die drei Königinnen, mit denen Oswald nachweislich zusammentraf, waren Margareta von Prades, Eleonore von Aragon und Isabeau von Frankreich. Die in Lied 12/37 erwähnte vierte Königin dürfte Sigmunds Gattin Barbara gewesen sein.
42) In Hs.A: »seit leib vnd laid ...«.
68) In Hs.A: »aim ydem kunigk gleichn'«.

10

Entstehung: Um 1423.
Überlieferung: Hs.A 5r/v, Hs.B 4r/v, Hs.c 10r-11v.
Melodie: In Hs.B wie Lied 9. In Hs.A eigene Melodie (s. Anhang!). Die *b*-Vorzeichnung ist original!
Text: 20) In Hs.A: »So wänt er dā ...«.
28) Nach einer Theorie Werner Marolds könnte es sich um ein Zitat aus Francesco Petrarcas Streitschrift »De sui ipsius et multorum ignorantia« handeln: »Viele haben mehr gewußt, als nötig war, und sind doch zugrunde gegangen, und während sie sich Weise nannten, waren sie, wie der Apostel sagt, Toren geworden, und verfinstert hatte sich ihr Herz in Torheit« (Übs. von Hermann Hefele). Vgl. Hans-Dieter Mücks Referat in »O.v.W.-Beiträge ..«!
30) In Hs.A: »von vnual nicht mocht trostn'«.
65) Fehler in Hs.B: »... güt und er erreyße«.

11

Entstehung: Um 1423.
Überlieferung: Hs.A 3v-4v, Hs.B 4v-5r, Hs.c 11v-13r.
Melodie: Zahlreiche Unterschiede zwischen den beiden Fassungen (vgl. Melodieanhang!).
Text: 18) In Hs.A: »Vnd was wir guts da bey han fur gesant«.
19 ff./61 ff.) Wohl eine Anspielung auf Oswalds Bürgschaft an Herzog Friedrich und die Schwierigkeiten ihrer Beschaffung.
113) In Hs.A: »wo sint main eldern̄ worden hin«.
116) In Hs.A: »... ainer frawen«. Gemeint ist Anna Hausmann.

12

Entstehung: Sommer 1416.
Überlieferung: Hs.A 7r/v, Hs.B 5r/v, Hs.c 13v-14v.
Melodie: In Hs.A eigene Fassung (s. Anhang!). In Hs.B nur ein Incipit der beiden ersten Zeilen (bis ».. in Polen ..«) und Verweis auf Lied 11. Die erheblichen Abweichungen dieser Anfangspassage machten dennoch den Abdruck des ganzen Stückes erforderlich.
Text: Die Inhaltsbestimmung ist umstritten. Die Mehrzahl der Oswald-Forscher betrachtet »Infrankereich« als Marienlied, in dem die Jungfrau nach modischem Zeitgeschmack als schöne Dame besungen wird; es könnte sich jedoch auch um ein Preislied auf Margarete von Schwangau handeln, der Oswald Madonnenzüge beilegt.
1 ff.) Vgl. die Länderkataloge in Lied 18, 21 etc.
6) Sultanskron: Ägypten.
24) Offenbarung 12,1 (»Das Sonnenweib«).
26) Fehler in Hs.B. Es muß heißen: »... von ort zu end«.
34) »Maria im Rosenhag«.
37) Vgl. Lied 9,19!
42) In Hs.A: »... auff meine knie«. Vgl. Lied 19,185!
49) Gemeint ist die begleitende Instrumentalmusik.
51/52) Schwarz-weiße oder schwarz-rote Mensuralnotation.
56) Tripolis im Berberland, also in Libyen.
80) In Hs.A: »dy zart dy mīnikliche wol gestalt«.

13

Entstehung: Sommer 1416 (?).
Überlieferung: Hs.A 4v-5r, Hs.B 5v-6r, Hs.c 14v-15r.

Melodie: Erhebliche Unterschiede zwischen den Handschriften (vgl. Melodieanhang!). Die Wiederholung umfaßt ausdrücklich auch das (sicher vokal auszuführende) Anfangsmelisma. Das hohe *f* in Zeile 7 von Fassung A ist vermutlich nach *e* zu korrigieren.
Text: Marienlied.
8 ff.) Eine mehrfach von Oswald verwendete Umschreibung des Dreifaltigkeits-Mysteriums (vgl. etwa Lied 35!).
22) Wörtlich: die dem Rubin »untertänigen« kleinen Edelsteine in der Goldfassung eines Schmuckstücks.

14
Entstehung: Um 1410.
Überlieferung: Hs.A 5v-6r, Hs.B 6r, Hs.c 15r.
Melodie: In beiden Handschriften fast identisch (Varianten aus Hs.A in kleinen Noten). Erika Timm vermutet in dem Lied den Tenor eines ursprünglich zweistimmigen Satzes.
Text: Freie Übertragung eines klösterlichen Tischsegens.
5) »selbdritt« meint »als dreieiniger Gott«.

15
Entstehung: Um 1410, zugleich mit Lied 14.
Überlieferung: Hs.A 6r, Hs.B 6r/v, Hs.c 15v.
Melodie: Das Lied ist in beiden Handschriften fortlaufend mit dem »Benedicite« (14) notiert. Nähere Angaben siehe dort. In Hs.B ist statt des F-Schlüssels irrtümlich der C-Schlüssel gesetzt. Auch Hs.A beginnt falsch, korrigiert jedoch in der zweiten Zeile. Die Übertragung berichtigt den Fehler.
Text: Vgl. Lied 14!
3) Offenbarung 1,8.

16
Entstehung: Vor 1407 (?).
Überlieferung: Hs.A 6v-7r, Hs.B 6v, Hs.c 15v-16v.
Melodie: Erhebliche Unterschiede zwischen den beiden Fassungen (vgl. Anhang!). Hs.B ist durch Verwechslung von F- und C-Schlüssel eine Quinte zu hoch notiert. Die Übertragung korrigiert diesen Fehler. Das Schlußmelisma in Zeile 5 von A ist möglicherweise unvollständig und nach Zeile 3 zu ergänzen. Die Mischnotation des Refrains bedarf der Rhythmisierung analog Fassung B.
Text: Tagelied.

17
Entstehung: 1410, vermutlich auf der Rückfahrt vom Heiligen Land (vgl. Zeittafel!).
Überlieferung: Hs.A 7v-8r, Hs.B 7r, Hs.c 16v-17v.
Melodie: Erhebliche Unterschiede zwischen den Fassungen (vgl. Melodieanhang!). Zwei Irrtümer in Hs.A sind korrigiert und mit kleinen Noten vermerkt. Die *b*-Vorzeichnung ist original.
Text: Tageliedvariante. Die Reise ins Heilige Land als virtuos wortspielerische Metapher für den Liebesakt. Zum Vorbild für die reiche Verwendung nautischer Fachausdrücke dürfte Tannhäusers »Kreuzlied« (»Wol ime der nu beizen sol«) gedient haben.
1/2) »Fahr los, setze die Segel, aber sei maßvoll, bis du den rechten Kurs hast!«
18) »calamita«: ital. der Magnetberg; zugleich wohl auch die »Kalamität« in der Liebe.

20) »brüff«: ital. »provo« = der Bug. »Levant«: ital. »Ostwind«.
22) »Ponant«: ital. »ponente« = Westwind. »poppen«: ital. »poppa« = Heck.
25) »tymun«: ital. »timone« = Steuerruder.
26) »Maistro provenz«: ital. »Nordwestwind«.
27) »Tramontan«: ital. »Nordwind«.
28) »Greco«: ital. »Nordostwind«. »ortzen«: ital. »orzare« = nach Luv drehen.
29) »Cazza poggia! Carga«: ital. »Zieh das Tau an! Schnell!«
32) »Bass alla banda«: ital. »Untiefen (Riffe) auf Backbord«.
34) »forton«: ital. »fortuna« = das (üble) Geschick, der Sturm.
40) »Scirocc«: ital. »scirocco« = »Südostwind«.
45) »Cala vela! Eiola grosso bald!«: ital. »Streich die Segel! Los, dorthin, Junge!«
47) »Austro«: ital. »Südwind«.
50) »ysso«: ital. »esso« bzw. »lui stesso« = mit seiner Hilfe. »Gaiola«: ital. »Dünung«.
53) »Coro«: ital. »Südwestwind«.

18

Entstehung: Frühjahr 1416, wohl in Konstanz.
Überlieferung: Hs.A 9r-10r, Hs.B 7r-8r, Hs.c 17v-18v.
Melodie: Erhebliche Abweichungen besonders im zweiten Teil der beiden Fassungen (vgl. Melodieanhang!). Einige Verschreibungen in Hs.A sind korrigiert und ergänzt.
Text: Oswalds »Lebensballade« (Dieter Kühn), zugleich eine der wichtigsten Quellen der biographischen Wolkenstein-Forschung für die Jahre bis 1416.
1) Dieser frühe Beginn der ritterlichen Ausbildung ist ungewöhnlich, aber durchaus nicht singulär.
4) »Bei Katholiken, Orthodoxen und Heiden«, d.h. in der ganzen bewohnten Welt. Die Formel stammt in ihrer ursprünglichen Gestalt »kristen juden unde heiden« von Walther von der Vogelweide (»Nu wachet ..«).
5) Das traditionelle symbolische Wegegeld, das Eltern ihren Kindern mit auf die Reise gaben.
9/10) Friedrich v. Wolkenstein starb im Januar 1400. Die Angabe bestätigt Zeile 1.
13) »marstaller«: Pferdeknecht. Boten-, Küchen- und Pferdedienste zählten zu den üblichen Aufgaben eines Knappen.
15) »Kandia«: Kreta.
17) Die Preußenfahrt, genauer, die zum Massenmord verkommene Christianisierung Litauens, gehörte zum festen »Programm« ritterlicher Unternehmungen um 1390.
18/20) Die Italienfeldzüge Ruprechts von der Pfalz (1401) und Sigmunds (1412). Beide Könige führten den deutschen Adler im Wappen.
28ff.) Der Schiffbruch ist ein Topos mittelalterlicher Fahrtendichtung. Oswalds Schilderung ist trotzdem biographisch korrekt und durch ein – leider verlorenes – Votivbild im Brixener Dom belegt (vgl. auch Lied 23,51!).
33) Margareta von Prades, die Witwe König Martins von Aragon (vgl. Zeittafel Herbst 1415!).
36) »Löse es nie mehr!«
47) Papst Benedikt XIII. (Pedro de Luna).
48) König Sigmund und Margareta v. Prades.
49–64) Die Pilgerfahrt 1409/10, nach Oswalds (fragwürdiger) Angabe im Dienst Anna Hausmanns unternommen.
56/58) Das Pilgerkleid und der breitkrempige Hut.
70) In Hs.A: »... hab genumen phlicht«.
78) In Hs. A: »von main' frawn' ...«.

82) Nios in den Kykladen.
97) Neben den Angaben der 1. Strophe der wichtigste Beleg für ein Geburtsjahr um 1377.

19
Entstehung: Frühsommer 1416 in Konstanz (wie Lied 18), vermutlich als Reisebericht für die Konzilsteilnehmer.
Überlieferung: Hs.A 10r-11r, Hs.B 8r-9r, Hs.c 19v-22v.
Melodie: Nur in Hs. A; Hs. B hat drei leere Notenzeilen.
Text: 9) Vgl. Lied 123!
16) Zur Synode von Perpignan vgl. Zeittafel September 1415!
21) »Kloben«: Vgl. Lied 83,20!
17–24) Der »Vogel« ist König Sigmund in den taktischen Schlingen Benedikts XIII.
25–40) Der festliche Einzug Sigmunds in Perpignan am 18. 9. 1415.
37–40) Doppelsinnig: das Bad nach der Reise und die zähen, intrigenreichen Verhandlungen mit der päpstlichen Seite.
41) Die fast noch jugendliche Königinwitwe Margareta von Prades und die 41-jährige Eleonore von Aragon. Die »künge« des Originaltextes waren Ferdinand I. von Aragon und (vermutlich) Karl III. von Navarra.
47) Ein Wortspiel mit dem Namen des Papstes Pedro de Luna: »lun« ist mhd. »Schraube, Achsnagel«.
49–56) Vgl. Lied 21!
73) Graf Ludwig XII. von Öttingen, Hofmeister König Sigmunds.
81) Herzog Ludwig II. von Brieg.
91) Nicht identifiziert.
97–112) Ein Brandanschlag auf König Sigmund mit nachfolgenden Straßenkämpfen zwischen Spaniern und Kataloniern.
116) Die Übereinkunft von Narbonne, die Benedikt XIII. entmachtete.
117/118) Ludwig II. von Brieg, Erzbischof Johannes von Riga und Nikolaus von Gara, Großgraf von Ungarn.
121) Wegen Sigmunds notorischer Finanzschwäche mußte seine Begleitung sich weitgehend selbst erhalten.
130) Weiteres Wortspiel mit dem Namen Luna.
132 ff.) Das Edikt von Narbonne wurde in Avignon verkündet.
153–160) Zur Ehrung durch Margareta von Prades vgl. Lied 18,33!
165) In »mörischem« Gewand erscheint Oswald auch auf der Darstellung in Richentals Konzilschronik (vgl. Titelbild!).
169) Sigmund zog am 1. 3. 1416 in Paris ein.
177) Die Pariser Universität war in vier Fakultäten (»Schulen«) und vier Nationen, also Sprachzugehörigkeiten, eingeteilt.
178) Das Amtszepter.
189) Isabella von Bayern, die Gemahlin Karls VI. von Frankreich.
195) Sicher parodistisch. Sigmund schuldete Oswald zeitlebens erhebliche Soldbeträge.
201) Die Nachricht von der Flucht Herzog Friedrichs aus Konstanz.
206) Sigmund vermittelte im hundertjährigen Krieg zwischen Frankreich und England.
209 ff.) Bei der Herzogserhebung des Grafen Amadeus VIII. von Savoyen am 20. 2. 1416 in Chambéry kam es zu einem – weitgehend folgenlosen – Einsturz der Ehrentribüne.
217) In Hs.A: »WIE vil ich sich hör sīg vnd sag«.

20

Entstehung: Spätsommer 1415, während der Spanienreise oder in Perpignan.
Überlieferung: Hs.A 11r/v, Hs.B 9r/v, Hs.c 23r-24r. Außerdem findet sich das Lied im »Liederbuch der Clara Hätzlerin« (Prag, Knihovna Národního musea, Ms.X A 12) von 1470.
Melodie: Erhebliche Unterschiede zwischen den Fassungen (vgl. Melodieanhang!). Hs.B ist vermutlich um einen Ganzton zu hoch notiert und deshalb vom Herausgeber durch Akzidenz ausgeglichen. Eine Terzverschreibung im Refrain von Hs.A wurde korrigiert.
Text: Tagelied. Zu den Windbezeichnungen vergleiche Lied 17!

21

Entstehung: Frühjahr 1416 in Frankreich oder Konstanz.
Überlieferung: Hs.A 12r/v, Hs.B 9v-10r, Hs.c 24r-25v. Das Lied ist außerdem enthalten in drei frühen Druckausgaben des »Neidhart Fuchs« (Augsburg 1491/97, Nürnberg 1537 und Frankfurt 1566). Es ist dort fälschlich dem Neidhart zugeschrieben: »Hie sagt Neythart wie er mit seiner schönen frawen gen pareyß kam vnd ir zwen schuch frimbt«. Dabei ist der Text in jeder Strophe um zusätzliche sechzehn Verse erweitert, die möglicherweise einer frühen, originalen Fassung Oswalds zugehören. Sie lauten:
Nach Zeile 38: Mein feines fräwlin mein maisen krelin mein fincklin plelin mein nachtigälli zuck das schnelin kum ins stellin ich schlaich dirs pellin vnder dein gewand/Mein liebes endlin ich pin dein mendlin kis mir die zendlin/Greyff vnders gwendlin zeüch das penndlin nyms ins henndlin treib ain schenlin das fröt vns baide sant.
Nach Zeile 76: mein trautes ketterlin mein Morgensterlin ich pin dein nerlin nun las mein ferlin jn dein perlin/ain gwirlin gwerlin ain newes merlin wirst du inenn zwar/ mein zartes gredlin mein schönes medlin mach mir ain fredlin kum in das stedelin ich schluiff dir ins schedli Darnach ins pedli gang pach vns fledlin Ich zall dir es alles gar.
Nach Zeile 98: mein liebes frenczlin mein schönes glenczlin gug in das schenczlin mein da finst ain krenczlin prings zu dein renczlin mein alle fenczlin greiff an mein schwenczlin vnd mach vns freden reich/Mein liebes friczlin/mein kluges schüczli/ triff mir das kiczlin/ Dein zinglin spiczlin gib ain schmiczlin in mein riczlin Ich schliuff dir ins schliczlin wa find man vnsergleich.
(Da auf eine Übersetzung verzichtet ist, wurden zur besseren Lesbarkeit die Abbreviaturen aufgelöst.)
Melodie: Erhebliche Unterschiede zwischen den Fassungen (vgl. Melodieanhang!). Einige vermutliche Irrungen in Hs.B sind ausgeglichen und in kleinen Noten angezeigt. Ein falsch gesetzter Schlüssel am Ende von Hs.A blieb unberücksichtigt. Zur satztechnischen Vereinfachung wurden beide Schlußklauseln von A übereinander notiert.
Text: **21**) Des Maien Schild: die grüne Wiese.
40/41) Das simple heimische Quintieren (vgl. Lied 5,17!) gegenüber der kunstreichen Mehrstimmigkeit der Ars Nova.
42) Vermutlich der Dichter und Musiker Leonardo Giustiniani.
52) Ital./dtsch.: »Zahl Zoll!«
54) In Hs.A: »All in dem land so nam̄ ich war«.
77) Ein Springtanz.
82/83) Vgl. Lied 19,49ff.
99ff.) Ein von Oswald erotisierter Kinder-Abzählvers. Eine ganz ähnliche Fassung findet sich im 25. Kapitel von Johann Fischarts »Geschichtsklitterung«.
100) Worte in Hs.B vertauscht.

22

Entstehung: 1422, vermutlich in Verbindung mit dem Cisiojanus-Lied 28. Vorlage war dabei ein Gedicht des Mönches von Salzburg »De complexionibus hominum«, das Oswald erweiterte, ohne die Aussage eigentlich zu verändern.
Überlieferung: Hs.A 29r/v, Hs.B 10r/v, Hs.c 25v-26v. Die Zeilen 141–144 und 145–152 sind in Hs.A wohl irrtümlich vertauscht.
Melodie: Geringe Unterschiede zwischen den Fassungen (Varianten aus Hs.A in kleinen Noten beigegeben). Akzidenz vom Herausgeber.
Text: »Planetenkinder«-Lied. Die Deutung der Sternzeichen-Charaktere stimmt trotz mancher Grobschlächtigkeiten mit den »Erkenntnissen« der modernen Astrologie weitgehend überein.
21) Jovis: Jupiter.
113 ff.) Trotz Abhängigkeit von der Vorlage könnte Oswald hier ein Selbstportrait geliefert haben, welches die Datierung seiner Geburt ins späte Frühjahr ermöglichen würde. Zum besseren Vergleich sei die Parallelstrophe aus dem Planetenlied des Mönchs von Salzburg gegenübergestellt (der ganze Text in Kersken »Genner beschnaid«):
Libra Thaurus / Röut vnd weiss schön lewt
Venus der lerend liebleich synn / Die alczeit redent von der mynn / Chlueg singen schymphleich wol gemüt / Ir schimpfen dunkchet yden man güt / Mit tanczen pfeiffen saitten spil / Si lebent fröleich wie man wil / Vnd sprechent alczeit frawen wol / Da pey man sicherchenen schol

23

Entstehung: Frühjahr 1425 (Vierte Strophe Frühjahr 1427).
Überlieferung: Hs.A 28v, Hs.B 10v-11r, Hs.c 27r/v. Die vierte Strophe ist in Hs.A als Fußnote nachgetragen.
Melodie: Wie Lied 22. Im Incipit von Hs.A fehlt der vorletzte Ton (f) der ersten Zeile.
Text: »Das Lied von den sieben Todesgefahren«.
8) Schreibfehler in Hs.B. Es muß heißen: »sein gieng mir nahent ser«.
24) In Hs.A: »hett er mich lässen los«.
27) In Hs.A: »fert syben ich gedenke«. Die Stelle ist nachträglich korrigiert.
42) In Hs.A: »in eines kellers grunt«.
51 ff.) Vgl. Lied 18,28 ff.!
58 ff.) Ulrich Müller (»Dichtung und Wahrheit ...«) vermutet einen Überfall von Strandräubern.
64/65) Nach einem Kleinodienraub und anderen Übergriffen in der Zeit um 1405 wurde Oswald von seinem Bruder Michael gestellt und mit einem Schwertstreich lebensgefährlich verletzt.
73) Die Gefangennahme Oswalds durch Martin Jäger und Anna Hausmann (vgl. Zeittafel Herbst 1421!).
82) Winter 1424 auf dem Ritt zu König Sigmund, bei dem Oswald Hilfe gegen Herzog Friedrich suchte. Die Schuld an dieser Situation, die Oswald Anna Hausmann unterstellt, datiert vom Überfall 1421.
86) »mayerol«: Ungarisch.
88) Der Tauglbach bei Hallein im Salzburgischen.
89 ff.) Vgl. Lied 26!
119) Im Vergleich mit Zeile 79/80 ergibt sich, daß Anna Hausmann um 1426 gestorben sein muß.
133) Vgl. Lied 18,4!

24

Entstehung: 1423.

Überlieferung: Hs.A 41v, Hs.B 11r/v, Hs.c 29r/v.

Melodie: Wie Lied 22. Dabei fällt jedoch die Wiederholung des 2. Teils fort, sodaß statt der geraden Form AABB ein Bar AAB entsteht.

Text: **54)** Auf diese Mitteilung stützt sich die Datierung.

25

Entstehung: Unsicher. Möglicherweise 1414, vor Oswalds Aufbruch nach Konstanz. Der späte Eintrag in Hs. A kann aber auch auf einen Termin um 1427 weisen.

Überlieferung: Hs.A 45v, Hs.B 11v-12r, Hs.c 29v-31r.

Melodie: Wie Lied 22. Auch Hs.A folgt der Fassung B.

Text: Ständestreit. Ein beliebter literarischer Topos des späten Mittelalters (eine populäre Variante ist im Volkslied »Ein Kuckuck und ein Esel« bewahrt). Auffallend an Oswalds Fassung ist die parodistische Überzeichnung des Ritters und der Sieg der bürgerlichen Seite. Die übliche Form des Themas erscheint damit auf den Kopf gestellt.

56) In Hs.A: »send ich newr ain brief«.

26

Entstehung: Mai 1427, unmittelbar nach der Haft auf Burg Vellenberg.

Überlieferung: Hs.A 42v-43r, Hs.B 12r/v, Hs.c 31r-33v. In den Handschriften B und c fehlt die vorletzte Strophe.

Melodie: Geringfügige Unterschiede zwischen den beiden Fassungen (Abweichungen aus Hs.A in kleinen Noten). Die drei letzten Noten vor der Schlußlonga sind in Hs.A rote Semibreven, die sich gut im Rhythmus Viertel, Achtel, punktiertes Viertel ausführen ließen.

Text: **1–18)** Die Anfangszeilen liefern – in die Zukunft projiziert – eine getreue Schilderung von Oswalds diplomatischer Mission im Sommer 1415.

1) In Hs.B sind die Worte »tal« und »perg« vertauscht.

8) Die Auszeichnung mit dem Kannen- und Greifenorden durch Eleonore von Aragon.

11) Barbarei: das Berberland (Marokko).

12) Septa, das heutige Ceuta, wurde am 21. 8. 1415 von der Flotte König Johanns I. von Portugal überfallen und in zwei Stunden eingenommen.

16) Jussuf III. Ben Achmar (»Der Sohn des Roten«).

20) Wohl der später erwähnte Peter Heizer.

21–30) Oswald war im Februar 1427 zum Bodensee geflüchtet und bei Wasserburg von seinen Verfolgern gestellt worden.

32) Burg Vellenberg in Götzens bei Innsbruck.

52) Im Original »preussen vart«. Vgl. die Anmerkung zu Lied 18,17!

76) Eigentlich ein »Bomhart«, ein tiefes Rohrblattinstrument nach Art eines Englisch Horns.

83) Kurfürst Ludwig III., Pfalzgraf bei Rhein.

101) Konrad von Kreyg und Johann Greisnegger, Hofmeister und Kämmerer Herzog Friedrichs IV.

102) Johann Truchseß von Diessenhofen, genannt Molli.

103) Der Salinaufseher zu Hall; Hans von Neideck (?).

104) Ulrich Seldenhorn, Hofrichter zu Brixen und Rat Herzog Friedrichs.

112) Martin Jäger.

114) Vgl. Lied 2,42!
120) Die einzige namentliche Erwähnung Anna Hausmanns in Oswalds Werk.
121) In Hs.A: »Do rett der herr ...«.
136) In Hs.A: »der fürst/hat deins gesanges kom erpitten«.
141 ff.) Aldriget von Castelbarco-Lizzana, ein entfernter Verwandter Oswalds.
158/159) In Hs. A: »indisem streit pin ich uil vberdroschen/verdiente straf von seiner macht«.
161) »Der letzte Vers ist nur allzu wahr! Oswald Wolkensteiner.«

27

Entstehung: Das Lied wurde bisher auf den Winter 1420/21, also die unmittelbare Zeit nach der Kapitulation von Vyshehrad, datiert. Nach einer neuen Theorie von Mathias Feldges könnte es aber bereits am Konstanzer Konzil, und zwar zu Beginn des Prozesses gegen Jan Hus um den 6. Juni 1415 entstanden sein. Oswald wäre somit an der Verurteilung und Hinrichtung Hus' zumindest mitschuldig.
Überlieferung: Hs.A 44v-45r, Hs.B 12v-13r, Hs.c 33v-34v.
Melodie: Erhebliche Unterschiede zwischen den Fassungen (vgl. Melodieanhang!). Der auffällige Wechsel des Modus könnte auf einen Schlüsselfehler hindeuten. Bei Hs.A ist die vorletzte Note im Original als Brevis notiert. Die ganze Schlußwendung erscheint so als Versuch, mit mensuralen Mitteln ein Ritardando darzustellen. Die Ligatur in der vorletzten Zeile beider Fassungen ist wohl rhythmisch anzupassen. Akzidenz in Fassung B vom Herausgeber.
Text: **7**) Hus (böhm.): Gans; Hussitten = Gänse. Das ganze Lied ist auf diesem Wortspiel aufgebaut.
12) In der Metapher: Könige, Herzöge, Grafen, Freie.
19) Gemeint ist der zerrüttete Zustand der katholischen Kirche: zur Zeit des Konstanzer Konzils stritten drei Päpste um die Macht.
21) Die Priesterschaft.
31) Habichte und Blaufußfalken: die Ritterschaft.
38) Der König. Sigmund hatte Hus freies Geleit zugesichert; am 8. Juni 1415 hob er auf allgemeines Drängen und nach langem Zögern diesen Schutz auf.
41 ff.) Die Strophe setzt Hus als lebend voraus – das entscheidende Argument für Feldges' Theorie.
49) John Wyclif, englischer Reformator und Vorläufer von Jan Hus.
64) In Hs. A: »verwandelt sich wann ist in misseling'«.
85) Der Mord am Herzog von Orleans, das Auftreten Wyclifs, der aragonesische Gegenpapst Benedikt XIII.
86) In Südeuropa war eben erneut die Pest ausgebrochen.

28

Entstehung: 1422; überarbeitet um 1424.
Überlieferung: Hs.A 25r-27v, Hs.B 13v, Hs.c 35r/v. Das Lied ist in den Handschriften B und c fortlaufend in strophischer Liedform, in Hs.A zweispaltig mit Kalendarium notiert. Durch die vorangestellte Melodie scheint der Text der ersten Strophe dort doppelt auf.
Eine Urfassung von »Mensleichen got« befand sich in Hs.A auf den Blättern 12v-13v; sie wurde teils durch Rasur, teils durch Schwärzung gelöscht. Nur die letzte Strophe ist durch Unachtsamkeit teilweise erhalten und belegt eindrucksvoll Oswalds poetische Verdichtungstechnik:
»Hayligen all ...... schilt/Lienhardus dar von nicht gebild/Martinus milt/Brichczn' sein gens will sträwen
Verczuck elsbeta sunderwar/Ain genselein clementen czwar/Katherina czwar/Vir-

gili sand nach andreyen/
Frew frolich edele barbara/sand Nicolaus vnd mai'a/von montserra/czu vinedig luceye/dye weln' alle genedig seyn
Aus yndia thomas chund/(vnd) vns das iesumlein Steff hanß chind sull wyer greyen/
Et sic est finis«

Melodie: Erhebliche Unterschiede zwischen den Fassungen (vgl. Melodieanhang!). Die *b*-Vorzeichnung stammt vom Herausgeber; eine originelle, wenn auch problematische Variante Heimrath/Korths ist in kleinen Akzidentien über dem Notentext von Hs.B vermerkt. Ebenfalls von Heimrath/Korth stammt der Vorschlag, in Zeile 3 von B den zweiten Ton der Ligatur der folgenden Phrase zuzuordnen, wodurch sich die Textrelation um eine Note verschiebt. Diese melodisch reizvolle Änderung macht allerdings eine Trennung der Schlußlonga in zwei Breven nötig.

Geschichte: Der Cisiojanus (von »cisio domini« und »Januarius«), ein Abzählvers der wichtigsten Heiligenfeste, ist als Datierungshilfe im ganzen Mittelalter gebräuchlich (man bezeichnete die Tage nicht wie heute mit einer Zahl, sondern nach ihrer Stellung zum nächsten Festtag. Vgl. etwa den Vorspruch von Hs. B!).

Hochaktuell war zu Oswalds Zeit dagegen die »Goldene Zahl«. Sie beruht auf einem neunzehnjährigen Großzyklus der Mondphasen und diente neben astronomischen Zwecken vor allem der Berechnung der beweglichen Kirchenfeste. Der erste Kalender dieser Art, von Johannes de Gamundia verfaßt, entstand 1421 in Wien. Schon drei Jahre später übernimmt Oswald den Zahlenapparat für seinen Cisiojanus.

Das dritte in Hs. A verarbeitete Chiffrensystem sind die Sonntagsbuchstaben, ein simpler, allgemein gebräuchlicher Code zur Ermittlung der Wochentage. Er erscheint auch in Text 67 von Hs.B.

Neueinrichtung: Oswald von Wolkensteins Cisiojanus, ein Kalender von kaum überbietbarer Praktikabilität und Vielseitigkeit, ist vom Verfasser für diese Ausgabe aktualisiert und bearbeitet:

Eine neu eingeführte erste Kolonne nennt – als unentbehrliche Hilfe für den modernen Benutzer – das Datum.

Die Goldene Zahl, bei Oswald für den Zeitraum 1421–1440 auf die Minute exakt angegeben, ist zum immerwährenden Kalender umgewandelt. Sie ist aus dem Durchschnitt sämtlicher Mondstände des 20. Jahrhunderts neu berechnet und nennt für diesen Zeitraum den Neumond mit einer Genauigkeit von ± 1 Tag, für weitere dreihundert Jahre vorwärts und rückwärts mit einer Genauigkeit von ± 2 Tagen (der ausfallende Schalttag beim Jahrtausendwechsel ist allen folgenden Daten zuzuzählen!).

Goldene Zahl und Sonntagsbuchstaben für den Zeitraum 1900–1999 sind in der nachstehenden Tabelle mitgeteilt. Für eine allgemeinere Berechnung gilt die Regel: (Jahreszahl + 1) : 19. Der Rest der Division nennt die Goldene Zahl.

Beispiel: 1979 + 1 = 1980
1980 : 19 = 104 Rest: 4
Für 1979 ist die Goldene Zahl 4.

Die »Sonntagsbuchstaben« bezeichnen nach einem einfachen rückläufigen System der Buchstaben A–G alle Sonntage eines bestimmten Jahres. Schaltjahre sind unterteilt und werden vom 1. 1.–29. 2. mit dem ersten, vom 1. 3.–31. 12. mit dem zweiten der beiden Buchstaben gezählt.

Die Kirchenfeste ermitteln sich nach Oswalds Angabe.

Goldene Zahl und Sonntagsbuchstaben
von 1900–1999

1900	1	A/G	1902	3	E	1904	5	C/B	1906	7	G
1901	2	F	1903	4	D	1905	6	A	1907	8	F

1908	9	E/D	1931	13	D	1954	17	C	1977	2	B
1909	10	C	1932	14	C/B	1955	18	B	1978	3	A
1910	11	B	1933	15	A	1956	19	A/G	1979	4	G
1911	12	A	1934	16	G	1957	1	F	1980	5	F/E
1912	13	G/F	1935	17	F	1958	2	E	1981	6	D
1913	14	E	1936	18	E/D	1959	3	D	1982	7	C
1914	15	D	1937	19	C	1960	4	C/B	1983	8	B
1915	16	C	1938	1	B	1961	5	A	1984	9	A/G
1916	17	B/A	1939	2	A	1962	6	G	1985	10	F
1917	18	G	1940	3	G/F	1963	7	F	1986	11	E
1918	19	F	1941	4	E	1964	8	E/D	1987	12	D
1919	1	E	1942	5	D	1965	9	C	1988	13	C/B
1920	2	D/C	1943	6	C	1966	10	B	1989	14	A
1921	3	B	1944	7	B/A	1967	11	A	1990	15	G
1922	4	A	1945	8	G	1968	12	G/F	1991	16	F
1923	5	G	1946	9	F	1969	13	E	1992	17	E/D
1924	6	F/E	1947	10	E	1970	14	D	1993	18	C
1925	7	D	1948	11	D/C	1971	15	C	1994	19	B
1926	8	C	1949	12	B	1972	16	B/A	1995	1	A
1927	9	B	1950	13	A	1973	17	G	1996	2	G/F
1928	10	A/G	1951	14	G	1974	18	F	1997	3	E
1929	11	F	1952	15	F/E	1975	19	E	1998	4	D
1930	12	E	1953	16	D	1976	1	D/C	1999	5	C

Handhabung in Beispielen:
An welchem Tag wird das Fest des hl. Oswald begangen?
Der Name Oswald steht im Kalender am 5. August.
In welchen Jahren dieses Jahrhunderts ist am 5. August Neumond?
Der 5. August trägt die Goldene Zahl 11. In allen Jahren mit dieser Zahl (1910, 1929, 1948, 1967, 1986) ist am 5. 8. Neumond.
Wie stand der Mond am 1. Juli 1958?
1958 hat die Goldene Zahl 2. Der dem 1. Juli nächstliegende Termin ist – vierzehn Tage vorher – der 17. Juni. Es war also Vollmond.
Wie liegen 1986 die Sonntage?
1986 hat den Buchstaben E. Alle mit E bezeichneten Tage sind 1986 Sonntage.
Welcher Wochentag ist am 4. 3. 1988?
Im Schaltjahr 1988 gilt für März der zweite Buchstabe, also B. Der nächste entsprechende Sonntag ist der 6. März. Somit ist der 4. 3. ein Freitag.
Wann war 1976 Aschermittwoch, Ostern und Pfingsten?
1976 hat die Goldene Zahl 1. Die nächste 1 nach Lichtmeß (2. 2.) findet sich am 1. März. Im Schaltjahr 1976 gilt bis 29. 2. der Sonntagsbuchstabe D. Somit war der 29. Februar ein Sonntag, der darauffolgende Mittwoch (3. 3.) Aschermittwoch. 46 Tage später – also am 18. April – war Ostern, nach weiteren 49 Tagen am 6. Juni Pfingsten.
Die genannten Abstände von 46 und 49 Tagen bleiben für die Berechnung konstant!
Text:* Hs. A bringt in den ersten vier Kolonnen die Goldene Zahl und den minutengenauen Neumondstand. Da im Mittelalter der Tag nicht von 0 Uhr, sondern von 6 Uhr morgens gerechnet wurde, war eine zusätzliche Tag/Nacht-Angabe (»dies/nox«) erforderlich. So besagt etwa die erste Zeile, daß der Neumondstand in der 11. Minute der 5. Tagesstunde, also um 11 Uhr 11 erreicht war.

* Dem besonderen Charakter des Liedes entsprechend nennt der Kommentar das jeweilige Datum statt der Zeile. Wichtigste Quelle war Wolfgang Kerskens Untersuchung »Genner beschnaid«.

1\. 1. Beschneidung Christi.
6\. 1. Dreikönigsfest.
19\. 1. Vermutlich die Nachhol-Octave beim Zusammentreffen der Dreikönigs-Octave (13. 1.) mit dem Sonntag in »F«-Jahren.
23\. 1. Ildefons von Toledo (eine ähnliche Verbalisierung des Namens auch in Lied 67!).
25\. 1. Pauli Bekehrung.
27\. 1. Johannes Chrysostomus.
28\. 1. Octave (»acht«) von St. Agnes.
29\. 1. Valerius.
1\. 2. Brigida.
2\. 2. Maria Lichtmeß.
3\. 2. Blasius.
5\. 2. Agathe.
6\. 2. Dorothea.
9\. 2. Apollonia.
11\. 2. Vermutlich die verlegte Octave zu Maria Lichtmeß.
22\. 2. Petri Stuhlfeier.
24\. 2. Matthias.
2\. 3. Simplicius.
3\. 3. Kunigunde.
4\. 3. Adrianus.
5\. 3. »Pfinsta«: tirolisch-bairisch »Der fünfte Tag«. Normalerweise die Bezeichnung des Donnerstages.
11\. 3. Das für heilkräftig angesehene Märzbad (vgl. Lied 75!).
25\. 3. Mariae Verkündigung.
18\. 4. Valerian.
3\. 5. Auffindung des Kreuzes.
15\. 5. Sophia.
16\. 5. Peregrinus.
19\. 5. Pudentia.
20\. 5. Basilla.
28\. 5. Papst Johannes I.
31\. 5. Petronilla.
3\. 6. Erasmus.
15\. 6. Vitus.
24\. 6. Geburt Johannes des Täufers.
26\. 6. Johannes Martyrer.
2\. 7. Mariae Heimsuchung.
15\. 7. Aussendung (»Teilung«) der zwölf Apostel.
21\. 7. Praxedis.
28\. 7. Pantaleon.
31\. 7. tirolisch: Schulterkorb für die Heueinbringung.
1\. 8. Petri Kettenfeier.
2\. 8. Papst Stephan I.
3\. 8. Stephanus.
6\. 8. Sixtus.
9\. 8. Romanus.
13\. 8. Hippolytus.
15\. 8. Mariae Himmelfahrt.
18\. 8. Agapitus.
27\. 8. Rufus.

29. 8. Enthauptung Johannes des Täufers.
1. 9. Ägidius.
4. 9. Moses.
6. 9. Magnus.
7. 9. Regina.
8. 9. Mariae Geburt.
9. 9. Korbinian.
10. 9. Iacinthus.
11. 9. Protus.
14. 9. Fest der Kreuzerhöhung.
15. 9. der Mittwoch nach Kreuzeserhöhung war Fasttag (Frontag).
30. 9. Hieronymus.
12. 10. Maximilian.
13. 10. Coloman.
16. 10. Gallus.
23. 10. Severinus, Märtyrer zu Köln.
29. 10. Narcissus.
1. 11. Allerheiligen.
8. 11. Fest der vier gekrönten Brüder.
10. 11. Papst Martin I.
11. 11. Martinus von Tours.
16. 11. Otmar.
26. 11. Konrad.
30. 11. Andreas.
1. 12. Kandida. »cantare« (lat.): singen.
3. 12. St. Sola, ein Einsiedler. »solus« (lat.): einzig. »sol, la«: Zwei Töne der solmisierten Tonleiter (in C-Dur g und a).
10. 12. Die schwarze Madonna von Montserrat.
13. 12. Lucia.
20./21. 12. nach der Legende missionierte der Apostel Thomas in Indien.
25. 12. Geburt Christi.
26. 12. Stephanus.
27. 12. Johannes evangelista.
28. 12. Fest der unschuldigen Kindlein.
29. 12. Thomas Beckett.
31. 12. Silvester.

29

Entstehung: Unsicher (1409, 1426?).
Überlieferung: Hs.A 37v, Hs.B 14r, Hs.c 36r.
Melodie: Wie Lied 28. Auch in Hs.A ist das Incipit der Fassung von B angegeben.
Text: Osterlied.
1) In Hs.A: »(D)Er himel fürst mich hewt bewar«. Das ganze Lied steht in Hs.A in der ersten Person Singular.
15) Johannes 19,34. Der Name Longinus ist nur apokryph überliefert (Nikodemus-Evangelium 16).
34–36) In Hs.A: »So ich von disem ellend ker frewntloser stumlich vicht ring nach des todes ser götleicher herr dein hilf mir dann verschreibe«.

30

Entstehung: Winter 1422/23.
Überlieferung: Hs.A 46r, Hs.B 14r, Hs.c 36v-37r.

Melodie: Wie Lied 28. Hs.A bringt den Anfang in Fassung B. Im Incipit von Hs.B lautet der 7. Ton von Zeile 1 *g* statt *a*.
Text: **25** ff.) Vgl. Lied 55!

31
Entstehung: Unsicher; wohl um 1422/23.
Überlieferung: Hs.A 36v, Hs.B 14r/v, Hs.c 37r/v.
Melodie: Wie Lied 30.
Text: **35**) In Hs.A: »... da mit mich kainer nicht verhaw«.

32
Entstehung: 1423.
Überlieferung: Hs.A 27v, Hs.B 14v, Hs.c 37v-38v.
Melodie: In Hs.B wie Lied 30. In Hs.A Incipit wie Lied 28 und Textanweisung: »ut in p'cedenti melodia (= Lied 28) s. vor heng und las«. Damit läßt sich Lied 32 auch auf Melodie 17 (ohne Refrain) singen.
Text: **11**) Sprüche Salomonis 14,14.
13) Vermutlich 2. Moses 21,23 oder 3. Moses 17ff.
14 ff.) Eine Kenntnis von Dantes »Divina Comedia« ist bei Oswald denkbar, aber nicht nachzuweisen.
38) In Hs.A: »von grossem smach in snodem zawn«.

33
Entstehung: Winter 1417/18.
Überlieferung: Hs.A 30v-31r, Hs.B 15r, Hs.c 38v-39r.
Melodie: Geringfügige Unterschiede zwischen beiden Fassungen. In Hs.A haben die Melismen in Zeile 1 und 2 jeweils ein zusätzlich eingeschobenes *g*. Tonhöhenabweichungen in Zeile 4 und 5 (kleine Noten).
Text: Tageliedvariante (Umkehrung).
8) In Hs.A: »kan fröleich zu ir smuken«.
15) In Hs.A: »die mir mein gier newr went allain«.
30) In Hs.A: »tüt sey mich gar gen tage«.
33) Oswalds Gattin Margarete von Schwangau.

34
Entstehung: Sommer 1416.
Überlieferung: Hs.A 34r, Hs.B 15r, Hs.c 39v.
Melodie: Wie Lied 33.
Text: Marianisches Tagelied.
3) Vgl. Lied 101,3!
13) In Hs.A: »... auf ringer wag«.
17) In Hs.A: »Der tag scheint ...«.
30) In Hs.A: »ein frucht kewschlich zu frewden«.
33) In Hs.A: »... erd vnd wind«.

35
Entstehung: 1409/10 im Heiligen Land.
Überlieferung: Hs.A 36v, Hs.B 15v, Hs.c 40r.
Melodie: Wie Lied 33.
Text: Weihnachtslied.
13) In Hs.A: »Prach durch die mawer dick ein kluft«.

15/16) Vgl. Lied 126,5 sowie die Kreuzfahrerlieder Walthers (»Allerêrst lebe ich mir werde«) und des Tannhäusers (»Der künec von Marroch«)!
33) Apokryphe Legende (»Pseudo-Matthäus«) nach Jesaias 1,3.
40) Vgl. Lied 13,8.

36
Entstehung: 1426.
Überlieferung: Hs.A 42r, Hs.B 15v, Hs.c 40v.
Melodie: Wie Lied 33.
Text: **3)** In Hs.A: »Vmb das ich leid mein gros arbait«.
5 ff.) Danach war Anna Hausmann bei Abfassung des Liedes bereits tot.
40) Das Lied muß also etwa 10 Jahre nach der »Lebensballade« 18 entstanden sein.

37
Entstehung: 1417 (?).
Überlieferung: Hs.A 34v, Hs.B 15v-16r, Hs.c 41r/v.
Melodie: In Hs.A zweistimmig mit Tenor und Contratenor, in Hs.B nur einstimmig notiert (vermutlich Kontrafaktur!). Kaum Unterschiede im Tenor beider Fassungen. Die Strophe ist als Organum, der Refrain mensural gesetzt. Mehrere Schlüsselfehler und Verschreibungen sind korrigiert. Hs.B hat eine zusätzliche Ligaturnote (in Klammern angegeben).
Ein Rhythmisierungsvorschlag des Organums findet sich bei Ganser/Herpichböhm. Die Auflösung des mensuralen Teils ist von dort übernommen.

38
Entstehung: Wohl 1409/10 im Heiligen Land.
Überlieferung: Hs.A 46r, Hs.B 16r, Hs.c 41v-42r.
Melodie: Wie Lied 37.
Text: Marienlied.
15) Der Winter.
60) Schreibfehler in Hs. B. Es muß lauten: »... der jn dir lag«.

39
Entstehung: Um 1426 (?).
Überlieferung: Hs.A 48r, Hs.B 16v, Hs.c 42r-43r.
Melodie: Erhebliche Unterschiede zwischen den Fassungen (vgl. Melodieanhang!).
Text: Beichtlied. Der Text ist als Modell, nicht als persönliche Confessio Oswalds zu verstehen.
23) In Hs.A: »vil essen trinken spat vnd frü«.
26) In Hs.A: »die sünd ich lieb vnd leich ir stat«.
36) Schreibfehler in Hs.B. Es muß lauten: »verdienten lon nit halb gewër«.
37) In Hs.A: »... gots vernūft vnd prunst«.
43) In Hs.A: »gocz leichnam ich halt vnwirdikleich«.
51) In Hs.A: »mit greiffen ...«.
59) In Hs.A: »die sich v'ierren in der hewt«.
60) Vgl. Lied 27! Der Hinweis könnte auch eine frühere Entstehung als 1426 andeuten.
72) In Hs.A: »das ich in got erzünde«.

40
Entstehung: Vor 1408 (?).
Überlieferung: Hs.A 51r, Hs.B 16v-17r, Hs.c 43r/v.

Melodie: Weitgehend identisch mit Lied 116. In Hs.A steht nur ein Incipit und der Hinweis: »It' das singt sich in der melody zergangn' ist meins herczn' we«. Die Notiz »Sequitur aliud« in Hs.B deutet darauf hin, daß ein Eintrag von Lied 116 ursprünglich an dieser Stelle geplant war.
Das Lied ist gemäß Hs.B wiedergegeben, ein durchgängiger Schlüsselfehler wurde korrigiert. Die Markierungen über einzelnen Noten beziehen sich auf Lied 126 (s. dort!).
Text: Tagelied.
3) In Hs.A: »mit kain' hendlin visament«.

41
Entstehung: März/April 1428 in Heidelberg bei Pfalzgraf Ludwig III.
Überlieferung: Hs.A 46v-47r, Hs.B 17r/v, Hs.c 44r-45r.
Melodie: In beiden Handschriften fast identisch (einige kleine rhythmische Abweichungen wurden vernachlässigt). Das Lied ist in Hs.A um einen Ganzton nach oben verschrieben.
Text: Reiselied. Vermutlich die erste chronologisch und topographisch exakte Reisebeschreibung der deutschen Lyrik.
2) Ein angesehener Salzburger Bürger Hans Praun ist für diese Zeit nachgewiesen.
7) In Hs.A: »... vil güter iar«. Es dürfte sich damit um einen Neujahrswunsch gehandelt haben.
10) Erzbischof Eberhard IV., Graf von Starhemberg.
15/16) Eine mögliche Anspielung auf das Parzival-Epos.
17) Die bairischen Herzogtümer München, Landshut und Ingolstadt befanden sich im Kriegszustand. Der Bischof von Salzburg war als politischer Vermittler zwischen den Parteien der einzige, der Oswald sicheres Geleit garantieren konnte.
19) In Hs.A: »... zu güten frewlin schön gezaft«.
29) Ein – bemerkenswert verbitterter – Hinweis auf Oswalds Einäugigkeit.
31) Vgl. den poetisch kunstreichen Kontrast in den Parallelzeilen der folgenden Strophe (45–47)!
33–36) In Heidelberg waren im Januar 1428 alle fünf Kurfürsten versammelt: die Erzbischöfe von Köln, Mainz und Trier, der Markgraf von Brandenburg und Pfalzgraf Ludwig III. als Gastgeber.
45) »Dock«: Puppe.
48) Oswald hatte bei Ludwig Erkundigungen über die Feme eingezogen.
49/50) Der Sitz der deutschen Femegerichte war Westfalen.
50) Im Raum Aachen herrschten 1428 bürgerkriegsähnliche Zustände. Oswald mußte also auf Schleichwegen, womöglich in Verkleidung reisen.
53) Erzbischof Dietrich II. von Köln und Herzog Adolf von Jülich und Berg. Der Kölner Erzbischof war Statthalter der Feme und somit rechtmäßiger Vertreter König Sigmunds in allen Belangen der Freigerichte.
57) Oswald wurde an einem westfälischen Freistuhl zum Freischöffen aufgenommen. In seinem Nachlaß befindet sich ein in Heidelberg geschriebenes Heft mit den sogenannten »Ruprechtschen Fragen«, den wichtigsten Rechtsbräuchen der Feme. Es ist überschrieben: »Nota die zedel sol nyemand lesen newr ain freyschepf allein pey dem leben vnd sol sein verbrennen ob ich stürb«.
59/60) Ludwig III. führte den Beinamen »der Bärtige«. Bei diesem zweiten Aufenthalt in Heidelberg dürfte die erwähnte Abschrift der »Ruprechtschen Fragen« entstanden sein.
63) In Hs.A: »... vnd wais nicht wie ...«.

42
Entstehung: Vor 1408 (?).
Überlieferung: Hs.A 44r, Hs.B 18r, Hs.c 45r-46r.
Melodie: Starke, vor allem rhythmische Unterschiede zwischen den Fassungen (vgl. Anhang!). Ein Schlüsselfehler in Hs.A, der das Lied eine Quinte zu hoch ansetzt, wurde korrigiert.
»Vil lieber grüsse« kann modellhaft stehen für Oswalds Technik, eine Melodie durch Rhythmisierung gänzlich umzugestalten, ohne dabei ihre melodische Substanz eigentlich anzutasten.
Text: **38**) In Hs.A: »gar schon geferbet«.
46) In Hs.A: »sich entspriessen sliezzen«.
108) In Hs.A: »bey dem schönen kinde«.

43
Entstehung: Um 1408 (?).
Überlieferung: Hs.A 47v, Hs.B 18r/v, Hs.c 46r-47r. Die Verszeilen 31–40 fehlen in Hs.A. Das Stück ist außerdem im »Liederbuch der Clara Hätzlerin« überliefert (vgl. Lied 20!).
Melodie: Ursprünglich in beiden Handschriften einstimmig in Neumen notiert (vgl. Melodieanhang!). Nachträglich sind in Hs.B Diskant und Contratenor in mensuraler Schreibung angefügt, die das Lied zum dreistimmigen Satz erweitern (Kontrafaktur?).
Die rhythmische Anpassung des Tenors in unserer Ausgabe folgt der Lösung Ganser/Herpichböhms. Sie empfiehlt sich auch für die neumierte Fassung A. Eine Quartverschreibung im Tenor von Hs. B ist ausgeglichen.
Text: Tenzone (Minnestreit). Zu diesem Typus vergleiche etwa Walthers »Frowe enlât iuch niht verdriezen«!
23) In Hs.A: »vil jar bys her müst ich groß kum' tragen«.
53) In Hs.A: »das eẅ der frown' schmächt tüt misseuallen«.

44
Entstehung: Winter 1426.
Überlieferung: Hs.A 49r/v, Hs.B 18v-19r, Hs.c 47r-48r.
Melodie: Kaum Unterschiede zwischen den Fassungen (Varianten Hs.A: kleine Noten). Allerdings setzt Hs.A erst im zweiten Stollen der Melodie (»Durch Rußland ...«) ein und wiederholt diesen unverändert. Die zweifache Longa am Schluß des ersten Stollens ist durch zwei Breven ersetzt.
Text: Zur Situation, in der Lied 44 entstand, vergleiche Zeittafel 1423–1426!
1–18) Mit 31 Namen der ausführlichste Länderkatalog Oswalds. Seine biographische Korrektheit – obwohl in der Oswaldforschung umstritten – ist weitgehend belegbar.
19) Burg Hauenstein liegt auf halbem Weg zwischen Seis und Ratzes am Nordhang des Schlern. Die vergleichsweise gut erhaltene Ruine wurde zum Oswaldjahr 1977 restauriert.
22/23) Die Burg ist auf einem isolierten Dolomitblock inmitten des Hauensteiner Waldes errichtet.
28ff.) Vgl. Lied 30! Oswald hatte vermutlich sieben Kinder, fünf davon sind namentlich bekannt: Oswald d. J., Michael, Gotthart, Leo Friedrich und Maria.
48) In Hs.A: »uast roczig gen dem winder«.
49) Hefewein (Sackwein): die stark hefehaltigen Weinrückstände nach dem ersten Umfüllen der Schläuche.
57) Zelten: Pfannkuchen.

60) Spelten: gehackte Holzscheite.
64) Der einige hundert Meter von Hauenstein entfernte Frötschbach.
74) Herzog Friedrich IV.

45

Entstehung: Frühjahr 1415 in Konstanz.
·*Überlieferung:* Hs.A 53r, Hs.B 19r/v, Hs.c 48r-49r.
Melodie: Wie Lied 44.
Text: 15) In Hs.A: »... die sein jm bann«.
16–30) Die Rede des Wirtes ist nur in Hs.B schwäbisch gefärbt. Vgl. die folgenden Einzelkommentare!
16) In Hs.A: »der tar man da nit essen«.
17) In Hs.A: »da mit wol umb ...«
18) In Hs.A: »Ir seyt zu lang gesessen«.
74) In Hs.A: »trüg sy jnbraiten schühen«.
75) In Hs.A: »darob die bainlin wol gedillt«.
80) In Hs.A: »durch sweren und durch flühen«.
89/90) Vgl. die Lieder 30 und 44!

46

Entstehung: Vor 1408 (?).
Überlieferung: Hs.A 13v-14r, Hs.B 19v, Hs.c 49r.
Melodie: Das Lied ist eine Kontrafaktur der französischen Ballade »Je voy mon cuer«. Der gegenüber Oswalds Fassung wesentlich kürzere Originaltext lautet (nach Erika Timm »Überlieferung ...«):

Je voy mon cuer. en un bactel nager	(1/2)
Par liante mer sanguiste e guimer maudie	(3–5)
Luis se fait et Parler et Sperançe	(11/12)
Li a très desiers si atent despranes	(12–14)
E si dous deuse de vele manive.	(15–18)

Die in Klammern nachgestellten Zahlen nennen die entsprechenden Verszeilen bei Oswald.
Die vom Herausgeber im Vergleich beider Handschriften erstellte Übertragung wurde durch eine identische Lösung Ganser/Herpichböhms bestätigt. *b*-Vorzeichnung original.
Text: 3) In Hs.A: »hat benomē mir betrubtn' smercz«.
14) In Hs.A: »... geit sawr zuker nar«.

47

Entstehung: Vor 1408 (?).
Überlieferung: Hs.A 17r-18r, Hs.B 20r, Hs.c 49v.
Melodie: Die Melodie erscheint in beiden Handschriften schwarz-rot mensural, jedoch einstimmig ausgeführt. Einer Untersuchung Ivana Pelnars (in: »Dem edlen unserm sunderlieben getrewn ...«) ist die Entdeckung sowohl einer zugehörigen Diskantstimme, als auch der Quelle des Liedes zu danken: es handelt sich um die Ballade »Ay je cause d' estre lies et joyeux« des niederländischen Komponisten Martinus Fabri. Der zugehörige Diskant ist in Hs.A auf der Folgeseite mit der falschen Bezeichnung »Triplum« notiert, wobei am Anfang einige Noten fehlen. Die Stelle galt bislang als selbständiges Fragment.
Unsere Ausgabe bringt beide Fassungen: die einstimmige Form aus Hs.B im Hauptteil, die zweistimmige Version aus Hs. A im Anhang. Die Übertragung dieser Fassung wurde auf der Basis von Ivana Pelnars Arbeit von Hans Ganser geleistet. Die in

Klammern gesetzten Noten sind nach der Vorlage ergänzt.
Text: 45) In Hs.A: »Erchück dein nam in frewdẽ schal«.

48
Entstehung: 1417/18 (?).
Überlieferung: Hs.A 14v-15r, Hs.B 20v, Hs.c 50r. Die Reihenfolge der Strophen ist in Hs.A verwechselt, die Zeilen 14–18 fehlen.
Melodie: Das Lied ist eine Kontrafaktur des französischen Rondeaus »Jour à jour la vie«. Der originale Text lautet:

Jour a jour la vie	(6)
jamais per inuie	(7/8)
da cuer ne laray	(9/10)
ma dame jolie.	(11–13)
Cariay tous iours de cuer vray	(33)
ma douce à corps gais.	(34)
Serui de uolenté lie	(35/I)
et tout mon viuant faray.	(35/II)
Sans ia fare departie.	(36/37)

Die in Klammern nachgestellten Ziffern nennen die entsprechenden Zeilen im Diskant von Oswalds Lied.
In Hs.A ist das Lied vierstimmig mit Diskant, Triplum, Contratenor und Tenor wiedergegeben, in Hs. B sind nur die beiden Singstimmen Diskant und Tenor notiert. Unsere Ausgabe bringt beide Fassungen kombiniert, wobei die Mittelstimmen von Hs.A über dem Hauptsystem stehen. Geringfügige Abweichungen wurden nach Hs.A ausgeglichen.
Text: Tageliedvariante. Die Übersetzung bringt das Gedicht in sinngemäßer Ordnung, die Originaltexte sind nach Stimmen getrennt.
2) In Hs.A: »kent ein secz czu ...«
4) In Hs.A: »wer wet künczl' knecht ...«
25/26) In Hs.A: »bin ich/genczleich/des Chunczleins aus dem edlen (zilistal) zylerstal«. Die Klammerstelle ist im Text durchgestrichen.
37) In Hs.A: »sein leib geit frewdn' vil ...«

49
Entstehung: Vor 1408 (?).
Überlieferung: Hs.A 17v-18r, Hs.B 21r, Hs.c 50v.
Melodie: Das Lied – mit einiger Sicherheit eine Kontrafaktur – ist in beiden Handschriften zweistimmig mit Diskant und Tenor notiert. Wie bei Lied 47 ist auch hier Ivana Pelnar die Entdeckung einer zusätzlichen Stimme gelungen. Sie steht in Hs.A auf Folio 18r nach dem Diskant von 47 und ist fälschlich mit »Tenor« bezeichnet (ein in winziger Schrift vorgezeichnetes »Triplum« am Notenbeginn hatte der Rubrikator übersehen!).
Unsere Ausgabe bringt dieses neuentdeckte Triplum über die beiden Hauptstimmen gestellt. Die Übertragung folgt den Angaben Ivana Pelnars und Hans Gansers.
Text: Tagelied. Da die beiden Stimmen gleichzeitig erklingen, ist eine korrekte Hintereinanderordnung a priori nicht möglich. Die Übertragung stellt somit einen letztendlich willkürlichen Versuch dar.

50
Entstehung: Vor 1408 (?).
Überlieferung: Hs.A 19v-20r, Hs.B 21v, Hs.c 50v. In Hs.A eine zusätzliche Strophe.
Melodie: Das Lied ist im Tenor von Hs.A als Kontrafaktur des ursprünglich drei-

stimmigen Virelais »Par maintes foys« von Jehan Vaillant ausgewiesen. Der originale, auch von Oswald benutzte Text lautet:

(A)	
Par maintes foys ay oy recorder	Gar manchmal hab' ich er- [schallen gehört
du rosignol la douce melodie,	der Nachtigall süße Melodie.
mais vesi veult le cucu acorder	Doch sieh, nun will noch der
ains veult chanter contre ly par envie	[Kuckuck einstimmen, aber aus Neid will er gegen sie singen
cucu, cucu, cucu toute sa vie;	Kuckuck, kuckuck, kuckuck – [sein Leben lang,
car il veult bien a son chant descourder,	drum will er verharren bei seinem Sang;
et pourtant dit le rousignol et crie:	doch die Nachtigall spricht und ruft:
Je vos comant qu'on le tue et ocie,	Ich befehle euch, ihn zu töten und zu er- [schlagen,
tue, tue, tue, tue,	töte, töte ...
oci, oci, oci, oci, oci, oci, oci,	erschlage, erschlage ...
fideli, fideli, fideli, fi;	...
oci, oci, oci, oci, oci, oci, oci, oci, oci	...
fi! fi! fi!	Pfui! Pfui! Pfui
du cucu, qui d'amors veult parler	über den Kuckuck, der von Liebe spre- [chen will.
(B)	
Si vous suppli, ma trés douce alouette,	Und so flehe ich euch an, meine süßeste [Lerche,
que vous vollés dire vostre chanson:	willig zu singen euer Lied:
lire, lire, lire, lire, lire, lire, lon,	lire ...
que dit Dieu, Dieu! (3mal)	das lautet ›Dieu, Dieu‹!
que te dit Dieu, Dieu? (3mal)	Was sagt dir dies ›Dieu, Dieu‹?
Il est tamps, il est tamps,	Es ist Zeit, es ist Zeit,
que le rousignolet / die sa chansonette:	daß die kleine Nachtigall ihr [Liedchen singe:
oci, oci, oci, oci, oci, oci, oci, oci,	Zu Tod', zu Tod' ...
oci seront qui vos vont guerroyant.	Zu Tode mit denen, die euch befehden [wollen.
(B)	
Assemblés vous, prenés a cardinette	Zu Hauf nun, holt den Fink herbei,
faites chanter la calle et le sanson,	laßt Wachtel und Star singen.
tirés, tués, batés se cucu pile bisson,	Schießt, tötet, schlagt diesen Kuckuck [grün und blau,
il est pris, pris (3mal)	er ist gefangen, gefangen ...
soit mis a mort, mort. (3mal)	zu Tode mit ihm ...
Or aloms seurement	Nun laßt uns ruhig
au joli vert bosquet / cueillir la violette;	ins lieblich grüne Wäldchen ziehn, [Veilchen zu pflücken.
ami, ami, ami, ami, ami, ami, ami, ami,	O Freund ...
toudis seray le dieux d'amors priant.	jeden Tag will ich den Gott der Liebe an- [flehen.

(Zitiert nach H. Loewenstein »Wort und Ton bei Oswald v. Wolkenstein«. Die deutsche Fassung stammt von Günther Lenz.)

Die Übertragung entstand im Vergleich beider Handschriften. Die bereits in Hs.B eliminierte Zusatzstrophe fällt im Vortrag besser weg.

51

Entstehung: Vermutlich während oder nach der Pilgerfahrt 1409/10.
Überlieferung: Hs.A 20v-21r, Hs.B 22r/v, Hs.c 51r/v.
Melodie: Das Lied ist in Hs.A in beiden Stimmen, in Hs.B nur im Tenor textiert. Es ist aber sicher als Duett auszuführen. Schlüsselfehler im Tenor von Hs.A. Die Übertragung folgt – im Vergleich beider Fassungen – Hs.B. Die Vorzeichnung ist zwingend.
Text: 5) Die Erwähnung des Tales Josaphat in Palästina, nach der Legende die Grabstätte Mariens, führte zur Datierung des Liedes. »Nach Josaphat reisen« war im Mittelalter jedoch auch ein Euphemismus für »sterben«.
8) In Hs.A: »ob mir dein trew nicht helffn' wil«.
17) Die eher abgelegene Delphin-Metapher stützt die Theorie des Reiseliedes.

52

Entstehung: Um 1408 (?).
Überlieferung: Hs.A 15v-16r, Hs.B 22v-23r, Hs.c 51v-52r.
Melodie: Das Lied ist eine Kontrafaktur der Ballade »Fuiiés de moy«. Ihr mit Oswalds Fassung kaum koordinierbarer Text lautet:

Fuiiés de moy, amie, très tout ire
En moy n'aiés vous jamais nule demour
Car mon cuer adolent ensoi elire
A servir de toutes dames la flour
Venés et poriés à moy avoir retour
Du monde varieus, ce s'aperchiés qui m'aroe
Quant doneray à cele cançons bieus trovoye.

Je veul demorer pour voir, le puis dire,
A ma dame sans fere nulle faus tour,
Car en morde n'a si bon mire,
Ce say-ge bien qu'estoit mat de doulour.
Je vien trop mieux de si grant valour;
Torment n'aray dont avir et tout joie
Quant doneray à cele cançons bieus trovoye.

(Nach Erika Timm »Überlieferung ...«)

Die Zuordnung von Oswalds Fassung galt, trotz einer Untersuchung Erika Timms, bisher als unsicher. Der Verfasser glaubt mit seiner Übertragung eine neue und überzeugende Lösung anbieten zu können. Einige wichtige Korrekturhinweise sind Hans Ganser zu danken.
Text: Jagdallegorie. Die Eroberung einer Dame als Hetzjagd mit Hunden.
Die Textübertragung verzichtet auf die von der Melodie geforderten Wiederholungen.
7ff.) Die zahlreich eingestreuten Hundenamen entsprechen tatsächlichem mittelalterlichem Brauch. Hier sind sie jedoch durchgehend doppelsinnig und bezeichnen die Eigenschaften des Minnedienstes.

53

Entstehung: Um 1411 (?).
Überlieferung: Hs.A 32v-33r, Hs.B 23r/v, Hs.c 52r/v.
Melodie: Das Lied ist eine zweistimmige Kontrafaktur des ursprünglich dreistimmi-

gen Rondeaus »En tres doulz flans«. Beide Handschriften weisen gravierende Schlüsselfehler auf. Nur der Tenor von Hs.A gibt den korrekten lydischen Modus an. Die Übertragung folgt Hs.B und gleicht die dortige Terzirrung durch Akzidenz aus. Eine Darstellung des Liedes in rekonstruierter Dreistimmigkeit findet sich bei Ganser/Herpichböhm.
Text: Tageliedvariante.
15/16) In Hs.A: »Lunczlocht/münczlocht/klunczlocht/vnd zyßplocht wyßplocht frewntlich sprachen«.
19) In Hs.A: »der ser mein hercz tiefflich hat erczunt«.
32) In Hs.A: »vnd ein brüstlin weyß darauf gesmuckt«.
36) In Hs.A: »... an allen pein«.
37) In Hs.A: »mit so wunniklichem lieben rainen lust«.

54
Entstehung: Um 1408 (?).
Überlieferung: Hs.A 21v, Hs.B 23v, Hs.c 52v-53r.
Melodie: Das Lied ist eine Kontrafaktur des Rondeaus »Qui contre fortune«. Es erscheint in Hs.A dreistimmig, in Hs.B zweistimmig wiedergegeben. Die Übertragung bringt die zusätzliche »Medium«-Stimme aus A über dem Hauptsystem notiert. Ein Schlüsselfehler in Hs.A ist korrigiert.
Text: 24) Latein.: »Geht! Kommt!«

55
Entstehung: Winter 1422 in Ungarn.
Überlieferung: Hs.A 22r/v, Hs.B 24r, Hs.c 53r/v.
Melodie: Unwesentliche Detailunterschiede zwischen den Fassungen (Varianten aus Hs.A in kleinen Noten). Die Anmerkung in Hs.A »Nihil debet hic stare nisi montserra. Tale est dicendum« (»Hier darf nur Montserrat stehen, und so ist es auch zu singen«) könnte nach E. Timm ein Hinweis auf die Herkunft von Lied 55 und die folgenden Nummern 59, 60 und 61 sein. Es existiert nämlich eine volkstümliche Tradition von Montserrat-Liedern, spanischen Tanzweisen, die im Kloster Montserrat geistlich kontrafaziert und verbreitet wurden. Oswalds Lieder könnten aus dieser Tradition stammen.
Text: 1) Anna Hausmann.
4) In Hs.A: »den ich von Jrm' wegn' kost«.
7/8) Beim »Aufziehen« wurde der Delinquent am Rücken gefesselt und die Füße mit einer Stange verbunden. Dann wurde er über eine Rolle an den Händen hochgezogen und das Eigengewicht durch Druck auf die Fußstange verstärkt. Schulterverrenkungen waren die mindeste Folge (vgl. auch Lied 2,42 und Lied 59!).
12) In Hs.A: »des muß sie baitn' von mir ebn' lange«.
17) In Hs.A kürzer: »die trettn' mich/vnd knettn'mich/vnd getn' mich/daz ich ...«. Wegfallende Noten mit Stern markiert.
22) Oswald war im Herbst 1422 vor dem Risiko erneuter Verhaftung durch Herzog Friedrich zu Sigmund nach Preßburg geflüchtet.
23) Wilhelm Ebser aus Kurstein, ein Parteigänger der Starkenberger. Die Zeile lautet in Hs. A allgemeiner: »da bleib ich alle czeit in dem rat«.
25) In Hs.A: »bis das der kunig da furher trat«. Die dramatische Pointe der Stelle ist somit nachträglich eingefügt.
47) Die Bürgschaftssumme war von Herzog Friedrich ungewöhnlich hoch angesetzt worden als permanentes Druckmittel gegen die rebellischen Wolkensteiner.
49) Wörtlich: »Hätte ich es ernst genommen, als sie mir seinerzeit den Abschied gab«.

54) In Hs.A sind die Wörter »damit« und »das« vertauscht.

56

Entstehung: Winter 1417/18 (?).
Überlieferung: Hs.A 18v-19r, Hs.B 24v, Hs.c 53v-54r.
Melodie: Schlüsselunsicherheiten in Hs.A. Die Übertragung entstand im Vergleich beider Fassungen. Für hilfreiche Korrekturhinweise danke ich Hans Ganser.
Text: **13**) In Hs.B sind die Worte »tag« und »nacht« vertauscht.
41) In Hs.A: »jn mugliche' freudn'«.
48) In Hs.A: »mich dich frewn' halt der ern' krey«.

57

Entstehung: Um 1402 (?).
Überlieferung: Hs.A 8r/v, Hs.B 25r, Hs.c 54r/v.
Melodie: In beiden Handschriften fast identisch (Varianten aus A in kleinen Noten!). Die wohl nicht auf Margarete von Schwangau bezogene Überschrift könnte der Hinweis auf eine musikalische Vorlage sein.

58

Entstehung: 1402 (?).
Überlieferung: Hs.A 8v-9r, Hs.B 25r/v, Hs.c 54v-55r.
Melodie: Kaum Unterschiede zwischen den Handschriften (Varianten aus A in kleinen Noten!). Akzidenz vom Herausgeber.

59

Entstehung: Frühjahr 1422.
Überlieferung: Hs.A 22v-23r, Hs.B 25v, Hs.c 55r-56r.
Melodie: Kaum Unterschiede zwischen den Fassungen (Varianten aus Hs.A in kleinen Noten!). Zur möglichen Herkunft des Liedes vgl. 55!
Text: Oswalds Folterung auf Burg Vall. Wie in allen Liedern wird Anna Hausmann als Alleinschuldige dargestellt.
13 ff.) Zu den am Überfall beteiligten Gläubigern Oswalds zählten auch zwei Männer namens Neithart und Frey. Der »Nebenbuhler« ist möglicherweise unter ihnen zu suchen.
17 ff.) Anna hatte Oswald zu einer gemeinsamen Wallfahrt eingeladen – in dieser Zeit ein eindeutig erotisches Angebot.
30) Vgl. Lied 2,42!
39) In Hs.A: »des wart ich zartlich auff getrett«.
40) Vgl. Lied 55,7!

60

Entstehung: Februar 1422.
Überlieferung: Hs.A 23r, Hs.B 26r, Hs.c 56r.
Melodie: Minimale Unterschiede zwischen den Fassungen (Hs.B teilweise sekundverschrieben). Die *b*-Vorzeichnung ist original. Zur möglichen Herkunft der Melodie siehe Lied 55!
Text: **5 ff.**) Oswald war durch die Folter so schwer verletzt worden, daß er noch vier Monate später eine Krücke benötigte.
31) Die Initiale fehlt in Hs.B.
35 ff.) Vgl. Lied 59,17 und Anmerkung!

61
Entstehung: Neujahr 1417.
Überlieferung: Hs.A 23v, Hs.B 26r/v, Hs.c 56v.
Melodie: Minimale Unterschiede zwischen den Fassungen. Zwei vermutlich irrtümliche Abweichungen in Hs.A sind vernachlässigt. Zur möglichen Herkunft siehe Lied 55!
Text: Neujahrslied.

62
Entstehung: 1417 (?).
Überlieferung: Hs.A 23v-24r, Hs.B 26v-27r, Hs.c 57r/v.
Melodie: Übertragung bei fast identischen Texten nach Hs.B. Einige Korrekturhinweise danke ich Hans Ganser.
Text: Tagelied.

63
Entstehung: 1416 in Konstanz (?).
Überlieferung: Hs.A 24r/v, Hs.B 27r, Hs.c 57v-58r.
Melodie: Zahlreiche Detailunterschiede in den Fassungen (vgl. Melodieanhang!). Akzidenz vom Herausgeber.
Text: 20) In Hs.A: »Spiczleich gerundet als die toph«.
25) Auf dem Bildnis in Richentals Konzils-Chronik ist Oswald bereits bartlos dargestellt. Das Lied muß also nach den »Bart-Ehrungen« von 1415, aber vor dem 11. 5. 1417 entstanden sein.

64
Entstehung: 1416/17 (?).
Überlieferung: Hs.A 25r, Hs.B 27v, Hs.c 58r/v.
Melodie: Der zweistimmige Kanon (Fuga) ist in beiden Handschriften ungenau notiert; auch der Vergleich ergibt keine zwingende Lösung. Die hier vorgestellte Version entspricht mit kleinen Abweichungen der Ganser/Herpichböhms. Eine etwas weiter vom Text entfernte, jedoch ebenfalls praktikable Lösung findet sich bei O. Koller.
»Gar wunniklich« wurde bisher stets mit gleichem Text in beiden Stimmen vorgetragen. Der Herausgeber schlägt vor, nach dem Muster anderer Oswald-Duette die Texte zu koppeln: die Männerstimme beginnt mit Strophe 1, die Frauenstimme folgt mit 2. Dann wiederholt die Frauenstimme ihren Part, die Männerstimme setzt sekundierend mit Strophe 3 ein. Das Reimschema bestätigt diesen Ablauf.

65
Entstehung: 1410/11 (?).
Überlieferung: Hs.A 30r, Hs.B 27v-28r, Hs.c 58v.
Melodie: Das Lied ist eine zweistimmige Kontrafaktur der ursprünglich dreistimmigen Ballata »Questa fanciulla« von Francesco Landini. Der originale Text – zitiert nach Erika Timm – lautet:

Questa fanciull' Amor fallami pia	(1/2)
Che m'a ferito 'l cor nella tuo via	(3/4)
Tu m'a, fanciulla, si d'amor percosso	(5)
Che solo in te pensando trovo poso	(6)

E'l cor di me da me tu ai rimosso
Cogli occhi belli e la faccia gioiosa

Pero al servo tuo, deh! sie pietosa.
Merce ti chieggo alla gran pena mia.
Questa fanciulla ...

Die Zeilenentsprechungen der ersten Strophe sind in Klammern angegeben.
Im Diskant der sonst gleichen Fassungen fehlt bei Hs.A der Schlüssel. Eine Rekonstruktion der dreistimmigen Originalfassung findet sich bei Ganser/Herpichböhm.
Text: **11**) In Hs.A: »da mit kain zungen/dar jnn nicht werd erfröwet«.

66

Entstehung: Vor 1408 (?).
Überlieferung: Hs.B 28r, Hs.c 58v-59r. Das Lied fehlt in Hs.A.
Melodie: Wie Lied 65. Die zwei zusätzlichen Textzeilen entfallen auf die Melismen in Zeile 3 und 5.
Text: **1/2**) Ein (weibliches) Gesicht.
11ff.) Die Frau als fruchttragender Baum ist ein beliebtes, schon in der Antike bei Lukian u.a. auftretendes Motiv.

67

Entstehung: 1422/24.
Überlieferung: Hs.A 28r (zweispaltig in Strophenform), Hs.B 28r/v, Hs.c 59r-62r (in beiden Texten Wort für Wort untereinander notiert mit Sonntagsbuchstaben-Kalendarium. Hs.B vierspaltig, Hs.c zweispaltig). Das Gedicht ist außerdem in einer Handschrift der Bayerischen Staatsbibliothek München (Cgm 3897) von 1429 enthalten und trägt dort die Zuweisung: »den kalender hat von newen dingen gemacht der Edel Oswald von Wolkenstain«. Die Notierung folgt Hs.B, jedoch dreispaltig und nach Monaten getrennt. Vgl. Lied 28!
Keine Melodie!
Text: Im Cisiojanus 67 ist das Prinzip der getreuen Wiedergabe einer Leithandschrift in unserer Ausgabe zum einzigen Mal durchbrochen. Zwar folgt der Wortlaut des Textes buchstabengetreu Hs.B, um der besseren Lesbarkeit willen wurde für die äußere Anordnung jedoch die strophische Form aus Hs.A gewählt. Die Monatsersten sind in der Übertragung durch Großdruck gekennzeichnet, sodaß der Text sich dem Kalendarium von Lied 28 mühelos zuordnen läßt.
Der Kommentar klärt nur Namen und Begriffe, die in Lied 28 unbehandelt blieben.
1) »Jänner beschneid«: eine wörtliche Übersetzung des Begriffes Cisiojanus.
32) »Prim«: Primus.
49) »Barthelin«: Bartholomäus.
62) Die Reliquien des Apostels Simon waren von Karl dem Großen der Stadt Toulouse geschenkt worden.
63) »all«: Allerseelen.
67) »Kettelein«: Katharina.
73) »heilig«: Heiligabend.

68

Entstehung: 1417.
Überlieferung: Hs.A 30v, Hs.B 29r, Hs.c 62v.
Melodie: Das Lied ist in Hs.A zweistimmig; in Hs.B erscheint nur der fast identisch notierte Tenor. Für die metrisch schwierige Übertragung hat Ivana Pelnar eine überzeugende Lösung gefunden, die hier – in der Bearbeitung Hans Gansers – übernommen ist.
Text: **11ff.**) Die Buchstaben ergeben den Namen GRET(T), die Abkürzung des

Vornamens von Oswalds Gattin Margarete von Schwangau. Ein ähnliches Buchstabenspiel mit dem Namen der Ehefrau findet sich nur in Hugo von Montforts »Got gruess die lieben vinen«.

69
Entstehung: 1417 in Konstanz.
Überlieferung: Hs.A 31r/v, Hs.B 29r/v, Hs.c 63r.
Melodie: In beiden Handschriften fast identisch. Die rhythmischen Unterschiede in Hs.A (kleine Noten) sind mehr als Präzisierung denn als Variante der Komposition zu betrachten. Die beiden klein notierten Achtel am Schluß von Zeile 2 sind im Original rote Semibreven.
Text: Siebensprachiges Loblied auf Margarete von Schwangau. Die Expositio Oswalds ist weitgehend korrekt.
1 ff.) Die Übertragung versucht, auch die fremdsprachigen Passagen in ihrer modernen Gestalt wiederzugeben.
14–17) Der Refrain besteht zum größeren Teil aus obszönen Anspielungen.
26) Für die Zeile konnte ein modernes Äquivalent im Slowenischen nicht gefunden werden. Sie blieb also unverändert.

70
Entstehung: Vor 1408 (?).
Überlieferung: Hs.A 32r, Hs.B 29v-30r, Hs.c 63v-64r. Das Lied ist außerdem unter dem Titel »Ein rädel von wirtten« in der Handschrift Cgm 715 (um 1450) der Bayerischen Staatsbibliothek in München erhalten.
Melodie: Das Lied ist ein dreistimmiger Kanon, ein »Radel«, bei dem die erste Stimme ohne Pause in die Folgestrophe springt, während die beiden anderen Stimmen den vorausgehenden Part zu Ende führen. Eine gemeinsame Fermate wird so erst am Schluß des Liedes erreicht. Selbstverständlich ist die Fuga aber auch in getrennten Strophen zu singen.
Die Wiedergabe folgt Hs.B.
Text: **8**) Auslassung in Hs.B.
28) Hs.B wiederholt einmal zu oft.
34) Die Stelle wäre korrekter mit »Du Schafskopf!« wiederzugeben.

71
Entstehung: Neujahr 1418.
Überlieferung: Hs.A 32r, Hs.B 30r, Hs.c 64v.
Melodie: Der zweistimmige Kanon ist in Hs.A in schwarz-roter, in Hs.B in schwarzer Mensuralnotation aufgezeichnet. Die Übertragung folgt Hs.B. Wie in Lied 70 greift auch hier die 2. Strophe unmittelbar in den Schluß der ersten ein etc.
Die schöne Auflösung des in beiden Handschriften ungenau notierten Strophenendes stammt von Hans Ganser.
Text: Neujahrslied.
27/28) Margarete und Oswald.

72
Entstehung: 1415 (?).
Überlieferung: Hs.A 33r, Hs.B 30r/v, Hs.c 65r.
Melodie: Der zwei- oder dreistimmig ausführbare Kanon ist eine Kontrafaktur der Chace »Talent m'est pris«. Er ist wie Lied 70 strophisch oder als »canon perpetuus« zu singen und wurde in dieser Form zuerst bei Ganser/Herpichböhm publiziert. Die vorliegende Fassung gibt mit Fermaten und Doppelstrich alle Schlußmöglichkeiten

für zwei- und dreistimmige Aufführungen an. Die zweistimmige Fassung ist durch Klammer gekennzeichnet.

73

Entstehung: Vor 1408 (?).
Überlieferung: Hs.B 30v, Hs.c 65r/v. Das Lied fehlt in Hs.A.
Melodie: In beiden Handschriften fast identisch (in Hs.A auf Text 74). A schließt beim Doppelstrich in Zeile 4 und läßt den zweiten Teil von dort ab wiederholen. Die Ligaturen sind wohl analog dem übrigen Text zu rhythmisieren.

74

Entstehung: Vor 1408 (?).
Überlieferung: Hs.A 54r/v, Hs.B 30v-31r, Hs.c 65v-66r.
Melodie: Wie Lied 73.
Text: **2**) In Hs.A: »Ju frewlin gib mirs bettenbrot«. Dem Boten wurde neben der Entlohnung symbolisch Brot gereicht.
9) »Docke«: Puppe.
14) »hörelein«: die Brustwarzen.
15) Eigentlich: »Meinen Zaunkönig«. Erotische Metapher.

75

Entstehung: März 1418.
Überlieferung: Hs.A 35r, Hs.B 31r, Hs.c 66r/v.
Melodie: Vermutlich ein Stück originaler, tirolisch volkstümlicher Mehrstimmigkeit, in beiden Handschriften grob fehlerhaft und mit zahlreichen Auslassungen schwarz-rot mensuriert. Erst die Kombination beider Fassungen ermöglichte eine korrekte Übertragung. Einige schöne Vorschläge für die Rhythmisierung der beiden Schlußwendungen verdanke ich Hans Ganser.
Text: **26**) Gemeint ist das traditionelle, für heilkräftig erachtete Märzbad, das Oswald in seinen beiden Kalenderliedern 28 und 67 jeweils auf den 11. März festlegt.
27) Oswald und Margarete.
52) In Hs.A: »hyerß tyer den has«.

76

Entstehung: Vor 1408 (?).
Überlieferung: Hs.A 35v, Hs.B 31v, Hs.c 66v-67r. Eine stark entstellte Fassung findet sich unter der Überschrift »Hie nach volget wie Neythart by ainer schönenn graßerin in der kastein badeet« in den frühen »Neidhart Fuchs«-Drucken (vergleiche Lied 21!).
Melodie: Wie Lied 75 ist auch »Ain graserin« mit hoher Wahrscheinlichkeit eine originale Komposition Oswalds. Die schwarz-rot mensurierte Niederschrift erscheint in beiden Handschriften eher als Produkt eines Diktats nach Gehör denn als ausgeführte Konstruktion (Mitteilung von Hans Ganser). Sekundverschreibung des Diskantes in beiden Fassungen. Der Übertragungsvorschlag des Herausgebers orientiert sich vorzüglich an der Version Oswald Kollers. Ein ebenso origineller wie unorthodoxer Vorschlag zur Straffung des Satzes wurde mir von Hans Ganser unterbreitet: ein Mensurwechsel in allen mit Kasten über der Zeile markierten Stellen; einfacher gesagt: eine Streichung aller dort notierten Verlängerungspunkte. Eine Entscheidung über die Vorzüge beider Möglichkeiten mag der Leser selbst treffen!
Text: Pastourelle. Der ganze Text spielt mit der Umdeutung landwirtschaftlicher Begriffe ins Erotische.
1) Sammlerin von Grünfutter.

5 ff.) Vordergründig ist die Rede von der Befestigung eines aus den Angeln gesprungenen Gattertores.

77

Entstehung: Um 1418.
Überlieferung: Hs.A 36r, Hs.B 31v-32r, Hs.c 67r/v.
Melodie: In beiden Handschriften zweistimmig konzipiert, in Hs.B jedoch statt des Diskantes zwei leere Notenzeilen. Es dürfte sich trotz eines von Erika Timm geäußerten Kontrafaktur-Verdachtes um originale, tirolisch bodenständige Mehrstimmigkeit handeln. Entsprechend groß sind die Übertragungsprobleme, besonders die richtige Deutung der rot bzw. in Hs.A weiß notierten Stellen. Die Fassung dieser Ausgabe wurde freundlicherweise von Hans Ganser zur Verfügung gestellt.
Das Lied ist als Duett auszuführen.
Text: **1)** In Hs.A: »Symm gredly gret trawt gredelein«.
12) Diese dem Diskant zugehörige Zeile fehlt in Hs.B.
37) In Hs.A: »seyt mir dein er halt gunstlichen frid«.

78

Entstehung: Sommer 1416 (?).
Überlieferung: Hs.A 39v-40r, Hs.B 32r/v, Hs.c 67v-68r.
Melodie: Nach Erika Timm eine dem Text angeglichene Kontrafaktur. Schlüsselfehler in beiden Handschriften, ansonsten weitgehende Identität. In die Endfassung der Übertragung sind einige Korrekturvorschläge Hans Gansers eingegangen.
Text: Vermutlich ein Marienlied. Die Situation gleicht der von Lied 12 (siehe dort!).

79

Entstehung: Um 1418 (?).
Überlieferung: Hs.A 39r, Hs.B 32v-33r, Hs.c 68r/v.
Melodie: Erhebliche Unterschiede und Widersprüche in den beiden Fassungen. Die korrektere Aufzeichnung dürfte dabei Hs.A bieten. Die Übertragung entstand im Vergleich beider Texte und folgt in der Rhythmisierung weitgehend der Lösung Ganser/Herpichböhms.
Text: Minne- und Ständestreit (vgl. auch Lied 82!).
31) In Hs.A: »Ir edle mayt/mich dunckt ir welt mein spotten«.
33) Schotten: Quark.

80

Entstehung: 1409 (?).
Überlieferung: Hs.A 40r, Hs.B 33r, Hs.c 68v-69r.
Melodie: Das Lied ist in Hs.B in schwarzer, in Hs.A in schwarz-roter Mensuralnotation ausgeführt, ohne daß dadurch sein Charakter verändert würde (vgl. Melodieanhang! Die roten Noten sind durch Klammern gekennzeichnet). Allerdings erscheint A wie eine ausrhythmisierte Fassung von B, wobei der Rotschwarz-Wechsel die Textzäsuren unterstreicht. Es könnte sich bei dem Lied um den Tenor einer ursprünglich mehrstimmigen Kontrafaktur handeln. Eine Sekundverschreibung in A ist durch Akzidentien ausgeglichen.

81

Entstehung: Frühsommer 1428 (?).
Überlieferung: Hs.A 40v, Hs.B 33v, Hs.c 69r/v.
Melodie: Geringfügige Unterschiede zwischen den Fassungen (Varianten aus Hs.A in kleinen Noten!). Das Lied ist wie Nummer 80 in Hs.A schwarz-rot, in Hs.B schwarz

notiert. Die roten Noten, sämtlich Semibreven, sind durch Klammer gekennzeichnet. Das breit angelegte Vorspiel läßt wiederum auf ursprüngliche Mehrstimmigkeit schließen.
Text: 4) In Hs.A: »weich vmb wo du pist und'tan«.
5) Heinrich Mosmaier, ein Beamter des Brixener Domkapitels. Der zitierte Brief dürfte sich auf den Rechtsstreit mit Hans von Villanders beziehen.

82
Entstehung: Um 1418 (?).
Überlieferung: Hs.A 41r/v, Hs.B 33v-34r, Hs.c 69v-70v.
Melodie: Beide Fassungen fast identisch. Nur der Schluß des Refrains weicht in Hs.A ab und ist um drei Töne reicher (kleine Noten). Die Rhythmisierung des Refrains in A ist auch für Hs.B zu empfehlen. Ebenso sollte die vorletzte Ligatur angeglichen werden. Akzidentien vom Herausgeber.
Text: Minne- und Ständestreit. Während in Lied 79 der Zusammenprall zweier Gesellschaftsschichten dargestellt wurde, ist hier die Konfrontation zweier Sprachebenen thematisiert. Der Übertragungsversuch ins Oberbayerische kann allenfalls eine Andeutung des tatsächlichen Sachverhalts sein.
9/10) Ein Hof in Oswalds näherer Umgebung (Kastelruth liegt etwa 4km von Hauenstein entfernt).
43) Verballhornt: »In nomine domini«.

83
Entstehung: Vor 1409 (?).
Überlieferung: Hs.A 43v, Hs.B 34r/v, Hs.c 70v-71r.
Melodie: Beide Handschriften fast identisch. Ein zusätzliches d in Hs.A (2.Zeile) erscheint nur sinnvoll, wenn man es mit dem folgenden f quasi zur Ligatur bindet. Der Anfang des Liedes ist nach Erika Timm dem Tenor eines dreistimmigen Satzes »Christ ist erstanden« aus dem St. Emmeram-Codex nachgebildet.
Text: Pastourelle.
1) »Ein Mädchen, das Pilze, Kräuter, Beeren, vor allem aber Futterlaub sammelte« (Dieter Kühn).
11) In Hs.A: »Gar sunder scheuhn'«.
20) Eine auseinandergespreizte Holzgabel, die den Vogel im Zuschnappen festklemmte.
43) In Hs.A: »las frischlich bachen« (»Brot backen«: vulgär für »Kinder machen«. Vgl. den Refrain von Lied 69!).

84
Entstehung: 1415 (?).
Überlieferung: Hs.A 45r, Hs.B 34v-35r, Hs.c 71r/v. Das Lied ist außerdem im »Augsburger Liederbuch« (München, Bayerische Staatsbibliothek Cgm 379) von 1454 enthalten. Es befand sich auch in der verschollenen »Liederhandschrift Fichards«, ebenfalls 15. Jahrhundert.
Melodie: Zweifacher Schlüsselfehler in Hs.A: Der Diskant ist durchgängig um eine Sekunde, der Tenor um eine Terz verschrieben. Die Übertragung folgt Hs.B, wobei einige kräftige Dissonanzen beibehalten wurden. Die harmonisch glatteren Varianten aus Hs.A sind in kleinen Noten beigegeben.
Text: 25) »Fürsten«: der »Herrscher« Wein.

85
Entstehung: Dezember 1423 nach dem Sieg vor Greifenstein.

Überlieferung: Hs.B 35v-36r, Hs.c 71v-72r. Das Lied fehlt in Hs.A. Eine stark verderbte Fassung findet sich im »Augsburger Liederbuch« (vgl. 84!). Allerdings ist dort eine weitere, vermutlich originale Strophe erhalten, die zwischen Vers 20 und 21 einzufügen wäre:
»Die pünd die sind ga fallē sÿ sind gewūnē wie pald(e)/wie sÿ der schneller mit cklainē schalle/das riettē mir die pfaffē und die vō Halle/vnd etlich gest im lande die ich becalle.«
(Den Adelsbund hatte am 19.11.1423 der Landtag in Meran aufgehoben. Wortführer waren dabei Bischof Berthold von Brixen und mehrere Stadtvertretungen, darunter die von Hall.)
Melodie: Suboktaviert nach Hs.B. Ein von Heimrath/Korth übernommener Schlüsselirrtum O. Kollers wird hiermit korrigiert.
Text: **1-12**) Die drei Wolkenstein-Brüder hatten sich nach der Zwangsauflösung des Adelsbundes auf Burg Greifenstein westlich von Bozen verschanzt. Herzog Friedrich ließ daraufhin Belagerungsgerät auf das »Obere Feld« neben der fast uneinnehmbaren Felsenfestung bringen. Die zugehörigen Truppen waren im Anmarsch, aber noch nicht eingetroffen. So nutzten die Wolkensteiner die Chance zu einem ebenso tollkühnen wie erfolgreichen nächtlichen Ausfall.
13-28) Man versuchte offenbar bis Burg Rafenstein (in etwa 7km Entfernung nördlich von Bozen) vorzudringen. Die Bauern von St. Georgen stellten sich jedoch entgegen und alarmierten die Besatzung von Rafenstein, wo man den Beschluß von Meran akzeptiert und sich gegen die Adelsbündler gestellt hatte. Die Wolkensteiner begnügten sich also damit, das Dorf anzustecken, und zogen sich vor der aus allen Richtungen anrückenden Verstärkung nach Greifenstein zurück.

86

Entstehung: Januar oder März/April 1428 bei Pfalzgraf Ludwig in Heidelberg (Vgl. Lied 41!).
Überlieferung: Hs.A 47r/v, Hs.B 36r/v, Hs.c 72r/v.
Melodie: Kaum Unterschiede zwischen den Fassungen (Varianten aus Hs.A in kleinen Noten). Eine zusätzliche Achtel am Schluß von A erscheint wenig sinnvoll. Die vom Herausgeber gesetzten Zäsuren vertreten den Wert einer Achtelpause.
Text: **20**) Die Mädchennamen sind bei Oswald in pfälzischer Mundart zitiert. Mit »Metzlin« dürfte die älteste Tochter Ludwigs, die bei Oswalds Besuch etwa zehnjährige Mathilde, gemeint sein.
29) »Nau«: die Nahe.
36ff.) Vgl. Lied 41,45 und 41,59!

87

Entstehung: Frühjahr 1417.
Überlieferung: Hs.B 36v, Hs.c 72v. Das Lied fehlt in Hs.A.
Melodie: Wie Lied 83. Im Incipit fehlt jedoch beim Zwischenspiel am Ende der ersten Zeile der Auftakt c. Die Stelle lautet: d(1/4), c(1/8), h(1/8), a(1/4), g(1/4 + Fermate).
Text: **38**) Margarete von Schwangau.

88

Entstehung: Vor 1408 (?).
Überlieferung: Hs.A 52v, Hs.B 36v-37r, Hs.c 73r/v. Das Lied ist außerdem im »Liederbuch der Clara Hätzlerin (vgl. 20 und 43) und – mit der Überschrift »vonn scheydenn« – in der »Ebenreutterschen Handschrift« von 1530 (Berlin, Staatsbibliothek Mgf 488) erhalten.
Melodie: »Vier hundert jar« ist eine Kontrafaktur der ursprünglich dreistimmigen

Ballata »Addo plasier«. Sie ist in Hs.A schwarz-weiß, in Hs.B schwarz-rot mensuriert. Die Akzidenziensetzung ist z.T. original.
Eine Rekonstruktion der dreistimmigen Fassung findet sich bei Ganser/Herpichböhm.
Text: **19**) In Hs.A: »der mich lieplichen wunt«.
21) »Ohimè«: ital. »O weh!«.

89
Entstehung: Vor 1408 (?).
Überlieferung: Hs.A 54r, Hs.B 37r, Hs.c 73v.
Melodie: In beiden Handschriften fast identisch notiert. Die rot markierten Triolen-Klauseln in Zeile 2 und 4 sind in Hs.A schwarze Zweierligaturen (wegfallende Noten mit Stern bezeichnet). Akzidenz vom Herausgeber.

90
Entstehung: Herbst 1416 in Konstanz.
Überlieferung: Hs.A 55v-56r, Hs.B 37r/v, Hs.c 74r. Das Lied ist in Hs.A in niederdeutscher Mundart, in Hs.B in süddeutscher »Übersetzung« notiert. In A fehlt die Initiale.
Melodie: Nur in Hs.B erhalten; Hs.A hat fünf leere Notenzeilen.
Text: **1ff.**) Vgl. Lied 18, 49ff.!
9) Die gekreuzten Stäbe am Mantel waren das Zeichen des Pilgers.

91
Entstehung: 1409 (?).
Überlieferung: Hs.A 53v-54r, Hs.B 37v-38r, Hs.c 74v-75r. Das Lied ist außerdem im »Liederbuch der Clara Hätzlerin« (s. Lied 20 u.a.!) und in der »Ebenreutterschen Handschrift« (s. Lied 88!) erhalten. Ferner befand sich eine Teilabschrift im verschollenen »Catalogus Truffatorum« des Stadtarchivs Freiberg in Sachsen.
Melodie: Die Handschriften notieren fast identisch. Schlüsselfehler im Tenor von Hs.B.

92
Entstehung: Vor 1408 (?).
Überlieferung: Hs.A 55r, Hs.B 38r/v, Hs.c 75r/v.
Melodie: Kleine, aber markante Abweichungen zwischen den Handschriften (vgl. Melodieanhang!). Akzidenzvorschläge vom Herausgeber.
Text: Pastourelle.
24) In Hs.A: »das hewt mein mütt' mir gebot«.
34) »Dock«: Puppe.
50) In Hs.A: »mein vßerwelt' schöner hort«.

93
Entstehung: Vor 1408 (?).
Überlieferung: Hs.A 21r, Hs.B 38v, Hs.c 76r.
Melodie: Hoquetus (rasch alternierender Wechselgesang). In beiden Handschriften mit geringen Abweichungen schwarz-rot mensural notiert. Einige wichtige Verbesserungen der Übertragung sind Hans Ganser zu danken.
Text: Das Lied wurde wegen der extremen Schroffheit seiner lyrischen und musikalischen Fügung in der älteren Oswald-Literatur zumeist als Fragment behandelt. Klarheit brachte erst eine Wortschatzuntersuchung Dirk Ottens (in »Neophilologus 55« 1971). Auf diese Analyse stützt sich auch die Nachdichtung.

94
Entstehung: Um 1411 (?).
Überlieferung: Hs.A 18r, Hs.B 38v, Hs.c 76r/v.
Melodie: In beiden Handschriften fragmentarisch notiert. In Hs.B fehlt der Diskant gänzlich, in Hs.A ist er teilweise um einen Ganzton verschrieben. Akzidenz original! Der vorzügliche Gedanke Hans Gansers, den Diskant in der dritten Zeile um eine Vierergruppe zu erweitern, wurde in die Übertragung einbezogen.

95
Entstehung: Um 1425.
Überlieferung: Hs.A 48r/v, Hs.B 39r, Hs.c 76v-77r.
Melodie: Variante von Lied 11; in Hs.A identisch mit 11B, in Hs.B erheblich abweichend.

96
Entstehung: 1417.
Überlieferung: Hs.A 55v, Hs.B 39r, Hs.c 77r/v.
Melodie: Nur in Hs.B; Hs.A hat vier leere Notenzeilen (vermutlich Kontrafaktur!). Im Diskant von Hs.B sind die ersten zwei Töne wohl um eine Sekund verschrieben und nach oben oder unten zu korrigieren (beide Lösungen angegeben!). Die Akzidenzvorschläge und einige rhythmische Verbesserungen stammen von Hans Ganser.
Text: Das Lied ist in niederdeutscher Mundart verfaßt. Die Übertragung verwendet als angemessenes Äquivalent modernes Plattdeutsch.
7) Die Zeile könnte auch bedeuten: »Das will ich nicht verbergen«. Die Nachdichtung gab hier dem Wortklang den Vorzug.

97
Entstehung: 1417/18.
Überlieferung: Hs.A 54v-55r, Hs.B 39v, Hs.c 77v-78r.
Melodie: Unterschiede im Aufbau beider Fassungen (vgl. Melodieanhang!). Eine Verschreibung in Hs.A in kleinen Noten.
Text: **21**) »G«: Grete, also Margarete von Schwangau.
22) In Hs.A: »nu wenda yo mein senlich we«.

98
Entstehung: Dezember 1430 in Konstanz (vgl. Zeittafel!).
Überlieferung: Hs.A 51v, Hs.B 39v-40r, Hs.c 78r.
Melodie: Beide Fassungen fast identisch (fehlende Noten in A mit Stern markiert).
Text: **1**) »Paradies«: Zugleich ein Stadtteil von Konstanz.
2) In Hs.A: »zu Costnitz han ich funden dich«.
3) Die Fähigkeit Oswalds, lesen und schreiben zu können, wurde zuletzt von George Fenwick Jones (in »Dem Edeln unserm sunderlieben getrewn ...«) angezweifelt.
36) Das neuerbaute, noch heute existierende Gesellschaftshaus »Zur Katze«, in dem im Dezember 1430 glanzvolle Feste des Konstanzer Stadtadels gefeiert wurden.

99
Entstehung: 1431, während des Nürnberger Reichstages.
Überlieferung: Hs.A 51v-52r, Hs.B 40r, Hs.c 78v.
Melodie: Geringfügige Unterschiede zwischen den Fassungen (Varianten aus Hs.A in kleinen Noten!). Die mit Stern markierte Note fehlt in Hs.A. Die punktierte Viertel im Zwischenspiel vor dem Refrain ist in Hs.B eine Brevis.
Text: Das Lied lebt von der Doppelbedeutung des Wortes »hadern«: im üblichen

süddeutschen Sprachgebrauch ein Terminus für Streit bzw. Zerwürfnis, in Nürnberg die Bezeichnung einer exklusiven patrizischen Tanzveranstaltung.
14/15) In Hs.A: »dem mag sein hail/wol werden gail«.

100
Entstehung: Vor 1408 (?).
Überlieferung: Hs.A 52r, Hs.B 40r/v, Hs.c 78v.
Melodie: Geringfügige Abweichung der Texte. Die mit einer Klammer gekennzeichneten Noten sind in Hs.A weiß, in Hs.B rot. Die mit Stern bezeichnete Note fehlt in Hs.A. Die letzte Zeile ist dort ab »..schönen..« um einen Ganzton nach unten verschrieben.
Text: Zwischen **11** und **12** fehlende Zeile in allen Handschriften.
12) In Hs.A: »... wennt lieplich ungemach«.

101
Entstehung: Vor 1408 (?).
Überlieferung: Hs.A 56r/v, Hs.B 40v, Hs.c 79r. Das Lied ist außerdem im »Lochamer-Liederbuch« um 1455 (Berlin, Staatsbibliothek Ms.mus.40.613) und im »Rostocker Liederbuch« um 1465 (Rostock, Universitätsbibliothek Ms.phil. 100/2) enthalten. Die Melodie findet sich zudem in mehreren Orgeltabulaturen und gilt als eines der verbreitetsten Lieder des deutschen Spätmittelalters.
Melodie: Schlüsselfehler in sämtlichen Stimmen beider Handschriften. Unsere Ausgabe folgt in Übereinstimmung mit der Übertragung Walter Salmens dem Diskant von Hs.B. Die zahlreiche Streuüberlieferung macht allerdings einen Beginn auf *g* ebenso wahrscheinlich.
Text: Tagelied.
3) »blick durch die braw«. Ein Zitat aus dem »Taghorn« des Mönchs von Salzburg (vgl. Lied 34,3!).
18) In Hs.A: »dorumb můss ich verzagen«.

102
Entstehung: 1427 (?).
Überlieferung: Hs.B 40v-41r, Hs.c 79v-80v. Das Lied fehlt in Hs.A.
Melodie: Unverändert nach Hs.B. Akzidenz vom Herausgeber.
Text: Ein angebliches Erlebnis des Südtiroler Freskomalers Hans von Bruneck. Oswald hat es sichtlich wegen der Ähnlichkeiten mit seinem eigenen Liebesabenteuer zum Lied gestaltet.
9) Oswald nennt die Kupplerin »Frau Unrüb«.
45) Ein Ort etwa 3km südwestlich von Bruneck.
58) Obszön für »erigieren«.
65) Ungarisch: »Zum Teufel mit dir!«

103
Entstehung: Februar 1432 in Piacenza.
Überlieferung: Hs.B 41v, Hs.c 81r/v. Das Lied fehlt in Hs.A.
Melodie: Die mensurale Alterationsregel, in Oswalds Melodien selten benutzt, ist hier konsequent angewandt (In der Folge Semibrevis, Minima, Minima, Semibrevis oder Divisionspunkt, Minima, Minima, Semibrevis wird in perfekter Mensur die zweite Minima als imperfekte Semibrevis ausgeführt). Die *b*-Vorzeichnung ist original!
Die Übertragung folgt den korrekten Lösungen O. Kollers und Ganser/Herpichböhms.

Text: 10–18) Die ganze Passage ist doppelsinnig. Oswald schilt vordergründig den betrügerischen Brauch der Händler, ihre Ware durch eingeschmuggelte Steine schwerer zu machen. Ziel der Strophe ist jedoch die »steinerne« Säuferleber des königlichen Kanzleischreibers Hermann Hecht.
13) Oswald setzt hier die geplante Kaiserkrönung Sigmunds als gegeben voraus.
15) Der Schreiber Peter Kalde aus Stetternich bei Jülich. Sein mit italienischen Brokken durchmischter Dialekt wird in den drei Folgezeilen parodiert.
19) Hermann Hecht und Marquart Brisacher, der königliche Kanzleiregistrator.
28) Ungeklärt. Dieter Kühn vermutet in »Sebastian« einen der Straßenräuber, wie sie die königlichen Gesandtschaften mehrfach überfielen (vgl. Lied 105!). Florenzola (Firenzoula): Ein Ort nahe Florenz.
29) »caniola«: ital. »Hündchen«; »cum dola«: ital. »mit Mühe«.

104
Entstehung: Spätherbst 1429.
Überlieferung: Hs.B 41v-42r, Hs.c 81v-82v. Das Lied fehlt in Hs.A.
Melodie: Die Triolenangaben sind Vorschläge des Herausgebers. Die Longa am Schluß des ersten und zweiten Teils ist am besten als punktierte Viertel auszuführen.
Text: 2ff.) Der Winterklaubhof, in unmittelbarer Sichtverbindung mit Hauenstein am Nordhang des Schlern gelegen, wurde nur während der Wintermonate bewirtschaftet. Die Dienstabhängigkeit des Bauern vom Bischof von Brixen stempelte ihn für Oswald zum Spion.
11) Während des Sommers wohnte der Winterklaubbauer im Pesseierhof nordöstlich von Sais. Oswald entstellt den Namen um des folgenden Wortspiels willen.
22ff.) Oswald hatte den Brixener Bischof Ulrich II. Putsch am 31. 10. 1429 mit brutaler Gewalt überfallen und festgenommen (vgl. Fragment 127!). Die ganze Strophe parodiert die Kleinwüchsigkeit des Bischofs.
29ff.) Die Stelle könnte nach Marold eine Anspielung auf die 7. Erzählung des dritten Tages von Boccaccios »Decamerone« sein.
41) Einer der Mörder des während der Verhaftung Putschs erhängten Ritters Annenberg war Eitel Volmar, Oswalds Verbindungsmann zur Feme. Der anhängige Prozeß mit Hans von Villanders kam so notwendig ins Stocken.
49) Johannes 20,17: »Berühre mich nicht«.
53) Das neue, kodifizierte römische Recht gegenüber dem tirolischen Landrecht.
77) Herzog Friedrich IV. ist als »Friedel mit der leeren Tasche« in die Geschichte eingegangen.

105
Entstehung: Frühjahr 1432 in Parma (vgl. Zeittafel!).
Überlieferung: Hs.B 42r, Hs.c 82v-83v. Das Lied fehlt in Hs.A.
Melodie: Wie Lied 104.
Text: Überfall auf die königliche Gesandtschaft in Ronciglione.
2) Conte Dolce (s.u.!). In seinem Kastell fand der Überfall statt.
4) Ronciglione am Lago di Vico nördlich von Rom.
5ff.) Papst Eugen IV. war ein entschiedener Gegner von Sigmunds Baseler Konzilspolitik und hintertrieb die Kaiserkrönung mit allen Mitteln. Oswald lastet deshalb der römischen Kurie den Anschlag an und schildert die Szene als »Kirchweih«.
15) Die Delegation umfaßte sechzehn Mitglieder.
21) Also Graf Dolce selbst.
25) Dietrich Sannauer, ein Höfling Sigmunds; der Knappe Janko.
29) Mathias Schlick, königlicher Sekretär und Bruder von Sigmunds Kanzler Kaspar Schlick.

37/38) Eine am Hut befestigte Muschel war das Zeichen des Rom-Pilgers.
61) Der mailändische Condottiere Nikolaus de la Stella.
62) Ital.: »Erbarmen!«
73) »Conta dulcz«: die Namensschreibung könnte mit dem Folgenden ein doppeltes Wortspiel liefern: in dem von Zeile 2 bekannten Kontrast süß-sauer und in dem Hinweis auf ein mittelalterliches Blasinstrument, die Dulzflöte.

106
Entstehung: 1411 (?).
Überlieferung: Hs.B 42v, Hs.c 83v-84v. Das Lied fehlt in Hs.A.
Melodie: Schwierigkeiten bietet nur die Schlußwendung: hier könnte ein Divisionspunkt Hinweis sein, die letzte Minima vor dem Finalton zu alterieren (originaler Wert als kleine Note!).
Text: **19–22**) Anton Schwob liest aus dieser Passage einen Hinweis auf Oswalds Pilgerfahrt. Der Edelmann hatte nämlich das Recht, sich in Jerusalem zum Ritter des Heiligen Grabes schlagen zu lassen – für viele der wichtigste Zweck der Reise.

107
Entstehung: 1417/18.
Überlieferung: Hs.B 43r, Hs.c 84v. Das Lied fehlt in Hs.A. Mit »Kom liebster man« endet der Hauptteil von Hs.B. Die folgenden elf Lieder sind Nachträge.
Melodie: Schwarz-rot mensural notiert. Die Alterationsregel ist wie in Lied 103 konsequent angewandt. *b*-Vorzeichnung original.

108
Entstehung: 1433 in Italien (?).
Überlieferung: Nur Hs.B 43v.
Melodie und Text: »Ich klag« galt in der bisherigen Oswald-Forschung zumeist als vollständig ausgeführter musikalischer Satz mit fragmentarisch fixiertem, skizzenhaftem Text. Der Verfasser glaubt, diese Einschätzung mit guten Gründen revidieren und quasi auf den Kopf stellen zu können:
Nach einer überzeugenden Theorie Hans Gansers ist die Komposition das Fragment, genauer: der letzte Teil eines italienischen Messensatzes, wobei das fünfte System das »Amen« darstellen könnte. Diese Annahme erklärt zugleich die auffälligen Pausen am Anfang aller drei Stimmen – sinnlos bei einem geschlossenen Werk dieser Zeit.
Dafür erweist sich in der Melodieübertragung des Herausgebers der Text als ausgeführt dreistrophiges, wenn auch knappes Lied. Der Schreiber von Hs.B hat dabei – durchaus korrekt – nur die Wiederholungen im Text fortgelassen. Der Wegfall des letzten Systems und damit des Reimwortes in der zweiten Strophe ist durch eine Fermate auch im Original angezeigt. Das zugleich karge und extrem dichte poetische Material dürfte dem Wesen der Vorlage sogar mehr entsprechen als in den meisten anderen Kontrafakturen Oswalds.

109
Entstehung: 1433 in Italien (?).
Überlieferung: Nur Hs.B 43v-44r. Mit dem lateinischen Text von 109 endet die Arbeit von Schreiber VII. Die folgenden Texte bis 116 stammen von Schreiber VIII.
Melodie und Text: Das Lied ist eine im Wortlaut übernommene italienische Lauda, der Oswald eine Teilübersetzung von vier Strophen angefügt hat. Das ursprünglich vierstimmige Original dürfte seinerseits die Kontrafaktur eines weltlichen Satzes sein. Die ersten Worte jeder Strophe ergeben hintereinander gelesen den Englischen

Gruß; allerdings sind vom Schreiber die zweite und dritte Strophe wohl irrtümlich vertauscht. Oswalds Übertragung übernimmt diesen Fehler.

110

Entstehung: 1417.
Überlieferung: Hs.A 38v, Hs.B 44r, Hs.c 85r.
Melodie: Das Lied ist in beiden Handschriften fragmentarisch, genauer: in einer abgekürzten Notation aufgezeichnet; nur die melodisch relevanten Ecktöne werden angegeben.
Unsere Ausgabe bringt eine kombinierte Fassung, die auf der Basis von Hs.B den gemeinsamen Bestand beider Texte wiedergibt und zusätzliche Noten aus Hs.A mit eckigen Klammern, solche aus B mit einem Kasten über der Zeile markiert. Rhythmische und tonale Abweichungen von A sind in kleinen Noten dargestellt. Die wenigen zur Komplettierung fehlenden Werte sollten vom Spieler leicht zu ergänzen sein.
Text: Preislied auf Margarete von Schwangau.

111

Entstehung: 1436 (im Text datiert).
Überlieferung: Hs.A 57r-58r, Hs.B 44v-45r, Hs.c 85v-88r.
Melodie: Kaum Unterschiede zwischen den Fassungen. Die mit Stern bezeichneten Noten fehlen in Hs.A.
Text: Passion. Die Dichtung folgt weitgehend den vier Evangelientexten, integriert sie aber in das ritterliche Herrschaftssystem ihrer Zeit.
49) Thomas von Aquin. Die genaue Stelle ist nicht identifiziert.
198) (Zwischensentenz): »Mögen alle zuschanden werden, die uns verfolgen!«
199ff.) Vgl. Lied 29,15! Die von Oswald berichtete Legende war im Mittelalter vor allem durch die »Legenda aurea« des Jacobus de Voragine verbreitet.

112

Entstehung: 1438 (im Text datiert).
Überlieferung: Hs.B 45v-46r, Hs.c 95r-101r. Das Gedicht fehlt in Hs.A. Es ist jedoch in einer weiteren Handschrift des 15. Jahrhunderts überliefert (Ms.Add.24946, London, British Museum). Dort trägt es die Überschrift:
»Hie vacht an ain hübscher spruch so herr Oswalld von wolkenstain von dem rechten von richtern vorsprechern vn' vrtailern gemacht hat«.
Hs.B bringt den Text in sechs Spalten über zwei Seiten hin. Neben der Hauptinitiale trägt der Anfang eine Cadelle. Die übrigen Spalten heben ebenfalls mit Cadellen an. Absätze sind mit kleinen Siglen markiert (in unserer Ausgabe Einrückung). Ein vom Schreiber vergessenes Reimpaar ist rechts im Anschluß an die letzte Spalte nachgetragen (Vers 331/332).
Keine Melodie!
Text: Reimpaarrede. Mit über vierhundert Zeilen Oswalds umfänglichstes poetisches Werk, zugleich die Summe einer lebenslangen juristischen Erfahrung. Das Gedicht, eines der großen Dokumente mittelalterlichen Rechtsbrauchs und mittelalterlicher Rechtsachtung, ist in der Literatur bislang kaum gewürdigt. (Eine erste, kommentarlose Prosaübertragung wurde 1977 von E. Ockel in seiner Schrift »Herrscherpersönlichkeiten« vorgelegt; eine eingehende juristische Untersuchung steht aus.)
23ff.) Oswalds Position ist die des konservativen Adeligen, in seiner Einschätzung von Bauernstand und Bürgertum sogar die des Reaktionärs. Trotzdem sind die wesentlichen Tendenzen seiner Rede im Sinne der Rechtsentwicklung erstaunlich progressiv:

Rechtsvereinheitlichung.
Kodifizierung und regelmäßige Novellierung des Rechtsbrauches.
Einsetzung unabhängiger, sachverständiger Richter und Schöffen.
Eine rechtskundige, spezialisierte und dem Mandanten verpflichtete Anwaltschaft.
Juristische Trennung von Staat und Kirche.
Einschränkung der Fürstenmacht durch beamtete Räte.
149) Johannes 18,10.
163ff.) Vgl. Lied 113!
189) Vermutlich in den Wochen vor Sigmunds Kaiserkrönung im Mai 1433.
205) Papst Eugen IV. Vgl. Lied 105!
313) Schranne: der umzäunte Kornmarkt oder das Vorratshaus, in dem Gericht gehalten wurde. Übertragen: das Gericht.
411) »Im Jahre 1438 wurde dieses Gedicht durch mich, Ritter Oswald, vollendet.«

113
Entstehung: 1438.
Überlieferung: Hs.B 46v, Hs.c 89v-90r. Das Lied fehlt in Hs.A.
Melodie: Unverändert nach Hs.B.
Text: Ständelied. Vgl. ähnliche Darstellungen bei Heinrich Frauenlob (»In driu geteilet wâren«) oder Meister Regenbogen (»Ir pfaffen und ir ritter«).

114
Entstehung: 1436.
Überlieferung: Hs.B 46v-47r, Hs.c 88v-89v. Das Lied fehlt in Hs.A.
Melodie: Unverändert nach Hs.B.
Text: »Das Mitleiden der seligen Jungfrau Maria«. Als Quellen dienten neben den genannten Bibelstellen vor allem die zahllosen marianischen Legenden, die der Madonnenkult des Mittelalters hervorgebracht hatte.
6/7) Lukas 1,26ff.
10ff.) Johannes 18,12ff.
36) Lukas 22,54ff.
44ff.) Matthäus 27,26 u.a.
58ff.) Matthäus 27,29.
65) Verbindung von Johannes 19,17 und Matthäus 27,32.
84ff.) Johannes 19,18.
91/92) Johannes 19,26.

115
Entstehung: Nach 1438.
Überlieferung: Hs.B 47r/v, Hs.c 90r. Das Lied fehlt in Hs.A.
Melodie: Unverändert nach Hs.B.
Text: Spruchdichtung. Zahlreiche Zitate aus der »Bescheidenheit des Freidank«.
15) Matthäus 6,24.
22) Freidank 115,20.
25) Freidank 73,10.
29) Freidank 80,16.
36) Freidank 84,6.
39) Freidank 137,11.
43) Freidank 106,12.
46) Freidank 104,12.
51) Freidank 61,5.
53) Freidank 90,25.

56) Freidank 61,9.
63) Freidank 137,9 nach Matthäus 7,15.
64) Freidank 57,16.
67) Freidank 56,21.
73) Freidank 110,5.
75) Freidank 134,22.
82) Freidank 108,19.
84) Freidank 86,10.
87) Freidank 113,6.
89) Freidank 74,27.
91) Freidank 82,14.
94) Freidank 119,6 nach Johannes 4,44 u.a.
97) Freidank 139, 13.
101) Freidank 138,7.
104) Freidank 113,10.
106) Freidank 135,2.
108) Freidank 85,17.
111) Freidank 73,20.

116
Entstehung: 1428/30.
Überlieferung: Hs.A 48v-49r, Hs.B 47v-48r, Hs.c [c 92r/v.] 92r/v.
Melodie: Variante von Lied 40. Erhebliche Unterschiede zwischen den Fassungen (vgl. Melodieanhang!). Die rhythmische Ausformung eines neumierten Grundmaterials könnte Hinweise für die Aufführungspraxis auch anderer Lieder geben.
Text: 3) Die Flaggeralm bei Villanders.
4) Vgl. Lied 81,5.
10) Zur Topographie Hauensteins vgl. Lied 44,19 (Anmerkung)!
13ff.) In der solmisierten C-Dur-Tonleiter die Töne c, a und f.
17) Vermutlich Hans Plätscher, ein Parteigänger Herzog Friedrichs.
28/31) Der Mutzenhof östlich von Hauenstein.
31) »Fuga«: Kanon. Gemeint ist ein Tanzlied.
51) Wörtlich: »glossieren«, also durch juristische Winkelzüge aufbessern.

117
Entstehung: Nach 1438.
Überlieferung: Hs.B 48r, Hs.c 92v-93v. Das Lied ist in Hs.B von fremder Hand mit auffällig abweichender Schrift eingetragen. Es fehlt in Hs.A.
Melodie: Wie Lied 28.
Text: Lied von den zwölf Trunkenheiten.
48ff.) Vgl. etwa Walther von der Vogelweide »Er hât niht wol getrunken«!

118
Entstehung: Nach 1438.
Überlieferung: Hs.B 48v, Hs.c 93v-94r. Letzter Eintrag in Handschrift B, wiederum von fremder Hand. Die Initiale ist janusartig mit zwei stark karikierten Gesichtern geschmückt. In Hs.A fehlt das Lied.
Melodie: Durch Abrieb zum Teil schwer lesbar. Übertragung im Vergleich mit der Abschrift O. Kollers.
Text: Geistliches Tagelied.
13) Maria und Jesus.

119
Entstehung: 1417 in Konstanz (vgl. Lied 69!).
Überlieferung: Hs.A 15r/v.
Melodie: Unverändert nach Hs.A. Das Lied ist auch in der Expositio aufführbar; möglicherweise wurden sogar beide Fassungen strophenweise hintereinander vorgetragen.
Text: Polyglottes (sechssprachiges) Lied. Übertragung und Kommentar sind vor allem einer Untersuchung Guntram Planggs »Romanisches in der Dichtung Oswalds von Wolkenstein« (Festschrift für Alwin Kuhn zum 60. Geburtstag, Innsbruck 1963) verpflichtet.

1) slow./dtsch.	**9)** franz./dtsch.	**17)** ital./dtsch.
2) provenzal./lat.	**10)** provenzal./lat.	**18)** provenzal./lat.
3) dtsch./lat.	**11)** dtsch./lat.	**19)** dtsch./lat.
4) provenzal./slow.	**12)** provenzal./franz.	**20)** provenz./ital.
5) provenzal./slow.	**13)** provenzal./slow.	**21)** ital./slow.
6) dtsch./lat.	**14)** dtsch./lat.	**22)** dtsch./lat.
7) lat./dtsch.	**15)** lat./dtsch.	**23)** lat./dtsch.
8) slow./provenzal.	**16)** slow.(?)/provenzal.	**24)** slow./ital.

120
Entstehung: 1417 (?).
Überlieferung: Hs.A 16r/v.
Melodie: Mit Sicherheit Kontrafaktur. Tenor in schwarzer, Diskant und Contratenor in schwarz-roter Mensuralnotation. Schlüsselirrtümer in beiden Begleitstimmen. In Diskant und Contratenor ist an zwei Stellen innerhalb einer rot notierten Passage der Eintrag schwarzer Zwischennoten vergessen. Entscheidende Hinweise und vor allem die Rekonstruktion der fehlenden Werte verdanke ich Hans Ganser.

121
Entstehung: Vor 1408 (?).
Überlieferung: Hs.A 19r.
Melodie: Das Lied wurde von Ivana Pelnar als zweistimmiger Kanon identifiziert, wobei in der 1. und 3. Strophe die Frauenstimme, in der 2. Strophe die Männerstimme den Anfang macht. Die Übertragung folgt dem Modell Ivana Pelnars (in »Dem Edeln unserm sunderlieben getrewn..«).
Text: Tagelied.

122
Entstehung: Frühjahr 1415.
Überlieferung: Hs.A 33r/v.
Melodie: Zwei vergessene Noten in Zeile 6 ergänzt. Akzidenz vom Herausgeber.
Text: **22)** Also eine erfahrene »Jagdhündin«.
41) »Dock«: Puppe.
44) Vgl. Lied 41,29!

123
Entstehung: 1415.
Überlieferung: Hs.A 33v-34r.
Melodie: Unverändert nach Hs.A.
Text: Bordell-Lied und Städteschelte.
26) Zitat eines Tanzliedes des Hiltbold von Schwangau:
»Elle und Else tanzent wol

Des man in beiden danken sol...«
36) Das außerhalb der Konstanzer Stadtmauer gelegene Wirtshaus »Zur Wide«.
38) Ulrich Steinbrecher von Nesselwang, der – später von König Sigmund mit der Reichsacht belegte – Wirt der »Wide«.
65) D.h. »Es gibt ein paar alte Binsenweisheiten«.
69) Sprüche Salomonis 16,18.
73/74) Zitat aus dem »Freidank« 84,6.
76) Also am Geldbeutel.
77) Ein Wirtshaus am Konstanzer Obermarkt.

124
Entstehung: Vor 1408 (?).
Überlieferung: Hs.A 37r.
Melodie: Nur skizzenhaft notiert. Textunterlegung durch Reimwörter angedeutet. Zäsuren original.

125
Entstehung: Vor 1408 (?).
Überlieferung: Hs.A 37r.
Melodie: Überlieferungs-Situation wie Lied 124.

126
Entstehung: 1416 (?).
Überlieferung: Hs.A 56v.
Melodie: Wie Lied 40. Das Incipit erscheint jedoch melodisch vereinfacht (fehlende Noten sind in Lied 40 mit Stern markiert).
Text: Weihnachtslied.
5) Vgl. Lied 35,15/16!
48) Schreibfehler in Hs.A. Es muß wohl heißen: »des hymelreiches scheure«.

127
Entstehung: Spätherbst 1429.
Überlieferung: Hs.B 35r/v. Fragment. Das ursprünglich 17-strophige Lied wurde – vermutlich nach Oswalds Tod – bis auf die meisten Initialen vollständig durch Rasur aus der Handschrift getilgt. Erst vor kurzem gelang durch Untersuchung mit UV-Licht eine teilweise Entzifferung. Dem von Hans Moser im Sammelband »Dem Edeln unserem sunderlichen getrewn...« publizierten Befund folgt unsere Ausgabe.
Melodie: Auch hier ist nur eine fragmentarische Entzifferung möglich. Während der erste Teil – und damit der Rhythmus des Gedichtes – fast vollkommen rekonstruierbar erscheint, blieb vom vermutlichen Refrain nur die erste Zeile erhalten. Daß dieser Refrain – möglicherweise auch eine neue Melodie – erst nach der fünften (!) Strophe notiert ist, macht das Lied zu einem Unikum in Oswalds Schaffen und den Verlust doppelt schmerzlich.
Text: »Ain klügen abt« behandelte, vermutlich in scharf satirischer Form, die folgenreiche Verhaftung von Bischof Ulrich Putsch am 31. 10. 1429. Da wir durch ein Tagebuch des Bischofs über die Vorgänge ausführlich unterrichtet sind (vollst. Abdruck bei Dieter Kühn), ist auch die Deutung des Fragmentes weitgehend einfach: Oswald hatte vom Brixener Domkapitel den Auftrag erhalten, Bischof Ulrich wegen einiger Kompetenzüberschreitungen in vorläufigen Gewahrsam zu nehmen. Auf die durchaus gütliche Vorladung hin bat Putsch die Amtleute und Domherren gegen Abend auf ein Glas Malvasier und Konfekt zu sich. Als der Bischof den Eintretenden aus seinem Gemach den versprochenen Imbiß holen wollte, wurde er von Oswald

mit einem furchtbaren Schlag vor die Brust niedergestreckt und solcherart »festgenommen«. Die übrige Gruppe unter Führung Jakob Trautsons durchstürmte indessen das Gebäude, ergriff den Ritter Johannes von Annenberg und erhängte ihn auf der Stelle.
Zu diesem Vorfall vgl. auch Zeittafel und Lied 104!

128
Entstehung: Vor 1408 (?).
Überlieferung: Siehe Angabe im Text! Das Lied ist außerdem erhalten in der »Osnabrückischen Liederhandschrift« (Berlin, Staatsbibliothek Mgf 753) von 1575 und einer Handschrift aus dem mittleren 16. Jahrhundert in der Heidelberger Universitätsbibliothek (Cpg 343). Schließlich befand es sich in zwei heute verschollenen Quellen: »Mones Handschrift« und »Fichards Liederhandschrift« aus dem 16. bzw. 15. Jahrhundert.
Die stark von einander abweichenden Varianten sind abgedruckt bei K. K. Klein »Die Lieder Oswalds ...«.

129
Entstehung: 1416 (?).
Überlieferung: Siehe Angabe im Text! Das Lied ist außerdem erhalten in der »Lambacher Liederhandschrift« (Wien, Österreichische Nationalbibliothek Cod.Vind. 4696) um 1475, dem ebenfalls Wiener Codex Cod.Vind. 2975 von 1465 und der Handschrift Cgm 1115 der Münchner Bayerischen Staatsbibliothek (15. Jahrhundert).
Text: Nachdichtung eines lateinischen Osterhymnus.

130
Entstehung: 1416 (?).
Überlieferung: Wie Lied 129.
Text: Nachdichtung eines lateinischen Vesperliedes.

131
Entstehung: Vor 1408 (?).
Überlieferung: Siehe Angabe im Text!
Melodie: Mit dem Hinweis der Überschrift ist vermutlich das dreistimmige »Je loe amours« von Gilles Binchois gemeint (nach Erika Timm). Eine Zuordnung ist bislang gescheitert.

132
Entstehung: Unsicher.
Überlieferung: Siehe Angabe im Text!

133
Entstehung: Unsicher. Vermutlich nach 1425.
Überlieferung: Siehe Angabe im Text!

134
Entstehung: Unmittelbar nach der Schlacht bei Taus am 14. 8. 1431.
Überlieferung: Siehe Angabe im Text!
Text: Daniel 13,5: »Denn das Unrecht ging aus von jenen Ältesten, die im Volk zu herrschen schienen«.

Anhang

Zeittafel

Frühjahr 1377 (?) Oswald von Wolkenstein als zweiter Sohn von Friedrich und Katharina von Wolkenstein – vermutlich auf Burg Schöneck im Pustertal in Südtirol – geboren. Er ist durch Geburtsfehler oder Unfall von Kindheit an einäugig.
Um 1387 Oswald verläßt als Knappe eines fahrenden Ritters das Elternhaus.
1387-1400 Kriegszüge in Preußen und Litauen. Reisen nach Skandinavien, England, Schottland, Belgien, Frankreich, Rußland, Armenien, Persien, Arabien, Syrien, Byzanz, Griechenland, Zypern, Kreta, Sizilien, Böhmen und Ungarn.
28.9. 1396 Mögliche Teilnahme an der Türkenschlacht von Nikopolis.
Frühjahr 1400 Friedrich von Wolkenstein stirbt. Rückkehr Oswalds nach Tirol.
1401 Beim Italienfeldzug König Ruprechts von der Pfalz.
1402-1404 Handelsreisen. Schiffbruch im Schwarzen Meer.
Um 1405 Im Erbschaftsstreit beraubt Oswald seinen Bruder Michael und wird von diesem durch einen Schwertstreich lebensgefährlich verletzt. Ehrenverhandlung vor einem adeligen Schiedsgericht.
1406 Friedrich IV. Herzog von Tirol.
22.4. 1407 Erbteilung unter den drei Wolkenstein-Brüdern. Oswald erhält ein Dritteil von Burg Hauenstein. Der Rest des Besitzes verbleibt bei Martin Jäger aus Tisens.
Um 1407 Erste Liebesbeziehung zu Anna Hausmann (»Sabina«).
Um 1408 Oswald wird Gotteshausmann und damit weltlicher Stellvertreter des Bischofs von Brixen.
1409/1410 Pilgerfahrt ins Heilige Land. Reise über den Sinai nach Ägypten.
1410 Tod König Ruprechts. Sigmund deutscher König.
2.11. 1411 Oswald pfründet sich in Kloster Neustift ein.
1412/1413 Mögliche Teilnahme an König Sigmunds Venedig-Feldzug.
28.7. 1413 Sigmund in Brixen. Vermutlich erste persönliche Begegnung.
1414-1418 Konzil von Konstanz.
4.2. 1415 Oswald trifft mit der tirolischen Delegation unter Herzog Friedrich in Konstanz ein.
16.2. 1415 Ernennung zum Diener König Sigmunds.
Frühjahr 1415 Besuch im Augsburger Tanzhaus.
20.3. 1415 Papst Johannes XXIII. flieht aus Konstanz. Herzog Friedrich fällt in Ungnade.
6.7. 1415 Jan Hus in Konstanz verbrannt.
Sommer 1415 Gesandtschaftsreise Oswalds über Heidelberg und den Rhein nach England, Schottland, Irland. Überfahrt nach Portugal.
21.8. 1415 Teilnahme an der Eroberung von Septa (Ceuta) in Marokko.
Spätsommer 1415 Empfang bei König Jussuf III. in Granada. Weiterreise zur Synode nach Perpignan.
18.9. 1415 Sigmund zieht in Perpignan ein.
Herbst 1415 Zähe Verhandlungen des Königs mit Papst Benedikt XIII. (Pedro de Luna). Oswald wird von Margareta von Prades geehrt. Königin Eleonore von Aragon nimmt ihn in den Kannen- und Greifenorden auf.
November 1415 Sigmund verläßt Perpignan und schließt die Übereinkunft von Narbonne. Entmachtung Papst Benedikts.
20.2. 1416 Erhebung von Graf Amadeus VIII. zum Herzog von Savoyen. Bei der Belehnung in Chambéry Einsturz der Tribüne.

1.3. 1416 Sigmund zieht in Paris ein. Isabeau von Frankreich ehrt Oswald.
März 1416 Herzog Friedrich flieht aus Konstanz. Oswald reitet auf Sigmunds Befehl in die Konzilsstadt zurück.
Sommer 1416 Er lernt in Konstanz Margarete von Schwangau kennen.
Januar 1417 Rückkehr König Sigmunds nach Konstanz.
11.5. 1417 Belehnung von Pfalzgraf Ludwig III. In Richentals »Konzils-Chronik« erscheint Oswald im Gefolge abgebildet.
Sommer/Herbst 1417 Oswald kehrt in Sigmunds Auftrag nach Tirol zurück. Heirat mit Margarete von Schwangau. Erste Konflikte mit Herzog Friedrich.
Sommer 1418 Oswald annektiert Burg Hauenstein und die zugehörigen Pachthöfe.
Frühjahr 1419 Ungarnreise zu König Sigmund nach Ofen (Budapest).
1.4. 1419 Oswald erhält einen Geleitbrief Sigmunds zur Rückreise nach Tirol, bleibt aber in Ungarn.
5.5. 1419 In Blindenburg (Visegrád) verleiht Herzog Przemko von Troppau Oswald das Wappenkleinod vom Kohlkorb.
September 1420 bis März 1421 Teilnahme am Hussitenkrieg.
1.11. 1420 Ein Wolkensteiner, vermutlich Oswald, unter den Verteidigern von Burg Vyshehrad bei Prag.
1421 Streitigkeiten mit Martin Jäger um Hauenstein.
Herbst 1421 Oswald wird von Anna Hausmann unter dem Vorwand einer gemeinsamen Wallfahrt in eine Falle gelockt, von Martin Jäger gefangengenommen, nach Burg Vall bei Prissian verschleppt und gefoltert. Später Überführung nach Burg Forst bei Meran.
17.12. 1421 Übergabe Oswalds an Herzog Friedrich.
18.3. 1422 Vorläufige Freilassung gegen eine Bürgschaft von 6000 Gulden.
März 1422 Bündnis der Brüder Wolkenstein. Oswald verpfändet sein gesamtes Vermögen an seinen Bürgen Hans von Villanders.
August 1422 Flucht Oswalds nach Ungarn.
November 1422 Bei Sigmund in Preßburg (Bratislava). Der König bestätigt die Unrechtmäßigkeit von Friedrichs Bürgschaftsanspruch.
1423 Der Tiroler Adelsbund unter Führung der Wolkensteiner und Starkenberger rüstet gegen Herzog Friedrich. Rückkehr Oswalds. Beginn der Anlage von Handschrift A.
19.11. 1423 Der Landtag von Meran erklärt die Auflösung des Adelsbundes. Die Wolkensteiner verschanzen sich auf Burg Greifenstein. Herzog Friedrich läßt Kriegsmaterial zur Belagerung heranführen.
November/Dezember 1423 Nächtlicher Ausfall und vorläufiger Sieg der Wolkensteiner.
17.12. 1423 Unterwerfung des Adelsbundes. Allgemeine Begnadigung mit Ausnahme der Starkenberger.
21.4. 1424 Ladung der Brüder Wolkenstein zum Landtag nach Bozen. Statt der angestrebten Einigung Verschärfung des Konflikts zwischen Herzog Friedrich und den Starkenbergern.
Winter 1424 Oswald reitet zum König nach Ungarn. Lebensgefährlicher Sturz in den Tauglbach bei Hallein.
14.2. 1425 Bei Sigmund in Hornstein. Ausstellung eines Geleitbriefes.
März 1425 Rückkehr nach Tirol.
15.4. 1425 Oswald versäumt einen für ihn angesetzten Rechtstag in Wien. Er reist stattdessen zu Pfalzgraf Ludwig nach Heidelberg.
1425 Erster Abschluß von Handschrift A (Nachträge bis ca. 1440).
Februar 1426 Vermittlungsversuche Oswalds zwischen Herzog Friedrich und den Starkenbergern.

Winter 1426 Völlige Isolation Oswalds. Bedrückende Lage auf Hauenstein.
22.2.1427 Vorladung zum Landtag nach Bozen.
Februar/März 1427 Oswald flüchtet und versucht, über den Rhein nach England zu entkommen. Er wird vor Wasserburg gestellt und auf Feste Vellenberg bei Innsbruck überführt.
1.5.1427 Unterwerfung, Urfehde und Entlassung aus der Haft. Beilegung des Streites um Hauenstein. Der Bürgschaftsanspruch Herzog Friedrichs bleibt jedoch bestehen.
1427/1428 Deutschlandreise zur Feme nach Westfalen.
Dezember 1427 In Salzburg im Hause des Hans Praun. Einladung zu Erzbischof Eberhard IV. Unter seinem Schutz Weiterreise nach München und Ulm.
Januar 1428 Zum Kurfürstentreffen bei Pfalzgraf Ludwig III. in Heidelberg. Hohe Ehrungen Oswalds.
Frühjahr 1428 Weiterfahrt nach Köln und Aachen zu Erzbischof Dietrich von Mörs und Herzog Adolf von Jülich und Berg. Aufnahme als Freischöffe der Feme. Rückreise über Fürstenberg und den Rhein nach Heidelberg. Erneute Ehrung und Hilfe durch Pfalzgraf Ludwig.
April 1428 Heimkehr nach Tirol.
Sommer 1429 Rechtsstreit mit Hans von Villanders um die 1422 verpfändete Burg Neuhaus.
1429 Fortführung des Prozesses mit Hans von Villanders und Anrufung der Feme.
31.10.1429 Oswald nimmt Bischof Ulrich Putsch von Brixen gewaltsam gefangen. Im Handgemenge wird Ritter Johann von Annenberg ergriffen und erhängt.
26.3.1430 Jakob Trautson, der Mörder Annenbergs, lauert Michael von Wolkenstein auf und wird von ihm erschlagen. Vor einem Schiedsgericht des inzwischen rehabilitierten Bischofs von Brixen wird die Tat als Notwehr anerkannt.
September 1430 Oswald in Nürnberg bei König Sigmund. Weiterreise in dessen Gefolge durch Schwaben über Ulm nach Überlingen und Konstanz. Verhandlungen mit der Rittergesellschaft vom St. Jörgenschild.
13.12.1430 Der Konstanzer Stadtadel wird von Sigmund in seinen Rechten bestätigt. Festlichkeiten im neuen Gesellschaftshaus »Zur Katze«.
Januar 1431 Rückkehr nach Nürnberg und Eröffnung des Reichstages.
14.4.1431 Oswald wird in die höchste Stufe des Drachenordens aufgenommen. Er zählt damit zu Sigmunds engsten Beratern.
Sommer 1431 Hussitenfeldzug.
14.8.1431 Niederlage und Massenflucht des Reichsheeres an der bairisch-böhmischen Grenze bei Taus.
September 1431 Oswald kehrt mit einer Botschaft Sigmunds an Herzog Friedrich nach Tirol zurück. Beginn von Handschrift B.
Herbst 1431 Erbschaftsstreit mit Michael von Wolkenstein um die Besitzungen Barbara Jägers.
Winter 1431 Sigmund bricht nach Italien auf, um sich in Rom zum Kaiser krönen zu lassen. Durch politische und finanzielle Hemmnisse kommt sein Zug in Piacenza ins Stocken.
10.1.1432 Oswald wird von Sigmund nach Piacenza berufen.
Frühjahr 1432 Nach längerem Aufenthalt Weiterreise bis Parma. Eine königliche Gesandtschaft wird in Ronciglione von gedungenen Banditen überfallen.
18.5.-4.6.1432 Oswald wird mit Dr. Nikolaus Stock als Botschafter zum Konzil nach Basel entsandt. Feierlicher Empfang durch die Bischöfe von Como und Lausanne.
Juli 1432 Rückkehr nach Tirol.
30.8.1432 Vollendung von Handschrift B.

April 1433 Oswald reist zu König Sigmund nach Rom.
31.5.1433 Kaiserkrönung Sigmunds in Rom.
Herbst 1433 Oswald in Tirol. Kaiser Sigmund zieht nach Basel.
Mai/November 1434 Oswald als Berater Sigmunds am Ulmer Reichstag.
12.7.1434 Graf Heinrich von Görz nimmt Oswald zum Rat auf.
17.7.1434 Sigmund belehnt Oswald mit Margaretes Anteil der Schwangauer Lehen und macht ihn so zum Reichsritter.
1436 Neuer Streit mit Hans von Villanders um die Bürgschaft.
2.8.1437 Bischof Ulrich Putsch stirbt.
9.12.1437 Kaiser Sigmund stirbt. Herzog Albrecht V. von Österreich wird als Albrecht II. deutscher König.
24.6.1439 Herzog Friedrich IV. stirbt. Herzog Friedrich V. von Kärnten übernimmt die Vormundschaft über dessen Sohn Sigmund (Haller Verschreibung).
15.9.1439 Friedrich V. hebt Oswalds Bürgschaft auf.
27.10.1439 Albrecht II. stirbt. Herzog Friedrich wird als Friedrich III. deutscher König.
1440/1441 Fortdauer der Finanzstreitigkeiten zwischen Oswald und Hans von Villanders.
1441-1444 »Villanderer Almstreit«. Nach wiederholten Weideverletzungen Oswalds organisiert sich ein Widerstand der Rittener Bauern, der nach juristischem Kleinkrieg in einem vereitelten Brandanschlag auf Burg Hauenstein gipfelt. Weitere gewaltsame Übergriffe beider Parteien.
1442 Konspiration des Tiroler Adels gegen Friedrich III.
1443 Michael von Wolkenstein stirbt. Geheime Korrespondenzen zwischen Herzog Sigmund und dem Tiroler Adel.
22.6.1443 Ende der in der Haller Verschreibung festgelegten Vormundschaft Friedrichs über Herzog Sigmund. Der König weigert sich, die Vereinbarung anzuerkennen.
3.11.1443 Oswald und andere Adelsführer fordern die Einhaltung der Haller Verschreibung. Der Landtag von Meran sperrt Friedrichs Tiroler Einnahmen und fordert zum allgemeinen Widerstand auf.
Dezember 1443 Oswald als Verweser von Eisack und Pustertal sichert die Grenzposten an der Mühlbacher Klause.
Januar 1444 Die Tiroler Landschaft beruft Oswald als Botschafter zu Graf Cilli. Oswald lehnt aus Sicherheitsgründen ab.
Frühjahr 1444 Tirolische Truppen besetzen Trient.
Sommer 1444 Oswald regelt als Führer des Tiroler Adels die Verwahrung der herzoglichen Vormundschaftsdokumente und Schatzinventare.
16.5.1445 Landtag in Meran. Trotz schlechter Gesundheit ist Oswald im Geschworenenrat.
5.7.1445 Oswald schreibt einen Sendbrief an Herzog Sigmund.
2.8.1445 Oswald von Wolkenstein stirbt in Meran. Er wird nach Kloster Neustift überführt und in der Kirche nahe dem Taufstein beigesetzt.

Konkordanz

Die Ordnung der Lieder nach Handschrift A

Das Werk des Wolkensteiners ist in zwei großen, zu seinen Lebzeiten und in seinem Auftrag entstandenen Liederhandschriften erhalten. Dabei läßt sich der Innsbrucker Codex »B« von 1432, dem unsere Edition folgt, in seiner weitgehenden Einheitlichkeit und Systematik gleichsam als »Ausgabe letzter Hand« betrachten. Die Wiener Handschrift »A« (Cod. Vind. 2777) dagegen erscheint als erste, zugleich ursprünglichere Werkesammlung. (Eine dritte, posthume Abschrift »c« blieb hier unberücksichtigt.)

Handschrift A wurde ab 1423 über mehr als fünfzehn Jahre hinweg von insgesamt neun Schreibern angefertigt, wobei immer wieder Tilgungen und Ergänzungen im schon vorhandenen Material vorgenommen wurden. In der Konkordanz sind diese neun Hände – nach Delbonos neuer Zählung – mit den Ziffern I–IX vermerkt. Dabei konnte Schreiber VI inzwischen als ein Oswald Holer aus der Diözese Brixen identifiziert werden. Von Schreiber VII, wahrscheinlich einem Neustifter Buchkunst-Spezialisten, stammt auch das Hauptvolumen der Handschrift B.

Die in Klammern gesetzten Nummern der Konkordanz fehlen in B. Sie bezeichnen die Stellung der Lieder nach unserer Ausgabe. Nach Nummer 68 (Lied 29) steht in Handschrift A ein von den Schreibern IV–VI zusammengestelltes, mit der Jahreszahl 1425 datiertes Inhaltsverzeichnis.

Hs. A	Hs. B	Hs. A	Hs. B	Hs. A	Hs. B
1 I	1	23 I	48	45 V	67
2 I	2	24 I	(119)	46 V/VI	23
3 I	3	25 I	52	47 III	22
4 I	4	26 I	(120)	48 V	65
5 I	8	27 I	47	49 V	68
6 I	9	28 I	49	50 V	33
7 I	11	29 VI	94	51 V	69
8 I	13	30 I	56	52 V	70
9 I	10	31 I	(121)	53 V	71
10 I	14	32 I	50	54 V	53
11 I	15	33 I	51	55 V	72
12 I	16	34 V	93	56 V	(122)
13 I	12	35 I	54	57 V	(123)
14 I	17	36 I	55	58 V	34
15 I	57	37 I	59	59 V	37
16 I	58	38 I	60	60 V	75
17 I	18	39 I	61	61 V	76
18 I	19	40 I	62	62 V	77
19 I	20	41 I	63	63 V	35
20 I	21	42 II	64	64 V/VI	31
21 IV	5	43 III	28	65 VIII	(124)
22 I	46	44 V	32	66 VIII	(125)

Hs. A	Hs. B	Hs. A	Hs. B	Hs. A	Hs. B
67 V	6	81 VI	27	95 VII	99
68 V	29	82 VI	84	96 VII	100
69 VIII	110	83 VI	25	97 VII	88
70 VI	79	84 VI	30	98 VII	45
71 VI	78	85 VI	38	99 VII	91
72 VI	80	86 VI	41	100 VII	89
73 VI	81	87 VI	86	101 VII	74
74 VI	82	88 VI	43	102 VII	97
75 VI	24	89 VI	39	103 VII	92
76 VI	7	90 VI	95	104 VII	96
77 VI	36	91 VI	116	105 VII	90
78 VI	26	92 VI	44	106 VII	101
79 VI	83	93 VII	40	107 IX	(126)
80 VI	42	94 VII	98	108 VIII	111

Literaturhinweise

Die folgende Auswahl nennt neben einigen grundlegenden Texten und Ausgaben vor allem neuere, zur Zeit der Drucklegung im Handel aufliegende Publikationen. Eine ausführliche, von Hans-Dieter Mück und Lambertus Okken edierte Gesamtbibliographie ist als 213. Band der Reihe »Göppinger Arbeiten zur Germanistik« angekündigt.

Faksimile-Ausgaben

Oswald von Wolkenstein. Handschrift A. Vollständige Faksimile-Ausgabe im Originalformat hrsg. u. komm. von Francesco Delbono. Codices Selecti LIX. Graz 1977

Oswald von Wolkenstein. Handschrift A. In Abbildung hrsg. von Ulrich Müller und Franz V. Spechtler. Privatdruck. Stuttgart 1974

Oswald von Wolkenstein. Abbildungen zur Überlieferung I: Die Innsbrucker Wolkenstein-Handschrift B. Hrsg. von Hans Moser und Ulrich Müller. Litterae 12. Göppingen 1972

Oswald von Wolkenstein. Abbildungen zur Überlieferung II: Die Innsbrucker Wolkenstein-Handschrift c. Hrsg. von Hans Moser, Ulrich Müller und Franz V. Spechtler. Litterae 16. Göppingen 1973

Oswald von Wolkenstein. Abbildungen zur Überlieferung IV: Die Streuüberlieferung. Hrsg. von Hans-Dieter Mück u.a. Litterae 36. Göppingen (in Vorb.)

Text- und Melodie-Editionen

Die Gedichte Oswalds von Wolkenstein. Mit Einleitung, Wortbuch und Varianten hrsg. von Beda Weber. Innsbruck 1847

Oswald von Wolkenstein. Geistliche und weltliche Lieder, ein- und mehrstimmig. Bearbeitet von Josef Schatz (Texte) und Oswald Koller (Melodien). Denkmäler der Tonkunst in Österreich IX/1. Wien 1902. Nachdruck Graz 1959

Die Gedichte Oswalds von Wolkenstein. Hrsg. von Josef Schatz. Göttingen 1904

Die Lieder Oswalds von Wolkenstein. Unter Mitwirkung von Walter Weiß und Notburga Wolf hrsg. von Karl Kurt Klein. Musikanhang von Walter Salmen. 2. Auflage bearbeitet von Hans Moser, Norbert R. Wolf und Notburga Wolf. Altdeutsche Textbibliothek 55. Tübingen 1975

Oswald von Wolkenstein. Frölich geschray so well wir machen. Melodien und Texte ausgewählt, übertragen und erprobt von Johannes Heimrath und Michael Korth, erläutert von Ulrich Müller und Lambertus Okken. München 1975

Oswald von Wolkenstein-Liederbuch. Eine Auswahl von Melodien. Hrsg. von Hans Ganser und Rainer Herpichböhm. Göpp. Arb. z. Germ. 240. Göppingen 1978

Übertragungen

Dichtungen von Oswald von Wolkenstein (Auswahl). Übersetzt, eingeleitet und erklärt von Ludwig Passarge. Reclams Universalbibl. 2839/40. Leipzig 1891

Oswald von Wolkenstein. Der mit dem einen Auge. Übertragen, ausgewählt und eingeleitet von Wieland Schmied. Graz 1960

Um dieser welten lust. Leib- und Lebenslieder des Oswald von Wolkenstein. Aus dem Altdeutschen übertragen und hrsg. von Hubert Witt. Mit Zeichnungen von Heinz Zander und einem Musikteil von Tilo Müller-Medek. Leipzig/Berlin 1968

Oswald von Wolkenstein. Lieder. Mittelhochdeutsch und Neuhochdeutsch. Auswahl. Hrsg., übersetzt und erläutert von Burghart Wachinger. Reclams Universalbibl. 2839/40. Stuttgart 1972

Biographien

Dieter Kühn: Ich Wolkenstein. Frankfurt 1977

Anton Schwob: Oswald von Wolkenstein. Bozen 1977

Kommentare und Einzeluntersuchungen

Oswald von Wolkenstein. Beiträge der philologisch-musikwissenschaftlichen Tagung in Neustift bei Brixen. Hrsg. von Egon Kühebacher. Innsbruck 1974

Dem Edeln unserm sunderlieben getrewn Hern Oswaltten von Wolkchenstain. Gesammelte Vorträge der 600-Jahrfeier Oswalds von Wolkenstein, Seis am Schlern 1977. Hrsg. von Hans-Dieter Mück und Ulrich Müller. Göpp. Arb. z. Germ. 206. Göppingen 1978

Oswald von Wolkenstein (Untersuchungen, Studien und Rezensionen von N. Mayr, K. K. Klein, Th. Göllner, S. Beyschlag, W. Röll, H. D. Mück, A. Schwob u. a.) Hrsg. von Ulrich Müller, Wege der Forschung DXXVI. Darmstadt. (In Vorb.)

Josef Schatz: Sprache und Wortschatz der Gedichte Oswalds von Wolkenstein. Wien 1930

Norbert Mayr: Die Reiselieder und Reisen Oswalds von Wolkenstein. Schlern-Schriften 215. Innsbruck 1961

Josef Wendler: Studien zur Melodiebildung bei Oswald von Wolkenstein. Tutzing 1963

Ulrich Müller: »Dichtung« und »Wahrheit« in den Liedern Oswalds von Wolkenstein: Die autobiographischen Lieder von den Reisen. Göpp. Arb. z. Germ. 1. Göppingen 1968

Erika Timm: Die Überlieferung der Lieder Oswalds von Wolkenstein. Germ. Studien 242. Lübeck 1972

George F. Jones/Hans-Dieter Mück/Ulrich Müller: Verskonkordanz zu den Liedern Oswalds von Wolkenstein. Göpp. Arb. z. Germ. 40/41. Göppingen 1973

Wolfgang Kersken: Genner beschnaid. Die Kalendergedichte und der Neumondkalender des Oswald von Wolkenstein. Überlieferung – Text – Deutung. Göpp. Arb. z. Germ. 161. Göppingen 1975

Eberhard Ockel: Die künstlerische Gestaltung des Umgangs mit Herrscherpersönlichkeiten in der Lyrik Oswalds von Wolkenstein. Göpp. Arb. z. Germ. 232. Göppingen 1977

Schallplatten

Reflexe. Stationen europäischer Musik. Oswald von Wolkenstein. Studio der frühen Musik. Leitung Thomas Binkley. EMI C 063-30101 (Lieder: 18, 31, 60, 85, 48, 50, 51, 46, 54, 101, 103, 53, 107)

Das alte Werk. Oswald von Wolkenstein. Doris Linser/Kurt Equiluz/Hermann Vogl/Kammerchor Walther von der Vogelweide. Leitung Othmar Costa. Telefunken 6.41139 AS (Lieder: 50, 21, 48, 49, 76, 47, 35, 118, 51, 44, 70)

Ich Oswald von Wolkenstein. Wilfried Jochims/Michael Schäffer/Tom Kannmacher. Aulos FSM 53 516 AUL (Lieder: 83, 17, 91, 30, 31, 21, 35, 33, 61, 15, 44, 116, 103, 6)

Oswald von Wolkenstein. Frölich geschray so well wir machen. Bärengässlin (Johannes Heimrath, Michael Korth u. a.). »pläne« G 1 0054 (Lieder: 96, 18, 72, 54, 85, 6, 92, 69, 91, 121, 14, 84)

Personen- und Ortsregister

Der Index umfaßt ausschließlich die Dichtungen Oswalds und deren Übertragung. Jede Textstelle ist durch drei, im doppelt vertretenen Lied 28 durch fünf Angaben definiert: Die in Klammern gesetzten Ziffern bezeichnen Liednummer und Zeile, die beiden folgenden Zahlen bzw. Zahlenpaare die jeweilige Seite in Übertragung und Urtext. Biblische, mythologische und fiktive Gestalten sind durch Kursivdruck gekennzeichnet, ebenso die Namen der Kalendergedichte. Den Namensfesten dieser Kalender ist als zusätzliche Hilfe das Datum beigegeben. Im Register scheinen auch indirekte Nennungen auf, soweit sie zweifelsfrei auf eine historische Persönlichkeit bezogen sind.

Aachen (41/50) 114, 356
Abraham (29/30) 95, 349
Absalom (3/36) 21, 318
Achatius (22.6.) (28/35) 85, 344; 90, 346; (67/36) 176, 370
Adam (3/26) 21, 318; (8/45) 29, 322; (36/22) 103, 353
Adolf, Herzog von Jülich und Berg (41/53) 115, 356
Adrianus (4.3.) (28/13) 85, 344; 88, 345; (67/14) 175, 370
Ägidius, »Gilg« (1.9.) (28/49) 86, 344; 91, 347; (67/51) 176, 371
Ägypten (s. Sultanskron)
Afra (7.8.) (28/44) 85, 344; 91, 347; (67/45) 176, 371
Agapitus (18.8.) (28/46) 85, 344; 91, 347
Agathe (5.2.) (28/8) 85, 343; 87, 345; (67/8) 175, 370
Agnes (21.1.) (28/5) 85, 343; 87, 345; (67/5) 175, 370
Agnes, am Hof Pfalzgraf Ludwigs III. (86/21) 212, 380
Alexander der Große (3/35) 21, 318
Alexius (17.7.) (28/39) 85, 344; 90, 347; (67/40) 176, 370
Ambrosius (4.4.) (28/20) 85, 344; 88, 346; (67/20) 175, 370
Andreas (30.11.) (28/66) 86, 344; 93, 348; (67/68) 176, 371
Anna (26.7.) (28/42) 85, 344; 91, 347; (67/43) 176, 370
Annas (114/13) 270, 400
Antonius (17.1.) (28/3) 84, 343; 87, 345; (67/4) 175, 370
Apollonia (9.2.) (28/8) 85, 343; 87, 345; (67/9) 175, 370
Apulien (12/4) 38, 326
Aquin, Thomas von (111/49) 255, 393
Arabien (44/1) 120, 358
Aragon (Katalonien) (12/2) 38, 326; (18/33) 50, 329; (19/7ff.) 52-53, 331; (27/85) 84, 343; (44/13) 120, 358
Aristoteles (3/31) 21, 318
Armenien (44/2) 120, 358
Arnulf (18.7.) (28/40) 85, 344; 90, 347; (67/41) 176, 370
Augsburg (41/22) 114, 356; (122/2) 287, 406
Augustinus (28.8.) (Vorspruch) 15, 316; (28/48) 85, 344; 91, 347; (67/50) 176, 371
Austro (Südwind) (17/47) 48, 329
Avignon (19/133) 55, 332; (104/62) 241, 389

Bacherach (86/34) 212, 380
Bärbelein, eine Schäferin (92/2ff.) 220, 383
Balthasar (Heiliger) (20/97) 61, 334
Barbara (4.12.) (28/67) 86, 344; 93, 348; (67/69) 177, 371
Barbarei (Nordafrika) (20/6) 59, 333; (23/102) 71, 338; (26/11) 78, 340; (44/1) 120, 358
Barcelona (12/59) 39, 326
Bartholomäus (24.8.) (28/47) 85, 344; 91, 347; (67/49) 176, 371
Basilla (20.5.) (28/28) 85, 344; 89, 346; (67/29) 176, 370

Baumgart (in König Sigmunds Gefolge) (19/91) 54, 332
Benedikt XIII., Papst (Pedro de Luna) (18/47) 50, 330; (19/47 ff.) 53-56, 331-332
Benedikt (21.3.) (28/17) 85, 344; 88, 345
Benz (70/22) 182, 373
Berg, Herzog von (s. Adolf)
Bernhard (20.8.) (28/46) 85, 344; 91, 347; (67/48) 176, 371
Bethlehem (35/15) 102, 352; (126/6) 292, 408
Bingen (86/30) 212, 380
Blasius (3.2.) (28/7) 85, 343; 87, 345; (67/7) 175, 370
Bodensee (123/33) 289, 407
Böhmen (12/3) 38, 326; (27/9 ff.) 82-84, 342-343; (39/60) 110, 355; (134) 298, 412
Bonifatius (5.6.) (28/32) 85, 344; 90, 346
Bozen (85/25) 211, 380
Brabant (21/95) 64, 335; (44/9) 120, 358
Brandenburg, Markgraf von (s. Friedrich I.)
Brieg, Ludwig II., Herzog von (19/81 ff.) 54-55, 332
Brigida (1.2.) (28/7) 85, 343; 87, 345; (67/7) 175, 370
Brisacher, Marquart (kgl. Kanzleiregistrator) (103/19) 239, 388
Brittius (13.11.) (28/63) 86, 344; 93, 348
Brixen (25/30) 75, 339; (104/22) 240, 389
Brügge (12/56) 39, 326
Bruneck (102/91) 237, 388
Bruneck, Hans von (Hans Maler) (102/26) 235, 387
Byzanz (Romanei) (44/4) 120, 358

Cäcilia (22.11.) (28/65) 86, 344; 93, 348; (67/67) 176, 371
Castelbarco-Lizzana, Aldriget von (26/142) 81, 342
Ceuta (s. Septa)
Christina (24.7.) (28/41) 85, 344; 91, 347; (67/42) 176, 370
Christus, Jesus (3/45) 22, 318; (8/18 ff.) 28-29, 321-322; (67/1) 175, 370; (109/11 ff.) 251, 392; (111) 254-258, 393-395; (116/57) 277, 403; (130/53) 296, 411
Chrysogonus (24.11.) (28/65) 86, 344; 93, 348
Cölestin (6.4.) (28/20) 85, 344; 88, 346
Coloman (13.10.) (28/57) 86, 344; 92, 348; (67/59) 176, 371
Coro (Südwestwind) (17/53) 48, 329
Crispinus (24.10.) (28/59) 86, 344; 92, 348; (67/61) 176, 371

Dänemark (12/3) 38, 326; (21/93) 64, 335; (44/9) 120, 358
Damasius (11.12.) (28/69) 86, 344; 94, 348
Damaskus (12/56) 39, 326
Daniel (Prophet) (134) 298, 412
David (bibl. König) (3/29) 21, 318
Diemut (25/107) -, 340; (70/29) 183, 373
Dietrich II., Erzbischof von Köln (41/35 ff.) 114-115, 356
Dionys (9.10.) (28/56) 86, 344; 92, 348
Dolce, Conte (Graf Süß) (105/2 ff.) 242-243, 389-390
Donatus (1.3.) (28/13) 85, 344; 88, 345
Doris, eine Dirne (102/27) 235, 387
Dorothea (6.2.) (28/8) 85, 343; 87, 345; (67/8) 175, 370

Eberhard IV., Graf von Starhemberg, Erzbischof von Salzburg (41/10) 114, 356
Ebser, Wilhelm (55/23) 154, 364
Eisack (116/7) 276, 402
Elisabeth (19.11.) (28/64) 86, 344; 93, 348; (67/66) 176, 371
Eleonore von Aragon (18, 11 ff.) 50, 329; (19/41) 53, 331
Elias (3/41) 22, 318
Elli (123/26) 289, 407
Else (73/4 ff.) 188, 374; (123/26) 289, 407
England (12/2) 38, 326; (19/206) 57, 333; (21/94) 64, 335; (26/4) 78, 340; (27/85) 84, 343; (44/10) 120, 358
Erasmus, »Asam« (3.6.) (28/31) 85, 344; 89, 346; (67/32) 176, 370
Erhard (8.1.) (28/2) 84, 343; 86, 345; (67/2) 175, 370
Estland (21/93) 64, 335; (44/7) 120, 358
Eugen IV., Papst (105/5) 242, 389
Euphemia (16.9.) (28/52) 86, 344; 92, 347; (67/54) 176, 371
Eusebius (14.8.) (28/45) 85, 344; 91, 347; (67/47) 176, 371
Eustachius (2.11.) (28/61) 86, 344; 93, 348

Eva (109/47) 251, 392

Fabian (20.1.) (28/4) 84, 343; 87, 345; (67/5) 175, 370
Felix (29.7.) (28/42) 85, 344; 91, 347
Finisterre (44/16) 120, 358
Firenzuola (Florenzola) (103/28) 239, 388
Flaggeralm (116/3) 276, 402
Flandern (21/95) 64, 335; (44/10) 120, 358; (95/44) 226, 385
Florian (4.5.) (28/25) 85, 344; 89, 346; (67/26) 175, 370
Frankreich (12/1) 38, 326; (18/18) 50, 329; (21/40ff.) 63-64, 335; (27/85) 84, 343; (44/10) 120, 358
Franz (4.10.) (28/55) 86, 344; 92, 348; (67/57) 176, 371
Friedrich I., Markgraf von Brandenburg (41/36) 114, 356
Friedrich IV., Herzog von Tirol (23/106) 71, 338; (26/49ff.) 79-81, 341-342; (44/73) 122, 359; (55/44ff.) 155, 364-365; (85/12) 210, 380; (104/77) 242, 389
Fritz (in König Sigmunds Gefolge) (19/91ff.) 54-55, 332
Frötschbach (44/64) 122, 359
Fürstenberg (41/59) 115, 357

Gabriel (Erzengel) (130/4) 295, 410
Gallus (16.10.) (28/58) 86, 344; 92, 348; (67/60) 176, 371
Gara, Nikolaus, Großgraf von Ungarn (19/118) 55, 332
Geld, Frau (eine Bordellwirtin) (54/6) 153, 364
Genua (12/58) 39, 326
Georg, Jörg (24.4.) (28/23) 85, 344; 89, 346; (67/24) 175, 370
Georgien (44/5) 120, 358
German, ein Knecht Matthias Schlicks (105/39) 243, 390
Gertrud (17.3.) (28/16) 85, 344; 88, 345; (67/17) 175, 370
Gilg (s. Ägidius)
Giustiniani, Leonardo (Jöstlin) (21/42) 63, 335
»Goldener Schlegel«, Wirtshaus in Konstanz (123/77) 290, 407
Gordianus (10.5.) (28/27) 85, 344; 89, 346; (67/28) 175, 370
Gotthard (5.5.) (28/26) 85, 344; 89, 346; (67/27) 175, 370
Gottschalk (Gesandter König Sigmunds) (105/41) 243, 390
Granada (12/6) 38, 326; (20/7) 59, 333; (23/101) 71, 338; (26/15) 78, 340; (44/14) 120, 358
Greco (Nordostwind) (17/28) 48, 328
Gregor (12.3.) (28/15) 85, 344; 88, 345; (67/16) 175, 370
Greifenstein (85/4) 210, 380
Greisnegger, Johann, Kämmerer Friedrich IV. (26/101) 80, 341
Gretel (48/1) 133, 361; (70/7) 182, 373
Griechenland (Hellas) (20/5) 59, 333
Großgraf (s. Gara)

Hänsel (70/13) 182, 373
Hafling (85/26) 211, 380
Hans (s. Johannes)
Hans von Dänemark (in Sigmunds Gesandtschaft) (105/49) 243, 390
Hans Maler (s. Bruneck)
Hauenstein (26/28) 78, 341; (26/147) 81, 342; (44/69) 122, 359; (104/20) 240, 389; (116/10) 276, 402
Hausmann, Anna (»Sabina«) (1, 15ff.) 16-19, 316-317; (2, 41ff.) 20, 318; (11/116) 37, 325; (18/54ff.) 51-52, 330; (23/76ff.) 70-71, 338; (26/112ff.) 80, 342; (26/120) 80, 342; (36/5ff.) 102-103, 352-353; (55/1ff.) 154-155, 364; (59/3ff.) 162-163, 366-367; (60/7ff.) 164-165, 367
Hecht, Hermann (kgl. Kanzleischreiber) (103/10ff.) 239, 388
Hedwig (Heilige) (82/66) 206, 378
Heidelberg (26/3) 78, 340; (41/33ff.) 114-115, 356-357; (86/14) 212, 380
Heinrich (13.7.) (28/39) 85, 344; 90, 347; (67/40) 176, 370
Heinrich (ein Bauer) (70/27) 183, 373; (79/3ff.) 199-200, 377
Heinz (54/16ff.) 153, 364; (70/19) 182, 373
Heizer, Peter (auf Vellenberg) (26/20ff.) 78-79, 340-341
Helena (8.2.) (28/8) 85, 343; 87, 345; (67/9) 175, 370
Herodes (111/114ff.) 256, 394
Hieronymus, Jerome (30.9.) (28/54) 86, 344; 92, 348; (67/57) 176, 371

Hippolytus (13.8.) (28/45) 85, 344; 91, 347; (67/47) 176, 371; (134) 298, 412
Hus, Jan (27/41) 83, 343

Iacinthus (10.9.) (28/50) 86, 344; 92, 347
Indien (20/3) 59, 333; (28/71) 86, 344; 94, 348
Innsbruck (26/51) 79, 341
Irland (26/5) 78, 340
Isabeau von Frankreich (19/189) 57, 333

Jäckel (54/16ff.) 153, 364; (70/23) 183, 373
Jäger, Martin (26/112) 80, 342
Jakob (25.7.) (28/42) 85, 344; 91, 347; (67/43) 176, 370
Janko, ein Knappe (105/25) 242, 390
Jenesien (85/27) 211, 380
Jennerwein (Heiliger) (82/66) 206, 378
Jens (48/16ff.) 134, 361; (70/22) 182, 373
Jöstlin (s. Giustiniani)
Johannes (6.5.) (28/26) 85, 344; 89, 346; (67/27) 175, 370
Johannes (28.5.) (28/30) 85, 344; 89, 346; (67/31) 176, 370
Johannes (24.6.) (28/35) 85, 344; 90, 346
Johannes (26.6.) (28/35) 85, 344; 90, 346; (67/36) 176, 370
Johannes (29.8.) (28/48) 85, 344; 91, 347
Johannes (27.12.) (28/72) 86, 344; 94, 348; (67/74) 177, 371
Johannes Evangelist (3/8) 21, 318; (20/108) 61, 334; (111/190) 258, 395
Johannes der Täufer (3/44) 22, 318
Johannes Chrysostomus (27.1.) (28/6) 85, 343; 87, 345; (67/6) 175, 370
Josaphat (51/5) 143, 362
Joseph (alttestamentarisch) (3/42) 22, 318
Jovis (Jupiter) (22/21ff.) 66-67, 336
Judas (111/74) 255, 394; (112/135) 261, 396
Julian (16.2.) (28/10) 85, 343; 87, 345; (67/10) 175, 370
Jussuf III. ben Achmar (»Der rote König«) (26/16) 78, 340

Kätzchen (am Hof Ludwigs III.) (86/20) 212, 380
Kaiphas (111/113) 256, 394
Kalde, Peter, »Jülicher« (Schreiber Sigmunds) (103/15) 239, 388
Kalvarie (114/84) 271, 401
Kandia (s. Kreta)
Kandida (1.12.) (28/67) 86, 344; 93, 348
Kastelruth (116/7) 276, 402
Kastilien (12/2) 38, 326; (44/13) 120, 358
Katharina (25.11.) (28/66) 86, 344; 93, 348; (67/67) 176, 371
Katharina (Heilige) (1/9) 16, 316
Kathrin (48/16ff.) 134, 361 (70/22) 182, 373
»Katze«, Gesellschaftshaus in Konstanz (98/36) 230, 386
Kilian (8.7.) (28/38) 85, 344; 90, 347; (67/39) 176, 370
Klara (21/107) 64, 335; (70/22) 182, 373
Klaus (s.a. Nikolaus) (73/9ff.) 188-189, 374
Klemens (23.11.) (28/65) 86, 344; 93, 348; (67/67) 176, 371
Köln (41/1ff.) 113-115, 356; (104/61) 241, 389
Kolumban (25.10.) (28/59) 86, 344; 93, 348
Konrad, Kunz (26.11.) (28/66) 86, 344; 93, 348; (67/68) 176, 371
Konrad (70/33) 183, 373
Konstantin (30.1.) (28/6) 85, 343; 87, 345
Konstanz (19/10) 52, 331; (45/6) 122, 359; (98/2ff.) 229-230, 385-386; (103/19) 239, 388; (104/62) 241, 389; (123/3ff.) 289-290, 406-407
Kopp (auf Vellenberg) (26/92) 80, 341
Korbinian (9.9.) (28/50) 86, 344; 92, 347
Kosmas (27.9.) (28/54) 86, 344; 92, 347; (67/56) 176, 371
Kratzer, »Frau Unrüb« (eine Kupplerin) (102/9ff.) 235-236, 387-388
Kreta (Kandia) (18/15) 50, 329
Kreyg, Konrad von (26/101) 80, 341
Kunigunde (3.3.) (28/13) 85, 344; 88, 345; (67/13) 175, 370
Kunz (s.a. Konrad) (48/4ff.) 133-134, 361; (70/22) 182, 373
Kyrill (29.5.) (28/30) 85, 344; 89, 346; (67/31) 176, 370

La Stella, Nicolaus de (105/61) 243, 390
Lambertus, Lamprecht (17.9.) (28/52) 86, 344; 92, 347; (67/54) 176, 371
Laurentius (10.8.) (28/44) 85, 344; 91, 347; (67/46) 176, 371

Leo (12.4.) (28/21) 85, 344; 88, 346; (67/21) 175, 370
Leo (28.6.) (28/36) 85, 344; 90, 346; (67/37) 176, 370
Leonhard (6.11.) (28/62) 86, 344; 93, 348; (67/64) 176, 371
Levante (Ostwind) (17/20) 48, 329; (20/2) 59, 333
Lippel (27/3) 82, 342; (70/19) 182, 373
Lissabon (26/11) 78, 340
Litauen (18/17) 50, 329; (44/8) 120, 358
Livland (44/8) 120, 358
Lombardei (18/18) 50, 329; (27/86) 84, 343; (103/4) 238, 388
London (21/75) 64, 335
Longinus (29/15) 94, 349; (111/199) 258, 395
Lucia (13.12.) (28/69) 86, 344; 94, 348; (67/71) 177, 371
Lucia (70/22) 182, 373
Ludwig III., Pfalzgraf bei Rhein (»Der Bärtige«) (26/83) 79, 341; (41/36ff.) 114-115, 356-357; (86/1ff.) 211-212, 380
Lukas (18.10.) (28/58) 86, 344; 92, 348; (67/60) 176, 371
Luna, Pedro de (s. Benedikt XIII.)
Luzifer (6, 41) 25, 320; (8/42) 28, 322; (27/42) 83, 343

Märkel, Peter (Wächter auf Vellenberg) (26/47) 79, 341
Mätzli (21/107) 64, 335
Magdalena (22.7.) (28/41) 85, 344; 91, 347; (67/42) 176, 370
Magnus, Mang (6.9.) (28/49) 86, 344; 91, 347; (67/52) 176, 371
Main (86/29) 212, 380
Mainz (41/35) 114, 356; (104/61) 241, 389
Maistro provenz (Nordwestwind) (17/26) 48, 328
Mannheim (86/34) 212, 380
Maredel (48/1) 133, 361
Marcellus (16.1.) (28/3) 84, 343; 87, 345; (67/4) 175, 370
Margareta von Prades (18/48) 50, 330; (19/41) 53, 331; (19, 154ff.) 56, 332
Margarete (12.7.) (28/39) 85, 344; 90, 347; (67/40) 176, 370
Margarete von Schwangau (s. Schwangau)
Margarita (57) 159, 365
Markgraf von Brandenburg (s. Friedrich I.)
Markus (25.4.) (28/23) 85, 344; 89, 346; (67/24) 175, 370
Maria (1/11) 16, 316; (1/115) 19, 317; (6/43) 25, 320; (27/89) 84, 343; (29/24) 95, 349; (32/24) 97, 350; (109/1ff.) 250-252, 392; (111/103ff.) 256-258, 394-395; (114) 270-272, 400-401; (130/23ff.) 295-296, 410
Maria (2.2.) (28/7) 85, 343; 87, 345; (67/7) 175, 370
Maria (25.3.) (28/18) 85, 344; 88, 345; (67/18) 175, 370
Maria (2.7.) (28/37) 85, 344; 90, 347; (67/38) 176, 370
Maria (15.8.) (28/46) 85, 344; 91, 347; (67/47) 176, 371
Maria (8.9.) (28/50) 86, 344; 92, 347; (67/52) 176, 371
Maria (8.12.) (28/68) 86, 344; 93, 348; (67/70) 177, 371
Mars (22/20ff.) 66-67, 336
Marseille (44/17) 121, 358
Martin (10.11.) (28/63) 86, 344; 93, 348
Martin (11.11.) (28/63) 86, 344; 93, 348; (67/65) 176, 371
Mathilde (»Mätzli«) Tochter Ludwigs III. (86/20) 212, 380
Matrona (15.3.) (28/16) 85, 344; 88, 345
Matthäus (21.9.) (28/53) 86, 344; 92, 347; (67/55) 176, 371
Matthias (24.2.) (28/12) 85, 343; 87, 345; (67/12) 175, 370
Maximilian (12.10.) (28/57) 86, 344; 92, 348
Meran (85/25) 211, 380
Merkur (22/20ff.) 66-67, 336
Mert von Speyer (105/41) 243, 390
Methusalem (3/27) 21, 318
Metz, Metzli (70/29) 183, 373; (75/31) 192, 375
Michael (29.9.) (28/54) 86, 344; 92, 347; (67/56) 176, 371
Mölten (85/26) 211, 380
Montpellier (12/60) 39, 326
Montserrat, Madonna von (10.12.) (28/68) 86, 344; 93, 348
Moritz (22.9.) (28/53) 86, 344; 92, 347; (67/55) 176, 371

Moses (4.9.) (28/49) 86, 344; 91, 347; (67/51) 176, 371
Mosmaier, Heinz (81/5) 202, 377; (116/4) 276, 402
München (41/18) 114, 356
Münsterling (98/6) 229, 386
Mutzenhof (116/28 ff.) 276, 403

Nahe (»Nau«) (86/29) 212, 380
Narbonne (19/116) 55, 332; (20/15) 59, 333
Narcissus (29.10.) (28/60) 86, 344; 93, 348
Navarra (12/4) 38, 326; (21/94) 64, 335; (44/14) 120, 358
Nazareth, Jesus von (111/83) 255, 394
Neapel (21/96) 64, 335
Neckar (86/27) 212, 380
Neckarau (86/30) 212, 380
Nehrung (44/8) 120, 358
Neideck, Hans von (26/103) 80, 342
Nicetus (5.12.) (28/68) 86, 344; 93, 348
Nickel (73/1 ff.) 188-189, 374
Nikolaus (6.12.) (28/68) 86, 344; 93, 348; (67/70) 177, 371
Nios (18/82) 51, 330
Nürnberg (99/2) 231, 386; (104/62) 241, 389

Österreich (104/77) 242, 389
Öttingen, Ludwig XII. Graf von (19/73) 54, 331
Oswald (5.8.) (28/44) 85, 344; 91, 347; (67/45) 176, 371
Oswald von Wolkenstein (s. Wolkenstein)
Otmar (16.11.) (28/63) 86, 344; 93, 348; (67/65) 176, 371

Pankraz (12.5.) (28/27) 85, 344; 89, 346; (67/28) 175, 370
Pantaleon (28.7.) (28/42) 85, 344; 91, 347; (67/43) 176, 370
Paradies (Stadtteil von Konstanz) (98/1) 229, 385
Paris (12/55) 39, 326; (19/169 ff.) 56-57, 333; (21/75) 64, 335; (104/61) 241, 389
Paul (25.1.) (28/6) 85, 343; 87, 345; (67/6) 175, 370
Paul (21.2.) (67/12) 85, 343; 87, 345
Paul (30.6.) (28/36) 85, 344; 90, 347; (67/37) 176, 370
Peregrinus, Pilgrim (16.5.) (28/28) 85, 344; 89, 346; (67/29) 176, 370
Perpignan (18/47) 50, 330; (19/16 ff.) 53, 331
Persien (44/2) 120, 358
Pesseierhof (104/11) 240, 389
Petronilla (31.5.) (28/30) 85, 344; 89, 346; (67/31) 176, 370
Peter (22.2.) (28/11) 85, 343; 87, 345; (67/12) 175, 370
Peter (29.6.) (28/36) 85, 344; 90, 346; (67/37) 176, 370
Peter (1.8.) (28/43) 85, 344; 91, 347; (67/44) 176, 371
Petrus (20/104) 61, 334; (98/20) 230, 386; (111/100) 256, 394; (112/149 ff.) 262, 397; (114/36) 270, 400
Petrarca, Francesco (10/28) 32, 323
Philipp (1.5.) (28/25) 85, 344; 89, 346; (67/26) 175, 370
Piacenza (103/24) 239, 388
Picardie (21/95) 64, 335
Pilatus (27/42) 83, 343; (111/113 ff.) 256-257, 394
Pilgrim (s. Peregrinus)
Plätscher, Hans (116/17 ff.) 276-277, 402
Plank (ein Schwabe) (26/61 ff.) 79, 341
Polykarp (26.1.) (28/6) 85, 343; 87, 345; (67/6) 175, 370
Ponent (Westwind) (17/22) 48, 328; (20/13 ff.) 59-60, 333-334
Portugal (12/6) 38, 326; (20/8) 59, 333; (23/101) 71, 338; (26/6) 78, 340; (44/15) 120, 358
Prades (s. Margareta)
Praun, Hans (41/2) 113, 356
Praxedis (21.7.) (28/40) 85, 344; 90, 347; (67/41) 176, 370
Preßburg (30/25) 95, 349; (55/22) 154, 364
Preußen (18/17) 50, 329; (21/92) 64, 335; (44/7) 120, 358; (123/46) 290, 407
Primus (9.6.) (28/32) 85, 344; 90, 346; (67/33) 176, 370
Prisca (18.1.) (28/4) 84, 343; 87, 345; (67/4) 175, 370
Protus (11.9.) (28/51) 86, 344; 92, 347
Provence (44/17) 121, 358
Pudentia (19.5.) (28/28) 85, 344; 89, 346; (67/29) 176, 370
Putsch (s. Ulrich II.)

Ratzes am Schlern (44/18) 121, 358
Raubenstein (Rafenstein) (85/14ff.) 210, 380
Regina (7.9.) (28/50) 86, 344; 92, 347
Remigius (1.10.) (28/55) 86, 344; 92, 348
Rhein (21/97) 64, 335; (26/3ff.) 78-79, 340-341; (41/58) 115, 357; (86/29) 212, 380; (123/3) 289, 406
Riga, Johannes, Bischof von (19/117) 55, 332
Rigo aus Wien (in Sigmunds Gesandtschaft) (105/55) 243, 390
Ritten (85/25) 211, 380
Rom (21/96) 64, 335; (105/6ff.) 242, 389; (112/189ff.) 262-263, 397; (112/394) 267, 399
Roman (28.2.) (28/13) 85, 344; 87, 345
Romanus (9.8.) (28/44) 85, 344; 91, 347
Ronciglione (105/4) 242, 389
Roter König (s. Jussef III.)
Rufus (27.8.) (28/48) 85, 344; 91, 347
Ruprecht (27.3.) (28/18) 85, 344; 88, 345; (67/18) 175, 370
Ruprecht (24.9.) (28/53) 86, 344; 92, 347
Ruprecht, deutscher König (18/20) 50, 329
Rußland (21/93) 64, 335; (44/7) 120, 358; (123/46) 290, 407

Salomon (3/29) 21, 318; (32/10) 97, 350 (112/92) 260, 396
Salzburg (41/2) 113, 356
Salzmair, Salinaufseher von Hall (26/103) 80, 342
Samson (3/27) 21, 318
Sannau, Dietrich von (105/25) 242, 390
Sarntal (85/27) 211, 380
Saturn (22/24) 66, 336; (22/129) 68, 337
Savoyen (86/13) 211, 380
Savoyen, Amadeus VIII. von (19/212) 57, 333
Schlern (44/18) 121, 358
Schlick, Matthias (kgl. Sekretär) (105/29) 242, 390
Scholastika (10.2.) (28/8) 85, 343; 87, 345; (67/9) 175, 370
Schottland (26/5) 78, 340; (44/11) 120, 358
Schwaben (122/30) 288, 406; (123/52) 290, 407
Schwangau, Margarete von (33/33) 100, 351; (44/52) 121, 359; (61) 165-166, 367; (68/11ff.) 178, 371-372; (69/42ff.) 180-181, 372; (71/27) 184, 373; (75/27) 192, 375; (77/1ff.) 196-197, 376; (87/38) 213, 381; (97/21ff.) 228, 385; (104/68) 241, 389; (110/10) 253, 392
Schwarzes Meer (18/28) 50, 329
Schweden (12/3) 38, 326; (44/9) 120, 358
Scirocco (Südostwind) (17/40) 48, 329
Sebastian (103/28) 239, 388
Seiseralm (116/3) 276, 402
Seldenhorn, Ulrich (26/104) 80, 342
Senat (7.6.) (28/32) 85, 344; 90, 346; (67/33) 176, 370
Septa (Ceuta) (26/12) 78, 340
Sigmund (2.5.) (28/25) 85, 344; 89, 346
Sigmund, deutscher Kaiser (Vorspruch) 15, 316; (18/20ff.) 50, 329; (19/36ff.) 53-57, 331-333; (26/42ff.) 78-79, 341; (55/25ff.) 154-155, 364
Silvester (31.12.) (28/72) 86, 344; 94, 348; (67/75) 177, 371
Simeon (18.2.) (28/11) 85, 343; 87, 345; (67/11) 175, 370
Simon (28.10.) (28/60) 86, 344; 93, 348; (67/62) 176, 371
Simplicius (2.3.) (28/13) 85, 344; 88, 345
Sixtus (6.8.) (28/44) 85, 344; 91, 347; (67/45) 176, 371
Sizilien (12/5) 38, 326
Sodom (39/35) 109, 354
Sola (3.12.) (28/67) 86, 344; 93, 348
Sophia (15.5.) (28/27) 85, 344; 89, 346; (67/28) 175, 370
Spanien (12/2) 38, 326; (18/18) 50, 329; (19/7) 52, 331; (20/8) 59, 333; (21/92) 64, 335; (23/102) 71, 338; (44/15) 120, 358
Sankt Georgen (85/17) 210, 380
Sankt Lorenz (102/45) 236, 387
Steinbrecher, Ulrich aus Nesselwang (123/38) 290, 407
Stephan (2.8.) (28/43) 85, 344; 91, 347; (67/44) 176, 371
Stephan (3.8.) (28/43) 85, 344; 91, 347; (67/45) 176, 371
Stephan (26.12.) (28/72) 86, 344; 94, 348; (67/74) 177, 371
Straßburg (104/36) 241, 389
Süß, Graf (s. Dolce)
Sultanskron (Ägypten) (12/6) 38, 326; (21/92) 64, 335

Syrien (17/10) 47, 328; (20/4) 59, 333; (35/1) 101, 352; (44/3) 120, 358

Tartarei (18/17) 50, 329; (44/3) 120, 358
Tauglbach (23/88) 71, 338
Thomas (21.12.) (28/71) 86, 344; 94, 348; (67/73) 177, 371
Thomas (29.12.) (28/72) 86, 344; 94, 348; (67/74) 177, 371
Tiburtius (14.4.) (28/21) 85, 344; 88, 346; (67/22) 175, 370
Timothee (22.8.) (28/47) 85, 344; 91, 347; (67/49) 176, 371
Tinerchen (am Hof Ludwigs III.) (86/21) 212, 380
Toskana (21/96) 64, 335
Toulouse (67/62) 176, 371
Tramin (45/34) 123, 359
Tramontan (Nordwind) (17/27) 48, 328; (20/80) 60, 334
Trier, Erzbischof von (41/35) 114, 356
Trinerchen (am Hof Ludwigs III.) (86/20) 212, 380
Tripolis (Libyen) (12/56) 39, 326
Truchseß von Diessenhofen, Johann, gen. Molli (26/102) 80, 341
Türkei (18/17) 50, 329; (19/162) 56, 333; (44/4) 120, 358

Überlingen (45/3 ff.) 122-123, 359-360
Ulm (41/22 ff.) 114, 356; (103/19) 239, 388
Ulrich (4.7.) (28/37) 85, 344; 90, 347; (67/38) 176, 370
Ulrich II. Putsch, Bischof von Brixen (104/24 ff.) 240-241, 389
Ungarn (12/3) 38, 326; (23/82) 71, 338; (30/25) 95, 349; (55/14 ff.) 154-155, 364; (102/59 ff.) 236, 387-388
Unrüb (s. Kratzer)
Urban (25.5.) (28/29) 85, 344; 89, 346; (67/30) 176, 370
Ursula (21.10.) (28/59) 86, 344; 92, 348; (67/61) 176, 371

Valentin (14.2.) (28/10) 85, 343; 87, 345; (67/10) 175, 370
Valerian (18.4.) (28/22) 85, 344; 89, 346; (67/23) 175, 370
Valerius (29.1.) (28/6) 85, 343; 87, 345
Vallburg (4/54) 23, 319
Vellenberg (7/54) 27, 321; (26/32) 78, 341
Venedig (12/56) 39, 326
Venus (22/21) 66, 336; (22/113) 68, 336
Vigilius, Virgil (26.9.) (28/54) 86, 344; 92, 347; (67/56) 176, 371
Vinzenz (22.1.) (28/5) 85, 343; 87, 345; (67/5) 175, 370
Virgilius (27.11.) (28/66) 86, 344; 93, 348
Vitalis (28.4.) (28/24) 85, 344; 89, 346
Vitus (15.6.) (28/33) 85, 344; 90, 346; (67/34) 176, 370

Walburga (25.2.) (28/12) 85, 343; 87, 345; (67/12) 175, 370
Walburga (50/65) 142, 362
Wasserburg am Bodensee (26/29) 78, 341
»Weide« (Wirtshaus bei Konstanz) (123/36) 290, 407
Wenzel (28.9.) (28/54) 86, 344; 92, 347; (67/56) 176, 371
Wien (104/61) 241, 389
Winterklaubhof (104/2) 240, 389
Wolfgang (31.10.) (28/60) 86, 344; 93, 348
Wolkenstein (19/102) 55, 332; (41/1) 113, 356
Wolkenstein, Friedrich von (18/10) 50, 329
Wolkenstein, Leonhard von (85/3) 210, 380
Wolkenstein, Michael von (85/1) 210, 380
Wolkenstein, Oswald von (Vorspruch) 15, 316; (1/116) 19, 317; (3/49) 22, 318; (4/54) 23, 319; (6/54) 26, 320; (7/52) 27, 321; (18/107) 52, 330; (26/161) 81, 342; (27/90) 84, 343; (35/45) 102, 352; (39/55) 110, 355; (71/28) 184, 373; (75/27) 192, 375; (77/4 ff.) 196-197, 376; (85/2) 210, 380; (111/198) 258, 395; (112/410) 267, 399; (115/21) 273, 401; (118/46) 280, 404; (131) 296, 411; (133) 298, 412; (134) 298, 412
Wyclif, John (27/49) 83, 343

Zypern (12/5) 38, 326; (21/96) 64, 335

Alphabetisches Verzeichnis der Überschriften und Liedanfänge

Ach Gretlin, Gret (77) 195
Ach Gott, dürft ich ein Pilger sein (90) 216
ACH got wër ich ain bilgerin (90) 382
Ach, sehnliches Leiden (51) 142
ACH senliches leiden (51) 362
Ach wars mein lieb (Do frayg amors) (69) 372
Ain ander Mittit ad virginem (130) 410
Ain ander Mundi renouacio (129) 409
AJN anefangk (1) 316
AJn burger und ein hofman (25) 339
Ain ellend schyd (124) 407
Ain eren schacz (125) 407
AJN graserin (76) 375
AJN güt geboren edel man (43) 357
AJN klügen abt (127) 408
AJN menczsch uon achzehen jaren (57) 365
AJn rainklich weib (80) 377
AJN tunckle farb (33) 351
AJn yetterin (83) 379
Auf Abenteuer (26) 77
Auf Torenweis (32) 97
Aus günstigem Herzen (71) 183
Aus manchem Schnabel (27) 81
Ave mater (109) 249
AVe mater (109) 392
Aue mütter (109) 392
Ave Mutter (109) 251

Benedicite (14) 42
Benedicite (14) 327
Bis willen kum (BOg dep'mi) (119) 405
BOg dep'mi (119) 405
Bog te primi (119) 281

Cisiojanus (Menschlicher Gott) (28) 84
Cisioianus (MENczschlichen got) (28) 343
Compassio beatae virginis (114) 269
Compassio beate virginis (114) 400

Den Techst vbr' das geleyemors (131) 411
DEr himel fürst (29) 349
Der Himmelsfürst (29) 94
DEr may mit lieber zal (50) 362
Der oben schwebt (31) 96
DEr oben swebt (31) 350
DEr seines laids ergeczt well sein (123) 406
DEr werlde vernewung (129) 409
Der Wolkensteiner spricht (133) 298
Des großen Herren Wunder (22) 65
DEs grossen herren wunder (22) 336
DEs himels trone (37) 353
Des Himmels Throne (37) 104
Des Maien lieber Strahl (50) 138
Des Wolkensteiners Text (Es dringet) (131) 296
Die alte Schuld (36) 102
Die Liebe fügt sich niemand (72) 185
DJe mynne füget nyemand (72) 374
Die Welt wird neu (129) 294
DO frayg amors (69) 372
Do vrai amour (69) 179
Du armer Mensch (8) 27
DV armer mentzsch (8) 321
Du auserwähltes schönes Herz (46) 124
DV ausserweltes schöns mein hercz (46) 360
DVrch aubenteuer (26) 340
Durch Barbarei (44) 119
DVrch barbarey (44) 358
DVrch toren weys (32) 350

Ein Abschiedsweh (124) 291
Ein Anfang, lang (1) 16
Ein Bürger und ein Hofmann (25) 74
Ein dunkler Schein (33) 98
Ein Ehrenschatz (125) 291
Ein Graserkind (76) 192
Ein gut geborener Edelmann (43) 117

Ein Jätermädchen (83) 206
Ein kluger Abt (127) 293
Ein Mägdlein, achtzehn Jahr (57) 158
Ein reines Weib (80) 200
ERwach an schrick (40) 355
Es dringet, zwinget (131) 296
Es fügte sich (18) 48
ES fügt sich (18) 329
Es glänzt im Grau (34) 100
Es ist ein altbewährter Rat (19) 52
ES ist ein altgesprochner rat (19) 331
ES komen newë mër (105) 389
Es kommt ein neues Lied (105) 242
ES leucht durch graw (34) 352
ES nahet gen der uasenacht (60) 367
Es naht sich schon die Fasenacht (60) 163
Es saust daher (20) 58
ES seusst dort her (20) 333
Euch, Priester, klag ich (39) 108

Fahr, häng und laß (17) 46
FRäw dich dw weltlich creatür (120) 405
Freu dich, du liebe Kreatur (120) 283
Freu dich, durchlauchte Jungfrau (126) 292
Freundlicher Blick (91) 218
FReuntlicher blick (91) 382
Frew dich durchläwchtig iunckfraw (126) 408
Frisch auf zum Spiel (52) 144
Fröhlich Geschrei (54) 150
Fröhlich, zärtlich (53) 148
FRÖleichen so well wir (47) 360
FRÖlich geschray (54) 364
FRölich/so wil ich (79) 377
FRölich/zärtlich (53) 363
FRow ich enmag (48) 361
FŸr allen schimpff (99) 386

Gar wonniglich (64) 171
GAr wunniklich (64) 369
Geleyemors (Mir dringet) (131) 411
Gelobter Gott (7) 26
GElück und hail (61) 367
GEnner beschnaid (67) 370
Gesegnet sei die Frucht (14) 42
GESegnet sey die frucht (14) 327
GOt geb ew ainen güten morgen (82) 378
Gott muß für uns fechten (134) 298
Got mus fur vns vechtē (134) 412
Gracias (15) 327
GRasselik lif (96) 385
Gratias (15) 43
Grüaß Gott und recht an guadn Morgen (82) 203

HEr wiert und dürstet (70) 373
Herr Wirt, uns macht der Durst (70) 181
Herz, brich! (93) 222
HERcz müt leib sel (89) 381
Herz, Mut, Leib, Seel (89) 215
HERcz/prich (93) 384
Herzleiwken min (96) 226
Hör, Christenheit! (4) 22
HÖr kristenhait (4) 319
Hört, welche elendliche Mär (114) 269
HÖrt zẅ was ellentleicher mër (114) 400

Jänner beschneid (67) 175
Ich fühle Luft (16) 44
JCh hab gehört (27) 342
JCh hör sich manger fröwen lat (110) 392
Ich hör und seh (5) 23
Ich hör, wie mancher Freude hat (110) 252
Ich klag (108) 248
JCH klag (108) 391
JCH sich und hör (5) 319
JCH spür ain tyer (6) 320
JCh spür ein lufft (16) 328
Ich spür ein Tier (6) 24
Je loe amour (131) 296
Ihr alten Weiber (21) 61
Ihr, Kaiser, Papst (113) 267
Im Jahre 1432 (Vorspruch) 15
Im Oberland (111) 253
Im 1431. Jahr (134) 298
Jn der Jarczal (Vorspruch) 316
Jn oberland (111) 393
In Syria mit breitem Hall (35) 101
JNfrankereich (12) 326
Ins Frankenreich (12) 37
JNsuria/ein braiten hal (35) 352
JR alten weib (21) 334
JR bäbst ir kaiser (113) 399

KAin ellend tet mir nye so and (30) 349

KAin freud mit klarem herczen (24) 338
Kein Elend ist mir so bekannt (30) 95
Kein Glück aus klarem Herzen (24) 72
Keuschlich geboren (38) 107
KEuschlich geboren (38) 354
KOm liebster man (107) 391
Komm, Liebster mein (107) 246

Lausch, Frau, und hör (49) 134
Lieb, dein Verlangen (94) 224
LJEb dein uerlangen (94) 384
LOblicher got (7) 320
LOs frow und hör (49) 361

Macht mich die Sorge (59) 161
Maidlin zart fein (132) 297
Man freut sich oft (102) 234
Medlin zartt stein (132) 411
MEin bül laisst mir gesellschafft (58) 366
MEjn hercz das ist uersert (65) 369
MEJn hercz iüngt sich (68) 371
Mein Herz ist mir versehrt (65) 173
Mein Herz verjüngt sich (68) 177
MEJn sünd und schuld (39) 354
Mein wahres Lieb (Do vrai amour) (69) 180
Mein Schatz bringt mir Gesellschaft (58) 159
MENczschlicher got (28) 343
Menschlicher Gott (28) 84
MJch fragt ain Ritter Angeuar (112) 395
Mich fragte einst ein Ritter gar (112) 258
MJch tröst ein adelige mayt (78) 376
Mich tröstet eine edle Maid (78) 197
Mir dringet/zwinget (131) 411
Mit frohem Mut (79) 199
MJt günstlichem herczen (71) 373
Mittit ad virginem (130) 295
Mittit ad virginem (130) 410
Mundi renouacio (129) 409
Mundi renovatio (129) 294

Nach cristi gepurt 1431 (134) 412
Nein, Frau, ich mag (48) 130
NEmpt war der schönen plüde (106) 390
NV Huss sprach der Michel (85) 380
NV Rue mit sorgn' (121) 405
»Nun huß!« sprach der Michel (85) 210
Nun ruh von Sorgen (121) 285

O Herczen lieber nickel mein (73) 374
O herzenslieber Nickel mein (73) 188
O Pfalzgraf Ludewig (86) 211
O Phalczgraf ludewig (86) 380
O Rainer got (95) 384
O reiner Gott (95) 224
O schnöde Welt (11) 34
O Snöde werlt (11) 324
O Welt, o Welt (9) 29
O Welt O welt (9) 322
O wonniglicher, wohlgezierter Mai (100) 232
O wonnigliches Paradeis (98) 229
O Wunniklicher wolgezierter may (100) 386
O Wunnikliches paradys (98) 385

Passio domini nostri (111) 253
Passio domi' nri' (111) 393

Regina Margarita (57) 158
Regina margarita (57) 365
Rot, weiß, ein fröhlich Angesicht (87) 212
ROt weyss ain frölich angesicht (87) 381

Sag an, Geliebter (49) 134
SAg an/herczlieb (49) 361
Schaut an der schönen Blüte Güte (106) 244
Schweig, lieber Freund (81) 201
Schweig still, Gesell (74) 189
Sehnsüchtig lange Weil (97) 227
Seid fröhlich (47) 128
SEnlich mit langer zeit (97) 385
SJCH manger frewt (102) 387
Sie hat mein Herz getroffen (128) 293
SJmm gredlin gret (77) 376
SOlt ich uon sorgen werden greys (59) 366
STand auff maredel (48) 361
Steh auf, Maredel! (48) 130
SWeig güt gesell (81) 377
SWeig still gesell (74) 374
Sÿ hat mein hertz getroffē (128) 409

Treib her, treib über her (92) 220

TREib her treib überher (92) 383
TRöstlicher hort (56) 365
Trostreicher Hort (56) 156

Und schwieg ich nun (117) 277
Vnd swig ich nu (117) 403
UAr heng und lass (17) 328
Viel Glück und Heil (61) 165
Viel liebe Grüße (42) 115
UIl lieber grüsse (42) 357
UIer hundert iar auff erd (88) 381
Vierhundert Jahr auf Erden (88) 213
Von all den Späßen (99) 230
Von Got so wart gesannt (130) 410
Von Gott ward ausgesandt (130) 295
Von rechter Lieb Kraft (62) 166
UOn rechter lieb krafft (62) 367
UOn trauren möcht ich werden taub (104) 389
Von Wolkenstein (41) 113
UOn wolkenstein (41) 356
Vor Trauer möcht ich werden taub (104) 239

Wach auf, mein Hort! (101) 233
WAch auff mein hort (101) 387
Wach, Menschentier! (2) 19
WAch mentzschlich tyer (2) 317
Wach schrecklos auf (40) 110
Weiß, Rot, von Braun umloht (66) 174
Wenn ich betracht (3) 21
WEnn ich betracht (3) 318
Wenn ich den kranken Sinn (10) 31
WEnn ich mein krank uernunft (10) 323
Wer die Augen (103) 237
WEr die ougen (103) 388
WEr hie vmb diser welde lust (115) 401
Wer hier um dieser Erde Lust (115) 272
WEr ist die da durchleuchtet (13) 327
Wer ist sie, die da leuchtet (13) 40
WEr machen well sein peutel ring (45) 359
Wer sich den Beutel wünscht gering (45) 122
WES mich mein bül ye hat erfrewt (55) 364
WEyss rot mit brawn uerleucht (66) 369
WJe uil ich sing und tichte (23) 337
Wieviel ich sing und dichte (23) 69
Willkommen sei! (Bog te primi) (119) 282
Willst du gern haben Sorgen (133) 298
Willst du im Leid erheitert sein (123) 288
Wilt du haben zü sorgen (133) 412
Wohl mir um jener lieben Stund (63) 169
Wohlauf, die ihr im Himmel seid (15) 43
Wohlauf, Gesellen, an die Fahrt (122) 287
Wohlauf, wir wollen schlafen (84) 208
Wohlauf, wohlan! (75) 190
Wohlauf zur Wacht (118) 279
WOl auff als das zu himel sey (15) 327
WOl auff gesell/wer iagen well (52) 363
WOl auf gesellen an dy vart (122) 406
WOl auf vnd wacht (118) 404
WOl auff wir wellen slauffen (84) 379
WOl mich an we (63) 368
Wolckenstainer spricht (133) 412
Womit mein Schatz mich je erfreut (55) 153
WOol auff wol An (75) 375

Zergangen ist mein Herzensweh (116) 275
ZErgangen ist meins hertzen we (116) 402
ZWar alte sünd pringt newes laid (36) 352

Abbildungsnachweis

Schutzumschlag: Ulrich Richental: Chronik des Konzils von Konstanz (Ausschnitt), um 1460-65. Rosgartenmuseum, Konstanz, fol 76. *Frontispiz:* Oswald von Wolkenstein. Frontispizbildnis der Innsbrukker Liederhandschrift B von 1432. 48 x 33,5 cm. Tempera auf Pergament. Universitätsbibliothek Innsbruck, ohne Signatur. Das Werk wird Antonio Pisanello zugeschrieben.

Inhalt

Vorrede 7

Oswald von Wolkenstein – ein Leseleitfaden 9
Melodie und Aufführung 12

DIE LIEDER 15
Melodieanhang: Die Varianten aus Handschrift A 299

DER URTEXT 315
Die Lieder der Handschrift B 316
Die zusätzlichen Lieder aus Handschrift A 405
Fragment aus Handschrift B 408
Lieder aus anderen Quellen 409

KOMMENTAR 413

ANHANG 457
Zeittafel 458
Konkordanz 462
Literaturhinweise 464
Personen- und Ortsregister 466
Alphabetisches Verzeichnis der Liedanfänge 474
Abbildungsnachweis 478